地球の歩き方 D23　2024~2025年版

ラオス

Laos

JN050393

ຍຄຖກັບບ່ອນໄຊ
孟賽站
Muang Xai Railway Station

真っ白な車体に、国旗のカラーでもある赤と青のライン。ラオス北部のムアン・サイ駅のプラットホームに滑り込んできたのは、首都ビエンチャン行きの急行列車です。2021年、ラオス初の本格的な鉄道は、建国記念日でもある12月2日に開通。これにより、ビエンチャンから世界遺産都市ルアンパバーンまでの所要時間はわずか2時間ほどに。これまでバスで10時間近くかかっていたことを考えると、移動は格段に楽になりました。さらには有料高速道路の開通など、経済発展が目覚ましいラオスですが、昔から変わらない彼らのライフスタイルにも触れてみてください。

地球の歩き方 編集室

LAOS CONTENTS

■新型コロナウイルス感染症について
新型コロナウイルス（COVID-19）の感染症危険情報について、全世界に発出されていたレベル1（十分注意してください）は、2023年5月8日に解除されましたが、渡航前に必ず外務省のウェブサイトにて最新情報をご確認ください。

◎外務省 海外安全ホームページ・ラオス危険情報
www.anzen.mofa.go.jp/info/pcinfectionspothazardinfo_020.html#ad-image-0

本書で用いられる記号と略号

ガイド

地名
(日本語／ローマ字／ラオス語)

紹介している町の位置

市外局番

その町への行き方と歩き方

謎の石壺「ジャール」にラオス最大のミステリーを追う

■ シェンクワーン
Xiengkhouang

市外局番
061

おびただしい数の壺が散らばっているジャール平原

2019年、ラオスで3番目の世界遺産に登録されたシェンクワーンのジャール平原。無数の石壺が点在することで知られているこの場所では、壺をめぐる調査が今も続いている。シェンクワーンは内戦時の激戦地でもあり、その傷跡まだ色濃く残っている。

ACCESS

飛行機
ビエンチャンから所要35〜40分。$41.55〜(ラオス航空)、450,000kip(ラーオ・スカイウェイ)。

バス
ビエンチャンから所要10〜12時間。110,000〜150,000kip。サムヌアから約9時間、80,000kip。ルアンパバーンから約8時間、150,000〜200,000kip。

シェンクワーン空港
MAP P.135
ポーンサワン中心部までトゥクトゥクで所要約15分、30,000〜40,000kip。

シェンクワーン・バスターミナル
MAP P.136-A1
ポーンサワン中心部まで所要10分、20,000〜30,000kip。

南バスターミナル
MAP P.135
ポーンサワン中心部までトゥクトゥクで所要約15分、50,000〜60,000kip。

ラオス航空
MAP P.136-A2
TEL (061) 312027
開 8:00 〜 11:30、13:30 〜 17:00 休 土・日

シェンクワーンの歩き方

シェンクワーン到着
　シェンクワーン空港は、県庁所在地ポーンサワンの中心から約5kmの場所にある。長距離バスが発着するシェンクワーン・バスターミナルはポーンサワン市内から西約3kmの所にある。各々に到着したら、トゥクトゥクなどでポーンサワンへ向かう。

行き先別に分かれているバスターミナル
　シェンクワーンには複数のバスターミナルがあり、一応目的地別に分かれてはいるが、同じ目的地でもバス会社の違いでターミナルが異なったりする。おもなものは、ベトナム行き国際バスも発着するシェンクワーン・バスターミナルと、長距離のバスが発着するほか、近郊へのバスもある南バスターミナルだが、いずれもポーンサワン中心部からは遠いので、あらかじめ旅行会社でチケットを購入したほうが得策。

おもに長距離バスが発着するシェンクワーン・バスターミナル

観光の拠点はポーンサワン
　シェンクワーン観光の拠点は県庁所在地のポーンサワンPhonesavanで、ホテル、レストランなどもこの町に集中しており、市の中心部だけなら徒歩でも十分回れる。
　一方、ジャール平原をはじめとした各見どころは県内の広いエリアに点在しており、バスなどの公共交通機関だけを使ってすべてを回るのは困難である。日程が限られている人は、ポーンサワンに宿を取り、ホテルや旅行会社でツアーを申し込むか、車をチャーターするほうが効率的だ。

134

ピクト

ACCESS

目的地への行き方
MAP 参照地図のページと位置
☎ 電話番号
FAX ファクス番号
URL ホームページアドレス
　（http://は省略）
E メールアドレス
開 開館時間
営 営業時間
休 休館日、定休日
料 入場料、利用料
⊠ 読者投稿

レストラン、ショップ、ホテル

R レストランマーク

R カーラーオ
Calao
ラオス&ヨーロッパ料理 MAP P.42-A2
コロニアル様式の洋館を改装したファインダイニング。定番のラオス料理のみならず、バッファローステーキやビーフステーキを各185,000kipなどの肉料理やパスタ、サラダなども取り揃える。デザートメニューも種類豊富。
TEL (071) 212100
URL www.elephant-restau.com/ja/calao
営 11:00 〜 14:30、17:30 〜 22:00
休 なし
CARD JMV

S ショップマーク

S オークポップトック
Ock Pop Tok
小物&雑貨 MAP P.42-B2
伝統デザインを日常使いできるように仕上げたテキスタイルが人気のブティック。高品質でスタイリッシュな商品が揃う。リビングクラフト・センター・バイ・オークポップトック(P.51)への送迎も行う。
TEL (071) 253219
URL www.ockpop-tok.com
営 8:00 〜 21:00
休 なし
CARD AJMV(手数料3%)

H ホテルマーク

H メコン・ビラ・バイ・オークポップトック
Mekong Villa by Ock Pop Tok
中級ホテル MAP P.40-A1
ショップのオークポップトック(P.60)が運営するブティックホテル。全5部屋はそれぞれモン族やタイ・ルー族などラオスの民族名がつけられており、インテリアやバスタブの有無、ビューも部屋によって異なる。
TEL (071) 212597
URL www.ockpoptok.com/visit-us/villa
料 Ⓢ $80〜80 スイート⊕$120〜160
CARD JMV
(手数料3%)

レストランの予算の目安
$ = 1名$3未満
$$ = 1名$10未満
$$$ = 1名$10以上

F = 扇風機付き　AC = エアコン付き
S = シングルルーム　T = ツインルーム

地図のピクト

- **H** = ホテル
- **G** = ゲストハウス
- **R** = レストラン、カフェ
- **S** = ショップ、市場
- **B** = 銀行、両替所
- **✉** = 郵便局
- **♨** = スパ、サウナ、マッサージ
- **☎** = ラーオ・テレコム（電話会社）
- **🚌** = バスターミナル（バス乗り場）
- **🚉** = 鉄道駅
- **⛴** = 船着場
- **✈** = 空港
- **🏳** = 大使館、領事館
- **🛕** = 寺院
- **T** = 旅行会社
- **❶** = 観光案内所（ツーリズムオフィスなど）
- **★** = 見どころ
- **文** = 学校
- **⊗** = 警察
- **⊞** = 病院

物件のピクト

- **MAP** 参照地図のページと位置
- **☎** 電話番号
- **FAX** ファクス番号
- **E** メールアドレス
- **URL** ホームページアドレス（http:// は省略）
- **営** 営業時間
- **休** 定休日
- **料** 料金
- **✉** 読者投稿
- **CC** 利用できるクレジットカード
  - **A** アメリカン・エキスプレス
  - **D** ダイナース
  - **J** JCB
  - **M** マスターカード
  - **V** ビザカード

■データに関して

本書に掲げたデータは、特に記載のないかぎり、2023年6月の取材が基になっております。皆さんが旅行される時点で変更されていることも多いと思います。読者投稿の場合、（東京都　地球花子'23）とあるのは、投稿者の旅行年度を表しています。旧版で掲載した投稿等で、その後の追跡調査で料金などに変更が出た場合は、（東京都　地球花子　'20）['23] と再調査の年度を入れてあります。

■発行後の情報更新について

発行後に変更されたデータについては、地球の歩き方ホームページの「更新・訂正情報」で可能なかぎり更新しています（ホテル・レストラン料金の変更等は除く）。
URL www.arukikata.co.jp/travel-support/

■料金表示について

ラオスの通貨はキープ（kip）ですが、国内ではUSドル（$）やタイバーツ（B）も広く流通しており、それらの通貨で表記している場合もあります。

■電話・FAX番号について

市外局番を付けた番号で掲載しています。市内から電話をする場合は、最初のカッコ内の番号を省略してください。なお、（020）、（030）で始まる番号は携帯電話などの番号になります。

■住所表示について

ラオスには、町名、番地、道路名がほとんどなく、郵便は私書箱で受け取るのが一般的です。掲載物件については、できるだけ地図上に示すか、行き方を詳しく示すようにしました。

■ラオス語の表記について

ラオス語の発音をカタカナで正確に表記するのは困難ですが、本書ではなるべく簡素な表記を心がけました。そのため、ラオス語の発音とカタカナ表記がある程度異なる場合があります。

■掲載情報のご利用に当たって

編集部では、できるだけ正確な情報を掲載するように努めていますが、現地の規則や手続きなどがしばしば変更されたり、またその解釈に見解の相違が生じることもあります。このような理由に基づく場合、または弊社に重大な過失がない場合は、本書を利用して生じた損失や不都合などについて、弊社は責任を負いかねますのでご了承ください。また、本書をお使いいただく際は、掲載されている情報やアドバイスがご自身の状況や立場に適しているか、すべてご自身の責任でご判断のうえでご利用ください。

General Information

ラオスの基本情報

- ▶ ラオスの年間
  イベントと気候
  →折込み
- ▶ 旅のシーズン
  → P.189
- ▶ 旅の会話→ P.228
- ▶ ラオスの政治と経済
  → P.248
- ▶ 民族モザイク国家・
  ラオスの肖像
  → P.256

国 旗
上から赤、青、赤のラインが横に入り、中央の青色部の中心に白い円が描かれている。

正式国名
ラオス人民民主共和国
Lao People's Democratic Republic
ສາທາລະນະລັດ ປະຊາທິປະໄຕ ປະຊາຊົນລາວ

国 歌
ラオス国歌

面 積
24 万 km²[1]

人 口
約 733.8 万人（2021 年）[1]

首 都
ビエンチャン　Vientiane

元 首
トンルン・シースリット国家主席[1]

政 体
人民民主共和制[1]

民族構成
ラーオ族（全人口の半数以上）、そのほか 50 民族。[1]

宗 教
仏教[1]

言 語
公用語はラオス語。各民族は、それぞれ独自の言語を使用している。英語は、ホテル、旅行者向けのレストランなどで通用する場合が多い。

（※ 1 出所：外務省ホームページ
www.mofa.go.jp/mofaj/area/laos/data.html）

通貨と為替レート

kip

- ▶ 料金表示について
  → P.5
- ▶ 旅の予算とお金
  → P.192

通貨単位はキープ（kip）。使用されているのは紙幣のみで、500、1,000、2,000、5,000、10,000、50,000、100,000 キープ札がある。

2023 年 7 月 17 日現在の為替レート
- ● 10,000 キープ＝約 74 円
- ● 10,000 キープ＝約 0.524US ドル
- ● 10,000 キープ＝約 18 タイバーツ

500キープ　1,000キープ　2,000キープ　5,000キープ

10,000キープ　20,000キープ　50,000キープ　100,000キープ

電話のかけ方

- ▶ 郵便、電話、
  インターネット
  → P.222

日本からラオスへのかけ方　　例：(020)12345678 にかける場合

事業者識別	国際電話識別番号	ラオスの国番号	最初に0を取った8桁から10桁の番号
0033（NTTコミュニケーションズ）**0061**（ソフトバンク）携帯電話の場合は不要	**010** ※	**856**	**20-12345678**

携帯電話の場合は、010 のかわりに「0」を長押しして「＋」を表示させると、国番号からかけられる。
※ NTTドコモ（携帯電話）は、事前にWARLD CALLの登録が必要。

6

仏教にかかわる祝日の多くは、年によって異なる移動祝祭日である（※印）

1月1日	新年
1月20日	国軍記念日
3月8日	女性の日
4月13〜15日	ラオス正月※（ピーマイ・ラーオ）
5月1日	メーデー
7月20日	ブン・カオパンサー※
10月1日	ブン・オークパンサー※
10月7日	教師の日
11月1日	タート・ルアン祭り※
12月2日	建国記念日
（2024年）	

祝祭日
（おもな祝祭日）

▶ラオスの
年間イベントと
気候
→折込み

町中が赤の横断幕で埋まる12月2日
の建国記念日

ビジネスアワー

▶旅の予算とお金
→ P.192

以下は一般的な営業時間の目安で、店や地方によって異なる。

銀 行
8:00 〜 12:00、13:00 〜 15:30。土・日曜は休み。銀行の両替専用ブースはより長い時間営業しており、また土・日曜もオープンしているところが多い。

銀行の両替専用ブース

デパートやショップ
ビエンチャン、ルアンパバーンなど都市部の観光客向けショップは 8:00〜18:00 くらいで、土・日曜も含めて年中無休というところが多い。都市部にあるコンビニエンスストアは、24:00 くらいまで営業している。

都市部に増えつつあるコンビニエンスストア

レストラン
庶民的なレストランは 7:00 くらいに開店し、夜は 20:00 くらいに閉店。高級店はおおむね 11:00 〜 22:00。

夜遅くまで営業するレストランも多い

ラオスから日本へのかけ方
例：(03) 1234-5678 にかける場合

国際電話識別番号	+	日本の国番号	+	市外局番と※携帯電話の最初の0は取る	+	相手先の電話番号
00		**81**		**3**		**1234-5678**

※携帯電話などへかける場合も「090」「080」などの最初の 0 を除く

▶ラオス国内通話
市内にかける場合は市外局番は不要。市外にかける場合は市外局番からダイヤルする。携帯電話からの発信はすべての番号をダイヤルする。固定電話から携帯電話への発信はすべての番号をダイヤルする。

電圧とプラグ

電圧は220V。周波数は50Hz。アダプターが220Vに対応していない日本の電化製品を使うには変圧器が必要。プラグはA型とC型の複合型が一般的で、日本の電化製品（A型）に対応しているが、C型のみのコンセントもまれにあるので、アダプターが必要。

DVD、ビデオ方式

DVDのリージョンコードは3。日本は2なので、ラオスで売られているDVDは日本の一般的なDVDプレーヤーでは再生できない。テレビ、ビデオはPAL方式で、日本のNTSC方式とは異なるため、互換性はない。

A、C複合型プラグ

C型プラグのアダプター

▶チップとマナー
→P.221

基本的には不要だが、高級レストランでは心づけ程度に渡してもよい。また高級ホテルでも、荷物を運んでくれたポーター、ベッドメイキングの客室係に気持ち程度のチップを渡すとスマートだ。

水道水は飲まないほうがよい。ミネラルウオーターはどこでも入手できる。900mℓで2,000kip前後。

ボトル入りの水

▶ラオスの
年間イベントと気候
→折込み

▶旅のシーズン
→P.189

▶ラオスの多様な自然
と人々の生活
→P.244

一般的に、ラオスの季節は暑季（3〜4月）、雨季（5〜10月）、乾季（11〜2月）の3つに分けられる。国土全体が熱帯モンスーン気候に属しているが、北部の山岳地帯は乾季には気温がかなり下がる。

ビエンチャンと東京の気温と降水量

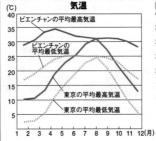

気温

(℃)
ビエンチャンの平均最高気温
ビエンチャンの平均最低気温
東京の平均最高気温
東京の平均最低気温

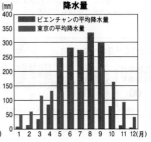

降水量

(mm)
ビエンチャンの平均降水量
東京の平均降水量

日本からのフライト時間

日本からラオスへの直行便はなく、周辺国で乗り換える必要がある。タイのバンコク経由で約8時間、ベトナムのハノイ経由で約7時間15分（乗り換え時間は含まず）。

首都ビエンチャンのワッタイ国際空港

▶ 航空券の手配
→ P.199

時差とサマータイム

日本との時差はマイナス2時間、日本の正午がラオスの10:00。サマータイムはない。

郵 便

郵便局はかなり小さな町でもある。一般的な営業時間は平日8:00〜16:00、土曜8:00〜12:00、日曜は休み。地方の小さな郵便局のなかには、客が少ないと営業時間中でも閉めてしまうことがあるので注意。町のなかにポストは少なく、郵便局まで行かないと投函できないことも多い。

郵便料金
日本までのエアメール料金は、はがき8,000kip、封書（20gまで）27,000kip。

郵便ポストはフランス式の黄色

▶ 郵便、電話、インターネット
→ P.222

入出国

ビザ
観光・業務目的で、かつ15日間以内の滞在であればビザは不要。それ以上の滞在にはビザが必要になる。
ビエンチャン、ルアンパバーン、そのほかの各国際空港では、到着時に30日間有効のビザが取得可能。料金は$40。陸路で入国する場合は、国境でビザが取得できる場所とできない場所があるので、注意したい。
日本では、インターネットおよび東京にある在日本ラオス大使館で最大30日間有効のビザが取得可能。

パスポート
入国時に6ヵ月以上の残存有効期間と、査証欄に空白ページが見開き2ページ以上必要。

▶ 出発までの手続き
→ P.196

▶ 入出国の手続き
→ P.202

税 金

TAX

高級ホテルのなかには、表示された料金とは別に10%の税金を課すところがある。
付加価値税（VAT）が存在するが、課税されていても商品価格に転嫁されている（内税）。

安全とトラブル

概して安全だが、旅行者を狙ったトラブルも増加している。また、特定エリアに関して外務省から注意喚起が出されている。

警 察 **191**
消 防 **190**
救急車 **195**

▶ 旅のトラブルと安全対策
→ P.224

▶ イエローページ
→ P.238

年齢制限

たばこ、アルコールの購入は18歳以上。運転免許取得も18歳以上。

度量衡

長さはメートル法。重さはグラム。

9

メコン川に抱かれた珠玉の魅力
ラオスのアウトライン

日本の本州とほぼ同じ面積をもつラオス。山がちの地形、深い峡谷を流れる川など、地形のプロファイルも日本とどこか似通っている。そんなラオスを北から南へとエリア別に観察してみよう。

P.35

ルアンパバーン

ルアンパバーンの気温と降水量

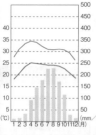

町全体が世界遺産に登録され、世界的な知名度をもつルアンパバーン。早朝の托鉢に始まり、昼は博物館や寺院の拝観、郊外の洞窟や滝巡り、そして夜はナイトマーケットで買い物と、旅行者を飽きさせない魅力にあふれている。

P.71

ビエンチャンとその周辺

ビエンチャンの気温と降水量

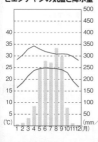

朝夕の大渋滞やビルの建設ラッシュが続く「首都ビエンチャン」。その経済成長ぶりは目を見張るものがあり、ASEAN諸国のなかでも最も注目される存在だ。一方、首都を取り囲むように広がる「ビエンチャン県」の県庁所在地はポーンホーンで、バンビエン、ナムグム湖などの観光スポットがある。

ポンサーリー県
Phongsaly
ポンサーリー
Phongsaly

ルアンナムター県
Luang Namtha
ルアンナムター
Luang Namtha

ボーケオ県
Bokeo
フアイサーイ
Huai Xay

ウドムサイ
Oudom Xay

ラオス北部

サムヌア
Sam Neua

ウドムサイ県
Oudom Xay

ルアンパバーン県
Luang Phabang

フアパン県
Houa

メコン川 Mekong

ルアンパバーン
Luang Phabang

シェンクワーン県
Xiengkouang
ポーンサワン
Phone Savan

サイニャブリー
Saynyabury

バンビエン
Vang Vieng

サイソンブーン県
Xaysomboune
サイソンブーン
Xaysomboune

サイニャブリー県
Saynyaburi

ビエンチャン県
Vientiane

ポーンホーン
Phone Hong

パークサン
Pakxan

首都
ビエンチャン
Vientiane

ビエンチャンとその周辺

N

0　　　100km

●県庁所在地

ラオスの県と県庁所在地

10

Laos' Outline

気温と降水量
── 平均最高気温
── 平均最低気温
　　平均降水量

ラオス北部

P.111

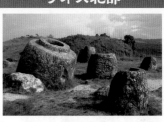

ほとんどが山岳地帯で、独特の衣装を身に着けた「少数民族」が多く暮らしているラオス北部。「謎の石壺」で知られるジャール平原を擁するシェンクワーン、風光明媚なナムウー川沿いのノーンキヤウやムアン・ゴーイ、内戦時に使われた洞窟が残るビエンサイなど、個性的な町やエリアが点在している。

ルアンナムターの気温と降水量

ラオス南部

P.151

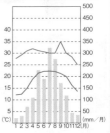

ラオスのクメール遺跡としては最大のワット・プーとその周辺は世界遺産に登録されており、南部では外せないスポット。メコン川に浮かぶ大小の島の間を流れ落ちる滝が点在するシーパンドーンは、バンガローに長期滞在する若い旅行者に人気が高い。

パークセーの気温と降水量

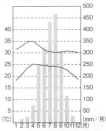

ボリカムサイ県
Bolikhamxay

カムアン県
Kammouane

○ターケーク
Thakhek

ラオス南部

カイソーン・ポムビハーン
Kaysone Phomvihane
（サワンナケート）

サワンナケート県
Savannakhet

Mekong

サーラワン県
Salavan

サーラワン
Salavan

セーコーン県
Sekong

ムアン・ラマーム
Muang Lamam
（セーコーン）

○パークセー
Pakse

チャンパーサック県
Champasak

アッタプー
Attapeu

アッタプー県
Attapeu

シーパンドーン

ラオス旅行モデルプラン

世界遺産も増え、旅行者に人気急上昇中のラオス。
限られた時間でコスパよく旅行するためのヒントがこちら！

バイサイ〜？
（どこへ行きますか？）

plan 1　ルアンパバーン滞在オンリーの2泊4日弾丸ツアー

1日目　ルアンパバーン到着
`ルアンパバーン泊`

昼頃　ルアンパバーン到着。

14:00　日本を深夜に出発すると、翌日昼過ぎにルアンパバーンに到着。国立博物館（P.44）などを見学したあと、夕方はプーシー（P.48）でサンセットを観賞。

ルアンパバーンを代表する寺院、ワット・シェントーン（左）、必見のナイトマーケット（左下）、名物料理のカオ・ソーイ（右下）を忘れずに！

2日目　パークウー洞窟と、タート・クワーンシーの滝へ
`ルアンパバーン泊`

8:00　2日目は郊外の名所へ。午前中はボートでパークウー洞窟（P.54）へ、戻ってランチを取り、タート・クワーンシーの滝（P.54）へ。

崖の中に無数の仏像が並ぶパークウー洞窟（上）、水着持参で水遊びも楽しいタート・クワーンシーの滝（左）

3日目 & 4日目　町の散策とショッピング
`機中泊`

最終日は、これまで行けなかったポイントを回りつつ、おみやげを探して歩く。おしゃれなカフェも増えているので、コーヒーやスイーツでひと休み。

8:00
↓
17:00

ルアンパバーン国際空港出発。バンコク経由で、翌朝日本着。

ラオス伝統の布漉き紙を使った小物、アクセサリーの店が並ぶ

日程にまだ余裕があるのなら……

ルアンパバーンから3日のちょい足しで行けるオプションはこれ！

OPTION 1
最新世界遺産、ジャール平原へ

Day 1　ルアンパバーンから陸路でシェンクワーンへ。ポーンサワン（P.135）に着いたら、翌日のツアー探し。

Day 2　1日ツアーに参加。世界遺産のジャール平原（P.136）、ムアン・クーン（P.138）、ムアン・カム（P.138）などを回る。

Day 3　出発までポーンサワン市内を観光。

謎の石壺群、ジャール平原の謎に迫る

内戦時の戦跡を巡り、今の平和をあらためて考えてみる

OPTION 2
ルアンパバーンの奥座敷、ノーンキャウへ

Day 1　ルアンパバーンからバスでノーンキャウ（P.130）へ。町で、翌日のアクティビティを探す。

Day 2　ノーンキャウでアクティビティに参加。もしくは、ボートでムアン・ゴーイ（P.132）へ足を延ばす。

Day 3　ムアン・ゴーイへ行った人はノーンキャウへ戻る。バスでルアンパバーンへ。

レンタサイクルを使って回るのもおすすめ

急峻な山々に囲まれたノーンキャウの風景は、日本にも似ている

OPTION 3
メコンの船旅を満喫！

Day 1　ルアンパバーンからボートでパークベン（P.119）へ。8時間の川の旅を満喫。パークベンで宿泊。

Day 2　パークベンからさらに8時間でフアイサーイ（P.114）に到着。フアイサーイで宿泊。

Day 3　フアイサーイからは隣国のタイへ出て、次の目的地へ。

時間に余裕があれば、ぜひ入れたいのがメコンの船旅

クルーズの途中で宿泊するパークベンの町並み

アウトドア派に人気のバンビエンも入れた5泊7日

1日目 & 2日目 ルアンパバーン 到着&滞在 (左ページと同じ)　`ルアンパバーン泊`

3日目 鉄道でバンビエンへ　`バンビエン泊`

11:48
↓
12:40
鉄道でバンビエンへ。

バンビエン (P.105) に到着したら、旅の疲れをクールダウンしつつ、町のなかを散策。夕食は、ナムソン川沿いのレストランで。

岩山とナムソン川とのコントラストが美しいバンビエン

4日目 バンビエンで ウオータースポーツを体感　`バンビエン泊`

8:00
アクティビティの定番はナムソン川でのウオータースポーツだが、熱気球やトレッキングなど、そのほかのメニューも選び放題だ。

ウオータースポーツが定番だが、ほかにバギーや熱気球もある

5日目 バスまたは鉄道で ビエンチャンへ　`ビエンチャン泊`

10:00
↓
12:00
バスか鉄道でビエンチャンへ。

ホテルにチェックインしたら、メコン川沿いへ。涼しい川風に吹かれながら、ナイトマーケットを冷やかしつつ、サンセットを堪能する。

時代が移ろうとも、メコンに沈む夕日の美しさだけは不変

6日目 & 7日目 ビエンチャン市内観光　`機中泊`

8:00
レンタサイクルを借りて、タート・ルアン (P.82)、パトゥーサイ (P.83)、タラート・サオ (P.85) などのポイントを観光。余った時間はおみやげ探しに。

↓
17:00
ビエンチャンのワッタイ国際空港出発。バンコク経由で、翌朝日本着。

ビエンチャンのシンボル、タート・ルアン

南部の歴史と自然を堪能する7泊9日

1日目 ビエンチャン到着　`ビエンチャン泊`

昼頃
↓
14:00
ビエンチャン到着。

日本を深夜に出るフライトに乗ると、翌日昼過ぎにはビエンチャンに到着。まずはメコン川に出て、大きな夕日で旅の疲れを癒やす。

2日目 ビエンチャン市内観光　`ビエンチャン泊`

8:00
レンタサイクルを借りて、タート・ルアン (P.82)、タラート・サオ (P.85) などを観光。夜は、クア・ラーオ (P.90) でラオス舞踊を観賞しながらのディナー。

3日目 バス (または飛行機) で サワンナケートへ　`サワンナケート泊`

8:00
↓
15:00
ビエンチャン出発。

サワンナケート (P.179) に到着したら、ホテルにチェックインし、市内を散策。中心部にある聖テレサ教会周辺のコロニアルな町並みを歩く。

この区間にはグレードの高いバスも走る

4日目 サワンナケート散策　`サワンナケート泊`

8:00
サワンナケートの町なかの見どころは恐竜博物館 (P.180) くらいしかないが、余裕があればトゥクトゥクでタート・インハン (P.180) にも足を延ばす。

5日目 サワンナケートから バスでパークセーへ　`パークセー泊`

8:00
↓
14:00
サワンナケート出発。

パークセーに到着したら、まず翌日の足を旅行会社で手配。時間があれば、活気あふれる市場、タラート・ダーオファン (P.158) へ。

6日目 世界遺産 ワット・プー経由でシーパンドーンへ　`デット島 (またはコーン島) 泊`

7:00
↓
9:00
↓
12:00
↓
14:00
パークセー出発。(チャーター車)

ワット・プー到着。遺跡を見学。

ワット・プー出発。

シーパンドーンへの船着場、ナーカサンに到着。ボートでデット島へ。

世界遺産にも登録されているワット・プー

7日目 シーパンドーンで 水遊び　`デット島 (またはコーン島) 泊`

8:00
島内の旅行会社のアクティビティに参加。ソムパミットの滝 (P.168) で水遊びやウオータースポーツなどを楽しむ。

滝での水遊びには、もちろん、水着が必携

8日目 & 9日目 バスでパークセーへ、 国際バスでタイの ウボン・ラーチャターニー経由で帰国　`機中泊`

8:00
↓
14:00
シーパンドーン出発。

パークセーから国際バスでタイのウボン・ラーチャターニーへ。飛行機に乗り換えてバンコク経由で帰国。

ラオスでしたい **10** のアクティビティ

伝統や文化にまつわる体験ものから大自然のなかで遊べるアクティビティまで、ラオスでできることは幅広い。時間にかぎりある旅のなかで、ぜひ体験してもらいたい10の厳選プランを紹介しよう。

Activity **1** 托鉢
世界遺産の町で必見！

ラオス旅行で見逃せないものといえば托鉢。特に、世界遺産の古都ルアンパバーンで僧侶たちが列をなして歩き、人々が感謝の心で喜捨する姿は厳かな雰囲気で、時代が移っても変わらない「無形文化財」といえるだろう。
▶P.39

Activity **2** ショッピング
市場＆ナイトマーケットへGO！

大都市を中心に増えているおしゃれなブティックはもちろん、ナイトマーケットや「タラート」と呼ばれる市場など買い物スポットがたくさんあるラオス。日用品からバラマキみやげまでなんでも揃うはずだ。

関連ページ
マーケット巡り ▶P.22
ルアンパバーン ▶P.62
ビエンチャン ▶P.95

Activity **3** ウオーターアクティビティ
カヤックから滝巡りまで

海のないラオスだが、メコン川やその支流でのウオータースポーツが人気。カヤックやタイヤチュービングなど、インストラクターがていねいに教えてくれるものも。また大小さまざまな滝も見どころのひとつ。

関連ページ
滝巡り ▶P.54、P.168、P.174　チュービング ▶P.107

Activity **4** 絶景
空中から大自然を望む

雄大な自然を空から眺める経験をしてみるのはいかがだろうか？　代表的なのはバンビエンでのバルーンフライト。また、迫力満点のジップラインはウドムサイ郊外のナムカット・ヨーラパー・リゾートなどで体験可能。

関連ページ
バルーン ▶P.107
ジップライン ▶P.129

5 ラオスのシンボル
ゾウとの触れ合い

その昔、「百万頭のゾウ」を意味する「ラーンサーン」を国名にしていたラオス。観光地ではゾウに乗って散歩したりその生態を学んだりすることができるほか、ゾウの調教師「マホート」体験コースも用意されている。

関連ページ
エレフアント・ライディング
▶P.54
ゾウ保護センター
▶P.148

8 メイド・イン・ラオスの
コーヒー&ラム酒

南部を中心にコーヒー農園が広がり、カフェでは上質なコーヒーを堪能できるのが魅力。また、ビエンチャン郊外では日本人男性が中心となり、メイド・イン・ラオスのラム酒造りを行っており工場見学も可能だ。

関連ページ
ラオスのコーヒー ▶P.176　ラム酒工場 Laodi ▶P.89

6 稲刈りや乳しぼりができる
農業&酪農体験

9 北部の少数民族の村で
文化体験

50以上の民族が居住するラオス。それぞれの民族は独自の文化を受け継いでおり、彼らの村や町を訪問して、その文化を体験するチャンスがある。旅行会社で情報を得て、ツアーに参加しよう。

関連ページ トレッキング ▶P.121

実際に農業や酪農の体験をしながら、現地の取り組みを学ぶことができる農業関係の体験ツアー。

関連ページ
ザ・リビングランド・ファーム ▶P.53
ラオス水牛牧場 ▶P.55

10 ラオス内戦時代の
負の遺産
歴史

旅する際に知っておきたいラオス内戦。今でも各地でその跡を見ることができる。ルアンパバーンにはラオス不発弾処理プロジェクト・ビジターズセンター(P.50)もあり、貴重な資料が展示されている。

関連ページ
コープ・ビジターセンター ▶P.87
ビエンサイ ▶P.146
不発弾と暮らす人々 ▶P.260

7 手作りのよさを知る
伝統織物

ラオス織物のデザインセンスのよさとクオリティの高さは、世界的にも評価されている。各地にある工房では見学もできるほか、体験レッスンに参加してオリジナル作品を作って持ち帰ることもできる。

関連ページ　バーン・サーンコーンとバーン・シェンレック ▶P.50
リビングクラフト・センター・バイ・オークポップトック ▶P.51

ほかにもできるこんなコト!
世界遺産巡り ▶P.16
マーケット巡り ▶P.22

70あまりの寺院が密集するルアンパバーンの托鉢は、僧侶の列も桁違いに多い

ラオスの世界遺産

ラオスでは3つの世界遺産が登録されている。それぞれの趣は異なるが、その魅力は世界中から高い評価を受け続けている。

① 1995年登録（文化遺産） 「ルアンパバーンの町」 ▶ P.38

世界各国のメディアが絶賛！ フランス植民地時代の面影を色濃く残す町全体が世界遺産に登録。

1 シーサワンウォン通りに出るナイトマーケットも、世界遺産の気品を崩さず、毎晩おごそかに展開されている
2 山深い猫の額ほどの平地、その間にフランス植民地時代の家屋が残る風景が、世界遺産となる決め手となった

② 2001年登録（文化遺産）

「チャンパーサックの文化的景観にある ワット・プーおよび関連古代集落群」 ▶P.164

ヒンドゥー教徒によりで建立されたワット・プーの本殿に仏像が鎮座。それがチャンパー王国の歴史を物語っている

コロニアル風の建物が自然に溶け込んでいる

「三国時代」に君臨した
チャンパー王国の都。
ラオスのクメール遺跡としては
最大規模を誇る。

③ 2019年登録（文化遺産）

「シェンクワーン県 ジャール平原の巨大石壺遺跡群」 ▶P.134

石壺が点在するこの平原は、
内戦時にアメリカ軍の猛爆撃を受けた

数ある石壺のなかでも最大のものがこれ

果てしなく続く
巨大石壺群。
その謎の解明は、まだ始まったばかり。

　1995年、ラオスで初めての世界遺産として登録されたのがルアンパバーン。仏教寺院とフランス植民地時代の建物の見事なまでの調和が評価され、町全体が世界遺産となっている。

　2001年には、南部チャンパーサックにある大寺院、ワット・プーとその周辺の集落が登録される。こちらは、クメール時代の大プロジェクトでもあるワット・プーとフランスの香りを残す街路が、独特の雰囲気をもつエリアになっている。

　そして2019年には、「謎の石壺群」ともいわれるジャール平原が、3番目の世界遺産として登録された。無数の石壺が散らばる広大な平原では、今も世界の専門家による研究調査が行われている。

ラオスの旅が
ガラリと変わる！

「EMU」と呼ばれている急行列車

ビエンチャンから北へ、国土を貫く大動脈が完成

ラオスに**鉄道**がやってきた！

高速列車で駆け抜ける422km

2021年12月、待望の鉄道がラオスに完成した。首都ビエンチャンから北へ約422km、途中、バンビエン、ルアンパバーンなど主要な観光地に停車し、中国国境ボーテンまで続くこの線路は、中国本土の昆明まで続いている。中国とシンガポールを結ぶルートの一部になるともいわれるこの鉄道の乗車レポートをお届けする。

乗り心地抜群の新鋭車両

　ラオスの鉄道初乗車は、ラオス北部の主要都市、ムアン・サイ。ウドムサイ県の県庁所在地でもあるこの町の駅に、急行列車が滑り込んできた。ドアが開き、降車が終了すると、いよいよ乗車。デッキから客室に入ると、日本の新幹線でもおなじみの2列＋3列のシートが並んでいる。指定されたシートに座るとまもなく、列車はスムーズに走り出した。

Let's go!

乗車は、降車がすべて終わってから

座席は2列＋3列で、日本の新幹線を思わせる

巨大な駅舎に圧倒される!

ラオスの寺院をモチーフにしたような駅舎(ルアンパバーン駅)

ラオス悲願の鉄道

　歴史的にみれば、この鉄道はラオス初、ではない。タイから首都ビエンチャン近郊までの短い線路はすでにある。だがこれほど本格的なルートは初めてで、悲願の鉄路といっていい。運行区間は現在、ビエンチャンから世界遺産都市ルアンパバーンを経由して中国国内までだが、いずれタイの鉄道とつながれば、シンガポールまで東南アジア縦断の大ルートが完成する。

プラットホームに掲示されている号車番号の位置で待つ

(上)車内販売は水とお菓子程度
(右)水飲み場からはお湯も出るので、カップラーメンも作れる

各駅に停車する普通列車は、電気機関車が引く客車列車

ルアンパバーン

タート・クワーンシーの滝を遊び尽くす！

ルアンパバーンから車で約1時間、そこには、清涼感あふれるタート・クワーンシーの滝がある。流れ落ちる水は繊細で、豪快さを売りにする瀑布とは異なる趣がある。滝までのルートは公園に整備されていて、木漏れ日のなかを滝までゆっくりと歩くだけでも、心が洗われるようだ。　▶P.54

滝壺へ流れ落ちるエメラルドカラーの清水。その色は、光の反射ぐあいによって、微妙に変化する

ここに来れば、仕事の
ストレスも吹き飛ぶにゃ～

ここでは、誰もが自
然とシャッターを押
したくなる

園内にある檻には、違法な手段で狩
猟されたクマが保護されている。ここ
で販売されているオリジナルTシャ
ツは、おみやげにいいのはもちろ
ん、保護活動への寄付にもなる

滝の下のほうには、水浴びエリアも設定されている。着替え
場所もあるので、水に入りたい人は、水着必携

1日遊べる、水のリゾート！　滝で泳ぐこともできる

　ルアンパバーン郊外にあるタート・クワーンシ
ーの滝は、世界遺産に登録されている市の中心
部とはまた別世界。ラオス国内外の観光客が推
す必見のポイントになっている。

　チケットを買って電動カートに乗ると、終点が
入場ゲート。ここから滝までは、徒歩で10分ほ
どの道のりだ。森のなかに現れる滝は、おそら

く、想像よりも小さいだろう。しかし、滝壺から
はね返るミストはなんとも心地よく、旅の疲れを
癒やしてくれるに違いない。

　滝壺から流れる川の下流にはスイミングスポ
ットもあって、エメラルドグリーンのプールで泳ぐ
ことができる。また、違法狩猟されたクマの保
護施設もあり、1日遊べる場所になっている。

滝のあるエリア一帯が観光地になっていて、
おみやげや果物などが売られているほか、食堂も並ぶ

ここでランチするなら、
おすすめはラオス風の
焼鳥、ピン・カイに、カ
オニャオ（もち米）

ルアンパバーン

安く
食べたい人！
私たちに
ついてきて！

ナイトマーケット

**メインストリートの裏路地に
屋台がびっしり！**

旅行者を中心に多くの人が訪れるナイトマーケットの屋台街。ビールを持ち込み、テーブルで食べるのもいい（左）。メコンの魚、色とりどりの野菜、ラオスの豊富な食の世界が見られる（上）。孵化前の卵「カイ・ルーク」は、ハードルが高いが、酒の肴に最適

人気の観光スポットでもあるナイトマーケットの周辺や裏路地には、食べ物の屋台が並んでいる。持ち帰ることもできるが、テーブルで食べることも可能。
▶MAP P.42-D2～P.43-D4

円安と物価高に負けない！

買ったり、食べたりの

近年の物価上昇はラオスでも例外ではない。さらに円安も手伝って、レストランでの飲食に、昔ほどの割安感はラオスにないのが現状。だが、マーケットや屋台で食事を購入すれば、手頃な値段でおいしい料理にありつけるかもしれない。ついでに、意外なおみやげに出合えるかも。

モーニングマーケット

**朝のみオープン。
おみやげも探せる！**

午前中だけ出るこのマーケットは生鮮食料品が中心で、地元の人向けではあるが、コーヒーやラオスならではの調味料もあって、おみやげ探しにも○。
▶MAP P.42-C2～P.43-C3

ラオスの味噌「チェオ」や、川海苔「カイ・ペーン」などが並ぶ（上）。にぎやかなマーケットを見たいのなら、朝早くが正解（下）

違う屋台から好みの料理を選んで、一緒に食べることもできる

屋台広場

**ストリートフードが揃う
フードコート的広場**

町の中心部、郵便局がある交差点に出る屋台広場。昼間はサンドイッチやジュースが中心。夕方からは、ラオス料理ほか、各国料理も食べられる。
▶MAP P.42-D2

おみやげゲット
にも使える！

地下のスーパーマーケットは、コーヒーなどおみやげにも喜ばれそうな品が充実。定価販売なので安心（左）。ラオスの主食「カオ・ニャオ」を使ったクラッカーは、いろいろなフレーバーがあって、どれも美味（右）。フードコートは、地元の人にも人気（右下）

パークサン

スタバも入るショッピングモールの地下が狙い目！

今ビエンチャンで最もホットなショッピングモール。特に地下のスーパーマーケットには、コーヒーなどラオスの特産品のほか、フードコートもあって、便利。
▶MAP P.79-B2

マーケット巡り

タラート・サオ

ショッピングモールの周辺に広がる屋台でテイクアウト

タラート・サオの周辺には無数の屋台が並び、ラオス料理はもちろん、ベトナム料理から寿司まで、さまざまな種類の弁当や総菜がお手頃な値段で買える。
▶MAP P.81-A2

タラート・クアディン（P.85）へ続く通路には屋台がぎっしりと並び、中には寿司もある（上）。路面にはおもにラオス料理の屋台が広がり、テーブルがあればイートインもできる（左下）。ベトナム風の揚げ春巻き「ヨー・チューン」は、ビールのつまみに最高（右下）。

おかずストリート

夕方から出現するローカルなフードマーケット

夕方から屋台が並ぶ路地。焼き鳥や焼き魚、大きなボウルに入ったおかずを選んで、宿に帰っていただこう。
▶MAP P.80-A1

メコン川沿い

素材を選んでオーダー。メコンの夕日に乾杯！

メコン川沿いに夕方から出る屋台。メコンから上がった大きな魚や豊富な野菜を選んで、好きな調理法で食べられる。
▶MAP P.78-B1

ファッション
fashion

ネクタイ
ハイセンスでデザインも多彩なパーサー・バー (P.60) はメンズのみやげも充実

モン族ジャケット
現代風にアレンジされ日常生活でも着られる1着はパーサー・バー (P.60) で発見

ストール
オークポップトック (P.60) のストールは、織り子のイラストと名前入りがうれしい

MAG Tシャツ
シェンクワーンで地雷除去を行うMAG (P.135) のクールなTシャツは、活動への寄付にもなる

ラオスの
ときめき

個性派&かわいいが揃う
ショップクルーズへ！

ドライフルーツ
パイナップルやマンゴーなど南国フルーツの味が多め。数種類の詰め合わせもある

コーヒージャム
サフラン・コーヒー (P.58) のジャムはクセがないマイルドな味でパンに塗っても◎

素朴な味でおいしいよ

コンフィチュール
ラオスで収穫した果実をふんだんに使用して濃厚！オーガニックのものも増えている

クッキー
ラオスモチーフのクッキーはみんなのカフェ・サームセンタイ店×オアシス・ホステル (P.94) で購入可能

ハチミツ
料理やお菓子作りに重宝する天然素材のハチミツは、種類やサイズもさまざまだ

パクチーソルト
パクチー好きにはたまらない塩はルアンパバーンのナイトマーケットで入手可能

フード
food

カードケース
ウドムサイのPMC（P.128）で見つけたぬくもりあふれるコットン素材の名刺入れ

マルチケース
お札だけでなくパスポートも入るケースはティー・エー・イー・シー（P.60）で発見

ビア・ラーオ 石鹸
その名のとおりビア・ラーオから作られた石けんはラオスらしいみやげ物のひとつだ

レ・ザルチザン・ラーオの スキンケアグッズ（P.70）
Les Artisans Lao

ラオス産にこだわり、ルアンパバーンやビエンチャンのブティックなどで販売

ラオスで重宝する虫除けスプレーもオーガニックで

マンゴーの香りがするローションはしっとりして潤う

シアバターやハチミツ配合のリップは唇になじむ

パーティーフラッグ
民族柄のユニークなおみやげ発見！ 掘り出し物はルアンパバーンのパーサー・バー（P.60）へ

バタフライピーでブルーに色づけされたシャンプー

みやげ

ルアンパバーンとビエンチャンを中心に、おしゃれなブティックやローカルブランドが目白押しのラオス。食料品から衣類までえりすぐりのアイテムを紹介！

個包装がうれしい！

コーヒー
バラマキみやげにぴったりのドリップタイプはアーロムディー・ショップ（P.61）のもの

地酒
ボーケオ県で生産されているウイスキー風のお酒は薬草の種類によって味が異なる

食後の1杯にいかが？

お茶
茶葉タイプが多いお茶は、バタフライピーで色付けされた珍しい色や味もある

スーパーマーケットのコラム（P.70）もチェック！

ラオ・ラーオ
ミニボトルに入ったラオ・ラーオはフレーバーも複数あるので飲み比べてみて

必食？ 完食？
ラオスならではの料理の数々

ラオス料理カタログ

森と川の恵みに浴してきたラオス。
日本ではなじみの薄い、
その奥深い料理の世界へ。

これだけは **おさえたい！** ## 基本のラオス料理

ハーブの香りも豊かな
ラープ
Lap ລາບ

ひき肉と香草を炒めたラオス料理の代表選手。肉汁をほどよく香草が吸い取り、ヘルシーな仕上がりに

（ラープの
バリエーション）

いろいろなラープ鶏肉（左）、アヒル（右上）、魚（右下）

しっかり締まった肉がジューシー
ピン・カイ Ping Kai ປີ້ງໄກ່

焼き鳥は、丸焼きを切って出される。レストランはもちろんのこと、市場でテイクアウトもおすすめ

青いパパイヤのスパイシー・サラダ
タム・マークフン
Tam Makhung ຕຳໝາກຫຸ່ງ

青いパパイヤ、トマトなどの野菜を、発酵させた魚のエキス「パーデーク」であえた、クセのある一品

パワーの源は、もち米から
カオ・ニャオ
Khao Nyao ເຂົ້າໜຽວ

ラオスではうるち米（カオ・チャーオ）よりもち米が主流で、「ティップ・カオ」という籠に入って出される

これで完璧！
カオ・ニャオの食べ方！

1 ティップ・カオからカオ・ニャオをひとつまみ取る。ピンポン玉よりひと回り小さめが目安

2 取ったカオ・ニャオを軽く握って固めたあと、親指で中心部にくぼみを作る

3 できたくぼみの中に、親指でおかずを挟み込むようにして口に持ってくる

[**料理のラオス語**]

P.232〜
も参照

料理のラオス名は、調理法＋材料（その逆もある）で表す。料理によっては、同じ材料でも、調理法を変えてもらうことも可能。

料理法	ラオス語	読みかた
焼く	ປີ້ງ	Ping（ピン）
煮る	ຕົ້ມ	Tom（トム）
炒める	ຂົ້ວ	Khua（クア）
蒸す	ໜຶ້ງ	Nung（ヌン）
揚げる	ຈືນ	Chun（チューン）

ワンタンメンもできます！
ミー・ナム
Mi Nam ໝີ່ນ້ຳ

中国系の店で食べられるラオス流ラーメン。肉の種類のほか、ワンタンなどのトッピングも選び放題

朝でも昼でも！
ラオシャン・ヌードルの定番
カオ・ピヤック(セン)
Khao Piyak (Sen) ເຂົ້າປຽກເສັ້ນ

太麺との相性が抜群のだしでトロトロに煮込んだスープと米麺。朝食の定番だが、昼に食べる人も

さっと湯がくだけの即席麺
フー
Feu ເຟີ້

米で作った白い麺で、具材と一緒に軽く湯がいて提供される。具の煮え加減は調節可能だ

麺に付いてくる
大量の野菜は、どう食べる？
麺に付いてくる野菜は無料。食べ方はそれぞれだが、ちぎってスープの中に入れている人が多いようだ

ラオス版「上海焼きそば」？
ミー・コープ
Mi Kop ໝີ່ກອບ

油で揚げた麺の上に、炒めた肉と野菜を乗せたあんかけ焼きそば。クリスピーな食感に、ファン多し

テーブルの上に
置いてある揚げ菓子
テーブルの上にある揚げ菓子は有料で、麺やお粥に入れて食べる。食べた個数を会計時に申告する

ココナッツミルクのスープ
カオ・プン
Khao Pun ເຂົ້າປຸ້ນ

米の太麺にココナッツミルクたっぷりのスープをかけた料理。お祭りに家庭で出されることが多い

「おこし」は、
カオ・ソーイのおともに
カオ・ソーイ(左下)には、店にある丸い菓子を入れると、「おこげ」のような食感に。こちらも有料

北部限定。
大人気の肉味噌麺
カオ・ソーイ
Khao Soi ເຂົ້າຊອຍ

ルアンパバーンなど北部に行ったらぜひ食べたいのがこれ。スパイシーな肉味噌がやめられない！

おもに麺類は、テーブルの上に置いてある調味料で自分好みに味つけする。写真前列：左からカピ(えび味噌)、砂糖、うま味調味料、唐辛子。写真後列：左からチリソース、ナムパー(魚醤)、醤油(日本の醤油とは味がまったく異なる)

入れる前に、スプーンに少量取って味見してみるとよい

具材いろいろ **絶品ご飯**

おなかに優しいお粥
カオ・ピヤック(カオ)
Kao Piyak (Khao) ເຂົ້າປຽກເຂົ້າ

鶏だしの絶品お粥で、朝食のストリートフードの定番。通になると、生卵を落として食べることも

トッピングいろいろ
カオ・ラートナー
Khao Latna ເຂົ້າລາດໜ້າ

肉や野菜のぶっかけご飯。決まった具材だけの店と、ショーケースに並んだ数種類から選べる店がある

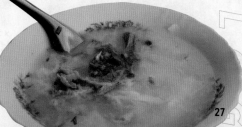

肉料理

やっぱりラオス料理の王様！
ラープ Lap ລາບ

P.26でも紹介した、ラオス料理の王様。具材は鶏、牛、豚が主流だが、魚、アヒルなどもあり、お好み次第

ビールの親友？
サイ・ウア
Sai Oua ໄສ້ອົ່ວ

ソーセージの種類が多いラオス。このサイ・ウアは、網焼きにすると、ビールの最高の肴になる

おつまみにもなる「ビーフジャーキー」
シン・ヘーン Sin Heng ຊີ້ນແຫ້ງ

牛肉を干した、ラオス版ビーフジャーキー。市場でもよく目にする、代表的なストリートフード

これはまさに、さつま揚げ！
トート・マン・パー
Thot Man Pa ທອດມັນປາ

見た目は「さつま揚げ」そのものだが、スパイシーな味つけとハーブの香りがラオス的

ラオス料理は、鶏肉が王道です
ピン・カイ
Ping Kai ປີ້ງໄກ່

レストランメニューでもあり、ストリートフードでもある焼き鳥。カオ・ニャオにもよし、ビールにもよし

山の民、ラオスならでは
トート・ノック
Thot Nok ທອດນົກ

小鳥（ノック）のから揚げ。山の恵みに浴してきたラオスらしい、ジビエ的な料理

田んぼの恵みをどうぞ
トート・キヤット
Thot Kiyat ທອດຂຽດ

カエルのから揚げ。一見グロテスクだが、味も食感も鶏肉そっくりで、酒のつまみにもいける一品

ラオス流牛タン
リン・グア
Ling Ngua ລີ້ນງົວ

リン＝舌、グア＝牛で、牛タン。辛めのたれが添えられていることが多く、これでご飯と酒が進む

クセになる酸味
ソム・ムー
Som Mu ສົ້ມໝູ

ソーセージの一種で、酸味が強いのが特徴。市場では、笹の葉に包まれて売られている

魚料理

メコンの魚は、豪快な丸焼きで
ピン・パー
Ping Pa ປີ້ງປາ

基本的に一尾売りなので、数人でのシェアが正解だが、市場のテイクアウトでホテル飲みの肴にも◯

心もホッとする豆腐スープ
ケーン・チュート・タオフー
Keng Chut Taohu　ແກງຈືດເຕົາຮູ້

中国系の店で出されることが多い豆腐スープ。クセのない味で、旅疲れの体に優しく染みわたる

スープ

ラオス人も大好き！
タケノコスープ
ケーン・ノーマイ
Keng Nomai　ແກງໜໍ່ໄມ້

ラオス名物、タケノコ（ノーマイ）のスープ。ドロッとした濃厚なスープに、山の滋養がたっぷり溶けている

メコンの魚を
ぶつ切りで投入！
ケーン・ソム・パー
Keng Som Pa
ແກງສົ້ມປາ

川魚のぶつ切りを惜しげもなく投入したスープ。香草の酸味がほどよく魚の臭みを消して、絶妙

ルアンパバーン風シチュー
オ・ラーム
Olam　ເອາະຫຼາມ

ルアンパバーンの名物料理で、肉や野菜をトロトロになるまで煮込んでいる。クセのある香りをどうぞ

サラダ
ほか

あっさりドレッシングで
野菜のうま味が引き立つ
ヤム・サラット
Yam Salat　ຍຳສະຫຼັດ

ノーマルな野菜サラダに見えるが、ノンオイルのラオス風ドレッシングがヘルシー度をワンランクアップ

カオ・ニャオにはやっぱりこれ！
タム・マークフン
Tam Makhung　ຕຳໝາກຮຸ່ງ

P.26でも紹介したパパイヤのサラダ。つけ合わせのキャベツなどに巻いて、ビールのつまみにも最適

ラオスの川海苔は、
ビールにもぴったり！
カイ・ペーン
Khai Phen　ໄຄແຜ່ນ

ルアンパバーン名物の川海苔。ゴマなどが練り込んであり、味も付いているので、そのままでもよし、チェオ（ラオス風味噌）につけてもよし

外国発祥のラオス料理

**タイ発？ 山型鍋から
したたり落ちる肉汁
シン・ダート**
Sin Dat ຊີ້ນດາດ

地元の人にも旅行者にも大
人気の焼肉。食べ放題の店
も多く、好きな具材をみん
なで焼いて楽しむ

[屋台で味わう、ストリートフード]

日本の五平餅にも似た「カオ・チー」、揚げたご
飯を崩して食べる「ネーム」、ココナッツミルク
味のご飯を筒に詰めた「カオ・ラーム」など

カオ・チー
Khao Chi ເຂົ້າຈີ່

ネーム
Nem ແໜມ

カオ・ラーム
Kham Lam ເຂົ້າຫລາມ

**ベトナム流の
手巻き肉寿司？
ネーム・ヌアン**
Nem Nuang ແໜມເນື້ອງ

棒状に練り上げた豚肉
を野菜に巻いて食べ
る。鍋料理も置いてい
る店が多く、両方味わ
いたい

日本でもポピュラーな
ベトナム春巻き
ヨー・カーオとヨー・チューン
Yo Khao & Yo Chuen ຢໍຂາວ ແລະ ຢໍຈືນ

ベトナム料理の定
番だが、ラオスでも
地元化している。生
（左）と揚げ（上）、
どちらがお好み？

[怖いもの見たさ？求む、チャレンジャー！]

うわさの「昆虫食」をはじめ、ちょっとギョッとするけれ
ど、栄養たっぷりのひと皿

日本でも食べられている
イナゴやバッタ。佃煮風
の醤油味

酒のつまみとしてラオスでは
人気の幼虫は、難易度高し！

生きたままの小エビのナ
ムパー漬け「クン・テン」
（エビの踊り食い）

ふ化寸前の卵
「カイ・ルーク」。
ヒヨコの頭にあ
なたは耐えられ
るか？

朝食の定番
バン・クアン
Ban Khuan
ບັນກວນ

米粉で作ったモチモチ
の皮でひき肉や野菜を
巻いたベトナム発料
理。朝食の屋台ご飯と
してラオスでは人気

旧宗主国フランスの最大の遺産
カオ・チー・パテ
Khao Chi Pate ເຂົ້າຈີ່ປາເຕ

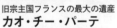

バゲットのサンドイッチ。挟む具はいろいろだが、
醤油味のハム、キュウリなどがラオス風

屋台で味わう薄皮クレープ
ローティー
Loti ໂລຕີ

道端の屋台で、その場で焼いてくれるクレープ。中身は練乳が基本だが、バナナやチョコレートなどを入れるオプションもある

何個でもいけちゃう？
オーロー
Olo ໂອໂລ

市場や道端でもよく見るゴマ団子。揚げたてアツアツのカリッとした表面と中身のモチモチのコラボがすてき

これはまさにみつ豆！
ナム・ワーン
Nam Wan ນ້ຳຫວານ

ナム・ワーンの直訳は「甘い水」。ココナッツミルクの中に色とりどりのゼリーを入れて氷で冷やした、みつ豆風スイーツ

和菓子テイストの食感
タンコー
Tanko ຕັງໂກ

米粉にトウモロコシとココナッツの粉を練り込んだもの。どこかしら和菓子のような食感も懐かしい

ラオス流ドーナツ？
カオノム・チューン
Khanom Chuen ເຂົ້າໜົມຈືນ

油で揚げてあるお菓子の総称がカオノム・チューン。真ん中に白あんのような甘いものが入っているものが多い

日本のちまきにも似た
カオ・トム
Khao Tom ເຂົ້າຕົ້ມ

笹の葉でくるんだラオス風のちまき。写真のものはお菓子だが、なかにはご飯をくるんだ食事系カオ・トムもある

モンキーバナナの香り
チューン・マーククワイ
Chuen Makkuai ຈືນໝາກກ້ວຍ

バナナに衣をつけて揚げただけだが、口に入れるとバナナの甘みが口の中に広がって、至福のひとときに

モチモチ和菓子の感触？
カオパート・マントン
Khao Pat Manton ເຂົ້າປາດມັ້ນຕົ້ນ

ココナッツ（マークパオ）を練り込んだ菓子。もち米のモチモチ感とココナッツのコリコリ感の微妙なコラボをお試しあれ

優しいココナッツ味
カオ・サンカーヤー
Khao Sangkhaya ເຂົ້າສັງຂະຫຍາ

ふかしたカオ・ニャオ（もち米）をココナッツで味つけし、食べやすいようにバナナの葉でくるんだもの

ほんのリ
トウモロコシの香り
ネープ・サーリー
Neb Sali ແໜບສາລີ

トウモロコシ（マークサーリー）を加えて、もち米で作ったスイーツ。もっちりした食感はどことなく和菓子風

中華まんならぬ、ラオスまん
サーラパオ・
サイ・ケム
Kala Pao Sai Khem ສາລາເປົ້າໃສ່ເຄັມ

ラオスの中華まん。肉まんには卵入りが王道。中身が甘いクリームの「サーラパオ・サイ・ワーンສາລາເປົ້າໃສ່ຫວານ」もある。

ラオスのドリンクとアルコール

乾杯に選ぶのは、どれ?

昔ながらのコーヒーには、練乳たっぷり
カフェ・ノム
Coffee ກາເຟນົມ

今では少なくなった、ラオス伝統のコップコーヒー。練乳と砂糖の大量投入で、暑さに打ち勝つ!

黒ゼリー入り豆乳ドリンク
ナム・タオフー
Nam Taohu ນ້ຳເຕົ້າຮູ້

屋台の定番ドリンクが、この豆乳ミルクで「ウンダム」というゼリー入りが人気。アイスもホットもある

話題のコンビニ・ドリンク
スイートコーン・ミルク
Sweetcorn Milk
ນ້ຳນົມສາລີຫວານ

ラオス女子がこぞって買い求めているといううわさのドリンク。材料のトウモロコシは、純ラオス産

ビール
Beer

バリエーション、増殖中!
クラフト・ビール
Craft Beer

ビア・ラーオにもバリエーションが増えてきたが、なかでも話題なのが、クラフト・ビール系。味の違いを楽しもう

日本でも飲める、ラオスのナショナルブランド
ビア・ラーオ
Beer Lao ເບຍລາວ

ラオスのナショナルブランドとなっているビール。日本でも買えるが、ラオスの気候で飲むと、また味わい深くなる

飲み歩きには便利な
ビア・ラーオ缶
Beer Lao (Can) ເບຍລາວ(ກ່ອງ)

標準の350mℓ缶のほか、500mℓのロング缶もある。ラオス新年などにスペシャルラベルも出る

米から作られた、ビアテイスト飲料
カオ・カム
Khao Kham Special Brew ເຂົ້າຄຳ

米が原料のビアテイストのドリンク。柔らかい口当たりは、どこかチューハイ風かも

第2ブランドも健闘中!
ビア・ナムコーン
Beer Namkhong
ເບຍນ້ຳຂອງ

ビア・ラーオに次ぐ第2ブランド。値段は少し安いが、また違った味を楽しみたいなら、これ

ラオス焼酎

ラオス人のソウルスピリッツ
ラオ・ラーオ
Lao Lao ເຫຼົ້າລາວ

「ラオ」=酒、「ラーオ」=ラオスで、ラオスの酒、となるが、実は米焼酎。アルコール度高し!

ルアンパバーン「旅ラン」のすすめ

川沿いの平坦なコースが走りやすい

　早朝のルアンパバーンといえば托鉢だが、もうひとつのおすすめがランニングだ。

　最近のランニングブームを受けて、人気なのが旅行先でランニングを楽しむ「旅ラン」。毎朝、ルアンパバーンの町なかでは、大勢の旅行者が旅ランを楽しんでいる。なぜなら、ランニングにぴったりな条件が揃っているからだ。

　まずは高原都市なので、日中は暑いけれど、早朝は涼しいこと。メコン川に突き出した半島に発展した町なので、市内を一周するコースは、川沿いで、眺めもよく、川を渡る風が気持ちいい。

　次にこぢんまりした町なので、半島を一周して約5km、ルートもほぼ平坦で走りやすいこと。ランニング初心者にもおすすめだ。

　東南アジアの都市にあって、車の往来が比較的少ないことも安心。特に早朝は、空気も澄んでいて、気持ちよく走れる。

　川沿いのコースなので、道がわかりやすく、迷う心配がないのもいい。旅ランは楽しいが、わかりにくいコースだと、何度も地図を確かめることにもなる。

　だからだろうか、早朝のルアンパバーンは、いろいろなタイプのランナーが走っている。本気モードで飛ばすランナーよりも、仲間同士でおしゃべりしながら、のんびり景色を楽しみながら、マイペースで走るランナーが多い気がする。ウオーキング組も多いので、散歩がてら歩いてみるのもおすすめだ。

　宿泊先のアヴァニ＋ ルアンパバーン (P.64) でランニングに行きたいと言うと、市内地図でおすすめコースを教えてくれた。ホテルが建つのは、郵便局とツーリストインフォメーションのある四つ角。ゲストハウス街も近いエリアなので、このコースは、参考にしやすいと思う。

町を一周して皇居一周とほぼ同距離

　まずはホテルを出て右手へ、タラート・ダーラー (P.63) を目指す。そこで左に折れて、しばらく走ると、右手正面にメコンの支流、ナムカーン川が見えてくる。プーシーの丘の裏手を抜けて、川沿いの道を行く。

　このあたりから川沿いを走るルアンパバーンの旅ランらしさを満喫できる風景が広がる。ついつ

朝日に輝くナムカーン川。こんな絶景に出合える

い立ち止まって写真撮影。フォトジェニックポイントでもある。

　この先は、川に沿って走ればいいから迷うことはない。半島の先をぐるりと回ると、右手に雄大なメコン川が広がってくる。

　メコン川沿いのマントゥーラート通りは、船着場があり、川を見ながら食事を楽しめるレストランがたくさんある。通りを挟んで反対側はカフェも多いので、途中でひと休みしてもいい。カフェやベーカリーの営業は午前7時頃から始まるところが多い。ちなみに、私のお気に入り「サフラン・コーヒー」(P.58) は朝7時からだ。

　起点に戻るのなら、ルアンパバーン・リバーロッジというホテルを目印にインタソム通りに入ればいい。これで約5km。皇居一周と同じくらいの距離である。でも、ルアンパバーンのほうがルートが平坦なので、ずっと走りやすい。物足りなければ、これを何周かすればいい。

　旅ランが盛んといっても、皇居ランのように、ランニングステーションのようなものがあるわけではない。宿泊先を起点に走り始めよう。ランニングシューズだけあれば、ウエアは動きやすくて、汗をかいてもすぐ乾く素材であれば何でも。速乾性のスポーツウエアは、東南アジアの旅では、日中の観光でも役に立つ。

　ルアンパバーンの早朝といえば、冒頭に挙げた托鉢が定番だが、托鉢は、夜明け直前の午前5時半頃から始まり、6時半には終わる。ランニングは、托鉢が終わったくらいの時間帯から走り始めるのがおすすめ。托鉢の僧侶たちをじゃますることもないし、途中でひと休みするカフェも営業を始める。一方、午前8時を過ぎると、だんだん暑くなってくる。8時半くらいには走り終える心づもりにするといい。

　ルアンパバーンを旅する魅力は町歩きにある。その魅力をもうひとつ、違う角度から再発見させてくれるのが旅ランではないだろうか。ナイトマーケットに繰り出す夜、托鉢、日中の観光では見えなかったもうひとつのルアンパバーンに出会えるはずだ。
（山口由美）

思いおもいのペースでランニングを楽しむ人たち

やまぐち・ゆみ：旅行作家。『アマン伝説 アジアンリゾート誕生秘話』（光文社）など著書多数。

ルアンパバーン

〔 ルアンパバーン 〕

世界遺産に登録された町並み

Summary

アウトライン

　ラオス最大の観光地でもあるルアンパバーンは、1995年に世界遺産に登録されて以来、その知名度を年ごとに上げており、世界各国のメディアで絶賛されている。

　見どころで外せないのは、王国時代の調度品を公開しているルアンパバーン国立博物館、そしてワット・シェントーンをはじめとする寺院の数々、さらにプーシーからの眺望などである。これらに加えて、パークウー洞窟やタート・クワーンシーの滝といった郊外のスポットも回ると、丸2日は欲しいところだ。

　ルアンパバーンにはここ数年、トップエンドのラグジュアリーホテルが増えており、ホテル内のスパとプールで時間を過ごすセレブリティなスタイルも、選択肢のひとつ。きっと、忘れられないホテルライフが過ごせるに違いない。

　一方、アウトドア・アクティビティが充実しているのもルアンパバーンの魅力のひとつ。エレファント・ライディング、サイクリング、農業体験などのプログラムが用意されているので、旅行会社で相談してみるといいだろう。

　ルアンパバーンはまた、ラオス北部への旅行の起点となる町でもあり、おもだった都市への中長距離バスや鉄道が発着している。その方面への旅行を考えている人は、宿や旅行会社などで早めに情報収集しておいたほうがいい。

ルアンパバーンの風物詩でもある早朝の托鉢

旅のシーズン
Season

中心部は、雨季、乾季ともにほぼ問題なく観光できるが、乾季のほうが気温が低く、快適だ。滝に行く人は、乾季は美しいが水量が少なく、雨季のほうが迫力があることを知っておこう。

乾季のタート・クワーンシーの滝

交通手段
Transport

ルアンパバーン中心部の見どころは半径2km程度のエリアに収まっているので、徒歩や自転車で回れる。郊外へは、車をチャーターするか、旅行会社のツアーに参加することになる。

周辺部まで足を延ばすなら、MTBタイプがおすすめ

ホテル
Accommodation

世界遺産に登録されている関係で、半島部の中心地は、部屋数が少なく抑えられている小規模のホテルやゲストハウスばかり。トップシーズンの11～2月は、どこも予約で混雑する。一方、滞在型の高級ホテルは離れた場所にあることが多く、静かな滞在を約束してくれる。

最高級ホテル、アヴァニ＋ (P.64)

食事
Food

メコン川、ナムカーン川沿いには気持ちのよいテラスレストランが並んでいて、川風に吹かれながらの食事ができる。レベルもさまざまなので、予算に合わせて食事を楽しもう。絶対外せないのは「カオ・ソーイ」。辛めの肉味噌をかけたラオス風の担々麺だ。

担々麺風の辛さがやみつきになるカオ・ソーイ

旅のヒント
Travel tips

観光だけでなく、たくさんあるカフェを巡るのも楽しい。食事メニューも充実していて、ランチ場所としても使える。

ルアンパバーン の
行くべき、やるべき、食べるべきもの Best 3

1. ナイトマーケット散策 P.39
2. 早朝の托鉢を見学 P.39
3. 名物料理、カオ・ソーイに舌鼓 P.27

そぞろ歩きが楽しいナイトマーケット

ルアンパバーン（ルアンプラバーン）

Luang Phabang (Luang Prabang)

ຫຼວງພະບາງ

市外局番
071

ルアンパバーン
★

ビエンチャン

夕日を見にプーシー（P.48）に集まる人びと

1995年、ラオスで初めて世界遺産に登録されたルアンパバーン。以来、この町は、世界からのツーリストを魅了し続けてきた。

現在のラオスの祖となったラーンサーン王国がこの地に都をおいたのは1353年。1560年に首都機能はビエンチャンに移ってしまったが、その後も王家はここに残り、古きよき伝統と生活様式を守り続けてきた。

それから何度も体制は変わり、人々も移り変わってきたが、早朝の托鉢で仏への感謝を忘れず、メコンの魚で食卓を彩り、ナムカーン川のほとりで野菜を育てるライフスタイルは昔のまま。ルアンパバーンの魅力は、そんなラオスの人たちの日常風景なのだろう。

ACCESS

飛行機

国際線は、タイ、ベトナム、中国、カンボジアから運航されている。国内線は、ビエンチャンから所要約45〜50分、$47.55〜（ラオス航空）、350,000kip〜（ラーオ・スカイウエイ）。

バス

ラオス国内各都市からは毎日多くの便がある。ビエンチャンの北方面バスターミナルから所要10〜11時間、220,000kip。発車時刻は、6:30、8:30、9:00、11:00、13:30、16:00、18:30。

鉄道

ビエンチャンから急行で約2時間、242,000kip、普通で約2時間40分、172,000kip（料金はいずれも2等車）

ボート

パークベンから所要約8時間、200,000kip。フアイサーイから所要2日（パークベンで1泊）、400,000kip。

ルアンパバーン到着

飛行機で到着したら

ルアンパバーン国際空港から町の中心部までは車で所要約15分。個人旅行の場合、空港から市内へはタクシーが結んでいる。チケットは空港ターミナルビルの出口にあるカウンターで販売している。

バスで到着したら

● **バスターミナル**

ルアンパバーンには大きなバスターミナルが2つある。

【北方面バスターミナル】

ウドムサイ、ルアンナムターなど、北部各方面へのバスが発着している大きなターミナル。路線バスのほとんどはこのターミナルを使用しているが、目的地によっては、別のターミナルで発着していることもあるので、宿などで確認しておこう。

【南方面（ナールアン）バスターミナル】

ビエンチャン、バンビエンなど南部各方面へのバスが発着している。

鉄道で到着したら

ルアンパバーン駅前にある乗合バン乗り場でチケット（35,000kip）を購入し、目的のホテルなどに向かう。

ボートで到着したら

パークベン行きの船が発着するバーン・ドーン船着場は、ルアンパバーンの町の中心から約5km上流にある。船で到着したら、待機しているトゥクトゥクにほかの乗客と相乗りしてルアンパバーンに向かう。

ルアンパバーンの歩き方

寺院が集中する半島部のメインストリート

メコン川とその支流ナムカーン川に囲まれたルアンパバーンは、まるで半島のような形をしている。その中心部を貫く**シーサワンウォンSisavangvon通り**、**サッカリンSakkaline通り**の周囲におもな見どころは集中している。2～3泊程度

シーサワンウォン通りからサッカリン通りに続くメインストリート

でコンパクトな観光を目指すのであれば、この半島部に宿を取り、徒歩で回っても十分。

一方ナムカーン川の西側のエリア（MAP P.41-B2）には、住宅地の中に比較的グレードの高いホテルが点在している。レストランは少ないが、そのぶん旅行者は少なく、静かな滞在が約束されるだろう。

早起きして、朝の托鉢を見よう

ラオス全土で行われている、僧侶が喜捨を求めて町を練り歩く托鉢。その規模がラオスで一番大きいのがルアンパバーンだ。托鉢が行われるのは毎朝5:30～6:30頃、町全体で行われているが、寺院が集中しているサッカリン通り、その1本メコン川側のクンスワー通りでは、いくつもの托鉢の列が交錯する風景が見られる。朝は郵便局の東側の道でモーニングマーケット（朝市）も開催される（P.62）。

早朝の托鉢は必見

ナイトマーケットで買い物三昧

毎日17:00～22:00頃、シーサワンウォン通りは歩行者天国となり、道いっぱいに露店が並ぶナイトマーケットが開かれている。出店しているのはモン族の人がほとんどで、彼ら独特のデザインをモチーフにした小物などが売られている（P.62）。

足の踏み場もないほど店が出るナイトマーケット

市内の移動手段

バスなどの公共交通機関はないので、徒歩での移動を基本にしながら、少し遠い見どころへはトゥクトゥクやレンタサイクルを使うのがよいだろう。郊外へは、トゥクトゥクやボートをチャーターするか、旅行会社でツアーをアレンジしてもらうとよい。

「ルアンパバーン」と「ルアンプラバーン」
ルアンパバーンはかつてルアンプラバーン Luang Prabangと呼ばれていた。現在でも、ルアンプラバーンの名称を使っている施設は多い。

ルアンパバーン国際空港
MAP P.41-A2外
市の中心部からタクシーで所要約15分、ひとり80,000kip。3名以上集まるとひとり50,000kip
URL www.luangprabangairport.com

北方面バスターミナル
MAP P.41-A2外
町の中心部からトゥクトゥクで所要約20分、50,000kip。

南方面バスターミナル
MAP P.40-B1
町の中心部からトゥクトゥクで所要約10分、40,000kip。

鉄道駅
MAP P.41-B2外
町の中心部から乗合バンで所要約20分、1人40,000kip。

バーン・ドーン船着場
MAP P.41-A2外
ルアンパバーン市内の旅行会社で船のチケットを購入すると、宿泊しているホテルから船着場まで送迎してくれる。

ツーリスト・インフォメーションセンター
MAP P.42-D2
☎ (071) 212487
圏8:00 ～ 11:30、13:30 ～ 16:00　休土・日

ラオス航空オフィス
MAP P.41-B2
☎ (071) 212172
FAX (071) 212406
圏8:00～12:00、13:00～17:00
休土・日 CB A（手数料4%）
J M V（手数料3%）
A（手数料4%）

両替
銀行の営業時間の目安は以下のとおり。
圏8:30～15:30　休土・日

郵便局
MAP P.42-D2
圏8:30～12:00、13:30～16:00、17:00～20:00　休無

レンタサイクル
1日20,000 ～ 60,000kip。

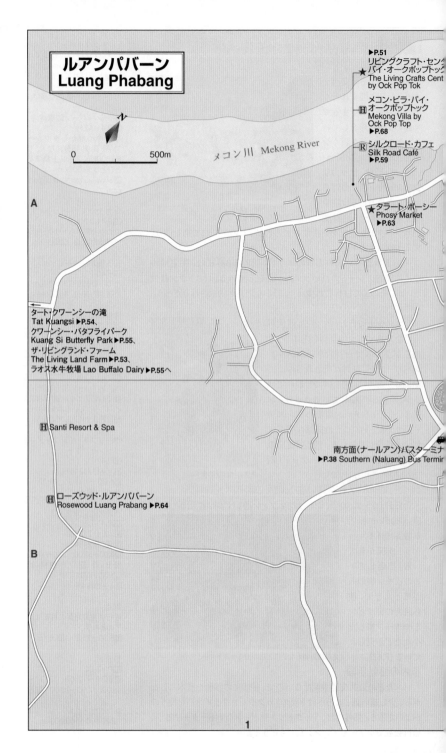

ルアンパバーン
Luang Phabang

0   500m

メコン川 Mekong River

A

▶P.51
リビングクラフト・センタ
★ バイ・オークポップトッ
The Living Crafts Cent
by Ock Pop Tok

メコン・ビラ・バイ・
Ⓗ オークポップトック
Mekong Villa by
Ock Pop Top
▶P.68

Ⓡ シルクロード・カフェ
Silk Road Café
▶P.59

★ タラート・ポーシー
Phosy Market
▶P.63

タートクワーンシーの滝
Tat Kuangsi ▶P.54、
クワーンシー・バタフライパーク
Kuang Si Butterfly Park▶P.55、
ザ・リビングランド・ファーム
The Living Land Farm▶P.53、
ラオス水牛牧場 Lao Buffalo Dairy▶P.55へ

Ⓗ Santi Resort & Spa

南方面(ナールアン)バスターミナ
▶P.38 Southern (Naluang) Bus Termir

Ⓗ ローズウッド・ルアンパバーン
Rosewood Luang Prabang ▶P.64

B

1

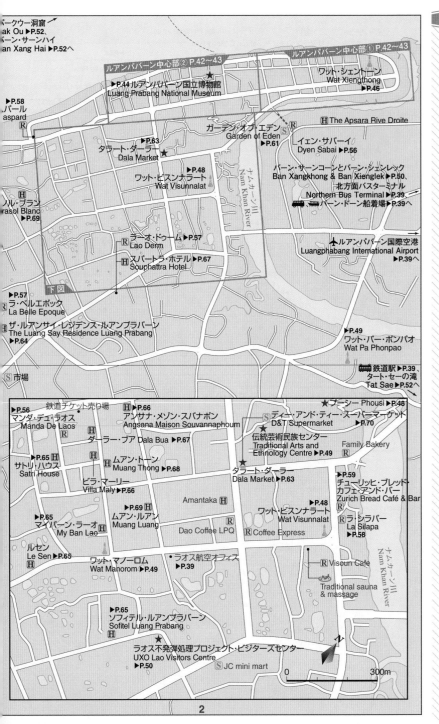

パークウー洞窟
ak Ou ▶P.52、
ーン・サーンハイ
an Xang Hai ▶P.52へ

ルアンパバーン中心部② P.42〜43
ルアンパバーン中心部① P.42〜43

▶P.44 ルアンパバーン国立博物館
Luang Prabang National Museum

★ワット・シェントーン
Wat Xiengthong
▶P.46

▶P.58
パール
aspard
R

ガーデン・オブ・エデン
Garden of Eden
▶P.61

H The Apsara Rive Droite
S

イェン・サバーイ
Dyen Sabai ▶P.56

★▶P.63
タラート・ダーラー
Dala Market

バーン・サーンコーンとバーン・シェンレック
Ban Xangkhong & Ban Xienglek ▶P.50、
北方面バスターミナル
Northern Bus Terminal ▶P.39
バーン・ドーン船着場 ▶P.39へ

▶P.48
ワット・ビスンナラート
Wat Visunnalat

ル・ブラン
rasol Blanc
▶P.69
H

ルアンパバーン国際空港
Luangphabang International Airport
▶P.39へ

R ラーオ・ドゥーム ▶P.57
Lao Derm

スパートラ・ホテル ▶P.67
Souphattra Hotel
H

▶P.49
ワット・パー・ポンパオ
Wat Pa Phonpao

▶P.57
ラ・ベルエポック
La Belle Epoque

下図

ザ・ルアンサイ・レジデンス・ルアンプラバーン
The Luang Say Residence Luang Prabang
▶P.64

鉄道駅 ▶P.39、
タート・セーの滝
Tat Sae ▶P.52へ

S 市場

▶P.56
鉄道チケット売り場
マンダ・デ・ラオス
Manda De Laos
R

H ▶P.66
アンサナ・メゾン・スパナポン
Angsana Maison Souvannaphoum

★ プーシー Phousi ▶P.48
S ディー・アンド・ティー・スーパーマーケット
D&T Supermarket ▶P.70

★ 伝統芸術民族センター
Traditional Arts and
Ethnology Centre ▶P.49

Family Bakery
R

▶P.65 H
サトリ・ハウス
Satri House

H ダーラー・ブア Dala Bua ▶P.67

H
ムアン・トーン
Muang Thong ▶P.68

ビラ・マーリー
Villa Maly ▶P.66

タラート・ダーラー
Dala Market ▶P.63

▶P.59
チューリッヒ・ブレッド・
カフェ・アンド・バー
Zurich Bread Café & Bar

▶P.65
マイバーン・ラーオ
My Ban Lao
H

▶P.69 H
ムアン・ルアン
Muang Luang

Amantaka H

Dao Coffee LPQ

▶P.48
ワット・ビスンナラート
Wat Visunnalat

R ラ・シラパー
La Silapa
▶P.58

ルセン
Le Sen ▶P.65
H

ワット・マノーロム
Wat Manorom ▶P.49

ラオス航空オフィス
▶P.39

R Coffee Express

R Visoun Cafe

Traditional sauna
& massage

▶P.65
ソフィテル・ルアンプラバーン
Sofitel Luang Prabang
H

ラオス不発弾処理プロジェクト・ビジターズセンター
UXO Lao Visitors Centre
▶P.50

S JC mini mart

ナムカーン川
Nam Khan River

0   300m

2

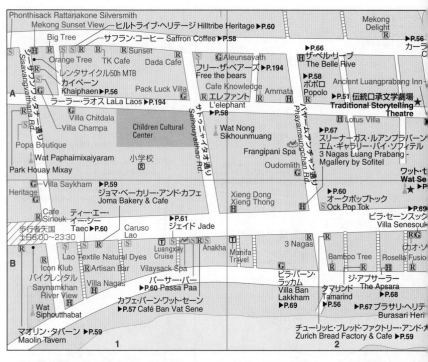

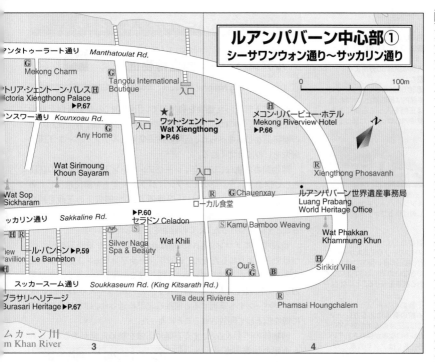

ルアンパバーン中心部①
シーサワンウォン通り〜サッカリン通り

0　　　　　　　100m

ンタトゥーラート通り　Manthatoulat Rd.

G Mekong Charm

Tangdu International Boutique
入口

トリア・シェントーン・パレス H
ictoria Xiengthong Palace
▶P.67

★ ワット・シェントーン
Wat Xiengthong
▶P.46
入口

H メコン・リバービュー・ホテル
Mekong Riverview Hotel
▶P.66

ンスワー通り　Kounxoau Rd.
G Any Home

Wat Sirimoung
Khoun Sayaram

入口

R Xiengthong Phosavanh

Wat Sop
Sickharam

R G Chauenxay
ローカル食堂

ルアンパバーン世界遺産事務局
Luang Prabang
World Heritage Office

ッカリン通り　Sakkaline Rd.
▶P.60
セラドン Celadon

S Kamu Bamboo Weaving

Wat Phakkan
Khammung Khun

H R
iew
avilion
ル・バントン ▶P.59
Le Banneton

S
Silver Naga
Spa & Beauty

Wat Khili

Oui's
G R

B
Sirikiri Villa
H

スッカスーム通り　Soukkaseum Rd. (King Kitsarath Rd.)

ブラサリ・ヘリテージ
Burasari Heritage ▶P.67

Villa deux Rivières
R
Phamsai Houngchalern

ム カーン 川
m Khan River
3   4

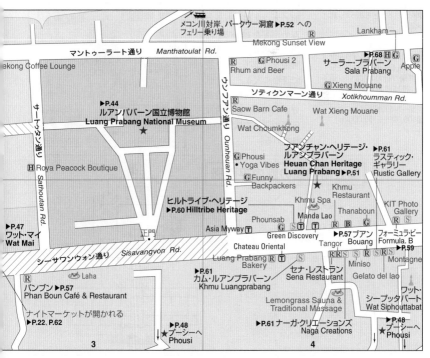

メコン川対岸、パークウー洞窟▶P.52 への
フェリー乗り場
Mekong Sunset View
Lankham

マントゥーラート通り　Manthatoulat Rd.

ekong Coffee Lounge

R G Phousi 2
Rhum and Beer

▶P.68 H G
サーラー・プラバーン
Sala Prabang
G Apple

G Xieng Mouane

ソティクンマーン通り　Xotikhoumman Rd.

▶P.44
ルアンパバーン国立博物館
Luang Prabang National Museum
★

R Saow Barn Cafe

Wat Xieng Mouane

Wat Choumkhong

フアンチャン・ヘリテージ・
ルアンプラバーン
Heuan Chan Heritage
Luang Prabang ▶P.51
▶P.61
ラスティック・
ギャラリー
Rustic Gallery

G Phousi
• Yoga Vibes

H Roya Peacock Boutique

G Funny
Backpackers

Khmu
Restaurant

KIT Photo
Gallery

ヒルトライブ・ヘリテージ
▶P.60 Hilltribe Heritage

Khmu Spa
Manda Lao

Thanaboun
R

Phounsab
S

Asia Myway T

Green Discovery
▶P.57 ブアン
Tangor Bouang

フォーミュラ・ビー
Formula. B
▶P.59

▶P.47
ワット・マイ
Wat Mai

正門

Chateau Oriental

R R S R S S S
Miniso
Montagne

シーサワンウォン通り　Sisavangvón Rd.

Luang Prabang R T
Bakery

セナ・レストラン
Sena Restaurant

Gelato del lao

ワット・
シーブッタバート
Wat Siphouttabat

R
Laha

▶P.61
カム・ルアンプラバーン
Khmu Luangprabang

パンブン ▶P.57
Phan Boun Café & Restaurant

Lemongrass Sauna &
Traditional Massage

ナイトマーケットが開かれる
▶P.22、P.62

▶P.48
★ プーシーへ
Phousi

▶P.61 ナーガ・クリエーションズ
Naga Creations

▶P.48
★ プーシーへ
Phousi

3   4

ラオス王家の暮らしぶりを紹介する博物館

ルアンパバーン国立博物館

Luang Prabang National Museum ຫໍພິພິຕະພັນແຫ່ງຊາດຫຼວງພະບາງ

ルアンパバーン
国立博物館
☎ (071) 212122
🕐 8:00 ～ 11:30、13:30 ～ 16:00
入場は閉館30分前まで
休 なし
料 30,000kip
※館内は撮影禁止。かばん類は正門を入って左側にある劇場内のロッカーに預ける。

「王宮博物館」とも呼ばれる、ルアンパバーン王国の栄華をしのばせるファサード

服装に注意！
ノースリーブやミニスカートなど、露出の多い服装では入場できないので、入口で上にはおる衣装を借りることになる。

王家のガレージ
本館の裏側にあるガレージには、王室の人々が使っていたレトロな車が保存されている。多くはアメリカ車だが、プライベートに利用していた日本車、川遊びに使ったモーターボートなどもあって、興味深い。

伝統舞踊の舞台
敷地内の劇場では、『ラーマーヤナ』をモチーフにした伝統舞踊が行われている。通常、開始時刻は18:30頃だが、毎日ではないので、スケジュールを確認しておこう。
料 100,000 ～ 150,000kip

かつて王宮だった建物を利用して、王朝時代の歴史資料を展示した博物館。中には、王族が使用した家具や調度品、各国使節からの贈答品などが並べられ、当時の絢爛豪華なルアンパバーン王国の繁栄をしのばせてくれる。

博物館の建物は、1909年、シーサワンウォン王とその家族の住居として建造された。当時はフランスがラオス全土を植民地化していたが、ルアンパバーンだけは「保護領」として形式上の王政を続けていた。フランスは、傀儡にもかかわらず、ラオスの王を保護していることを印象づけるため、この建物を設計したらしい。

建設場所にメコン川沿いが選ばれたのは、王や訪問客の舟が横づけできるようにしたため。1959年シーサワンウォン王が逝去した後もその家族が居住していたが、時代はその家族をも巻き込んだ勢力争いと内戦に突入する。1975年、パテート・ラーオ（現政権）がルアンパバーンをも掌握すると家族は北部に送られ、建物はその翌年に博物館として開放されることになった。

博物館の門を入ると、すぐ右側に仏像を納めた祠があるが、これも金銀の装飾がまばしいほどの絢爛さ。そして正面の木立に覆われたプロムナードを進むと、博物館本館の正面だ。入口の階段を上がり、靴を脱いで建物に入る。

建物は、前部と後部に分かれており、両者は大広間の謁見の間でつながれている。

ルアンパバーン国立博物館配置図

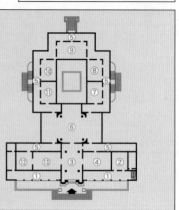

国立博物館の館内平面図

① 前面テラス
② 祈祷の間
③ 儀式の間
④ 王の接見の間
⑤ 廊下
⑥ 謁見の間
⑦ 王の書斎
⑧ 王妃の間
⑨ 王の間
⑩ 子供部屋
⑪ 食堂
⑫ 王妃の接見の間
⑬ 書記官の業務部屋

ルアンパパーン国立博物館の順路と解説

①前面テラス
正面左側テラスでチケットを提示し、入場。

②祈禱の間
両手を前にかざしている仏像は、ラオスで最も信仰されているパパーン仏。ピーマイ・ラーオ（ラオス正月）にはパパーン仏をワット・マイ（P.47）に移して水掛けの儀式を行う。この移動の際の儀式には盛大なパレードが行われる。

③儀式の間
正面奥にある高座は1965年にルアンパパーンの職人が作ったもので、王宮内での儀式、および祝賀を執り行う際に、高僧が説法を説いたり、お祝いをしたりするために座った。ウォンサワン皇太子の結婚式もここで行われた。両脇にあるパ・テーンと呼ばれる長椅子は、説法を受ける客人が座るのに使用された。周囲にある展示ケースには、戦争や天災で壊れてしまったルアンパパーン周辺の仏塔や、寺院に埋納されていた17〜18世紀の青銅、石、木製の仏像を展示している。

④王の接見の間
王が私的な客人をもてなした部屋。壁面の絵画は、1930年にフランス人画家アリ・ドゥ・フートゥロー Alix de Fautereauにより描かれたもので、ルアンパパーンの1日を時間を追って描いており、光の違いで朝から夜までを表現。左から高床式住居、ナムカーン川に架かる橋、ラオス新年に行われるゾウのパレード、ワット・シェントーン（P.46）、プーシー（P.48）、市場、ワット・マイ（P.47）となっている。一方、部屋の隅にあるのはルアンパパーン歴代王のブロンズ像で、左からウンカム王（在位1872〜1889年）、カムスック王（在位1890〜1904年）、シーサワンウォン王（在位1905〜1959年）となっている。

⑤廊下
各部屋をつなぐ廊下のところどころには、献上品の数々のほか、インドシナ半島に広く分布している銅鼓が展示されている。中央に太陽、その周りに植物や動物などの生命を意味する絵が描かれており、「富国豊穣」を表している。周辺にあるカエルの像3段重ねなどは、雨季＝水の恵みと子孫繁栄を象徴。ガラスケースには、王国当時の銀

器、刀、王妃の衣服、竹杖、ラオス仏教美術を作るための鋳型、噛みたばこ入れ、また19世紀に使われた王室用の御座舟の模型などを展示している。

⑥謁見の間
正面の玉座はシーサワン・ワッタナー王が使用したもの。玉座に向かって左側にはシーサワン・ワッタナー王の王冠、同じく右側には王妃の冠が展示され、精巧に施された装飾を見ることができる。入口左側には、シーサワン・ワッタナー王が用いた金製の刀剣が展示されている。

⑦王の書斎
王が書斎として使用していた部屋。本棚には、周辺国のほか、日本などから取り寄せた書物も見られる。

⑧王妃の間
王妃が寝室として使用していた部屋。室内には王妃の家具や化粧台などが展示してある。

⑨王の間
王の寝室中央にあるベッドはシーサワンウォン王が使用していたもので、王家の紋章である3つの頭のゾウの彫刻が施されている。正面左側の肖像画はシーサワンウォン王、右側は最後の王シーサワン・ワッタナー王。

⑩子供部屋
かつて子供部屋として使用されていたが、現在は『ラーマーヤナ』を演じるときに使う面、衣装、楽器が展示されている。

⑪食堂
王族の食事の場。展示ケースに入っている食器はフランス製のもの。

⑫王妃の接見の間
王妃が客人をもてなした部屋。肖像画は、1967年にロシア人画家、イリヤ・グラズノフ Ilya Glazunovによって描かれたもので、正面はシーサワン・ワッタナー王、右側はカムプイ王妃、左側はウォンサワン皇太子。それぞれの絵画がからくり画のようになっていて、シーサワン・ワッタナー王の壁画の向かって右側の足先の光沢部分に注目しながら左右に移動すると、足の向きが常に自分のほうを向いているように見える。

⑬書記官の業務部屋
書記官が業務を行っていた部屋で、現在は1960年代のシーサワン・ワッタナー王への各国からの贈答品を展示している。

ワット・シェントーン

Wat Xiengthong

ວັດຽຽຈທອງ

優美なデザインの屋根が目を引く本堂

ワット・シェントーン
開6:00 ～ 18:00
休なし
料20,000kip
※入場券は、連続する2日間使用できる。

職人技が光る「マイ・トーン」のモザイク画

モザイク画も見事なレッド・チャペル

MAP P.41-A2 P.43-A3

半島部の突端に建つ、世界遺産ルアンパバーンを象徴する寺院。建立は1560年、セーターティラート王によるもの。その姿は、ラオスのすべての寺院のなかで、最高級の美しさを誇る。

ワット・シェントーンのある場所には、かつてビエンチャンの商人、チャンターパニットの自宅があったといわれている。チャンターパニットは、ある日「北部に塩を持っていくと金持ちになれる」という夢を見た。彼はルアンパバーンに塩を船で運んで商売を始め、一財を築く。その業績をたたえたセーターティラート王が、この場所にワット・シェントーンを建立したと伝えられる。

本堂

本堂は、優雅に、しかし大胆に湾曲した屋根が特徴の「ルアンパバーン様式」といわれるスタイル。屋根の傾斜はビエンチャンの寺院よりも緩く、東側に向かって3段、西側には1段の屋根が折り重なり、計9枚で屋根が構成されている。

壁面は宝石箱のような黒色に塗られ、伝説上の動物が描かれている。背面の壁に装飾されているのは、1960年代に地元の職人たちの手によって制作された「マイ・トーン（黄金の木）」。かつてここに立っていたと伝えられる高さ160mの大樹がモチーフで、仏教に関する物語がモザイクで表現されている。北の壁面にあるゾウの首はヒンドゥー教の神のひとつガネーシャ。これは堂内の水道管につながっており、4月のピーマイ・ラーオ（ラオス正月）では流れ出てくる水を求める人々が集まってくる。本堂周辺の木の根元に鎮座する動物たち（トラなど）は、ラオスの寓話に登場するものといわれている。

レッド・チャペル (赤堂)

本堂の斜め後方に位置する小さな祠で、1569年、セーターティラート王によって寝仏が搬入された。祠の外壁も、本堂の壁と同様、ピンク地のモザイク画で彩られているが、これは1957年にブッダ生誕2500年を記念して装飾されたもの。

立像堂

本堂に隣接する祠。正面には色とりどりのガラス装飾が施されている。内部には、仏教伝説に登場する半鳥人のキンナリーが安置されている。

霊柩車庫

1960年に行われたシーサワンウォン王の葬儀で使われた霊柩車が納められている。黄金の竜をモチーフにした霊柩車は、葬儀の盛大さを容易に想像させる。

竜の首をもつ黄金の霊柩車

ワット・シェントーン配置図

メコン川
入口（チケット売り場）
ボート祭り用
ボートの艇庫
鼓楼
僧坊
本堂
ボート祭り用
ボートの艇庫
立像堂
レッド・チャペル
霊柩車庫
入口（チケット売り場）
僧坊
N
0 50m
サッカリン通り
入口（チケット売り場）

『ラーマーヤナ』を描いた黄金のレリーフが見事

ワット・マイ

Wat Mai

MAP P.43-D3

ວັດໃໝ່

折り重なるような美しい屋根も一級品

ルアンパバーン国立博物館（P.44）に隣接している、ルアンパバーンのなかで最も美しい寺院のひとつ。1788年に建設が始まり、完成までに70年を要した。正式名は「ワット・マイ・スワンナプーム・アハーン」で、これは、「美しい（アハーン）黄金の国土（スワンナプーム）の新しい（マイ）寺院（ワット）」という意味。その名のとおり、ラオスにおける仏教芸術が最盛を誇った頃を彷彿とさせる絢爛さである。屋根は五重に折り重なっている典型的なルアンパバーン様式。屋根にかぎればワット・シェントーン（P.46）よりも美しいという評価もある。

建立後も、当時の為政者によって改築や改装が施されてきたが、1960年代には本堂正面に見える黄金のレリーフが制作された。これは仏教の輪廻を表現しており、インドの叙事詩『ラーマーヤナ』をモチーフにしたものである。

堂内には王朝時代の栄華を思わせるような装飾を施したボートが2艘収められており、これは4月のピーマイ・ラーオ（ラオス正月）、そして例年9月頃のボートレース祭りのときにしか顔を出さない。

サッカリン通りで堂々たる威容を誇示する

ワット・セーン

Wat Sene

MAP P.42-B2

ວັດແສນ

サッカリン通りに面した寺院のなかでも比較的大規模な寺院。正式名称は「ワット・セーンスッカラム」で、1714年、キサラート王の治世に建立されたもの。1930年と1957年には、ブッダ生誕2500年を記念して改修が施され、現在の姿になった。

印象的なテラコッタ色の外壁は、もともとタイ様式の黄色ベースを、その後の改修で塗りなおしたもの。また、境内の北東部の角にはボートが奉納されているが、これはメコン川に近い寺院に共通しているものでもある。

ワット・マイ
開 8:00〜17:00
休 なし
料 20,000kip

『ラーマーヤナ』の物語が描かれた壁画

本堂に安置された仏像は、やや小ぶり

境内の艇庫に保管されているボート

ワット・セーン
開 8:00〜17:00
休 なし
料 無料

サッカリン通りの静かなエリアでひときわ目立つ

プーシーへの登山口
プーシーへの一番わかりやすい入口はルアンパバーン国立博物館（P.44）の向かいで、ここから300段強の階段を上ると頂上へいたる。帰りはその階段と反対側にある別の階段を下りると、比較的新しく据えられた黄金の仏像や、釈迦の足跡（仏足石）が納められている岩穴などを観ることができる。この階段は、ワット・シープッタバートからシーサワンウォン通りに出られる方向と、ナムカーン川に沿った道に出られる方向に途中で分かれている。

プーシーからメコン川を見下ろす

ワット・シープッタバートへの階段の途中には仏足石を保管した祠も

✉プーシーからの夕日はとても美しかった。でも、この時間帯は観光客が多く、登るのに時間がかかるうえ、頂上はとても混雑しています。（栃木県　HIROKI-H　'14）['23]

ワット・ビスンナラート
圖7:30 ～ 18:00
休なし
图20,000kip（境内は無料）

本堂は平べったいデザインのコンクリート造り

ルアンパバーン市内が一望できる

プーシー

MAP P.41-B2

Phousi　　　　ພູສີ

　高さ150mの小高い山。海抜は700mもある。頂上からは、メコン川とナムカーン川の間に広がるルアンパバーンの町が一望できる。この山は、かつて「アマ・ルーシー」「ニョティカ・ルーシー」というふたりの仙人が、神様に導かれてこの山にたどり着き、ルアンパバーンの町をつくった、という伝説から、「仙人（ルーシー）の山（プー）」と名づけられた。

頂上に建つタート・チョムシー

すいかを半分に割ったようなフォルムの仏塔

ワット・ビスンナラート

MAP P.41-A2

Wat Visunnalat　　　ວັດວິຊຸນນະລາດ

　一般には、本堂とそれに正対する仏塔、タート・パトゥムをひとつにまとめてワット・ビスンナラート（ワット・ビスン）、別名ワット・マークモー（すいか寺）と呼んでいる。

　ワット・ビスンは1512年、ビスンナラート王の治世における建立で、当時は山から切り出された約4000本の木材を使い、12本の柱に支えられた高さ30mにも及ぶ豪華な木造建築であった。19世紀のウンカム王の時代、中国・雲南のホー族の侵入（1887年）で破壊され、1898年にサッカリン王の手によって建て替えられたものが現在の建物である。

　寺の名前の由来にもなっている、すいかを半分に切ったように見えるタート・パトゥムの高さは35mあり、1505年頃にビスンナラート王の妻が

本堂内に安置された黄金のブッダ像

建立させたといわれている。1914年、大雨により破壊されたが、そのとき約140点の金銀宝物類が中から発見され、王室に納められた。塔はその後、1932年に改築され、現在の形になった。

宝が埋め込まれていたタート・パトゥム

ミャンマーのシュエダゴーン・パゴダがモデル

ワット・パー・ポンパオ

MAP P.41-A2

Wat Pa Phonpao

ວັດປ່າໂພນເຜົາ

ユニークな八角形の建物

市内から見ると、丘の上の森からひょっこりのぞくようにそびえる黄金の仏塔がこのワット・パー・ポンパオで、八角形の独特のデザインをもつ。ミャンマーのヤンゴンにある有名なシュエダゴーン・パゴダをモデルにしたとされ、地元の人々の寄進により、1988年に開山したが、完成までには30年近くを要した。仏塔の内部からは上層階に階段で上がることができ、テラスからルアンパバーン市内を望める。

本堂に描かれた仏教世界の壁画も見事

ワット・マノーロム

MAP P.41-B2

Wat Manorom

ວັດມະໂນລົມ

本堂のファサードは、ルアンパバーンでもとりわけ大きい

短く「ワット・マノー Wat Mano」とも呼ばれる。サームセンタイ王（在位1373〜1416年）の遺灰を納めるために、息子のファーグム王が建立したと伝えられる寺院。ラオスの寺院としては標準的なスタイルだが、本堂の威容は誇らしげである。

1370年代には高さ6m、重さ12tにも及ぶ銅製の仏像が搬入されたが、1887年のホー一族の侵入で破壊された。現在ある仏像は、1919年に再建されたものである。

境内にある金色の仏塔はビエンチャンのタート・ルアン（P.82）を模して造られたもので、祭事などに利用されている。

ラオスの伝統文化や民族資料を展示

伝統芸術民族センター

MAP P.41-B2

Traditional Arts and Ethnology Centre

ສູນສິນລະປະ ແລະ ຊົນເຜົ່າວິທະຍາ

タラート・ダーラー（P.63）脇の丘の上に建つ民族資料館。おもに少数民族の衣装、儀礼、風習にまつわる展示品を集めており、定期的にテーマを入れ替えている。併設ショップではさまざまな民族の手工芸品を販売しており、みやげ物探しにも便利。敷地内には雰囲気のよいカフェもある。

少数民族の生活様式を再現

ワット・パー・ポンパオ
ルアンパバーンの中心部から約3km。寺院への公共交通機関はないので、レンタサイクルがおすすめ。トゥクトゥクだと1台片道50,000kip。
🕐8:00 〜 10:00、13:30 〜 16:30 🈳なし
💴20,000kip

各階には、さまざまなデザインの仏像が安置されている

テラスからルアンパバーン市内を望む

ワット・マノーロム
🕐8:00〜17:30
🈳なし 💴無料

仏教の世界を描いた壁画

境内に並ぶ懺悔小屋

伝統芸術民族センター
☎ (071) 253364
🌐 www.taeclaos.org
🕐9:00 〜 16:00
🈳月（ほかに臨時長期休館あり）💴30,000kip

伝統建築を模した入口

ラオス不発弾処理
プロジェクト・
ビジターズセンター
☎(020) 55030335
🌐www.uxolao.org
🕐8:00 ～ 12:00、13:00 ～
16:00
休土・日
料無料

不発弾を除去する道具

ACCESS

バーン・サーンコーンと
バーン・シェンレック
ルアンパバーン市内からトゥ
クトゥクで所要約20分、1台
80,000～100,000kip (往復)。
自転車だと、ルアンパバーン
の郵便局 (MAP P.42-D2) 付近
から30分程度。途中、急坂を
上るので、ギア付きの自転車
をレンタルしたほうがベター。

庭先で機織リを見せてくれる

みやげ物も買えるカフェ

戦争の惨禍を実感できる

ラオス不発弾処理プロジェクト・ビジターズセンター MAP P.41-B2

UXO Lao Visitors Centre　ສູນຢ່ງມຍາມໂຄງການເກັບກູ້ລະເບີດ

　1970年代の内戦当時、ルアンパバーン県内にも多数の爆弾が落とされ、その不発弾処理の様子などが展示されている資料館。観光客であふれる古都ルアンパバーンの負の側面を知ることができる、貴重な施設である。館内のシアターでは、内戦中の貴重なビデオが上映され、ショップでは、不発弾の金属片で作られた栓抜きやアクセサリーが売られている。

実際に投下された爆弾の殻

織り子の姿を間近に見ることができる

バーン・サーンコーンとバーン・シェンレック MAP P.41-A2外

Ban Xangkhong & Ban Xienglek　ບ້ານຊ່າງຄອງ ແລະ ບ້ານຊຽງເລັກ

　バーン・サーンコーンとバーン・シェンレックは、織物の工房とショップが点在している村で、このふたつは隣接しており、徒歩で回れる。工房は観光客に開放されている所がほとんどで、織り子たちの細かい作業を目の前で見学することもできる。どの店も小規模で、オーナーやスタッフがいないと一時的に閉まっていることもあるが、そのあたりを散歩しながら待つくらいのペースで、のんびりと観光しよう。ショップの品物は、ルアンパバーンのナイトマーケットより割安。

和紙のような製法で模様を漉き込み紙を作る

手織りの一点物も多い

バーン・サーンコーンとバーン・シェンレック ギャラリーマップ

N　メコン川　0　100m

① 伝統的な絣織 (マットミー) やクッションカバーなどのハンドメイド製品が並ぶショップ兼工房。
☎(020)55624348 🕐8:00～18:00 休なし

② ルアンパバーンをはじめ、ラオス各地のお茶が楽しめるティーハウス。涼しげなテラスで、ショッピングの間のお休みをどうぞ。
☎(020)77773224 🕐8:00～17:00 休なし

③ モダンにアレンジされたインテリア雑貨が揃う。デザイナーのセンスが光る繊細な手仕事はどれも上質。
☎(071)213047 🕐10:00～17:00 休日

④ 中庭の工房では養蚕から染色の過程を説明した展示品や、自家栽培する植物、機織りの様子などを見学できる。
☎(071)252803 🕐8:00～17:00 休なし

Na Long Kone 1
Bounalay
バーン・サーンコーン
マットミー Mutmee
Tanh Manipoun
Wat Xangkhong Phokhathephavararam
パタ・テキスタイル・ギャラリー Patta Textile Gallery
ザ・ティーハウス The Tea House
Na Long Kone 2
ラーオ・テキスタイル・ナチュラル・ダイズ Lao Textile Natural Dyes
バーン・シェンレック

ルアンパバーンの沿革を学ぼう

フアンチャン・ヘリテージ・ルアンプラバーン MAP P.43-D4

Heuan Chan Heritage Luang Prabang ເຮືອນຈັນ ມໍລະດົກ ຫລວງພະບາງ

　1900年頃にラオス王宮の役人が建てたといわれるルアンパバーンの伝統的な建物を利用した博物館で、町の中心にありながら緑豊かで気持ちのよい庭園が広がる。ルアンパバーンの歴史や文化・習慣、生活様式に関する資料が展示され、詳細な解説も興味深い。ショップやカフェも併設。

テーマごとに分かれた展示品

人気ブティックの製作現場に潜入

リビングクラフト・センター・バイ・オークポップトック MAP P.40-A1

The Living Crafts Centre by Ock Pop Tok

　ショップのオークポップトック（P.60）で販売されているテキスタイルの作業現場を見学し、実際に体験もできる施設。植物で天然染料を作り染色したり、モン族の伝統的な柄をバティックにデザインしたり半日から数日かけて行うものまでさまざま。カフェも併設され1日中楽しめる。

自分で作ったものは持ち帰り可能

ケーンの響きに酔いながら民話を味わう

伝統口承文学劇場 MAP P.42-A2

Traditional Storytelling Theatre ໂຮງສະແດງລະຄອນພື້ນເມືອງ

　古くからラオスに伝わる昔話や民話を、英語で紹介しているシアター。「シーパイ」と呼ばれる語り手が話をする合間に、竹製の民族楽器「ケーン」奏者が音色を挟みながら参加者の雰囲気を盛り上げてくれる。

迫力ある語りを楽しもう

フアンチャン・ヘリテージ・ルアンプラバーン
☎ (030) 5493632
🌐 www.heritageluangprabang.com
🕐 9:00 ～ 17:00　休なし
💴 15,000kip（ミネラルウオーター1本付き）

路地裏にひっそりたたずむ

リビングクラフト・センター・バイ・オークポップトック
オークポップトックから無料シャトルあり
☎ (071) 212597
🌐 www.ockpoptok.com/visit-us/living-craft-center
🕐 8:00 ～ 21:00（ツアーは～17:00）
休なし
💴 織物体験$48～、モン族バティック体験$49～など。見学は無料

メコン川沿いで豊かな自然が広がる

伝統口承文学劇場
☎ (020) 78938132
🌐 www.garavek.com
🕐 18:30 ～ 19:30（チケットの販売は18:00 ～）
休なし
💴 $5

ラオスのお得な情報

COLUMN

托鉢における注意！

　世界遺産に登録されて以来、朝の托鉢はルアンパバーン観光の目玉になっている。その姿を狙って写真を撮影しようという観光客が、場所によっては黒山の人だかりになっているのが現状。われ先にとシャッターを押しまくり、僧侶たちをバックに自撮りするような行為が問題になっている。また、見学客に「お供え物」を高額で売りつける人も目立ち、逆に観光客からの苦情が相次いでいる。托鉢の写真撮影はある程度の距離から、節度をもって行うのがルール。また、お供えはせず、見るだけにとどめるのが無難。

お供え物の定価が表示されている

ルアンパバーン ／ ルアンパバーン

51

町で船頭たちが客引きしているが、ツーリスト・インフォメーションセンター（P.39）または旅行会社で乗合ボートを申し込むのが確実。料金は1艘900,000kipから、6人まで乗れる。宿までの送迎も付いている。

圏8:00〜17:00
休なし 圏20,000kip

おびただしい数の大小の仏像

✉パークウー行きのボートには窓がなく、川の上は冷たかったので、防寒対策が必要です。（大阪府　ぷにゃお　'14）['23]

個人で行くには、トゥクトゥクと交渉して往復チャーターするしかないが、旅行会社でゾウ乗りなどのアクティビティが入ったツアーがあるので、その利用がおすすめ。

圏8:30〜17:00
休なし 圏20,000kip

ゾウと一緒に滝へ

ルアンパバーン郊外の見どころ

絶壁に掘られた洞窟に無数の仏像が鎮座する

パークウー洞窟　MAP P.41-A2外

Pak Ou　ປາກອູ

ルアンパバーンの船着場からメコン川を上ること約25km、メコン川がナムウー川と合流する地点にある洞窟で、大小多くの仏像が納められている。洞窟は2ヵ所あって、川に面した切り立った崖にくり抜かれた洞窟がタム・ティン・ルム、そこから坂と階段を5分ほど上がった所にある横穴がタム・ティン・トゥン。

タム・ティン・ルムは、日本の「五百羅漢」のような雰囲気。4000体以上の仏像が置かれているのは圧巻だ。タム・ティン・トゥンは、真っ暗な洞窟の中に仏像が点在している。懐中電灯を持参するか、スマホのライトを使うとよい。

タム・ティン・トゥンの洞窟内　　切り立った崖の洞窟

ゾウ乗りも楽しめる

タート・セーの滝　MAP P.41-B2外

Tat Sae　ຕາດແສ

ルアンパバーンの中心部から約30kmほど離れた所にある滝。巨大な滝を見慣れている日本人には、滝というより「瀬」くらいにしか見えないほどの落差しかないが、広範囲に点在する小さな滝のまわりで水遊びをする旅行者の姿も。エレファント・ライディングのポイントにもなっており、巨大なゾウが水の中に思いっきり踏み込むときの水しぶきは豪快。

水着があれば泳げる

ສະບາຍຍດີ！ ラオスのお得な情報

COLUMN

ラオスの地酒「ラオ・ラーオ」蒸留の村

パークウー洞窟の対岸にある村、バーン・サーンハイ Ban Xang Hai（MAP P.41-A2外）は、ラオスの伝統的な米焼酎である「ラオ・ラーオ」を製造していることで有名。最近は観光化が進み、酒よりも織物やおみやげを売る店のほうが目立つが、川べりに行けば、蒸留しているところをまだ見られる。ルアンパバーンからパークウー洞窟行きのボートに乗り、洞窟到着前に寄るのが一般的。

蒸留されたラオ・ラーオがぽたぽたとしたたり落ちる

ラオスの稲作作業を半日で体験できる

ザ・リビングランド・ファーム

MAP P.40-A1外

The Living Land Farm

ザ・リビングランド・ファーム
☎(020) 55199208
🌐www.livinglandlao.org
休なし
圏農業体験$39、昼食付き
$49。いずれもホテルからの
送迎付き

村そのものを体験型施設として位置付け、田植え、収穫、脱穀などの農作業アクティビティを旅行者に提供している。泥だらけになりながら水牛に引かれたり、鎌を使って稲刈りをしたり、ラオスの農民が実際に行っている作業が体験できる。単なる観光アトラクションではなく、収益で学校や道路などのインフラを整備したり、子供たちへ教育の機会を提供したりと、コミュニティ・ディベロップメント（地域開発）の側面も感じてもらいたい。

水牛に容赦なく引っ張られると、誰もが笑い出す

インストラクターの掛け声に合わせて、もみ殻を飛ばす

ズボンをたくし上げて田んぼに入り、田植え体験

ビジネス旅行
にも最適！

地球の歩き方
電子版

鮮度の高い、生きた情報を
スマホやタブレットで身軽に。

地球の歩き方 電子書籍 🔍

ACCESS

タート・クワーンシーの滝
町でトゥクトゥクの運転手たちが客引きしているが、ツーリスト・インフォメーションセンター（P.39）または旅行会社で乗合バンを申し込むのが確実。料金はひとり50,000kipで、宿までの送迎も付いている。
⏰8:30〜17:30 休なし
💰20,000kip

保護されているクマたち

滝の上に登るプチトレッキング
タート・クワーンシーの滝の上を一周する山道がある。傾斜はかなり急なので、しっかりした靴が不可欠。ただ、上から滝壺を見下ろすことは難しい。所要約1時間。

傾斜はかなり急だ

滝つぼで水浴びするのもさわやかな

タート・クワーンシーの滝

Tat Kuangsi

ຕາດກວາງສີ

MAP P.40-A1外

水しぶきを上げて水が流れ落ちる

水着があれば、下流で泳ぐこともできる

入場券売り場からゲートまでは、このカートで移動

ルアンパバーン市内から約32kmの所にあり、流れ落ちる水が非常に美しい滝である。車が入れるのは入場券売り場のあるゲートまでで、そこで電動カートに乗って村の中を走り、滝の入口の門で下車。さらに緩い上り坂を歩いて上がっていく。途中、ツキノワグマなどの保護センターもあるので、立ち寄ってみてもいいだろう。ゲートから約15分で滝に到着。下流のほうには水浴びができる場所もあり、更衣室も用意されている。

ラオスのお得な情報

ルアンパバーンのエレファント・ライディング

COLUMN

ルアンパバーン周辺にはゾウと遊べる施設が点在しており、市内の旅行会社で申し込みができる。
人気はやはり、ゾウの背中に乗ってお散歩できる「エレファント・ライディング」で、人を乗せたまま池の中に豪快に入っていくこともある。
だが近年、ゾウをアトラクションとして使うことへの批判も大きく、保護とその理解教育に重点をおいた施設も出てきた。これらをどうとらえるかは個々の判断だが、申込時に詳細を聞いておこう。
また、ゾウを調教して使いこなす「マホートMahot」を体験するコースもあり、ゾウとじっくり触れ合いたい人にはおすすめだ。旅行会社のなかには「ゾウ使いの国家資格が取れます」と日本語で看板を掲げているところもあるが、マホートは一種の伝統技能。そんな国家資格はラオスに存在しない。

大きな背中に乗って、ゆっくりとお散歩

熱帯のチョウが乱舞する

クワーンシー・バタフライパーク MAP P.40-A1外

Kuang Si Butterfly Park ສວນແມງກະເບື້ອກວາງຊີ

タート・クワーンシーの滝（P.54）の手前にあるチョウ園。ルアンパバーン周辺に生息するチョウを集め、熱帯に舞う色鮮やかなチョウのサンクチュアリになっている。オーナーはオランダ人夫妻で、観光客のみならず、地元の子供たちにも自然の大切さを学んでもらう教育活動も展開する。

まさにチョウの楽園

ラオスで唯一の酪農場

ラオス水牛牧場 MAP P.40-A1外

Laos Buffalo Dairy

ラオス農家の支援を目的にオーストラリア人のオーナー夫妻が始めたバッファローファーム。農家から雌牛を預かり、母牛と子牛のウイルス検査や出産から産後のケアまでを行い、健康な状態で村に戻す活動を行う。搾乳したミルクで作られたアイスクリームやチーズなどを販売するほか、乳しぼり体験など見学ツアーも開催。

水牛に餌やり体験もできる

(ACCESS)

クワーンシー・
バタフライパーク
タート・クワーンシーの滝
（P.54）の入場券売り場ゲートのなかにあり、そこから徒歩が、電動カートに乗って途中下車。
☎ (020) 98237466
開10:00 ～ 16:30 休木
料40,000kip（別にタート・クワーンシーの入場料が必要）
CCなし

カフェでは、オランダ産のチーズを使ったサンドイッチも

地元の子供たち向けに、自然の大切さを学ばせる啓発活動も行うスタッフ

(ACCESS)

ラオス水牛牧場
ルアンパバーンからタート・クワーンシーの滝に行く途中にあるので、車をチャーターし、寄ってもらうのがいい。
☎ (030) 9690487
URL www.laosbuffalodairy.com
開9:30 ～ 17:00
休なし 料50,000kip

さまざまな種類のチーズ盛り合わせ

牧場前にあるアイスクリームスタンドでも食べられる、水牛の乳のアイスクリーム

RESTAURANT

ルアンパバーンのレストラン

正統派ラオス料理から本格派フレンチまで、幅広い種類のレストランが揃う。最近は食事メニューが充実したカフェも増えており、ランチにも使える。

R マンダ・デュ・ラオス
Manda de Laos
$$$

ラオス料理　**MAP P.41-B2**

ラオスの家庭料理をモダンにアレンジ。レストランの敷地内には、睡蓮が浮かぶ池があり、開放的なテラス席で食事が取れる。アルコールも充実し、シグネチャーカクテル140,000kip〜。夜は予約がベター。

☎ (071) 253923
URL www.mandadelaos.com
⊕ 12:00 〜 23:00
休 なし
CC MV (手数料3%)

R タマリンド
Tamarind
$$$

ラオス料理　**MAP P.42-B2**

ラオス料理のテイストを守りながら、バラエティ豊かな創作メニューを提供するカフェ風レストラン。迷ったら、さまざまなラオス料理がひと皿にのった「ディッピングサンプラー」85,000kipを頼んでみよう。

☎ (071) 213128
URL www.tamarindlaos.com
⊕ 11:00 〜 16:30、17:30〜21:30
休 月
CC MV (手数料3%)

R カイペーン
Khaiphaen
$$

ラオス料理　**MAP P.42-A1**

化学調味料を使わず、素材の味を生かしたラオス料理を味わえる。上品な味わいが日本人の口にも合い、盛りつけもこまやか。レギュラーメニューに加え、月替わりのスペシャルメニューやデザートも種類豊富。

☎ (071) 254135
URL www.tree-alliance.org
⊕ 17:00 〜 21:30
休 日
CC AJMV

R イェン・サバーイ
Dyen Sabai
$$

ラオス料理　**MAP P.41-A2**

焼肉がメインのラオス料理レストランで、ルアンパバーンの中心部からだと、ナムカーン川を渡った対岸にある。土手の斜面を利用して建てられているので、どの席からも川が眺められる。

☎ (020) 55104817
URL www.facebook.com/Dyensabai
⊕ 10:00 〜 23:00
休 なし
CC JMV (手数料3%)

R カーラーオ
Calao
$$$

ラオス＆ヨーロッパ料理　**MAP P.42-A2**

コロニアル様式の洋館を改装したファインダイニング。定番のラオス料理のみならず、バッファローステーキやビーフステーキ各185,000kipなどの肉料理やパスタ、サラダなども取り揃える。デザートメニューも種類豊富。

☎ (071) 212100
URL www.elephant-restau.com/lecalao
⊕ 11:00 〜 14:30、17:30 〜 22:00
休 なし
CC MV

　レストランの予算の目安　**$**=1人＄3未満、**$$**=1人＄10未満、**$$$**=1人＄10以上

R　パンブン・カフェ・アンド・レストラン　$$

Phan Boun Café & Restaurant

ラオス＆アジア料理　**MAP P.43-D3**

シーサワンウォン通り沿いの建物の2階にあり、夜はナイトマーケットのにぎやかな様子を眺めながら食事ができる。木製の調度品に囲まれたシックな店内ではラオス料理やタイ料理がいただける。カフェ利用にもおすすめ。

☎ (020) 55445665
🖳 www.facebook.com/profile.php?id=100088231892686
🕐 11:00 ～ 22:00
休 なし
CC なし

R　ラ・ベルエポック　$$$

La Belle Epoque

ラオス＆ヨーロッパ料理　**MAP P.41-A2**

高級ホテルのザ・ルアンサイ・レジデンス（P.64）のメインダイニング。3ヵ月に一度更新されているというメニューは、ラオス料理とフランス料理を見事なまでにコラボレーションさせており、どれも洗練されている。

☎ (071) 260891
🖳 www.luangsayresidence.la
🕐 6:30 ～ 23:00
休 なし
CC AJMV

R　ラーオ・ドゥーム　$$$

Lao Derm

ラオス＆ヨーロッパ料理　**MAP P.41-A2**

スパートラ・ホテル（P.67）内にある、白を基調としたモダンなホテルダイニング。サイ・ウアやラープなどの伝統的なラオス料理が食べられる。ステーキなどヨーロッパ料理のメニューも本格的。

☎ (071) 211222
🖳 laodermgroup.com
🕐 6:30 ～ 22:30
休 なし
CC AJMV

R　ブアン　$$

Bouang

ラオス＆ヨーロッパ料理　**MAP P.43-D4**

モダンかつカラフルな内装で、観光客が絶えない人気店。ピンクのバンズが映えるベジバーガー 85,000kip、シナモンポークシチュー95,000kipなど価格も手頃。カフェメニューも充実している。

☎ (020) 55268908
🖳 www.facebook.com/Bouang.asianeatery
🕐 11:30 ～ 21:30
休 なし
CC MV（手数料3%）

R　カフェ・バーン・ワット・セーン　$$$

Café Ban Vat Sene

フランス＆ヨーロッパ料理　**MAP P.42-B1**

2018年にリニューアルオープンしたビストロ＆カフェ。朝食やランチメニューも豊富で、どんなシーンでも利用できるのがうれしい。昼はガレットやタルティーヌ、夜はバッファローのヒレステーキなどがおすすめ。

☎ (071) 252482
🖳 www.elephant-restau.com/bistrobanvatsene
🕐 8:30 ～ 22:00
休 なし
CC AMV

ラオスのお得な情報　COLUMN

メコン川沿いのBBQレストラン

　ルアンパバーンのメコン川沿いにはテラスレストランが並んでいるが、なかでもBBQは人気。食べ放題のシステムが多く、会計を気にせずに心ゆくまで食事が楽しめる。旅の同行者と、ゲストハウスで会った旅人と、同じ火を囲んで肉を突っついてみてはいかがだろうか。

　食べ放題で、おなか一杯に

R エレファント $$$
L'elephant

フランス料理　MAP P.42-A1

☎ (071) 252482
URL www.elephant-restau.com
🕐 17:00 ～ 22:00
休 月
CC J M V（手数料3%）

フランス植民地時代のスタイルを踏襲する、洗練された料理が自慢の高級フレンチ。地元の食材にとことんこだわったメニューに、豊富な種類のフランス直送ワインを合わせて、ルアンパバーンの贅沢な夜を。

R ガスパール $$$
Gaspard

フランス料理　MAP P.41-A2

☎ (071) 252247
URL www.gaspardrestaurant.com
🕐 12:00 ～ 23:00
休 なし
CC M V（手数料3%）

2階建てのコロニアルな建物で、緑に囲まれた屋外ガーデンテラス付きのレストラン。シェフが腕をふるうフレンチのコースは前菜からメインまで見た目にもこだわる本格派。中心の喧騒から離れて、心ゆくまで味わいたい。

R ポポロ $$$
Popolo

イタリア料理　MAP P.42-A2

☎ (020) 98996858
URL www.facebook.com/PopoloCantina
🕐 12:00 ～ 21:30
休 なし
CC M V（手数料3%）

ナポリスタイルの窯焼きピザが楽しめるピッツェリア。ピザの価格帯は105,000 ～ 205,000kip。チーズや野菜をたっぷり使ったピザはさくさくでボリューミー。人気店なので、事前予約がおすすめ。

R ラ・シラパー $$$
La Silapa

イタリア料理　MAP P.41-B2

☎ (030) 5344913
URL www.facebook.com/lasilapa
🕐 11:15 ～ 22:30
休 なし
CC A J M V

緑豊かな中庭で気持ちよく食事ができるイタリアン。パスタやラザニアのほか、夜は10種類以上の窯焼きピザ85,000 ～ 180,000kipが登場。サラダや前菜が付いたセットメニューも豊富。

R ティー・フィフティシックス・カフェ・アンド・バー $$
T56 Café & Bar

カフェ&バー　MAP P.42-C2

☎ (020) 23892798
URL www.facebook.com/t56cafeandbar
🕐 6:30 ～ 23:00
休 なし
CC なし

メコン川に面して立つカフェ。スタイリッシュな店内と川沿いのテラス席があり、朝食は30,000 ～ 80,000kipでいただける。夜はアルコールも提供するバーになり、毎週金曜の夜はDJナイトが行われる。

R サフラン・コーヒー $$
Saffron Coffee

カフェ　MAP P.42-A1

☎ (071) 254254
URL saffroncoffee.com
🕐 7:00 ～ 20:00（水～ 20:30）、7:30 ～ 17:30（土・日）　休 なし
CC M V（手数料3%、40,000kip以上の利用で可）

環境への配慮や農家支援にも取り組み、ルアンパバーン郊外で良質なコーヒー豆を栽培。さまざまな種類のコーヒーやラテ、果肉から作られるコーヒーチェリーティーなどを提供。品質の高いコーヒー豆も人気。

ル・バントン $$
Le Banneton

カフェ 　　　　　　　MAP P.43-B3

ガラスケースに並ぶクロワッサンやフランスパンが絶品のベーカリー＆カフェ。ドリンクが付いたコンチネンタルブレックファスト60,000kip～など朝食にも便利。バゲットやパニーニなどランチもおいしい。

☎ (030) 5788340
URL www.facebook.com/lebannetonluangprabang
営 8:30 ～ 22:00
休 なし
CC AMV

フォーミュラ・ビー $$
Formula. B

カフェ 　　　　　　　MAP P.43-D4

1階はショップ、2階はインテリアがかわいらしいカフェになっている。ケーキの種類も豊富。窓際の席に座れば、町並みを眺めながらコーヒーが楽しめる。ドリンクはシーズンメニューもあり。

☎ (020) 59295955
URL www.facebook.com/formula.b.cafe
営 8:00 ～ 17:00 (月～金)、9:00 ～ 18:00 (土・日)
休 なし CC なし

シルクロード・カフェ $$
Silk Road Café

カフェ 　　　　　　　MAP P.40-A1

ショップのオークポップトック (P.60) が運営するオープンエアのカフェ。緑に囲まれカラフルな内装の店内では、デザートやドリンクはもちろん、カオ・ソーイやラープなどラオス料理のランチもいただける。

☎ (071) 212597
URL www.ockpoptok.com/visit-us/silk-road-cafe
営 7:30 ～ 20:00
休 なし CC AJMV (手数料3%)

ジョマ・ベーカリー・アンド・カフェ $$
Joma Bakery & Cafe

カフェ 　　　　MAP P.42-B1、P.42-D1

ビエンチャンにもある、ラオスのカフェの老舗。パン、ケーキ、ペストリーなどのメニューが充実し、Wi-Fiもスムーズにつながるので、町歩きの休憩にもよい。ルアンパバーン中心部には2店舗ある。

☎ (071) 213167
URL www.joma.biz
営 6:00 ～ 21:00
休 なし
CC MV

チューリッヒ・ブレッド・カフェ・アンド・バー $$
Zurich Bread Café & Bar

カフェ＆バー 　　　　　MAP P.41-B2

ランチにも便利なベーカリーだが、夜はアルコールも提供、バーとしても使える。サッカリン通り沿いに姉妹店チューリッヒ・ブレッド・ファクトリー・アンド・カフェ Zurich Bread Factory & Cafe (MAP P.42-B2) がある。

☎ (020) 50528953
営 8:00 ～ 17:00
休 なし
CC AJMV

マオリン・タバーン $$$
Maolin Tavern

バー 　　　　　　　　MAP P.42-B1

ベルギービールやワインを中心にお酒を楽しみながらゆったりと食事ができる。フードは酒のつまみのみならず、ハンバーガーやパスタなど食欲を満たしたい人向けのメニューも揃う。スポーツの試合を上映する日もある。

☎ (020) 59485241
URL www.facebook.com/maolintavern/?locale=ja_JP
営 16:00 ～ 23:00
休 なし
CC AMV (手数料3%)

ルアンパバーンのショップ

外国人が経営にタッチしている店舗が多く、個性的なセンスが光るおみやげをゲットできるチャンス。ラオス産のコーヒーやお菓子なども購入可能。

⚡S オークポップトック

Ock Pop Tok

小物&雑貨　**MAP P.42-B2**

伝統デザインを日常使いできるように仕上げたテキスタイルが人気のブティック。高品質でスタイリッシュな商品が揃う。リビングクラフト・センター・バイ・オークポップトック (P.51) への送迎も行う。

☎ (071) 253219
🌐 www.ockpoptok.com
🕗 8:00 〜 21:00
休 なし
CC AJMV (手数料3%、$30以上は無料)

⚡S パーサー・パー

Passa Paa

小物&雑貨　**MAP P.42-B1**

イギリス人デザイナーがモン族の伝統織物や模様をモダンな生活雑貨にアレンジ。バッグやスカーフなどファッションアイテムのほか、PCケース、ネクタイ、コインケースなどユニークなアイテムが充実している。

☎ (020) 59239565
🌐 www.passa-paa.com
🕗 8:00 〜 21:00
休 なし
CC MV

⚡S ティー・エー・イー・シー

Taec

小物&雑貨　**MAP P.42-B1**

ラオスの民族文化の継承に尽力するNGOが運営するショップ。スカーフ、バッグ、アクセサリーなどタイ・ルー族やヤーオ族の村から取り寄せた手作り品は、デザインに民族それぞれの特徴が表れていて興味深い。

☎ (030) 5377557
🌐 www.taeclaos.org
🕗 9:00 〜 21:00
休 なし
CC JMV (手数料3%)

⚡S セラドン

Celadon

ファッション&雑貨　**MAP P.43-B3**

英語で「青磁」を意味する店名どおり、淡い青緑色の内装のブティック。仏教をテーマにした柄のTシャツやバッグは、デザインにこだわり普段使いしやすい。ハンドメイドの石けん92,000kipもおすすめ。

☎ (020) 56116799
🌐 www.facebook.com/celadonluangprabang
🕗 9:00 〜 17:00
休 なし
CC AJMV (手数料3%)

⚡S ヒルトライブ・ヘリテージ

Hilltribe Heritage

ファッション&雑貨　**MAP P.43-D4**

ラオスの山岳民族の伝統的な衣装や身につけるアクセサリー、小物などを多数販売。ユニークな柄のクッションカバーやバッグなど普段使いできるものも。メコン川沿いに支店 (MAP P.42-A1) がある。

☎ (020) 91437232
🌐 www.facebook.com/hilltribeheritage
🕗 8:00 〜 22:00
休 なし
CC MV (手数料3%)

S ラスティック・ギャラリー

Rustic Gallery

アクセサリー＆雑貨　**MAP P.43-D4**

☎ (020) 22955168
⏰ 8:30 ～ 22:30
休 なし
CC J M V (手数料3%)

シーサワンウォン通りに建ち並ぶアクセサリー雑貨店のなかでも老舗。リーズナブルな小物から本格的な店まで、じっくり掘り出し物を探そう。大ぶりの石をあしらったネックレスや繊細なデザインのピアスは女性好み。

S ナーガ・クリエーションズ

Naga Creations

アクセサリー＆雑貨　**MAP P.43-D4**

☎ (071) 212775
URL www.instagram.
com/nagacreations
⏰ 10:00 ～ 22:00
休 なし
CC M V

ハイセンスなアクセサリーや雑貨を取り扱うショップ。少数民族がモチーフのシルバー製ピアスやネックレス、色彩豊かなアカ族の刺繍雑貨など、商品はどれも個性的でていねいな仕事に定評がある。

S ガーデン・オブ・エデン

Garden of Eden

アクセサリー＆雑貨　**MAP P.41-A2**

☎ (020) 28229059
⏰ 9:00 ～ 21:00
休 なし
CC A (手数料4%) J M V (手数料3%) ($10以上で利用可)

中心部からナムカーン川を渡った所にあるアクセサリーの店。カラフルな石を使ったネックレスから、再生紙が原料というピアスまで、エスニック色が強い商品が並ぶ。手作り体験教室 (8:00 ～ 17:00) も開催。

S カム・ルアンプラバーン

Khmu Luangprabang

アクセサリー＆雑貨　**MAP P.43-D4**

☎ (020) 29143245
URL www.facebook.
com/Laphasouk
⏰ 10:00 ～ 22:00
休 なし
CC なし

ハンドメイドのアクセサリーや雑貨がところ狭しと並ぶショップ。商品にもよるが、ポーチやネックレスなどが50,000kipほどで手に入る。刺繍を施したピアスやキーホルダーなどは細かな模様もチェックしてみて。

S ジェイド

Jade

織物　**MAP P.42-B1**

☎ (020) 55634059
⏰ 9:00 ～ 21:00
休 なし
CC M V

かつて王宮にも献上したというタイ・ルー族の一家が代々手織りするシルク織物を販売。どの品も織目が繊細でクオリティが高く、天然染めによる落ち着いた色彩も味わい深い。スカーフやクッションカバーなどが揃う。

S アーロムディー・ショップ

Aromdee Shop

食品　**MAP P.42-C2**

☎ (030) 5696592
URL www.facebook.
com/aromdeelaos
⏰ 8:00 ～ 18:00
休 なし
CC なし

ラオス産のコーヒーや茶葉などを取り扱うショップ。バラマキみやげになるドリップコーヒー 15,000kipのほか、さまざまな種類のオーガニックティー 40,000 ～ 60,000kip、みやげ用にもなる川海苔カイ・ペーンなども販売。

ルアンパバーンのマーケット探訪

ショッピングは旅の醍醐味のひとつ。
観光客が多く訪れるナイトマーケットから
ローカル感満載の市場まで代表的なものを紹介。
お気に入りの逸品やおみやげになりそうなものがたくさん揃うはずだ。

ルアンパバーン名物
ナイトマーケット
Night Market

シーサワンウォン通りで行われる
ナイトマーケットは掘り出しものの
宝庫。しっぽりと趣ある裸電球が
ともる露店には、少数民族の伝統
的なコットン製品や小物から個性
的なアクセサリーまでところ狭し
と並ぶ。

MAP P.42-D2～43-D3、D4

\ ナイトマーケットInfo /

コアタイムは19:00～21:00
店によってオープンとクローズはまち
まち。まずは、ツーリスト・インフォメ
ーションセンターから博物館まで歩い
て、品揃えや価格をチェックしてみて。

値引き交渉は節度を保って
値札はないので事前に価格を確認する
こと。複数まとめて買えば値引き交渉し
やすくなるが、安すぎる金額を言うのは
マナー違反。1～2割引きをめざそう。

貴重品の管理を徹底しよう
買い物に夢中になって、財布やパスポー
トのひったくりに遭わないよう気を
つけて。特に混雑時は要注意。荷物は常
に体から離さないことだ。

▶ ローカル色が濃い ◀
モーニングマーケット
Morning Market

MAP P.42-C2

ローカルの生活風景をのぞくなら、
国立博物館からツーリスト・インフォ
メーションセンター周
辺の路地裏で開催され
るモーニングマーケッ
トにも足を運んでみよ
う。托鉢後の7:00～
9:00頃が活気あふれ
る時間帯だ。

1 欲しいものを欲しいだけ購入する量り売りスタイルが基本　2 生
鮮食品は難しいが、焼きバナナなら小腹がすいたときにもぴったり
3 日本では見たことがない珍しい種類の野菜も発見できる

SHOPPING

歩行者天国にずらりと並ぶ店。しつこい客引きもなく、じっくりと吟味しながら買い物できるのがナイトマーケットの魅力だ。

ポストカード

1枚5000キープ前後でまとめ買いすると安くなる。僧侶やゾウなどラオスらしいモチーフのデザインを選ぼう

エコストロー

かわいらしい入れ物に入っているのは、竹製のストローセット。洗えば何度も使える、環境に配慮したアイテム

色とりどりの雑貨がぎっしり並んでいるのが特徴。独特なラオス文字が書かれたTシャツは着心地抜群。持ち帰るのは大変そうだが、写真映えするパラソル。モン族の刺繍のミニクッションはたくさん並べて撮影

ジャケット

夜は冷えることも多い北部の旅に重宝しそうなフード付きのジャケットは、ビア・ラーオのデザイン

ティップ・カオ

もち米を入れるための竹製の入れ物のこと。大きさもさまざまで、アクセサリーや雑貨などを入れるのに使える

ヘアバンド

色や柄のバリエが豊富なヘアバンドはバラマキ用に複数購入して、値段交渉してみるのがおすすめ

インディゴ・ハウス（P.68）併設ベーカリーもおすすめ

注文してから作る絶品クレープ「ローティー」ツーリスト・インフォメーションセンター向かいの屋外フードコート

GOURMET

ナイトマーケット周辺に多くの出店が並び、夜のルアンパバーンは食べ歩きも楽しい。買い物に疲れたら腹ごしらえ＆ひと休み。

タラート・ダーラー
Dala Market

MAP P.41-B2

中国やタイ製の日用雑貨を扱うテナントが入居するインドアマーケット。シルク織物、民芸品からアクセサリーや民族衣装まで並ぶのでおみやげ探しにぴったり。ディー・アンド・ティー・スーパーマーケット（P.70）も併設。

バックパックやサンダルなど旅行用品もある

タラート・ポーシー
Phosy Market

MAP P.40-A1

ルアンパバーン最大級のマーケットで、2階建ての棟を中心に売り場が広がる。屋内にはおもに雑貨や衣類のほか肉や魚が並び、屋外は野菜が中心。ラオスの伝統的なスカート「シン」の生地もローカル価格で売られている。

町の中心からは少し離れるが、一見の価値あり

ルアンパバーンの ホテル

ホテルが多いのは、シーサワンウォン通りからサッカリン通りが貫く半島部。安いゲストハウスは、郵便局とメコン川の間（**MAP** P.42-C1 ～ D1）に集中している。

H ローズウッド・ルアンパバーン
Rosewood Luang Prabang

高級ホテル　**MAP** P.40-B1

今、ルアンパバーンで最もホットなラグジュアリーホテルが、このローズウッド・ルアンパバーンだ。20世紀初頭、ルアンパバーンに暮らしたフランス人の邸宅をイメージしたコンセプトのなか、多くの熱帯リゾートを手がけた鬼才、ビル・ベンズレーのデザインによる黄色とブルーを基調にしたインテリアに囲まれて過ごすホテルライフは格別だ。市街地からかなり離れており、世界遺産観光で混雑するツーリスティックな世界とは無縁の滞在を約束してくれる。

☎ (071) 211155
🖥 www.rosewoodhotels.com/en/luang-prabang
💰 AC S T $540 ～
💳 A J M V

1森の中にたたずむように建つホテル。敷地内には、まさに別世界が広がっている　2贅沢な時間を過ごしたいプール

H ザ・ルアンサイ・レジデンス・ルアンプラバーン
The Luang Say Residence Luang Prabang

高級ホテル　**MAP** P.41-A2

ルアンパバーンのラグジュアリーホテルの先駆けとなったホテル。町が世界遺産に登録される前、その調査に来たフランス人建築家が、フレンチコロニアルをコンセプトにオープンさせたのが、このルアンサイ・レジデンスである。広い敷地に点在している白い洋館のなかには、天蓋付きベッドのある部屋も。また、テラス席もあるレストラン「ラ・ベルエポック」(P.57)では、さわやかな空気を感じながら、洗練されたラオス料理やフランス料理を堪能できる。

☎ 006 633 813 074 (予約専用番号)
🖥 www.luangsayresidence.com/ja
💰 AC パイオニア・スイート$290 ～　エクスプローラー・スイート$340 ～　💳 A (手数料4%)　M V (手数料2.5%)

1敷地内にコロニアル風の家屋が点在し、静かな滞在が期待できる　2優しさに包まれながらの眠りを約束してくれる天蓋付きのベッド

H アヴァニ+ ルアンパバーン
Avani+ Luang Prabang

高級ホテル　**MAP** P.42-D1

多くのラグジュアリーホテルが、やや不便な周辺部に点在しているルアンパバーンにおいて、このアヴァニ+ ルアンパバーンは、町のまさに中心にある。だが、建物に一歩入るだけで、そこには観光客の喧騒とは隔絶された別世界が広がる。外からは想像できないほど大きな敷地の中にあるリゾート感たっぷりのプールは、昼下がりのひと泳ぎにぴったり。また、自社で所有しているボートでサンセットクルーズを行うなど、充実したアクティビティを提供しているのも特徴だ。

☎ (071) 262333
🖥 www.avanihotels.com/ja/luang-prabang
💰 AC デラックス$190 ～　デラックス・プールビュー$235 ～
スイート$280 ～　💳 A D J M V

1エントランスは、中心部に堂々たる姿を見せている　2使い勝手のいいベッドルームからは、プールのある中庭も眺められる

上記のホテルは、特記以外、朝食付き。料金には、基本的に、税10%、サービス料10%が加算される。

H サトリ・ハウス

Satri House

高級ホテル　　　　　　　　　　　　　MAP P.41-B2

ルアンパバーン王国を治めていた王族も住んでいたことがあるという、由緒ある建物を使った高級ホテル。全体的にはコンパクトな造りだが、周辺部にある広大でモダンなラグジュアリーホテルにはない、あたたかさが残る。歴史的な建物に囲まれたプールがあり、そこでひと泳ぎするのも、気持ちよい。

☎ (071) 253491
FAX (071) 253418
URL www.satrihouse.com
料 AC T デラックス$170〜　スイート$225〜（朝食付き）

1 中庭のプールは静かな雰囲気で、長期滞在にぴったり　2 静かな眠りを誘う、天蓋付きのベッド

H ソフィテル・ルアンプラバーン

Sofitel Luang Prabang

高級ホテル　　　　　　　　　　　　　MAP P.41-B2

広大な敷地をもつ、ラグジュアリーなリゾートホテルで、世界チェーンのソフィテルが運営している。ルアンパバーンの中心部からは少し離れているが、そのぶん、ホテルライフを思いきり満喫したい人向けの施設、サービスになっている。プライベートプール付きの部屋に宿泊し、1日部屋で過ごすのもいい。

☎ (071) 260777
FAX (071) 260776
URL www.sofitel-luangprabang.com
料 $308〜

1 世界遺産の町並みにふさわしい、低層でシックな建物　2 プライベートプールが付いたベッドルームもある

H ルセン・ブティックホテル

Le Sen Boutique Hotel

高級ホテル　　　　　　　　　　　　　MAP P.41-B2

部屋数を19に抑えたブティックホテル。決して大きくはないが、そのぶん、ゲスト一人ひとりへのケアに重点をおいたサービスがモットーで、ラグジュアリー志向を求める旅行者からの高い評価を長年にわたって得ている。特に朝食ビュッフェは、ルアンパバーンで最高品質との呼び声も。

☎ (071) 261668
料 AC T $120〜150　スイート$180
プールビラ$220
CC A J M V

1 プールを囲むように、落ち着いた建物が建つ　2 部屋数が少ないぶん、ゲストへの細かい心遣いが届く

H マイバーン・ラーオ

My Ban Lao

高級ホテル　　　　　　　　　　　　　MAP P.41-B2

白亜のフレンチコロニアルな建物と宿泊者専用の大きなプールが特徴的なホテル。木製の家具がしつらえられた部屋はシンプルだが、ソファやバスタブもあり、快適なホテルステイが楽しめるはずだ。館内にはカフェや、フレンチレストラン「BISTRO 1960」、スパを併設しており、中心地までの送迎も行う。

☎ (071) 252078
URL www.mybanlao.com
料 AC S T $180〜213　スイート S T $246
CC A M V（手数料3%）

1 プールサイドでゆったり過ごせる　2 鉄道チケットや各種ツアーの相談ができるツアーデスクもある

上記のホテルは、特記以外、朝食付き。料金には、基本的に、税10%、サービス料10%が加算される。

H アンサナ・メゾン・スバナポン・ホテル

Angsana Maison Souvannaphoum Hotel

高級ホテル **MAP** P.41-B2

ルアンパバーンでラオスを治めていた元王族の屋敷を改装した高級ホテル。客室は、イメージカラーの緋色と白をベースに、コロニアルな雰囲気を漂わせる調度品を配置し、高級感を演出している。プールは小さいが、夜は絶妙なライトで照らされ、ロマンティックなムードがゲストを包み込む。ホテル内のスパも好評。

☎ (071) 254609　**FAX** (071) 212577
URL www.angsana.com/ja/laos/souvannaphoum
料 **A**C**T**$96.8　スイート $200 〜 320
CC **A**J**M**V

1 王族の屋敷であったことをしのばせる白亜の建物 2 一つひとつの部屋のインテリアに、こだわりを感じる

H ビラ・マーリー・ブティック・ホテル

Villa Maly Boutique Hotel

高級ホテル **MAP** P.41-B2

ルアンパバーンでラオスを治めていた王族のひとりが、1938年に建てた屋敷をベースにしたラグジュアリーホテル。フレンチコロニアルなデザインを残しながら、ラオスならではのトロピカルな様式を各所に取り入れている。中心部から少し離れているぶん、観光客の喧騒とは無縁のホテルライフを約束してくれる。

☎ (071) 253903　**FAX** (071) 254912
URL www.villa-maly.com
料 $100 〜
CC **A**J**M**V

1 中心部から少し離れ、周囲は静かな雰囲気 2 プールのある中庭は開放的なスペースで、リゾート気分も盛り上がる

H メコン・リバービュー・ホテル

Mekong Riverview Hotel

高級ホテル **MAP** P.43-A4

メコン川とナムカーン川に挟まれた半島部の突端に近く、中心部の喧騒に悩まされずゆったりとしたバカンスを過ごせるホテル。伝統的な木造の建物で、部屋はラオス風の家具や調度品で揃えられエスニックな雰囲気。自転車レンタルや市内中心部へのシャトルサービスが無料なので、ショッピングや食事にも便利。

☎ (071) 254900　**FAX** (071) 254890
URL www.mekongriverview.com
料 **A**S**T**$80 〜 160
CC **A**J**M**V

1 ラオスの伝統様式を取り入れた木のぬくもりあふれる外観 2 シンプルだが清潔感あふれるベッドルーム

H ザ・ベル・リーブ

The Belle Rive

高級ホテル **MAP** P.42-A2

全部屋からメコン川を望める高級ホテル。エントランスなどの建物はコロニアル様式を取り入れたモダンなデザインで、部屋は落ち着いたトーンでまとめられている。レストランが川沿いにあり、宿泊者以外も利用可能。朝食は、人気ベーカリーのル・バントン(P.59)から取り寄せたパンや卵料理、麺などから好きなものを選べ、どれも絶品。

☎ (071) 260733　**FAX** (071) 253063
URL www.thebellerive.com
料 **A**S**T**$95 〜 170　スイート**S**T**$145 〜 220
CC **J**M**V**(手数料2.5%)

1 エントランスはモダンテイストでおしゃれ 2 上質な雰囲気の部屋。スイートはメゾネットタイプもある

H ブラサリ・ヘリテージ

Burasari Heritage

高級ホテル　**MAP P.42-B2、43-B3**

ナムカーン川沿いに面した高級ホテル。部屋は4つのカテゴリーに分かれていて、デラックスルームのリバービューを選べば、窓からナムカーン川を一望できる。ベッドルームに備えられたアメニティや木目調の落ち着いた調度品のセンスも抜群。レストランも夜になるとロマンティックな雰囲気に。

☎ (071) 213331
FAX (071) 213332
URL www.burasari
heritage.com
料 AC S T $92 ～ 255
CC M V

H スリーナーガス・ルアンプラバーン・エム・ギャラリー・バイ・ソフィテル

3 Nagas Luang Prabang - Mgallery by Sofitel

高級ホテル　**MAP P.42-B2**

築100年以上の建物を使ったコロニアルホテル。サッカリン通りを挟み、1903年建造の「カムプアハウス」と1898年建造の「ラマチェハウス」の2棟にたった15部屋という贅沢なレイアウトで、夜になると間接照明によって木のぬくもりが感じられる。オープンエアのラオス料理レストランも併設し、晴れた日は外で食事を楽しめる。

☎ (071) 253888
FAX (071) 260776
URL www.3-nagas.com
料 AC S T $130 ～ 200
スイート $300
CC M V

H ビクトリア・シェントーン・パレス

Victoria Xiengthong Palace

高級ホテル　**MAP P.43-A3**

メコン川とワット・シェントーン沿いの通りに面した高級ホテル。ルアンパバーン半島部の突端に近く、町の中心部から離れているぶん、隠れ家的なリゾート気分が満喫できる。また、朝はホテルの目の前を托鉢が通る。部屋は上品にまとめられており、アメニティはロクシタンなのがうれしい。スイートルームは2フロア仕様になっている。

☎ (071) 213200
FAX (071) 213203
URL www.victoria
hotels.asia/en
料 AC S T $162
スイート $300
CC A J M V

H スパートラ・ホテル

Souphattra Hotel

高級ホテル　**MAP P.41-A2**

2019年にオープンしたコロニアルホテル。明るいロビーを抜けるとレストラン「ラーオ・ドゥーム」(P.57)や開放的なプール、プールバーがあり、のんびりとホテルステイが楽しめる。部屋は白とグレーを基調にシックな雰囲気でまとめられており、各部屋にバルコニーも付く。レンタサイクルや町の中心までのシャトルサービスもある。

☎ (071) 211222
URL www.souphattra.
com
料 AC S T $130 ～ 150
スイート $180 ～ 250
CC A J M V

H ダーラー・ブア

Dala Bua

高級ホテル　**MAP P.41-B2**

レストラン、マンダ・デュ・ラオス(P.56)と同じ敷地にある高級ホテル。蓮(ブア)の花が咲き乱れる池を囲むように建物が立っている。さまざまなタイプの部屋があるが、独立した棟のバンガロータイプは、プライバシーも保たれていて、静かな滞在を約束してくれる。

☎ (071) 255588
URL maisondalabua.
com
料 AC T $113 ～ 233
(朝食付き)
CC A (手数料4%)
J M V (手数料2.5%)

上記のホテルは、特記以外、朝食付き。料金には、基本的に、税10%、サービス料10%が加算される。

H インディゴ・ハウス

Indigo House

中級ホテル　**MAP** P.42-D2

シーサワンウォン通りの入口に立つ高層ホテル。最上階からはナイトマーケットを一望でき、宿泊者以外も入れる。インディゴブルーを基調にした部屋やファブリックはおしゃれで、朝食のビュッフェも種類豊富。

☎ (071) 212264
FAX (071) 212804
料 AC⑤①$61 〜 94（朝食付き）
CC AJMV（手数料3%）

H ジ・アプサーラー・ホテル

The Apsara Hotel

中級ホテル　**MAP** P.42-B2

ナムカーン川に面して立つ小さなブティックホテルで、内装は、モダンなアジアンテイストで統一されている。館内にはワインバーがあり、40種類以上のワインが楽しめる。グラスは95,000kip〜。

☎ (071) 254670
URL www.theapsara.com
料 AC①$60 〜
CC AJMV

H ムアン・トーン・ホテル

Muang Thong Hotel

中級ホテル　**MAP** P.41-B2

木造の建物が優しい雰囲気を放つ。規模は大きくないが、そのぶん、スタッフからの親しみを込めたおもてなしが期待できる。中庭にはプールもあり、日がなホテルに滞在しながら、気分転換に泳ぐだけの日があってもいい。

☎ (071) 254976
FAX (071) 252974
URL www.muangthonghotel.com
料 AC①$75 〜 100（朝食付き）
CC A（手数料4%）
JMV（手数料3%）

H サーラー・プラバーン・ホテル

Sala Prabang Hotel

中級ホテル　**MAP** P.43-C4

建築家のオーナーが手がけるホテル。個性的な造りの6つの棟に全49部屋を備える。なかでもビラ、バーンラーオ、チャリニーの3棟にはメコン川を望む部屋があるが、9部屋のみなので早めの予約がベターだ。

☎ (071) 252460
FAX (071) 252472
URL www.salalaobouti que.com/salaprabang
料 AC⑤①$80 〜 90（朝食付き）
CC JMV（手数料3.5%）

H メコン・ビラ・バイ・オークポップトック

Mekong Villa by Ock Pop Tok

中級ホテル　**MAP** P.40-A1

ショップのオークポップトック（P.60）が運営するブティックホテル。全5部屋はそれぞれモン族やタイ・ルー族などラオスの民族名がつけられており、インテリアやバスタブの有無、ビューも部屋によって異なる。

☎ (071) 212597
URL www.ockpoptok.com/visit-us/villa
料 AC⑤①$60 〜 80
スイート⑤①$120 〜 160（朝食付き）
CC AJMV（手数料3%）

H ルアンプラバーン・レジデンス

Luang Prabang Residence

中級ホテル　**MAP** P.42-D2

目の前が朝市、1本通りを出ればすぐナイトマーケットと立地抜群の宿。部屋や水回りは清潔に保たれており、全部屋にソファが置かれゆったりとした造りになっている。気持ちのよい中庭で朝食が提供される。

☎ (071) 260699
FAX (071) 260676
URL www.facebook.com/Luangprabangresidence
料 AC⑤①$55 〜 75（朝食付き）
CC AJMV（手数料3%）

H パラソル・ブラン

Parasol Blanc

中級ホテル **MAP P.41-A2**

ルアンパバーンにおける中級ホテルのなかでは、とりわけ評価が高い宿のひとつ。観光客が練り歩く中心部から離れた静かなエリアにあり、広い庭を眺められるテラスでくつろぎながら、気持ちのよい滞在ができる。

📞 (071) 252124
📠 (071) 254912
🌐 www.parasol-blanc.com
💴 AC ⊤ $50～90
（朝食付き）
CC A（手数料4%）
J M V（手数料2.6%）

H ムアン・ルアン

Muang Luang

中級ホテル **MAP P.41-B2**

寺院風のデザインが目を引く中級ホテル。ルアンパバーンでは老舗で、このランクの宿にしては部屋数が多いこともあって、日本人をはじめとした団体客の利用も多い。中庭にはプールもあり、ちょっとしたリゾート気分を味わえる。

📞 (071) 253663
📠 (071) 212790
💴 AC ⊤ $70～90、スイート ⊤ $150～190
CC A（手数料4%）
J M V（手数料3%）

G ビラ・バーン・ラッカム

Villa Ban Lakkham

中級ホテル **MAP P.42-B2**

全10部屋と落ち着いた雰囲気のゲストハウス。2階のバルコニーからはナムカーン川が見渡せ、1階の部屋には小さなバルコニーが付く。送迎の手配やレイトチェックアウトにも気軽に対応してくれる。

📞 (071) 252677
💴 AC S ⊤ $45～
（朝食付き）
CC なし
Wi-Fi 無料

G マイ・ラーオ・ホーム

My Lao Home

エコノミーホテル **MAP P.42-D1**

観光に便利なゲストハウス街にある。部屋は機能的な造りで、冷蔵庫、セーフティボックス、コーヒー・紅茶メーカーなども備える。モダンルームはバスタブ付き。自転車やバイクのレンタルも行っている。

📞 (071) 260680
📠 (071) 260690
💴 AC S ⊤ $30～65
トリプル $60～75
（朝食付き）
CC M V（手数料3%）

G ビラ・セーンスック

Villa Senesouk

エコノミーホテル **MAP P.42-B2**

ワット・セーンの向かいに建つゲストハウス。2階のテラスからは寺の境内を見渡すことができる。部屋はラオスのファブリックや民芸品で飾られ、手入れが行き届いている。全部屋にTV、冷蔵庫、ガウンが付く。

📞 (071) 212074
💴 AC S $35 ⊤ $40～50
CC A J M V
（手数料3%）

G ダウンタウン・ホステル

Downtown Hostel

エコノミーホテル **MAP P.42-D1**

ゲストハウス街にあり、バックパッカーたちの支持を集める宿。ドミトリーには各ベッドにコンセントと小さなファンが備え付けられ、ロッカーもある。個室には洗面台とシャワーが付く。朝食付きの料金でコスパ抜群。

📞 (020) 59774455
💴 F ドミトリー $7～11（朝食付き）
AC S ⊤ $25～30
💴 M V（手数料3%）

ディー・アンド・ティー・スーパーマーケットでおみやげ探し

タラート・ダーラー (P.63) 内にあるディー・アンド・ティー・スーパーマーケットは市内中心部のスーパーで、品揃えも豊富。立地のよさもさることながら、明るく広々とした店内には、バラマキみやげになりそうなコーヒーやお茶、アルコール飲料のほか、ラオスのブランド「レ・ザルチザン・ラーオ」のスキンケアグッズ (P.25) などが並び、値段も比較的安く手に入るのが魅力だ。定価が付いているので安心。観光の途中に休憩がてら立ち寄ってみてほしい。また、ローカル向けの日用品もあるので、地元の人々や僧侶が買い物している姿も。足りないものはここで買い揃えるのもよいだろう。

中国やタイ製のお菓子やインスタント食品も充実しているので、のぞいてみよう

①種類豊富なビール

おみやげにはもちろん、宿に帰って一杯というときにも遅くまでやっているスーパーがあると何かと重宝する。さまざまな種類があるラオスブランドの「ビア・ラーオ」は、オーソドックスな350mℓ缶のほか、「ビア・ラーオ・ダーク」やクラフトビールの「ビア・ラーオ・ホワイト」や、季節限定パッケージも揃う。それ以外にラオス銘柄の「ビア・ナムコーン」や「カオ・カム」もここで購入することができる。また、「タイガー・ビール」「シンハー・ビール」など東南アジア諸国のブランドも。

ラインアップも増えて、飲み比べも楽しい

ラオス新年限定ラベルのビア・ラーオ

②ドリップコーヒー

手軽にメイド・イン・ラオスのコーヒーを楽しめるドリップタイプは、個包装されているものもありバラマキみやげにぴったりだ。なかでも南部のボーラウェン高原に農園をもつ「オーケー・ラーオ OKLAO」のドリップコーヒーバッグは、たくさん購入したい人におすすめ。また、ドリップタイプはないものの「ポーピエン・コーヒー Phouphieng Coffee」は、ラオスのモチーフが描かれたパッケージが特徴的。パトゥーサイやタート・ルアンが描かれたビエンチャンブレンドや、ルアンパバーン国立博物館やワット・シェントーンが描かれたルアンパバーンブレンドなどの種類がある。

パッケージもおしゃれ

③ラオス産のお茶

北部のポンサーリーをはじめ、お茶もまたラオスの名産品のひとつ。ルアンパバーン市内ではおみやげ用の茶葉やティーバッグをあまり見かけないので、購入するならここで探すのがよいだろう。例えば、養蚕に欠かせない桑の葉でできたオーガニック・マルベリー・ティーのティーバッグは、25個入り。また、前述したコーヒーの展開も豊富な「ポーピエン・ティー Phouphieng Tea」の茶葉は、緑茶や紅茶など複数種類ある。タート・ルアンが描かれたパッケージもかわいらしい。

緑色のパッケージが目印

おみやげにもいい雑貨のコーナー

● ディー・アンド・ティー・スーパーマーケット
D&T Super Market
MAP P.41-B2
☎ (071) 260033　🕘9:00 ～ 22:00
休 なし　CC M V (手数料3%)

ビエンチャンとその周辺

〔 ビエンチャンとその周辺 〕

アウトライン *Summary*

　ビエンチャンは、「ビエンチャン県」と、その中にある「首都ビエンチャン（ビエンチャン都）」に分けられる。

　首都ビエンチャンはラオスの政治と経済の中心地で、東南アジア諸国連合（ASEAN）をはじめ、国際的な会議も開催されており、各国首脳の訪問も多い。高層コンドミニアムやショッピングモールもどんどん増え、急激に発展している一方で、人口は82万

ビエンチャンの都を築いたセーターティラート王の像

郊外にあるブッダ・パーク

人強（2015年センサス）と、東京都で一番人口の多い世田谷区より少ない。この人口密度の小ささが、ほかの東南アジアの首都とは異なるプロフィールだ。

　首都ビエンチャンには、それほど多くの観光スポットがあるわけではない。ラオスのシンボルにもなっているタート・ルアン、パリの凱旋門を模したパトゥーサイなどのポイントは、1日もあれば十分回れるはずだ。観光にもう1日割けるのであれば、ブッダ・パークやターゴーンまで足を延ばしてみるとよいだろう。

　首都ビエンチャンの北、ビエンチャン県にあるバンビエンは、若いツーリストに人気が高い。町の中を流れるナムソン川でのカヤック、四輪バギーでのツアー、さらにはホットエアバルーンによるフライトなど、さまざまなアウトドア・アクティビティが楽しめる。

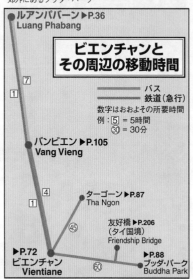

● ルアンパバーン ▶P.36
Luang Phabang

ビエンチャンと
その周辺の移動時間

━━━ バス
━━━ 鉄道（急行）

数字はおおよその所要時間
例：⑤ = 5時間
　　㉚ = 30分

⑦

①

● バンビエン ▶P.105
Vang Vieng

④

① ● ターゴーン ▶P.87
Tha Ngon

㊺ 友好橋 ▶P.206
（タイ国境）
Friendship Bridge

▶P.72
● ビエンチャン
Vientiane ㉕⑥⓪ ▶P.88
ブッダ・パーク
Buddha Park

アウトドアスポーツが堪能できるバンビエン

旅のシーズン
Season

　町の中心部では、雨季でも乾季でもほとんど関係なく過ごせるが、雨季は雨具を携帯したほうがよい。バンビエンでアクティビティに参加する人は、天候によって実施が左右されるケースもあるので、要確認。

暑季の真っただ中に行われるラオス新年の水かけ祭り

交通手段
Transport

　ビエンチャン市内は徒歩、自転車、ライドシェアを組み合わせて効率的に動こう。バンビエンへは、公共のバスのほか、旅行会社が運行しているツアーバスも、ホテルまでピックアップに来てくれるので便利。

郊外へは公共バスも便利

ホテル
Accommodation

　国際会議などの大きなイベントが多いビエンチャンには、国際チェーンホテルをはじめとして、大小さまざまなタイプの宿が揃っている。その一方、個人客の多いバンビエンには、簡素なバンガローもあれば、高級なリゾートホテルもある。

ビジネス対応も満足のビエンチャンの高級ホテル

食事
Food

　ビエンチャンには、世界各国の料理を提供するレストランが並び、インターナショナルな食事を楽しめるほか、日本料理店も増えてきた。若いツーリストが多いバンビエンでは、低価格でボリュームのあるメニューを提供する店が主流。

タラート・サオ前に出るフランスパン・サンドイッチの屋台

旅のヒント
Travel tips

　観光地的な所は少ないので、自転車を借りて、カフェで涼みながらのんびりと町巡りを楽しんでみたらいかがだろうか。

ビエンチャンとその周辺 の
行くべき、やるべき、食べるべきもの Best 3

- 1. ビエンチャンで、メコンに沈む夕日を観賞 **P.74**
- 2. バンビエンで、アウトドア・アクティビティに参加 **P.105**
- 3. ビエンチャン郊外のブッダ・パーク **P.88**

メコンに落ちる夕日に時間を忘れる

ビエンチャン
Vientiane

ວຽງຈັນ

市外局番
021

市内中心部朝のラッシュ

　南北に長い国土のほぼ中央に位置する首都ビエンチャン。1560年にルアンパバーンから遷都して以来、政治経済の中心地として重要な役割を果たしてきたこの町は、経済の急成長とともに、常に町の姿を変え続けている。それは、1年前の記憶があてにならないといっても過言ではない勢いだ。

　こんな激変のなかでも変わらないのが、大河メコン。その彼方に沈む夕日の美しさだけは、今も昔も、これからも不変である。

ACCESS

飛行機
国際線は、タイ、ベトナム、中国、カンボジアなどから運航されている(P.199)。国内線は、ルアンパバーンから所要約40〜50分など。(P.207)

バス
国際バスは、近隣国から運行されている。ラオス国内各都市からは毎日多くの便がある。発車時刻は、ルアンパバーン発が7:30、8:30、16:00、所要約8時間、155,000kipなど。

鉄道
ルアンパバーンから急行で約2時間、242,000kip。タイのバンコクから夜行列車で所要約13時間15分(国境で乗り換え)(P.199)。

ビエンチャン・
ワッタイ国際空港
MAP P.78-B1外
タクシーで所要約10分、1台
$7〜8。
www.vientianeairport.com

ビエンチャン到着

飛行機で到着したら
　ビエンチャンの空港は、市の中心部から約6km離れた所にある**ワッタイ国際空港**。国際線と国内線のターミナルは直結しており、徒歩で移動できる距離だ。

　ホテルの送迎サービスを利用しない個人旅行の場合、空港から市内へはタクシーを利用して市内へ向かうことになる。国際線、国内線ともに到着ロビーにタクシーカウンターがあり、行き先を告げてチケットを購入する。

ビエンチャンの空の玄関口、ワッタイ国際空港

陸路で到着したら
● **友好橋を通って**
　ビエンチャンの中心部から南東へ約20kmのターナーレーンという村にある友好橋が、メコン川を渡ってタイとの国境になっている。バスや鉄道で友好橋を渡って入国したら、ターナーレーンでバス、トゥクトゥク、タクシーに乗り換えて市内を目指す。

鉄道も通るようになった友好橋は、ラオスの代表的な陸路のゲートウエイ

●バスターミナルに到着

　ビエンチャンには大きなバスターミナルが3つある。

【ビエンチャン・キャピタル（タラート・サオ）・バスターミナル】

　ビエンチャン最大の市場、タラート・サオ（P.85）に隣接したバスターミナル。ビエンチャン周辺の近中距離バスが発着。タイのノーンカーイ、ウドーンターニー、バンコクへの国際バスもここで発着している。

タラート・サオに隣接している

【北方面バスターミナル】

　バンビエン、ルアンパバーン、シェンクワーン、サムヌアなど北部へのバスが発着。ベトナムや中国への国際バスもここに到着。

【ビエンチャン（南方面）・バスターミナル】

　サワンナケート、パークセーなど南部各都市への長距離バスが発着する、国内最大級のバスターミナル。ベトナムへの国際バスもここで発着している。

ベトナム行きの国際バス

●鉄道駅に到着

　ルアンパバーン、ウドムサイなど北部への列車が発着している。

ビエンチャンの歩き方

　ビエンチャンを歩くには、**サームセンタイ通り**、**セーターティラート通り**、**ファーグム通り**の3つの大きな道を頭に入れよう。旅行者がお世話になるホテル、レストラン、ショップなど、その多くがこれらの沿道や周辺に集まっている。また、3つの通りはほぼ東西に並行して走っており、それらの間は、やはりホテルやレストランが並ぶ細い道でつながっている。

サームセンタイ通りのランドマークは、コンサートなどが開かれる文化会館

　一方、ワット・シーサケートからほぼ北に延びる**ラーンサーン通り**はビエンチャンの顔ともいえる大街道。沿道にあるタラート・サオ周辺には外国銀行の支店も立ち並び、終点にそびえるパトゥーサイを背景に堂々たる首都の玄関を演出している。パトゥーサイの周辺は、首相官邸をはじめとした政府機関、外国大使館が集まるエリアになっている。さらに北へ進めば、ビエンチャンの象徴でもあるタート・ルアンにいたる。

寺院の多いセーターティラート通り

友好橋
MAP P.79-B2外
【バスで】
ビエンチャン・キャピタル・バスターミナルまで⑭のバスで所要約45分、12,000kip。25～30分おきに運行。
【トゥクトゥク、タクシーで】
ナンプまで所要約30分。タクシー1台400B、トゥクトゥク1台300B。トゥクトゥクの乗り合いはひとり100B。
【ターナーレーン駅から】
鉄道のターナーレーン駅に到着した場合は、駅前に待機してるミニバン（1台300,000kip）を利用する。

ビエンチャン・キャピタル・バスターミナル
MAP P.78-B1
ナンプまでトゥクトゥクで所要約5分、20,000kip。

北方面バスターミナル
MAP P.78-B1外
ビエンチャン・キャピタル・バスターミナルまで⑧のバスで所要約40分、8,000kip。ナンプまでトゥクトゥクで所要約30分、50,000kip。

ビエンチャン・バスターミナル
MAP P.79-A2外
ビエンチャン・キャピタル・バスターミナルまで㉙のバスで所要約30分、6,000kip。ナンプまでトゥクトゥクで所要約30分、50,000kip。

鉄道駅
MAP P.79-A2外
駅前に待機しているトゥクトゥクで、ひとり100,000kip程度。ライドシェア（P.215）も利用できる。

ツーリスト・インフォメーションセンター
Tourist Information Center
MAP P.81-A2
☎ (021) 212248
圏8:30～12:00、13:30～16:00　圏なし
ビエンチャンのほか、ラオス全土の観光情報を提供している。館内では各地の観光パンフレットが無料でもらえる。

両替
銀行の両替所の営業時間の目安は以下のとおり。
圏8:30～16:00（月～金）、8:30～15:30（土・日）

中央郵便局
MAP P.81-B2
圏8:00～17:00（月～金）、8:00～12:00（土）　圏日

夜までにぎわうナンプ広場周辺のレストラン街

朝夕は横断するのが難しいほど車が増えるタラート・サオ前の通り

パトゥーサイの上から見たビエンチャンの風景

神様たちのおもしろポーズがSNSでも受けそうなブッダ・パーク

水辺のいかだレストランが楽しいターゴーン

ビエンチャンのエリア解説

夜はライトアップされる

●ナンプ広場周辺
(MAP P.80 ～ 81)

ナンプは、セーターティラート通りに面した小さな噴水広場。広場の中はフードコートになっていて、夜はライトアップされ、インスタグラマチックになる。ホテル、レストランなど旅行者向けの施設は、この公園の周辺に集中している。特にセーターティラート通りを挟んでファーグム通りまでの南側のエリアには、リーズナブルな料金のホテルやゲストハウスが点在していて、若い外国人旅行者がいつも夜遅くまで闊歩している。

●タラート・サオからパトゥーサイ周辺

ビエンチャン最大のマーケットでもあるタラート・サオの周辺は、買い物客でにぎわうエリア。ここへ来れば、ラオス人がどんな生活をしているのかを垣間見ることができる。タラート・サオからパトゥーサイにかけて、ラーンサーン通りの周辺には、ラオス政府の主要な省庁、外国銀行の支店や国際機関などが並ぶ。

パトゥーサイへ一直線に続くラーンサーン通り

●タート・ルアンと国会議事堂周辺

パトゥーサイを取り巻くロータリーからさらに北東方向に延びる

ナンプからだと少し距離があるタート・ルアンへはトゥクトゥクか自転車で

12月23日通りを行くと、その突き当たりがタート・ルアン。タート・ルアンの北側には、大きな広場をもつ国会議事堂が建っている。その広場に接するカイソーン・ポムビハーン通りには、博物館や資料館が点在している。

●郊外

ビエンチャンの中心部からタードゥア通りを南東方面に走ると、タイとの国境にもなっている友好橋、さらにブッダ・パークにいたる。また、ラーンサーン通りを北へさらに進むと、ターゴーンへ。これらのエリアのほか、郊外の各ポイントへはタラート・サオのビエンチャン・キャピタル・バスターミナルから出ているバスを利用するとよい。また、人数が揃えば、旅行会社で車をチャーターすると、効率よく観光できる。

ビエンチャン市内の移動手段

ナンプ広場周辺やタラート・サオからパトゥーサイくらいまでなら徒歩でも回れるが、それ以遠になると、自転車などの「足」を確保する必要がある。

【レンタサイクル】

タート・ルアンくらいまでなら自転車がちょうどよい。レンタサイクルは、ナンプ広場周辺の店舗やゲストハウスなどで借りられる。品質のよいものは少ないので、いくつかの店を回ってから決めるほうがよいだろう。利用の際には、パスポートを店に預ける。なお、ラオスでは自転車も車と同じ交通法規が適用されるので、車道の右側を走ること。一方通行などのルールも、同様である。

レンタサイクルは日本の中古のリサイクルが多い

【トゥクトゥク】

「ジャンボ」という言い方もあるトゥクトゥク

バイクを改造した三輪タクシー。手を挙げてトゥクトゥクを止め、行き先を告げて料金交渉してから乗り込む。複数人で利用したほうが、ひとり当たりの料金は下がる。ナンプ広場周辺で客待ちをしているトゥクトゥクのドライバーは、概して高い料金をふっかけてくるようだ。

【路線バス】

タラート・サオのビエンチャン・キャピタル・バスターミナル(MAP P.78-B1)を起点に路線バスが運行されている。旅行者が利用するとすれば、地方へのバスが発着する各バスターミナル(P.75)、またはブッダ・パーク(P.88)などの郊外行きの路線になるだろう。

郊外へ行く際には便利な路線バス

【ライドシェア】

自家用車のオーナーがタクシーのように営業するシステム。アプリをダウンロードし、現在位置と目的地を入力すると、近くにいるドライバーが迎えに来る。ほかの国で行われているUberやGRABとほぼ同じだが、アプリによって、システムは多少異なる。また、現金払いかスマホ決済にしか対応していない。ただ、料金の交渉は不要だし、ラオス語ができなくても問題ないので、安心。

ビエンチャンのおもなライドシェアには、以下のふたつがある。

●ロカLOCA

乗りたい車の種類(一般車、ピックアップトラックなど)を選び、乗る場所と目的地を入力すると、おおよその料金が表示される。それを確認してから、予約確認すると、近くにいる車がやってくる。

●インドライブInDrive

乗りたい車の種類(一般車、ピックアップトラックなど)を選び、乗る場所と目的地、そして支払いたい金額を入力すると、それに納得したドライバーが応募してくるので、その中から選ぶシステム。距離に応じた料金の相場をある程度知っておく必要がある。

日本大使館
MAP P.79-A2
☎ (021) 414400 ～ 3
FAX (021) 414406
URL www.la.emb-japan.go.jp/index_j.htm
開 9:00 ～ 12:00、13:30 ～ 16:00
休 土・日

レンタサイクル
1日20,000 ～ 50,000kip。

レンタバイク
1日100,000kip ～(バイクの種類による)。

自転車は「地球ロック」を
ビエンチャンで最も多い犯罪のひとつが自転車泥棒。特に、MTBなどのスポーツタイプの自転車がターゲットになりやすい。レンタサイクルを盗まれた場合、弁償する責任は借りた人にあるので、駐輪の際は細心の注意が必要だ。自転車泥棒の多くは、バイクのふたり乗りでやってきて、後席の者が自転車ごと持ちあげて奪い去っていく、これに対抗するには、柱などの構造物にワイヤーロックで結びつける「地球ロック」が望ましい。2日間以上借りて、自転車をゲストハウスに停めておくような場合は、夜だけでも屋内に駐輪できるよう、宿に相談したほうがよい。レンタサイクルを利用する予定のある人は、日本から自転車用のワイヤーロックを持参すれば、二重に安心だ。

ゲストハウスやレストランの手すりに結びつけるという方法も

トゥクトゥク料金
ナンプ広場～タラート・サオ間 で1台30,000 ～ 50,000kip程度。

LOCA
URL loca.la

InDrive
URL indriver.com

✉ LOCAは、アプリに乗車地点と目的地を入力するだけで使える便利なシステム。ドライバーも、簡単な英語が話せる人が多いです。(愛知県 たーくん '19) ['23]

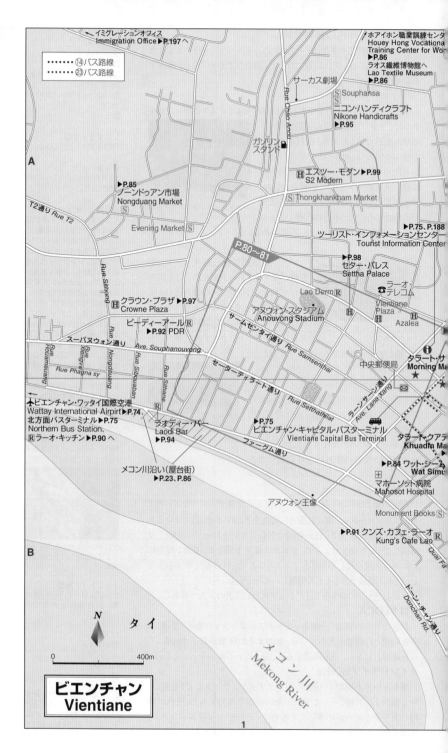

イミグレーションオフィス
Immigration Office ▶P.197 へ

••••••⑭バス路線
••••••㉓バス路線

ホアイホン職業訓練センタ
Houey Hong Vocationa
Training Center for Wor
▶P.86

ラオス繊維博物館へ
Lao Textile Museum
▶P.86

サーカス劇場

Rue Chao Anou

S Souphansa
S

ニコン・ハンディクラフト
Nikone Handicrafts
▶P.95

ガソリン
スタンド

A

▶P.85
ブーンドゥアン市場
Nongduang Market
S

T2通り Rue T2

Rue Sithong

Evening Market S

エスツー・モダン ▶P.99
S2 Modern

S Thongkhankham Market

▶P.75、P.188
ツーリスト・インフォメーションセンター
Tourist Information Center

P.80～81

▶P.98
セター・パレス
Settha Palace

ラーオ・
☎テレコム

クラウン・プラザ ▶P.97
Crowne Plaza

Lao Derm R

Vientiane
Plaza

H

Azalea

ピーディーアール R
▶P.92 PDR

アヌウォン・スタジアム
Anouvong Stadium
サームセンタイ通り Rue Samsenthai

スーパヌウォン通り
Ave. Souphanouvong

Rue Houameuang

Rue Khenyera

Rue Nongduang

Rue Phagna sy

Rue Sihouaban

Rue Sithane

中央郵便局

ラーンサーン通り
Ave. Lane Xang

タラート・サ
Morning Ma
★

★ビエンチャン・ワッタイ国際空港 ▶P.74、
Wattay International Airport
北方面バスターミナル ▶P.75、
Northern Bus Station、
R ラーオ・キッチン ▶P.90 へ

セターティラート通り
Rue Serthathilat

R

ラオディー・バー
Laodi Bar
▶P.94

▶P.75
ビエンチャン・キャピタル・バスターミナル
Vientiane Capital Bus Terminal

ファーグム通り

タラート・クアデ
Khuadin Ma

メコン川沿い(屋台街)
▶P.23、P.86

アヌウォン王像

▶P.84 ワット・シーム
Wat Simu

マホーソット病院
Mahosot Hospital

Monument Books S

▶P.91 クンズ・カフェ・ラーオ
Kung's Cafe Lao R

Quai Fa

B

ドーンチャン通り
Donchan Rd

N タイ

0 ━━━ 400m

メコン川
Mekong River

ビエンチャン
Vientiane

1

ラオス人民軍歴史博物館（改築工事中）
Lao People's Army History Museum

▶P.87 スパーヌウォン国家主席記念館
Memorial of President Souphanouvong

ターケーク、サワンナゲート、
ビエンチャン・バスターミナル▶P.75、🚃鉄道駅
Vientiane Bus Terminal ▶P.75
カイソーン・ポムビハーン博物館▶P.87
Kaysone Phomvihan Museum、
ターゴーン Tha Ngon、ラオディー Laodiへ
▶P.87 ▶P.89

人民安全保障博物館（休館中）
People's Security Museum（休館中）

革命記念塔

国会議事堂

アベニュー・カイソーン・ポムビハーン通り
Ave. Kaysone Phomvihan

ルアン・ノンボン通り Rue Nongbone

タート・ルアン北寺院
Wat That Luang Neua

ICBC B

ガソリン
スタンド

ガソリン
スタンド

Dada Cafe

セアン通り Rue Asean

タイ大使館

インドネシア大使館

マレーシア
大使館

12月23日通り

R Rue 23 Singha

財務省

外務省

ベトナム
大使館▶P.238

セーターティラート王像

★タート・ルアン▶P.82
That Luang

タート・ルアン南寺院
Wat That Luang Tai

世界銀行

R TOYOTA

バトゥーサイ
Patou Xai ▶P.83

ダムナック・ラーオ
Tamnak Lao ▶P.90

ガソリン
スタンド

シーサンウォン通り Rue Sisangvon

▶P.92
和み処 空
Qoo

R 日本大使館▶P.77、P.224、P.238

ビエンチャン中学・高校
Lycée de Vientiane

Wat Phonxay

ドイ・カ・ノーイ
Doi Ka Noi
▶P.90

ルアン・ノンボン通り Rue Nongbone

B

ミーサイ
Mixay
▶P.96

ムアン・タン▶P.98
Muong Thanh

▶P.238
タイ大使館(領事部)

H

Bourichane Rd.

ビエンチャンセンター
Vientiane Center(ショッピングセンター、映画館など)

S パークサン Parkson ▶P.23

Rue Khouvieng

グリーンパーク
Green Park ▶P.98

H

B

コープ・ビジターセンター
COPE Visitor Center ▶P.87

サワンウォン王像

水道塔

Rue That Dua

▶P.95
タイケオ・テキスタイル・ギャラリー
Taykeo Textiles Gallery

S S 市場

Honda

田
103 Hospital

ブッダ・パーク
Buddha Park
▶P.75 友好橋
Friendship Bridge、
カンボジア大使館へ
▶P.238

2

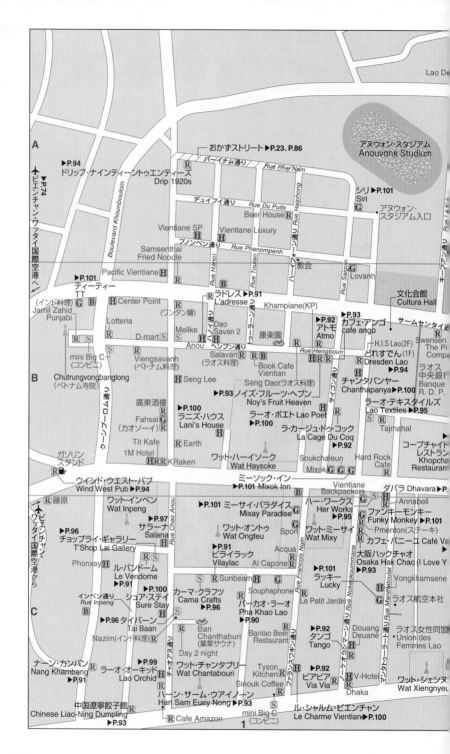

おかずストリート ▶P.23、P.86

▶P.94
ドリップ・ナインティーントゥエンティーズ
Drip 1920s

バーイナム通り　Rue Phay Nam

アヌウォン・スタジアム
Anouvong Studium

シリ ▶P.101
Siri

デュイプイ通り　Rue Du Puits

アヌウォン・スタジアム入口

Beer House

Vientiane SP　Vientiane Luxury

プノンペン通り　Rue Phanompenh

Samsenthai
Fried Noodle

教会

文化会館
Cultura Hall

サームセンタイ

▶P.101
ティーティー
TT

Pacific Vientiane

ラドレス ▶P.91
L'adresse

Khampiane(KP)

▶P.93
カフェ・アンゴ
cafe ango

Swensen
The Pi
Compa

Jamil Zahid
Punjabi
(インド料理)

Center Point

（ワンタン麺）

Dao
Savan 2

Lovanh

H.I.S Lao(2F)

どれすでん(1F)
Dresden Lao ▶P.94

Lotteria

D-mart

Mellke

Anou

康楽園

ラオス
中央銀行
Banque
R.D.P.

mini Big C
（コンビニ）

Viengsavanh
（ベトナム料理）

Salavan
（ラオス料理）

ヘンブン通り　Rue Hengboun

チャンタパンヤー
Chanthapanya ▶P.100

Chútrungvongbanglong
（ベトナム寺院）

Seng Lee

Book Cafe
Vientian

ラーオ・テキスタイルズ
Lao Textiles ▶P.95

廣東酒樓

Seng Dao(ラオス料理)

▶P.93
ノイズ・フルーツ・ヘブン
Noy's Fruit Heaven

Tajmahal

Fahsai
（カオソーイ）

▶P.100
ラニズ・ハウス
Lani's House

ラーオ・ボエト Lao Poet
▶P.100

ラ・カージュ・ドゥ・コック
La Cage Du Coq
▶P.92

コープチャイド
レストラン
Khopcha
Restauran

ガソリン
スタンド

Tit Kafe

1M Hotel

KRaken

ワット・ハーイソーク
Wat Haysoke

Soukchaleun

Mixok

Hard Rock
Cafe

ウインド・ウエスト・パブ
Wind West Pub ▶P.94

ミーソック・イン
▶P.101 Mixok Inn

Vientiane
Backpackers

ダバラ Dhavara ▶

藤原

ワット・インペン
Wat Inpeng

▶P.97

▶P.101 ミーサイ・パラダイス
Mixay Paradise

ハー・ワークス
Her Works
▶P.95

Annabell

サラーナ
Salana

ワット・オントゥ
Wat Ongteu

Sport

ワット・ミーサイ
Wat Mixy

ファンキーモンキー
Funky Monkey ▶P.101

Pmenton(ステーキ)

▶P.96
チョップライ・ギャラリー
T'Shop Lai Gallery

▶P.91
ビライラック
Vilaylac

Acqua

Al Capone

カフェ・バニーユ Café Va

Phonxay

ル・バンドーム
Le Vendome
▶P.91

▶P.100
シュア・ステイ
Sure Stay

Sunbeam

Souphaphone

大阪ハックチャオ
Osaka Hak Chao（I Love Y

▶P.101
ラッキー
Lucky

▶P.93

Le Petit Jardin

Vongkhamsene

インペン通り
Rue Inpeng

カーマ・クラフツ
Cama Crafts
▶P.96

パーカオ・ラーオ
Pha Khao Lao
▶P.90

ラオス航空本社

▶P.96
タイバーン
Tai Baan

Nazim(インド料理)

Ban
Chanthaburi
（薬草サウナ）

Day 2 night

Banlao Beer
Restaurant

▶P.92
タンゴ
Tango

Douang
Deuane

ラオス女性同盟
・Union des
Femmes Lao

ナーン・カシバン
Nang Khambang
▶P.91

▶P.99
ラーオ・オーキッド
Lao Orchid

ワット・チャンタブリー
Wat Chantabouri

Tyson
Kitchen

Sinouk Coffee

▶P.92
ビアビア
Via Via

V-Hotel

Dhaka

ワット・シェンヌ
Wat Xiengnyeu

中国遼寧餃子館
Chinese Liao-Ning Dumpling
▶P.93

ハーン・サーム・ウアイノーン
Han Sam Euey Nong ▶P.93

Cafe Amazon

mini Big C
（コンビニ）

ル・シャルム・ビエンチャン
Le Charme Vientiane ▶P.100

1

Vientiane
Plaza
H

セター・パレス
Settha Palace ▶P.98
H

ツーリスト・
インフォメーション
センター
Tourist Information
Center ▶P.75、P.188

A

ベトナム航空
R 菊

赤十字
血液センター

▶P.99
サイソンブーン H Chaleunxay
Xaysomboun
H

▶P.23、P.85
タラート・サオ
Morning Market
★

オ・プラザ
Plaza

バイナーム通り　Boulverd Phai Nam

シティ・イン
City Inn ▶P.99

ay Inn H

ァミリー
Family
▶P.99

H Sokdee

R Chateau Du Laos

タート・ダム(黒塔)
That Dam

中央郵便局
▶P.75

Monument Books S

サバーイディー・
アット・ラーオ
Sabaidee@Lao
▶P.100

パークトロニー通り　Rue Bartholoni

Rue Pangkham
バーンカム通り

Dada Cafe
R S mini Big C (コンビニ)

カンチャナ ▶P.95
Kanchana

みんなのカフェ・サームセンタイ店×オアシス・ホステル
Minna no Cafe Samsenthai×Oasis Hostel ▶P.94

ザ・ファースト
The First

e

te

B

ペノニ
Benoni ▶P.93
B

H S R

Rue Samsenthai

B

Central Vienna

ゴールデン・エイジ Golden Age
▶P.96

H AV

B

amphu

S
H
G
H

Phonepaseuth

i House

クア・ラーオ
Kua Lao ▶P.90

Ave. Lane Xang

B

ベトナム文化センター
The Vietnam Center for
Culture in the Lao PDR

教育省
Ministére L'education

ンプ広場

モスク

情報文化省
Ministére de L'information
et de la Culture et Tourisme

ワット・シーサケート
Wat Sisaket
▶P.83

日本料理店が
並ぶ

H

⊗警察

セーターティラート通り

Rue Setthathilat

イビス・ビエンチャン・ナンプ
Ibis Vientiane Nam Phu
▶P.99

Rue Chanthakoummane

ブルネイ
大使館

迎賓館 (ホワイトハウス)

ワット・ホーパケオ
Wat Ho Phra Keo
▶P.83

N

C

マホーソット病院
Mahosot Hospital

0　　　　100m

ァーグム通り

Quai Fa Ngum

ナンプ広場周辺
Namphu

広場(夕方から露店が出る)

2

81

タート・ルアン
開 8:00 〜 17:00
休 なし
料 30,000kip

タート・ルアン祭り
毎年10〜12月に開催される「タート・ルアン祭り」では、全国各地の僧侶が結集し、国民とともに祈りをささげる（折込み）。

敬虔な仏教徒たちの聖地

外壁の内側に陳列された仏像

観光地的要素は薄いが、建物の巨大さが目を引く北寺院

そびえ立つ黄金の塔はビエンチャンのシンボル

タート・ルアン
That Luang   ທາດຫຼວງ

MAP P.79-A2

灼熱の太陽を浴びて黄金に輝く

　熱帯の日差しを受けて黄金に輝く仏塔、タート・ルアン。ラオスのシンボルでもある塔の高さは約45m、ブッダの骨が納められているという「仏舎利」であり、1560年のビエンチャン遷都に合わせて、当時の王、セーターティラートの命により建設されたと伝わる。

　タート・ルアン一帯は公園のようになっており、その中に立つ南寺院は特に人気。黄金の涅槃像の前では記念撮影のグループが絶えず、堂の屋根や壁にちりばめられた仏画も見事だ。一方、反対側の北寺院の中にもカラフルな仏画が納められている。北寺院の背後にある大きな建物は「ホー・タマサパー」と呼ばれる書庫だが、現在は特に何にも使われていないようだ。

南寺院の堂内にちりばめられた仏画の数々

タート・ルアン（地図）

入口
仏塔（仏舎利）
タート・ルアン北寺院
タート・ルアン南寺院
入口
セーターティラート王像
ホー・タマサパー（書庫）

黄金の涅槃像は、記念撮影の定番ポイント

パリの凱旋門を模して建てられた戦死者慰霊の門

パトゥーサイ

MAP P.79-A2

Patou Xai

ປະຕູໄຊ

　戦死した兵士の霊を慰めるため、パリの凱旋門をモデルに建てられた戦没者慰霊塔。建築が始まったのは1967年。その外観は完成

樹木がなければ、まさにパリのよう

しているように見えるが、内部の工事は未完成のまま終わっている。上は展望台になっていて、ビエンチャン市内が一望できる。塔の下の「パトゥーサイ公園」は、地方から出てきたラオス人が必ず訪れる定番スポット。写真屋さんのレンズの前でポーズを取る家族連れやカップルたちの姿もほほ笑ましい。

エメラルド（パケオ）仏が保管されていた

ワット・ホーパケオ

MAP P.81-C2

Wat Ho Phra Keo

ວັດຫໍພະແກ້ວ

　ビエンチャンに遷都が行われたとき、エメラルド仏を安置する目的で1563年建立と言われる。1730年、1828年のシャム（タイ）の侵入により破壊され、エメラルド仏も持ち去られた。現在の寺院は1936〜1942年に修復されたものだが、破壊以前のデザインが残っ

ていなかったため、原型とはかなり異なるスタイルで修復された、という説が有力だ。ワット・ホーパケオはセーターティラート王の保護寺院であるため、僧侶がいない。

現在は博物館という位置づけになっている

建立当時そのままの姿をとどめる

ワット・シーサケート

MAP P.81-B2

Wat Sisaket

ວັດສີສະເກດ

　1551年にセーターティラート王が建立を指示したと伝えられている寺院。19世紀には、シャム（タイ）からの独立運動を起こしたアヌ王がこの寺院に地方長官を集め、国家建設について意見交換していたという。1837年のホー族の反乱では収蔵品が略奪されたが、現

在も建立当時の原形をとどめている点で価値が高い。本堂には2052体の仏像が並び、回廊に彫られた3420の小さな穴（龕）には2体ずつ仏像が安置されている。

本堂はアユタヤー後期〜バンコク初期様式

パトゥーサイ
2023年6月現在、改修工事中で、内部には入れない。

展望台からラーンサーン通りを望む

夜はライトアップされる

ワット・ホーパケオ
開8:00〜17:00
休なし
料30,000kip
※本堂内は撮影禁止。

激しい略奪に耐えてきた仏像

ワット・シーサケート
開8:00〜17:00
休なし
料30,000kip
※本堂内は撮影禁止。

僧侶の図書館
ラーンサーン通りに面した3層の建物はホータイ（経蔵）で、経典が記された木簡などが保存されている。1824年、アヌ王と民衆が歴史的価値の高い文献やかばんなどをここに奉納した。それを記念したパレードが、この寺院と王宮の間を3日3晩練り歩いたという。

7000体近い仏像が納められた回廊

83

シーの伝説
1563年、寺院を建立するためセーターティラート王が土台の穴を掘っていたところ、大きな石が出土した。この石を綱で結わえて引っ張り出そうとしても、ピクともしない。それを見ていたシーという名前の若い妊婦が、自ら人身御供となって穴に飛び込んだところ、綱が切れて石も穴の中に落ちたという。その伝説から、「シーの町（ムアン）」という名がつけられた。

▮ 伝説の女性が眠ると伝えられる

ワット・シームアン

MAP P.78-B1

Wat Simuang

ວັດສີເມືອງ

タードゥア通りがサームセンタイ通りとセーターティラート通りに分岐するY字路に位置する、セーターティラート王の建立と伝えられる寺院。ビエンチャンでは、最も多くの参拝客を集めているといわれている。寺に伝わる

3つの道路が交わるランドマークにもなっている

「シーの伝説」は広く信じられており、願掛けに訪れる参拝客（特に女性）のために、敷地の外にはお供え物の花などを売る出店がたくさん並んでいる。

ຊອບປິ້ງດີ！ **ラオスのお得な情報**

COLUMN

ラオス女子的　ワット・シームアン運気UP術

　入学や就職など、人生の新しい門出を前に力を与えてくれるパワースポットとして、ビエンチャンっ子に人気のワット・シームアン。お供え物を売る露店が門前にたくさん出ているのを見るだけでも、どれだけ信仰があついかがわかる。

　ワット・シームアンに伝わる「シーの伝説」（上記参照）により、心身を挺して精進すれば、どんな困難も克服できる—ということなのだろう。いずれにしろ、事に際しては神仏のパワーをもらいたい！ という願望はどこでも同じである。

●お参りの手順
①門前の露店で「お参りセット」を購入。ろうそく、ハスの花、線香がセットになっていれば、一番小さいもので十分。
②本堂に入り、係の人からお盆を受け取る。ご本尊を前に正座。
③先ほど購入したろうそくに点火し、お盆に立てる。

参拝のクライマックスがここ。ろうそくを倒さないように注意！

お盆には、ハスの花も置く。
④お盆を両手でつかみ、額の高さまで持ち上げる。目を閉じて祈る。
⑤お盆を床に置き、床に伏せる動作を3回行う。その後願い事を唱え、3回合掌。
⑥お盆をご本尊の前に置く。このとき、

足を横に流すように座るのがラオス流正座

立ち上がらずに、膝立ての状態で進むこと。
　文字で書いてもわかりにくいかもしれないが、ほかの参拝者を見ながら、まねしてみればよい。

●いろいろなオプションも
　本堂ではそのほかに、おみくじのほか、「持ち上げられたら願いがかなう」と伝えられる石（かなり重たい）にもトライできる。いずれも寄付（浄財）が必要だが、興味があるものをやってみてはいかがだろうか。
　また、寺院の名前にもなっている「シー」の像は本堂の外にある。線香は、ここに奇数で供えるのが作法。

おみくじはもちろんラオス語。ラオス人に読んでもらおう

シーの像は外にある

おみやげ選びならまずここへ足を運びたい

タラート・サオ

Morning Market

MAP P.81-A2

ຕະຫຼາດເຊົ້າ

ビエンチャンの中心部にある近代的なショッピングモールで、雑貨、電化製品、スマートフォンをはじめ、ラオスの伝統衣装や貴金属など、ありとあらゆるものを扱っている。建物は「タラート・サオ・モール1」と「タラート・サ

タラート・サオ・モール1の入口

オ・モール2」の2棟があり、すべて見て回るには、かなりの時間が必要だ。モール1のほうにはフードコートがあり、ラオス料理を中心に、バラエティ豊かなメニューを提供している。

伝統衣装のコーナーもある

1階のフロアにびっしりと並ぶ商品

タラート・サオの裏にある、食品と雑貨の路面市場

タラート・クアディン

Khuadin Market

MAP P.78-B1

ຕະຫຼາດຂົວດິນ

タラート・サオ（P.85）の裏手にある路面マーケット。簡素な造りの建物の中は暗く、目が慣れるまで時間がかかるが、次第に、シン（ラオス・スカート）の鮮やかなデザインが浮かんでくるだろう。シン

整地されていない土地に立つ、素朴なマーケット

のほか、タラート・サオでは売られていない肉、野菜、魚などの生鮮食料品が売られているのが特徴だ。おみやげとしても好評のティップ・カオ（もち米を入れる籠）は、ここで買うのがおすすめだ。

タラート・サオ
圏8:00 ～ 17:00
（店によって異なる）
休なし（店によって異なる）

「朝市」なのに1日中営業？
タラート・サオとはラオス語で「朝市」という意味。かつては朝しか営業していなかったが、現在では夕方までオープン。

タラート・サオ・モール1の3階にあるフードコート
まず入口にあるクーポン売店でクーポン（金額式の食券）を購入し、店ごとに食べたい料理をオーダーして、クーポンで支払う方式。いろいろな料理が安く食べられて便利だ。余ったクーポンは、その日のうちならクーポン売店で払い戻してくれる。
圏8:00 ～ 17:00
休なし

タラート・クアディン
圏6:00 ～ 17:00（店によって異なる）
休なし（店によって異なる）

ぎっしりと商品が詰め込まれた店頭

ビエンチャンの屋台街
✉18:00頃になるとメコン川沿いに多数の屋台が出現します。現地の人びとのナイトライフを満喫できるし、おみやげ探しにも最適です。
（東京都 UD '18）['23]

おとりゆむ！ ラオスのお得な情報

消える路面マーケット

COLUMN

近年の経済発展により、ビエンチャンの路面市場はどんどん取り壊され、コンクリートのモールに替わりつつある。古きよきアジア的なマーケットを楽しめるのは、今だけかも。

中心部に残るノーンドゥアン市場Nongduang Market（MAP P.78-A1）

ホアイホン職業訓練センター

ビエンチャンの中心から車で所要約30分（有料で送迎可）。
☎ (021) 560006
🌐 www.houeyhongvientiane.com
🕐 8:30 ～ 12:00、13:30 ～ 16:30　休 日

■ 織物の体験コースも開催している職業訓練施設

ホアイホン職業訓練センター　MAP P.78-A1外

Houey Hong Vocational Training Center for Women　ສູນຝຶກອົບຮົມວິຊາຊີບຫວຍຮົງ

女性への職業訓練を目的に設立された伝統織物の工房。木々に囲まれた敷地の中、繊細なデザインが少しずつ織り上がっていくのを見ることができる。織機を使った体験コースもあり、ここで手製のおみやげを制作するのも楽しい。

藍染めの工程

地方から出てきた女性への職業訓練がおもな目的

ラオス繊維博物館

☎ (021) 213467
　 (020) 59985985
🕐 9:00 ～ 16:00
休 なし
料 30,000kip
※場所がわかりにくいので、「カンチャナ」で問い合わせてから行くとよい。

高床式住居のフロアを使った展示

■ 染色体験などもできる織物の専門博物館

ラオス繊維博物館　MAP P.78-A1外

Lao Textile Museum　ຫໍພິພິຕະພັນຜ້າລາວ

高級織物店「カンチャナ」(P.95)のオーナーでもあるハンサナ氏が開設している、ラオス伝統織物の展示館。広い庭に建てられた高床式の家屋の2階に、貴重な織物の数々が飾られている。また、ラオスの

染め体験もできる

伝統をさまざまな形で伝える活動も行われている。植物を使った染色体験やラオス料理教室なども開催されているので、興味がある人は問い合わせてみるとよい。

スະບາຍດີ! **ラオスのお得な情報**　　COLUMN

神出鬼没？　ビエンチャンのナイトマーケット

メコン川を見ながら食事がとれるレストラン

パーイナム通りのおかずストリートは、夕食を求める人でにぎわう

夕日がメコン川に落ちる時間になると、川沿いに赤いテントのマーケットが出現。衣類、雑貨のほか、スナックを売る屋台、また上流側にはレストランも並び、夕涼みを楽しむビエンチャンっ子や外国人旅行者でにぎわっている。(MAP P.78-B1)
一方、パーイナム通り(MAP P.80-A1)には、夕方から総菜を売る店がオープンし、「おかずス

トリート」などというニックネームでも呼ばれている。おかずだけ買って、ホテルで食べるというのも楽しい旅の思い出になるだろう。
またヘンブン通り(MAP P.80-B1)には、一時期、かなり多くの屋台が出て、食べ歩きを楽しむ人々でにぎわっていたのだが、政府の方針で、短期間で休止されてしまった。ラオスでは、その時の状況で屋台ができたりなくなったり、また移動したりと神出鬼没。宿などで情報を得ながら屋台巡りを楽しんでみたい。

短期間で撤去されたヘンブン通りの屋台街だが、今後は別の場所で復活するかも？

コープ・ビジターセンター

コープ・ビジターセンター　MAP P.79-B2
COPE Visitor Center ສູນຍ້ຽມຍາມຂໍ້ມູນຂ່າວສານຄົນພິການ

ベトナム戦争時代、その戦渦に巻き込まれたラオスは、人類史上最も激しい爆撃を受けた。その量は200万t以上にものぼるといわれており、今でもその不発弾が、多くの犠牲者を生んでいる。また、埋

活動資金に充てるため、Tシャツなどのおみやげも販売している

設された地雷で命を落としたり、障がい者となる農民も少なくない。このセンターは、ラオスにおける不発弾や地雷の被害、それらの撤去作業の紹介のほか、四肢を欠損した被害者のための義手や義足の製作や指導も行っている。

スパーヌウォン国家主席記念館　MAP P.79-A2

初代国家主席の居宅を使った資料館

Memorial of President Souphanouvong ອະນຸສອນສະຖານປະທານສຸພານຸວົງ

1975年、現在のラオス政権による革命が達成された後、初めて国家主席に就任したスパーヌウォンの住居を利用し、氏の功績を展示した博物館。1階では、ベトナムの国家主席ホーチミンやキューバのカストロ大統領など要人との会談の写真など、政治的な業績をたたえる内容がメインだが、その中にある、子供たちに囲まれて顔をほころばせるスパーヌウォンの姿が印象的だ。2階にはスパーヌウォンの執務室をそのまま残してあり、世界13言語を操ったという氏のマルチリンガルぶりをしのばせる本が書棚に並んでいる。

入口の看板は目立たないので注意

姉妹館として、1975年のラオス人民共和国独立の英雄の偉業を展示した**カイソーン・ポムビハーン博物館 Kayson Phomvihan Museum**もある。

コープ・ビジターセンター
☎ (021) 241972
🌐 copelaos.org/
🕐 8:30 ～ 16:00
🈺 1月1日、ラオス正月、12月2日　💰 無料

義足によって作られたオブジェが、不発弾被害の恐ろしさを訴える

✉ 不発弾による被害の展示のなか、それらの爆弾の殻などで作られた日用品が興味深かったです。（奈良県 suzuka '16）['23]

スパーヌウォン国家主席記念館
☎ (020) 56155015
🕐 8:00 ～ 12:00、13:00 ～ 16:00
🈺 金　💰 5,000kip
※2階は撮影禁止。

子供たちに囲まれ、満面の笑みの写真

カイソーン・ポムビハーン博物館
Kaysone Phomvihan Museum
ビエンチャン・キャピタル・バスターミナルから㉓のバスで所要約15分、4,000kip。
🗺 P.79-A2外
🕐 8:00 ～ 12:00、13:00 ～ 16:00
🈺 月　💰 5,000kip

ラオスのお得な情報　COLUMN

ターゴーンの水上レストランで川魚料理を堪能

希望すれば、桟敷がそのままボートになって、あたりを回ってくれる（有料）

ビエンチャンの郊外のターゴーンTha Ngonでは、ナムグム川のフローティング・レストランが人気。川風に吹かれながらいただく川魚料理はまた格別。

●ターゴーンへの行き方
🗺 P.79-A2外　ターラート・サオのビエンチャン・キャピタル・バスターミナルからターゴーン行き㉓のバスで所要約1時間、10,000kip。

おすすめは、一匹丸焼きの魚

宗教のテーマパーク？　ブッダ・パーク

パークの中でもひときわ大きい寝仏

　ビエンチャンの中心部からタイ国境の友好橋方面行きのバスに乗り、友好橋で降りずにさらに乗り続けること十数分。そこにブッダ・パークBuddha Parkが現れる。

　中に入ると、まずは大きな涅槃像が目に入るが、仏教だけでなく、あらゆる宗教の神が無造作、無秩序に並べられている様に、誰もが驚きを隠せない。ここはいったい、何教の施設なのか……。

神も仏も、無秩序なまでに展示されているが、それがまたおもしろい

　ブッダ・パークを造ったのは、ルアンプー・ブンルア・スリラットという芸術家。対岸のタイのノーンカーイに生まれた後、ラオスに移住してこの公園を建設したが、ラオスに共産主義政権が誕生すると、再びノーンカーイに帰り、同じような施設「ワット・ケーク」を建立した。機会があれば、タイのほうも見てみるとおもしろい。

　中には失笑してしまうようなポーズの像もあり、隠れた映えスポットとなっているとかいないとか。

入口近くにあるカボチャのようなオブジェ。中に入ると、迷路のような細い通路を回るように上り、屋上から全景を眺められる

ここまで来ると、もう宗教の概念を超えている

ヒンドゥー教など、あらゆる宗教の神々が訪問者を迎える

●ブッダ・パークへの行き方
ビエンチャンのタラート・サオにあるビエンチャン・キャピタル・バスターミナルから、タードゥア行きの⑭のバスで所要約1時間、12,000kip。
MAPP.79-B2外
開7:00 〜 18:00　**休**なし　**料**40,000kip

日本人が挑戦するクラフト・ラム Laodi の世界

巷のラム好きの間で今、話題になっているブランドがある。柔らかな口当たり、南国を感じさせるフレーバーの「ラオディー Laodi」。このラオス生まれのラムを作る井上育三さんを訪ねた。

井上さんがラオスでラムの生産を始めたのは2007年。だが、原料となるサトウキビの調達で壁にぶつかった。日本と異なり、ラオスにはサトウキビ畑と工場が契約する、という習慣がない。そこで井上さんは、サトウキビの栽培から始めることを決意する。ワインのシャトーと同じ、原料と生産が一体となった自己完結のシステムである。

世界のラム酒の約97%は、サトウキビから取れる糖蜜だけを発酵させた大量生産品。一方ラオディーの採用する「アグリコール製法」は、サトウキビのジュース全部を使うので香りは豊かだが、収穫期の3ヵ月しか生産できず、生産量は望めない。「アグリコール製法の"クラフト・ラム"はヨーロッパで一定の人気があるので、当初はマーケティングの軸足をそちらに向けました」(井上さん)

この戦略が功を奏し、2018年には香港のIWSC(インターナショナル・ワイン&スピリッツ・コン

園内にある試飲コーナー。もちろん、購入も可能だ

ペティション)で銀賞を、2020年にはロンドンのIWSCで金賞を獲得。それに先立つ2016年にビエンチャンで開催されたASEAN会議のパーティでは、出席したアメリカのオバマ大統領(当時)からも賞賛された。

ラオディーは現在、日本でもオンラインショップで入手可能だ。

製造に利用する樽は、ワイン、バーボンで使われたものを輸入して使っている

● Laodi への行き方

路線バスでも行けるが、帰りのことなどを考えると、車のチャーターがベター。ホテルなどで手配するか、ライドシェアの利用がおすすめ。工場見学は、繁忙期の11～2月は金・土のみ、それ以外は平日のみで、要事前予約。

🗺 P.79-A2外
☎ (020) 28298789
✉ info@rhumlaodi.com
🌐 rhumlaodi.com、laodijp.com (オンラインショップ)
🕐 13:00～17:00　💰 無料

※井上さんのラム酒は、ビエンチャンのラオディー・バー(P.94)でも味わえる。

サトウキビの自家農園をバックに立つ井上さん。「ラオスでナンバーワンの酒を目指しています」

ビエンチャンのレストラン

伝統舞踊が観られるラオス料理店からカジュアルなヨーロッパ料理店、さらには本格的な日本料理店まで揃う。夜が更けてきたらバーやクラブへ繰り出してみては。

R クア・ラーオ $$$
Kua Lao

ラオス料理　**MAP P.81-B2**

フランス植民地時代の家屋を使った本格ラオス料理レストラン。一品料理は45,000kip～。「ラオス料理セット」320,000kip～は、ラープなど8品の伝統料理を味わえる。ラオス伝統舞踊のショーを月～金19:00頃から観られる。

- ☎ (021) 214813
- 🌐 www.kualao restaurant.com
- ⏰ 11:00 ～ 14:00、18:00 ～ 22:00
- 休 不定休
- CC MV（手数料3%）

R タムナック・ラーオ $$$
Tamnak Lao

ラオス料理　**MAP P.79-A2**

邸宅に招かれたような落ち着いた雰囲気のなか、ルアンパバーンの郷土料理をはじめ、本格派のラオス料理を楽しめる。メニューは1品60,000 ～ 150,000kipほどで幅広く揃っている。ラオス伝統舞踊のショーは月～金19:00頃から。

- ☎ (021) 413562
- 🌐 www.facebook.com/ Tamnaklao
- ⏰ 10:00 ～ 14:00、18:00 ～ 21:00
- 休 日
- CC MV

R ドイ・カ・ノーイ $$
Doi Ka Noi

ラオス料理　**MAP P.79-A2**

築60年以上の邸宅を使った本格ラオス料理レストラン。化学調味料を使わず、すべて手作りにこだわる。✉ハーブが効き、野菜をふんだんに使ったおいしい家庭料理を提供しています。（神奈川県　塩谷光　'19）['23]

- ☎ (020) 55898959
- 🌐 www.facebook. com/DoiKaNoi
- ⏰ 11:00 ～ 21:00（金～日）
- 休 月～木
- CC AJMV（手数料3%）

R ラーオ・キッチン $$
Lao Kitchen

ラオス料理　**MAP P.78-B1外**

清潔感あふれる店内で、おいしいラオス料理を気軽に楽しめる。ラープ、ケーン・ノーマイ、ルアンパバーン風ソーセージなどの定番料理がひととおり揃い、どれも日本人の舌にも合うマイルドな味付けなので食べやすい。

- ☎ (030) 5989913
- ⏰ 11:00 ～ 22:00
- 休 日
- CC なし

R パーカオ・ラーオ $$
Pha Khao Lao

ラオス料理　**MAP P.80-C1**

静かな路地に建ち、落ち着いた環境で食事を楽しめるレストラン。店の奥には緑に囲まれたテラスがあり、靴を脱いでくつろげる。1品60,000 ～ 80,000kipが中心で、ラオスの代表料理5品を揃えたセットメニューもある。

- ☎ (020) 58487988
- 🌐 www.facebook. com/phakhaolao
- ⏰ 11:00 ～ 22:00
- 休 不定休
- CC なし

R ナーン・カンバン

Nang Khambang

ラオス料理　　　MAP P.80-C1

庶民派の老舗ラオス料理店。ラープやタム・マークフンなどの定番料理を1品30,000〜40,000kipで揃え、カエルや小鳥のから揚げなどの珍味も提供。写真付きメニューがあるので注文しやすい。空調が効いた部屋もある。

$$ (020) 55760313
🕐 8:00 〜 18:00
（17:00以降の来店は要予約）
休 なし
CC なし

R ビライラック

Vilaylac

ラオス料理　　　MAP P.80-C1

ワット・オントゥ（オントゥ寺）の裏側にあるレストラン。メニューは100種類を超え、英語が堪能な女将さんに味や素材の好みを伝えると、おすすめ料理を調理してくれる。1品30,000〜70,000kipが中心で懐にも優しい。

☎ (020) 59396386
🕐 11:00 〜 17:00、
18:00 〜 22:00
休 日
CC なし

R クンズ・カフェ・ラーオ

Kung's Cafe Lao

ラオス料理　　　MAP P.78-B1

狭い路地の突き当たりにあり、観葉植物が随所に配されて南国ムードたっぷりのカフェレストラン。ランチはカオ・ラートナーやカレー、ラオス風焼きそばなどのワンプレートメニューが中心で、1品27,000kip程度と手頃。

☎ (020) 78896594
URL www.facebook.com/KungsCafeLao
🕐 7:00 〜 16:00
休 なし
CC なし

R コープチャイドゥー・レストランバー

Khopchaideu Restaurant-Bar

ラオス料理＆ヨーロッパ料理　　　MAP P.80-B1

ナンプ広場のすぐ近くにあるオープンエアのレストランで、食事とビールを楽しむ旅行者でにぎわている。ラオス料理からピザ、パスタ、日本食までメニューは幅広く、月・水・金の20:30頃からはバンドによるライブ演奏もある。

☎ (030) 5846644
URL www.facebook.com/KhopChaiDeu
🕐 9:00 〜 24:00
休 なし
CC J M V（手数料3.6%）
A（手数料4%）

R ル・バンドーム

Le Vendome

フランス料理　　　MAP P.80-C1

ビエンチャンでは、最も長く営業しているフランス料理レストランのひとつで、その味と評価はゆるぎない。古い屋敷を利用した店舗は、ホールやテラスで食事を楽しむ在住者、旅行者でいつもにぎわっている。

☎ (020) 55612467
URL www.facebook.com/levendomevientiane
🕐 10:00 〜 14:00、
18:00 〜 22:00 休 なし
CC M V（手数料3%）

R ラドレス

L'adresse

フランス料理　　　MAP P.80-B1

スタイリッシュな雰囲気のフレンチレストラン。週替わりのランチセットは145,000kip〜、前菜、メイン、デザートをプリフィックススタイルで提供するディナーセットも335,000kip〜と、手の込んだ料理を手軽に味わえる。

☎ (020) 56913434
URL www.facebook.com/tinay.youtisack.inthavong
🕐 11:30 〜 14:00、
18:00 〜 22:00
休 日
CC M V（手数料3%）

R タンゴ・バー・パブ・レストラン $$$

Tango Bar Pub Restaurant

フランス料理　　　　MAP P.80-C1

フランス人シェフが厨房を切り盛り。160gのタルタルステーキ144,000kip、250gのリブステーキ291,000kipなど、自家製ソースで味わうステーキがボリュームもあっておすすめ。週替わりのセットメニューは店先の黒板に掲示。

☎ (020) 52951947
🌐 www.facebook.com/
profile.php?id=
100057709735292
⏰ 10:00 ～ 22:00
休 水
CC M V（手数料3%）

R ラ・ガージュ・ドゥ・コック $$$

La Cage Du Coq

フランス料理　　　　MAP P.80-B1

静かな路地に面した一軒家のビストロで、フランス南西部の料理が特徴。代表的な鴨のコンフィやパイ包み焼きなどのメインディッシュはボリュームも十分で、1品$7 ～ 10。ランチは$10でビュッフェスタイル。

☎ (020) 54676065
🌐 www.facebook.com/
profile.php?id=100057
542436059
⏰ 10:00 ～ 14:30、
17:30 ～ 21:30
休 火　CC なし

R アトモ $$$

Atmo

フランス料理　　　　MAP P.80-B1

フランス料理のほか、地場のハーブやココナッツなどを取り入れたフュージョン料理も味わえる。不定期ながら金・土曜の夜にはライブ演奏も楽しめ、食後に夜遅くまで音楽とお酒を楽しむ客も多い。

☎ (020) 77158813
🌐 www.facebook.com/
latmosphere
⏰ 17:00 ～ 23:30
休 月
CC M V（手数料3%）

R ビアビア $$

Via Via

イタリア料理　　　　MAP P.80-C1

店奥の窯で焼かれた本格的なピザが人気。パリッとした食感の薄い生地で、直径約30cmでボリュームも十分。マルゲリータ98,000kip、ベーコンやモッツァレラなどがのったビアビア・ピザ195,000kipなど約30種類を揃える。

☎ (020) 28177932
🌐 www.facebook.
com/ViaViaPizza
⏰ 15:00 ～ 22:00
休 なし
CC なし

R ピーディーアール $$

PDR

イタリア料理　　　　MAP P.78-A1

ピザ・レストランとしては、急速に評価を上げている店のひとつ。ミラノ育ちの父、ナポリ育ちの母をもつオーナーのイタリア人からは、北部と南部のいいとこどりのピザが生まれても不思議ではない。

☎ (020) 59989926
🌐 www.pizzadaroby.
com
⏰ 11:30 ～ 14:00、
17:30 ～ 22:00
休 日　CC なし

R 和み処　空 $$

Qoo

日本料理　　　　MAP P.79-A2

キッチンとホールに各1名の日本人スタッフが常駐する本格的日本料理店。1階はテーブル席とカウンター席、2階は小上がり席と、最大15名収容のVIPルームがある。ランチにはお得な寿司セットや刺身セットもある。

☎ (030) 5279577
🌐 www.facebook.com/
QooJapaneseRestaurant
⏰ 11:30 ～ 14:00、
17:00 ～ 22:30
休 日　CC なし

R カフェ・アンゴ $$

cafe ango

日本料理　**MAP P.80-B1**

カフェスタイルの和食店。靴を脱いで上がる店内では、座布団の上にくつろいで食事やお酒を楽しめる。ランチタイムには鶏南蛮丼ぶり65,000kipなどのひと皿料理を提供し、食後には自家焙煎のドリップコーヒーが人気。

☎ (020) 58597081
URL www.facebook.com/cafeango　營11:30〜16:00、17:30〜21:00（火〜金）、11:00〜18:00（土・日）
休月　CC なし

R 大阪ハックチャオ $$

Osaka Hak Chao (I Love You)

日本料理　**MAP P.80-C1**

大阪出身の日本人が経営する、庶民的な老舗居酒屋レストラン。自慢のお好み焼きは65,000kip 〜で、具の種類が豊富。ほかにも餃子、ラーメン、定食などの定番メニューを揃えている。

☎ (020) 54377694
營8:00〜22:00
休なし
CC なし

R 中国遼寧餃子館 $$

Chinese Liao-Ning Dumpling

中国料理　**MAP P.80-C1**

中国の本格的な餃子が味わえる店で、ビエンチャン在住の日本人からの支持も高い。エビ、豚、牛、鶏、羊、野菜など具の種類が豊富で、それぞれ焼き、蒸し、揚げ餃子を選べる。そのほか中国料理やラオス料理が幅広く揃う。

☎ (021) 254811
營8:30〜22:00
休なし
CC J M V（手数料3%）

R ハーン・サーム・ウアイノーン $$

Han Sam Euey Nong

ベトナム料理　**MAP P.80-C1**

「3シスターズ（三姉妹）食堂」として親しまれ、いつも混み合っているベトナム料理の人気店。なかでも揚げたご飯や香草を野菜で包んで食べるネーム・カオ30,000kipが評判。メニューには、ラオス料理も各種揃っている。

☎ (020) 23677899
營8:00〜20:00
休なし
CC なし

R ベノニ・カフェ $$

Benoni Café

カフェ　**MAP P.81-B2**

サームセンタイ通りにあるシンプルでスタイリッシュなカフェ。サンドイッチやハンバーガーなどのほか、カオピヤックやフー、パッタイなどアジア料理もあり、1品33,000〜75,000kipで味わえる。

☎ (021) 253288
營7:00〜18:00
休なし
CC M V

R ノイズ・フルーツ・ヘブン $

Noy's Fruit Heaven

カフェ　**MAP P.80-B1**

店頭を彩る色とりどりの南国フルーツを使って、フレッシュなジュースやシェイク、フルーツサラダを提供するカフェ。どれも濃厚でおいしく、しかもヘルシー。サンドイッチやラオス料理も提供し、食事時にも使える。

☎ (020) 55396898
營7:30〜21:00
休なし
CC なし

R カフェ・バニーユ $$

Café Vanille

カフェ　MAP P.80-C1

☎ (021) 217321
営 6:30〜19:00
休 なし
CC なし

自家製のバゲットが評判のカフェ。ポークやポテト、ズッキーニなどをサンドしたル・ミニオンなど、バゲットのサンドイッチは44,000〜56,000kipで、ミニサラダが付く。テラス席でのんびりするのも気持ちがいい。

R ドリップ・ナインティーントゥエンティーズ $

Drip 1920s

カフェ　MAP P.80-A1

☎ (020) 59229911
URL www.facebook.com/drip1920s
営 7:00〜18:00
休 なし
CC なし

パーイナム通りにたたずむカフェ。1920年代の建物を使った店内は、昔ながらの電話機や時計、レコードプレーヤーなどが飾られ、時が止まったような落ち着いた雰囲気。コーヒーは南米やアフリカ産の豆を自家焙煎した本格派。

R みんなのカフェ・サームセンタイ店×オアシス・ホステル $

Minna no Cafe Samsenthai×Oasis Hostel

カフェ　MAP P.81-B2

☎ (020) 55525268
URL www.facebook.com/profile.php?id=100057089454321
営 7:30〜18:00
休 なし
CC なし

障がい者の就労トレーニングを目的に、日本のNPO団体が運営しているカフェ。おみやげとしても好評の手作りクッキー(P.24)には、パトゥーサイやゾウのデザインのものや、サムヌアの岩塩を使ったものもある。

R どれすでん $$

Dresden Lao

バー　MAP P.80-B1

☎ (021) 244241
URL www.dresdenlao.com
営 17:00〜24:00 (月〜金)、17:00〜23:30 (土)　休 日
CC M V (手数料3%)

東京・新宿にあった老舗バーがビエンチャンに開いた店。本店のサービスをそのままに、シングルモルトをはじめ多数の酒を揃え、カクテルもいずれも本格派。パスタやラオス料理などフードメニューも充実している。

R ラオディー・バー $

Laodi Bar

バー　MAP P.78-B1

☎ (020) 56777377
URL www.facebook.com/rumlaodi
営 17:00〜24:00
休 なし
CC なし

メイド・イン・ラオスにこだわった日本人経営のラム酒造所「ラオディー」(P.89) 直営のバー。テラスでメコン川を間近に眺めながら、ラム酒やラム酒ベースのカクテルを味わえる。料理のメニューも豊富。

R ウインド・ウエスト・パブ $

Wind West Pub

ライブハウス　MAP P.80-B1

☎ (020) 77771301
URL www.facebook.com/profile.php?id=100057267917842&paipv=0&eav=AfaDX-rQykKU0zJHmiWQfz4gnj_1CK81mobwCGncXXJg7VnuGlsq08z8irpT6uhi42E
営 18:00〜翌2:00
休 なし　CC なし

アメリカのウエスタンスタイルのライブハウス。地元のバンドがラオス、タイのロックを中心に演奏し、欧米の曲のリクエストにも応じる。ときには弾き語りをしっとりと聴ける夜も。入場は無料。ライブは19:00頃から。

ビエンチャンの ショップ

世界中の専門家が注目するラオスの織物。ショップは周辺部にも点在しているので、自転車やトゥクトゥクの利用が賢い。おみやげ探しにはタラート（市場）も要チェック。

S ラーオ・テキスタイルズ

Lao Textiles

織物　　　　　　　　　　**MAP** P.80-B1

テキスタイルの生産と販売を手がけて長年のキャリアをもつアメリカ人女性、キャロル・キャシディさんの工房兼ショップ。店の裏側にある工房の見学も可能で、織り子たちの繊細な機織り作業を間近で見られる。訪問は要予約。

☎ (021) 212123
🌐 www.laotextiles.com
🕐 9:00 ～ 12:00、14:00 ～ 17:00 (月～金)
休 土・日　CC A J M V

S カンチャナ

Kanchana

織物　　　　　　　　　　**MAP** P.81-B2

ラオスの伝統高級織物店。フロアに品数は多くないが、スタッフに頼むと奥の部屋に案内してくれて、麗しい高級品の数々を見ることができる。シンのオーダーメイドは最短1日で仕上がり、日本までの発送も可能。

☎ (021) 213467
🕐 8:00 ～ 18:00
休 なし
CC J M V

S ニコン・ハンディクラフト

Nikone Handicrafts

織物　　　　　　　　　　**MAP** P.78-A1

ラオス織物をリーズナブルな価格で提供。カーテンなど部屋を彩るファブリックから、インディゴ染めのバッグ、スカーフなど、新しい感覚も取り入れたアイテムがセンスよく並ぶ。ショップに併設した工房の見学もできる。

☎ (020) 56359782
🕐 9:00 ～ 18:30
休 日
CC M V (手数料3%)

S タイケオ・テキスタイル・ギャラリー

Taykeo Textiles Gallery

織物　　　　　　　　　　**MAP** P.79-B2

ラオス織物の研究家タイケオさん家族が営む工房。バッグやスカーフなどがぎっしりと並び、シンやタペストリーはオーダーメイドにも対応。タイミングが合えばオーナーから織物に関する解説も聞ける。訪問は要予約。

☎ (020) 55510837
🕐 9:30 ～ 18:30
休 なし
CC J M V

S ハー・ワークス

Her Works

ファッション&小物　　　　**MAP** P.80-B1

ラオス人女性たちが店奥の工房で手作りしたバッグや服、小物などを販売。ラオスに暮らすさまざまな民族の伝統的なテイストが取り入れられた品々は、どれも手が込んでいて優しい風合い。デザインにもセンスが光る。

☎ (020) 58883388
🌐 www.herworks.la
🕐 8:30 ～ 20:30
休 なし
CC M V (手数料3%)

S タイバーン

Tai Baan

小物&雑貨　**MAP** P.80-C1

一つひとつ編み込んだ竹製バッグや、竹と布を組み合わせたショルダーバッグなど、多彩なデザインのバッグがずらりと並ぶ。かわいい財布やポーチ、天然染めのシルクスカーフなども揃い、店内を見て回るだけでも楽しい。

☎ (021) 241835
🌐 www.taibaancrafts.com
🕐 9:00～20:00（月～土）、14:00～20:00（日）
🈂 なし　💳 A J M V（手数料3%）

S チョップライ・ギャラリー

T'Shop Lai Gallery

小物&雑貨　**MAP** P.80-C1

ココナッツ製の小皿やアロマオイル、ナチュラルソープなど、天然由来の品々を揃えたショップ。アロマオイルは種類豊富で、テスターで試しながら選べる。2階のギャラリーでは地元アーティストによる絵や写真を展示。

☎ (021) 223178
🌐 www.facebook.com/profile.php?id=100057612482523
🕐 8:00～20:00（月～土）、10:00～18:00（日）
🈂 なし　💳 M V

S カーマ・クラフツ

Cama Crafts

小物&雑貨　**MAP** P.80-C1

天然染めの織物製品をメインに、人や動物をかわいらしくあしらったモン族の刺繍工芸品やハーブティーなども取り扱う。製品は、シェンクワーンのラーオ・セリカルチャー・カンパニー（P.135）で丹念に作られている。

☎ (021) 241217
🌐 www.camacrafts.org
🕐 10:00～18:00
🈂 日・月
💳 M V

S ミーサイ

Mixay

小物&雑貨　**MAP** P.79-A2

布製の小物がバラエティ豊かに揃うブティック。シルク製ティッシュケースなど、価格も手頃なのでおみやげのまとめ買いにも重宝する。ランチョンマットなどテーブルウエアも各種充実している。

☎ (020) 56666629
🌐 www.facebook.com/Mixayboutic
🕐 9:00～17:00
🈂 日
💳 なし

S ザ・ファースト

The First

小物&雑貨　**MAP** P.81-B2

オーナー厳選のラオスで生産される手工芸品や服のほか、コーヒーやお茶など食品まで幅広く扱っているので、おみやげに迷ったらここがおすすめ。ルアンパバーンの有名ブティックの商品も販売している。

☎ (020) 22946356
🌐 www.Facebook.com/the_first_salon_de_the
🕐 8:00～18:00
🈂 特定日（ラオス正月など）
💳 J M V（手数料3%）

S ゴールデン・エイジ

Golden Age

小物&雑貨　**MAP** P.81-B2

デザインは独学というオーナーがラオスの布を使ってデザインした服やかばんなどがところ狭しと並んでいる。そのほか、ラオス国内で買いつけられた布など手工芸品も豊富に揃い、見ているだけでも楽しい。

☎ (020) 99555225
🕐 9:00～19:00
🈂 日
💳 なし

—— **H O T E L** ——

ビエンチャンの ホテル

ビジネスにも対応した大型ホテルのほか、最近は3～5階建ての中級ホテルやゲストハウスの建設ラッシュ。それでもハイシーズン（10～4月）はどこも満室状態になる。

H クラウンプラザ・ビエンチャン

Crowne Plaza Vientiane

高級ホテル　　　　　　　　　　　　　　　　**MAP** P.78-A1

中心部から空港方面に向かう途中に位置する、全198部屋の大型高級ホテル。中心部から少し離れるが、レストラン、バー、スパ、ジム、スイミングプール（宿泊者以外の利用も可能）を備え、ゴージャスな雰囲気のなかで快適に過ごせる。ビジネスの部屋にはテレビ、デスク、ソファ、ミニバー、アイロンが備えられ、ビジネスユースには十分、かつリラックスした雰囲気が味わえる。また館内にはラオス産の洗練されたクラフトが買えるショップも併設されている。

☎ (021) 908888　**FAX** (021) 918888
URL Vientiane.crowneplaza.com
料 A⊝S⊤ スタンダード$145　ビジネス$257　スイート$730～
CC A J M V

1 5つ星ホテルの貫禄を感じさせる外観
2 デスクでもソファでもくつろぐには十分な広さがある

H サラーナ・ブティック・ホテル

Salana Boutique Hotel

高級ホテル　　　　　　　　　　　　　　　　**MAP** P.80-C1

ワット・インペン（インペン寺）の裏側にある高級ブティックホテル。ビエンチャンのなかでは高層の建物だが、ところどころに木が使われていて、あたたかな雰囲気がある。部屋は木目を生かしたシックなインテリアで統一され、液晶TV、ワーキングデスク、ソファなどの設備も整っていて快適に過ごせる。4階の共用リビングではテラスからメコン川を遠望でき、書籍を無料で借りられるほか、夜にはバーとなってドリンクを楽しめる。

☎ (021) 254254　**FAX** (021) 254250
URL www.salanaboutique.com
料 A⊝S⊤ $80～110　スイート$150～280
CC M V（手数料3%）

1 2階にはスパも備えている
2 部屋はゆとりのある広さ

H ダバラ・ホテル

Dhavara Hotel

高級ホテル　　　　　　　　　　　　　　　　**MAP** P.80-B1

中心部にある、白亜のクラシカルな外観をもつ高級ホテル。部屋の細かなデコレーションからも格式と気品を感じられ、贅沢な広さにも驚かされる。部屋数を26に抑えることで、ゲストへのこまやかな配慮を怠らないことがホテルのポリシー。滞在中、そのホスピタリティを存分に感じることができる。ロビーなどパブリックスペースの調度品も美しく、滞在中は常にラグジュアリーな気分。朝食はビュッフェ、空港への送迎も有料で行っている。

☎ (021) 222238　**FAX** (021) 212211　**URL** dhavarahotel.com
料 A⊝S⊤ $77～99　スイート$121
ロイヤルダバラスイート$440
CC A M V（手数料3%）

1 格式のあるファサードがゲストを迎える
2 大きなベッドを置いても十分に余裕がある広さ

上記のホテルは、特記以外、朝食付き。料金には、基本的に、税10%、サービス料10%が加算される。

H セター・パレス・ホテル
Settha Palace Hotel

高級ホテル  MAP P.81-A2

フランス植民地時代の1932年の建物を修復してよみがえらせた、コロニアル調の高級ホテル。部屋には上品なローズウッド製のベッドや大理石製のバスルームを設け、リッチな雰囲気。ラオス料理とフランス料理の本格的なコースを味わえるレストランも評判が高く、ビジネスライクなホテルとは違った贅沢な滞在を楽しめる。

☎ (021) 217581 ～ 2　FAX (021) 217583
URL www.setthapalace.com
料 A C S T $188 ～ 280　スイート$324 ～ 480
CC A J M V

1 木々に囲まれて趣ある建物が立つ
2 ふかふかのキングサイズベッド

H ムアン・タン・ラグジュアリー・ビエンチャン・ホテル
Muong Thanh Luxury Vientiane Hotel

高級ホテル MAP P.79-A2

中心部の東に位置し、ビエンチャンでは珍しい高層ビルタイプの大型高級ホテル。331ある部屋は5つのカテゴリーに分かれ、いずれも大きな窓からビエンチャンの町並みやメコン川を一望できる。5階のプールや、テラス席も備えた25階のバーからの眺めも爽快そのもの。朝食は贅沢なビュッフェで、多くの品々がずらりと並ぶ。

☎ (021) 998999　FAX (021) 996999
料 A C S T $100　トリプル$130　スイート$220 ～ 1,800
CC M V

1 高層のビルがそびえ立ち、ひときわ目を引く
2 25階のバーには屋外テラスもある

H ラーオ・プラザ・ホテル
Lao Plaza Hotel

高級ホテル MAP P.81-B2

サームセンタイ通り沿いに立ち、国賓やVIPの宿泊も多い老舗高級ホテル。部屋にはワーキングデスクも備わっているのでビジネスにも使い勝手がよい。和・洋・中レストランのほか、プール、フィットネスジムなどの施設も完備し、長期滞在も快適。国際線のフライトに合わせて無料送迎バスが出る。

☎ (021) 218800　FAX (021) 218808
URL laoplazahotel.com
料 A C S T 1,900,000kip　スイート3,900,000 ～ 7,500,000kip
CC A J M V

1 どこに行くにも便利なロケーション
2 トレーニングジムの設備も充実

H グリーンパーク・ブティック・ホテル
Green Park Boutique Hotel

高級ホテル MAP P.79-B2

町の喧騒から隔離され、緑豊かな南国ムードにあふれたリゾートホテル。広々としたフロアを囲むように2フロアの宿泊棟が立ち、全部屋に専用テラスを備える。レストラン「ノンチャン」ではラオス料理と洋食を提供し、フィットネスジムも完備。中心部から少し離れるが、町の中心部までの有料送迎サービスもある。

☎ (021) 264097 ～ 8　FAX (021) 263062
URL greenparkboutiquehotel.tophotelsnearme.net/　料 A C S T $120 ～ 130　デラックススイート$170　エグゼクティブスイート$250
CC M V

1 ヤシの木に囲まれた開放的なプール
2 部屋もリゾートムードにあふれるデザイン

H　サイソンブーン・ブティック・ホテル

Xaysomboun Boutique Hotel

中級ホテル　　　MAP P.81-A2

ナンプ広場やタラート・サオが徒歩圏内のブティックホテル。部屋はセンスよくまとめられ、ワーキングデスクや冷蔵庫、薄型TVなどの設備も整う。$42のエグゼクティブルームにはバスタブも付く。プールもある。

☎ (021) 216233
URL www.xaysombounboutiquehotel.com
料 ACST $28 ～ 42（朝食付き）
CC MV（手数料3%）

H　イビス・ビエンチャン・ナンプ

Ibis Vientiane Nam Phu

中級ホテル　　　MAP P.81-B2

世界的に展開するイビス・ホテルのビエンチャン店は、ナンプ広場に隣接する便利なロケーション。部屋はテーブルや収納スペースなどにビジネス利用への配慮も行き届く機能的な造り。別料金の朝食は$10程度で提供される。

☎ (021) 262050
FAX (021) 263230
URL ibishotel.com
料 ACST $65
トリプル$78
CC ADJMV

H　エスツー・モダン・ブティック・ホテル

S2 Modern Boutique Hotel

中級ホテル　　　MAP P.78-A1

チャオアヌ通りから路地を入った静かなロケーションに立つブティックホテル。$70の部屋は手頃な料金にして42m^{2}と広く、キングサイズのベッドを配置。中心部までの無料送迎が夕方にある。

☎ (021) 253611
URL www.s-2hotel.com
料 ACS $40
T $40 ～ 70
CC JMV（手数料3%）

H　ラーオ・オーキッド・ホテル

Lao Orchid Hotel

中級ホテル　　　MAP P.80-C1

レストランやショップが建ち並ぶチャオアヌ通り沿いの中級ホテルで、全部屋に付くバルコニーからメコン川を望める。ミニバーのソフトドリンクがすべて無料なのもうれしい。Wi-Fiがスピーディでインターネット利用も快適。

☎ (021) 264134 ～ 6
URL www.lao-orchid.com
料 ACST $60 ～ 85（朝食付き）
CC A（手数料4.5%）
JMV（手数料3%）

H　ファミリー・ブティック・ホテル

Family Boutique Hotel

中級ホテル　　　MAP P.81-A2

ナンプ広場まで徒歩5分ほどの便利な場所にある中級ホテル。全64部屋を備え、部屋のタイプがシングルからファミリーまで8種類と幅広く、予算に応じて滞在できる。レセプションに料金が明示されているので、安心感がある。

☎ (021) 260448
料 ACS $27　T $35
～ 45　ファミリー
$50（朝食付き）
CC AMV（手数料4%）

H　シティ・イン

City Inn

中級ホテル　　　MAP P.81-A2

パーンカム通りとパイナーム通りの角に立つ全40部屋の老舗ホテル。全部屋にバスタブが付き、ふたり掛けのチェアやTV、冷蔵庫など十分な設備を備える。朝食は1階の広々としたレストランで味わえる。

☎ (021) 218333
URL www.cityinnvientiane.com
料 ACST $60　スイート$100 ～ 120
CC A（手数料4%）
MV

H ル・シャルム・ビエンチャン・ホテル

Le Charme Vientiane Hotel

中級ホテル **MAP P.80-C1**

リノベーションを重ねながら長く経営し、便利な立地もあって安定した人気を誇る中級ホテル。フィットネスジム、サウナ、プールなどの施設も十分に整い、1階にはベトナム料理レストラン「カフェ・インドチン」もある。

☎ (021) 216906 ～ 9
FAX (021) 216223
URL www.lecharme
vientiane.com
料 AC S T $50 ～ 65
CC A（手数料4%）
JMV（手数料3%）

H サバーイディー・アット・ラーオ・ホテル

Sabaidee@Lao Hotel

中級ホテル **MAP P.81-A2**

バーンカム通りにある全80部屋のホテルで、全部屋にバルコニーが付く。ふたつの棟をつなぐウッドデッキの中庭は、朝食を味わえるほか、カフェやバーとしてもくつろげる。ホテルから空港へのタクシーは片道無料。

☎ (021) 265141 ～ 2
FAX (021) 265143
URL www.facebook.com/
sabaideeatlaovientiane/
料 AC S $65
T $65 ～ 85
（朝食付き）
CC MV（手数料3%）

H ラーオ・ポエト・ホテル

Lao Poet Hotel

中級ホテル **MAP P.80-B1**

中心部に位置しながら喧騒を外れた路地沿いに立つホテル。いずれの部屋も広さにゆとりがあり、インテリアのセンスも抜群。サウナ、スパ、レストランも備え、屋上には外の景色と一体となったインフィニティプールもある。

☎ (021) 253537
FAX (021) 253536
URL www.laopoethotel.
com
料 AC S T $90 ～ 120
スイート $155 ～ 185
（朝食付き）
CC A J M V

H シュア・ステイ・ホテル・バイ・ベストウェスタン

Sure Stay Hotel by Best Western

中級ホテル **MAP P.80-C1**

10階建ての白い建物が目を引くホテル。冷蔵庫、テレビ、電気ポットが備えられて快適、かつ上階の部屋は大きな窓からの眺めが爽快。最上階のレストラン＆バーも町とメコン川を眼下に眺めることができて気持ちがよい。

☎ (012) 249999
FAX (021) 244000
URL surestayvientiane.com
料 AC S T スーペリア
$75 ～ 95 スイート
$125（朝食付き）
CC A（手数料6%）
JMV

H チャンタパンヤー・ホテル

Chanthapanya Hotel

中級ホテル **MAP P.80-B1**

木の風合いを生かした建物で、ビエンチャンの中級ホテルの先駆け的存在として人気が高い。700,000kip以上の部屋は広さにゆとりがあってバスタブも付く。2階にはプールもある。

☎ (021) 241451
FAX (021) 244283
URL www.chanthapan
yahotel.com 料 AC S
T 600,000 ～ 1,800,000
kip（朝食付き）
CC MV（手数料3%）

H ラニズ・ハウス

Lani's House

中級ホテル **MAP P.80-B1**

セータティラート通りから路地に入った所にある、フレンチコロニアルの建物を利用したホテル。庭は緑豊かで町なかとは思えないゆったりとした雰囲気。朝食をいただく1階テラスも南国ムードが味わえて気持ちがよい。

☎ (021) 215639
URL lanishouse-
bytheponds.com
料 AC S T $45 ～ 80 ファ
ミリー $55 ～ 75（朝食付き）
CC MV

G ミーソック・イン

Mixok Inn

エコノミーホテル　**MAP** P.80-B1

セーターティラート通り沿い、町の中心部に位置するため、観光にも食事にも何かと便利。部屋は質素だが清潔に保たれている。交通チケットの手配など旅行サービスが充実し、英語堪能なスタッフが対応してくれる。

☎ (021) 254781
料 AC S 160,000kip
T 200,000kip　トリプル 250,000kip
CC M V（手数料3%）

G ミーサイ・パラダイス

Mixay Paradise

エコノミーホテル　**MAP** P.80-C1

ビエンチャンでは大規模な5階建てのゲストハウス。ファンの部屋はトイレ、シャワー共同だが、おおむね清潔。1階のテラス席を備えたレストランは宿泊者以外でも利用でき、若い旅行者たちが国を越えて交流を広げている。

☎ (021) 254223
～4
料 F S 125,000kip
T 160,000kip
AC T 300,000kip
CC J M V（手数料3%）

G シリ・ゲストハウス

Siri Guesthouse

エコノミーホテル　**MAP** P.80-A1

アヌウォン・スタジアム近くに位置する、古い建物をリノベーションした味のあるたたずまい。男女共用8ベッドのドミトリーは白と青を基調にしたインテリア。フロントにコーヒーなどが置かれているのがうれしい。

☎ (020) 99912099
料 AC S T 330,000 ～
600,000kip　ドミトリー 173,000kip（朝食付き）
CC なし

G ティーティー・ホステル

TT Hostel

エコノミーホテル　**MAP** P.80-B1

サームセンタイ通りとクーンブーロム通りの交差点そばにある、男女共用で全38ベッドのドミトリー。館内には小さいが朝食が取れるカフェがある。夜に屋台や飲食店でにぎわうヘンブン通りに近く便利なロケーション。

☎ (030) 5991758
料 AC ドミトリー
100,000kip
CC M V（手数料2.5%）

G ラッキー・バックパッカーズ・ホステル

Lucky Backpakers Hostel

エコノミーホテル　**MAP** P.80-C1

トイレ・シャワー付きの個室のほかドミトリーまで4種類の部屋を備えるゲストハウス。ドミトリーは全部で32ベッド。この料金で朝食込みはうれしい。ランドリーサービス、鉄道やバスのチケットの手配もしてくれる。

☎ (020) 77780348
料 AC S 350,000kip ファミリー 450,000kip ドミトリー 100,000kip（朝食付き）
CC M V（手数料3%）

G ファンキーモンキー・ホステル

Funky Monkey Hostel

エコノミーホテル　**MAP** P.80-C1

町の中心部にあるホステルで、男女別のドミトリーを各1部屋備える。朝食・エアコン付きでこの料金は、ビエンチャンでは格安の部類に入るので、若い旅行者に人気。レンタバイクも利用できる。

☎ (020) 77780348
料 AC S 300,000kip
ドミトリー 100,000kip
（朝食付き）
CC M V（手数料3%）

市民は、いろいろなお寺を回って、水で仏像を清める。このワット・ホーパケオ（P.83）もたくさんの人でにぎわっていた

新しい年を迎えると、健康と幸運を願って寺院を訪問。僧侶に、手首に白い糸を巻いてもらう「バーシー」の儀式を受ける

水浸しのなかでも、ビールは欠かせない

メコン川沿いの特設会場では、昼から夜までライブが開催され、ステージからは容赦のない放水がオーディエンスに向けられる

ピックアップの荷台に若者を乗せ、町を回りながら、水をかけあう。
1年のうちで一番ハッピーになれる瞬間が、このピーマイ・ラーオだ

水、水、水のラオス新年を120%満喫！

ピーマイ・ラーオ
を祝おう！

4月中旬、仏暦新年のラオス

水かけ攻撃は、旅行者もターゲット。ピーマイ
の期間は、常に防水体制で町を歩きたい

　暑さが1年のピークに達する4月に入ると、ラオスの人たちの気分も日に日に上がってくる。「ピーマイ・ラーオ」、ラオス新年の到来だ。

　ピーマイは「ソンカーン」とも呼ばれ、毎年4月中旬、仏暦の正月に開催される。カレンダー上の期日は3日間だが、人々の気持ちはその何日も前から浮き立ち、余韻はその後も続く。

　ピーマイの朝は、寺院への参拝で始まる。花びらの入った水を仏像にかけることで新年の健康を祈り、僧侶から白い糸を手首に巻いてもらう「バーシー」で幸運を授かる。

　一方町なかでは、お互いに水をかけあう「ホー

ト・ナム」が繰り広げられ、誰かれかまわず水を浴びせる。最初はびっくりしたり怒ったりしていた観光客も、しだいにそれが楽しくなっていく。

　期間中のイベントは年を追うごとに大がかりになっており、特に首都ビエンチャンでは、メコン川沿いに巨大なライブ会場が出現。シャウトするDJにオーディエンスが反応すると、ステージからはそれに応えるような放水が舞う。

　けがれをすべて洗い流すとされているピーマイの水かけは、同じ上座部仏教国でもある近隣のタイやミャンマーでも行われ、この時期、熱帯アジアの国々は、気温に勝る熱狂に包まれる。

ラオス映画産業の今

2016年、ラオス・日本初の合作映画『ラオス 竜の奇跡』が制作され、2017年には日本でも劇場公開された。ラオスと日本のキャスト・スタッフ陣によって全編現地ロケを敢行した本作は、ラオスの素朴な暮らしや伝統文化、心の機微をあたたかいタッチで掬い上げ、その情景は日本人にもどこか懐かしく、心地よい郷愁に包まれる1本だ。

近年、ASEAN諸国の映画を日本で観られる機会は増えているが、ラオス映画にお目にかかれる機会はほとんどない。しかし、本作が実現したように、ラオスでは着実に映画熱が高まってきている。

その歩みをひも解くと、ラオス映画は国内情勢と密接に関わってきたことがうかがい知れる。1950年代以降、ラオス全土は内戦下にあったが、ビエンチャンを中心にフランス、香港、タイ、アメリカなどの外国映画が上映され、映画が人々の娯楽として親しまれていた。しかし、自国映画といえば左派・右派のプロパガンダ映画にかぎられ、1975年に社会主義政権が樹立してからは、自国映画は社会主義思想一色に染まることとなる。

そんなラオスにも、1988年には待望の劇映画が登場する。チェコスロバキアで映画制作を学んだソム・オック・スティポン監督による、革命前夜の恋愛劇を綴った『レッド・ロータス』だ。低予算で満足な機材も揃わず、制作は困難を極めたが、その作家性が海外の映画祭で高評価を得ることとなった。だが、資金難や政府による厳格な検閲などが次なる制作を阻み、1986年の経済革命以降、ラオス人の娯楽がテレビやビデオに移ったこ

ルアンパバーン映画祭では高床式の建物や屋外に上映会場が設けられ、無料でASEAN諸国のえりすぐりの映画を楽しめる

ともあり、映画館も軒並み閉鎖されてしまった。

それから約20年間、ラオス映画界は長い沈黙の時代が続いたが、ついに2008年、ラオス・タイ合作映画『サバーイディー・ルアンパバーン』がその沈黙を破った。本作は、バンコクを拠点とする男性カメラマンとラオス人女性の恋を描き、ラオス・タイ両国で人々の心を掴むことに成功した。さらに、2009年からはビエンチャンで国際映画祭「ビエンチャナーレ」が開催され、2010年からはルアンパバーンにて「ルアンパバーン映画祭」もスタート。海外で映画制作を学ぶラオス人の若者も増え、2010年には海外留学を経験した若者を中心に映画制作会社「ラーオ・ニューウェーブ・シネマ」が設立された。その第1作は、同社の気鋭、アニサイ・ケオラー監督による『アット・ザ・ホライズン』だ。本作は過激な暴力描写などが政府の検閲に引っかかり、ラオスでの一般公開にはいたらなかったものの、以降、少ないながらも海外との合作や自主制作の意欲作が作られている。依然として一般のラオス人が興味を寄せるのはハリウッドやタイの作品が中心だが、自国映画への関心も徐々に高まり、2015年にはビエンチャンの大型商業施設「ビエンチャンセンター」(MAP P.79-B2)内にラオス初のシネマコンプレックスがオープンするなど、劇場鑑賞の裾野も広がりはじめている。

映画文化の黎明期といえる今は、シーンごとに笑いや歓声を上げ、一喜一憂して映画を楽しむのがラオス流。試しに映画館に足を運び、日本とは違った鑑賞法を体験してみるのも楽しいだろう。

(鶴岡和也)

©Japan-Laos Creative Partners
川沿いの農村を舞台に、1960年に迷い込んだラオス人女性と日本人男性の出会いと成長を綴った『ラオス 竜の奇跡』

(参考文献) 橋本彩 (2015)「立ち上がり始めたラオス映画界 その変遷と現在」
(京都大学地域研究統合情報センター『たたかうヒロイン』) ほか、関連サイト

首都から1時間で行ける自然豊かな大景勝地

バンビエン

Vang Vieng

ວັງວຽງ

市外局番
023

バンビエンを象徴するナムソン川と岩山

　国道13号線沿いの小さな村に過ぎなかったバンビエンが注目されるようになったのは、1970年代に起こったラオス内戦。パテート・ラーオ（共産軍）を攻撃するため、王国政府側についたアメリカ軍の飛行機やヘリコプターが日夜発着していた滑走路の跡は、今では国道沿いの広大な空き地となって、当時の姿をわずかに伝えるのみ。岩山の織りなす雄々しさ、その下を流れるナムソン川の清流を求めて、観光客が大挙して訪れるようになったのは1990年代半ばから。ビエンチャンとルアンパバーンを結ぶルート上にあることもあって、ホテルやゲストハウスが軒を連ねる大観光地へと変貌を遂げている。

バンビエンの歩き方

中心部では夜遅くまで旅行者の歓声が絶えない

バンビエン到着

　バスを利用する場合、バスターミナルは町の中心から約2km北にあるが、ビエンチャンから来るバスは、米軍飛行場跡を越えた所にある国道13号線沿いで乗客を乗降させており、ここから町まで徒歩で約10分。鉄道を利用する場合、駅は町の中心から約4km北にあり、町までトゥクトゥクで約20分。バンビエンを出発するときは、バスや鉄道のチケットを購入した旅行会社やゲストハウスからバスターミナルや駅まで送ってくれる。

徒歩と自転車を使い分けよう

　町なかにはバスなどの公共交通機関はないが、中心部だけなら徒歩で十分に回れる。周辺部の見どころへはレンタサイクルが便利。ホテルや旅行会社にトゥクトゥクのチャーターを依頼する方法もある。

アクティビティに参加

　ナムソン川ではゴムタイヤを使ったタイヤチュービングやカヤックが人気のアクティビティ。そのほか、4輪バギーにバルーン（気球）フライトと、陸水空にさまざまなプログラムが用意されている。日程や予算と相談しながら、ひとつでもふたつでも参加してみるとよい。

ACCESS

バス
ビエンチャンの北方面バスターミナルから所要約2時間、110,000kip。ルアンパバーンの南方面バスターミナルから所要約7時間、100,000kip。旅行会社のツアーバス利用も便利。

鉄道
ビエンチャンから急行で所要約1時間、125,000kip、普通で約1時間20分、90,000kip。ルアンパバーンから急行で所要約1時間、178,000kip、普通で約1時間15分、86,000kip（料金は、いずれも2等車）。

バスターミナル
MAP P.106-A2外
中心部から北に約2km。トゥクトゥクで約10分、1台50,000kip。

鉄道駅
MAP P.106-A2外
中心部から北に約4km。ソンテウで所要約20分、1台100,000kip。

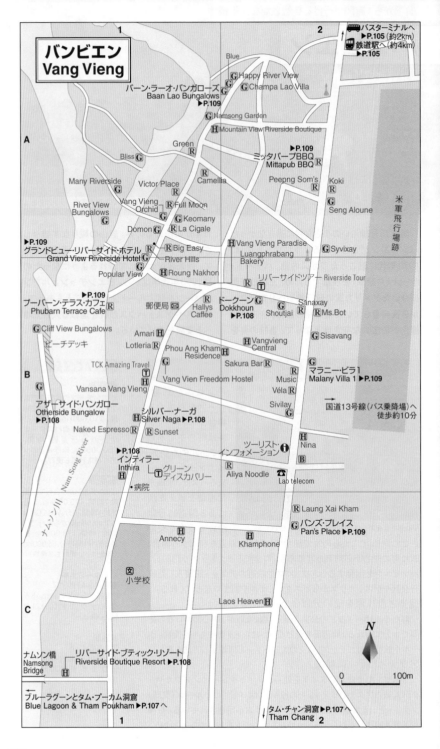

バンビエン
Vang Vieng

バスターミナルへ
▶P.105（約2km）
鉄道駅へ（約4km）
▶P.105

Blue

Happy River View
Champa Lao Villa

バーン・ラーオ・バンガローズ
Baan Lao Bungalows
▶P.109

Namsong Garden

Mountain View Riverside Boutique

A

Green

▶P.109
ミッタパーブBBQ
Mittapub BBQ

Bliss

Camellia

Peepng Som's

Koki

Many Riverside

Victor Place

Seng Aloune

River View
Bungalows

Vang Vieng
Orchid

Full Moon

Keomany

Domon

La Cigale

Vang Vieng Paradise

Syvixay

グランドビュー・リバーサイド・ホテル
Grand View Riverside Hotel

▶P.109

Big Easy

River Hills

Luangphrabang
Bakery

Popular View

Roung Nakhon

リバーサイドツアー Riverside Tour

プーバーン・テラス・カフェ
Phubarn Terrace Cafe

▶P.109

郵便局

Hallys
Caffee

ドークーン
Dokkhoun
▶P.108

Sanaxay

Shoutjai

Ms.Bot

Cliff View Bungalows

ビーチデッキ

Amari

Lotleria

Phou Ang Kham
Residence

Vangvieng
Central

Sisavang

B

TCK Amazing Travel

Sakura Bar

Music

マラニー・ビラ1
Malany Villa 1 ▶P.109

Vansana Vang Vieng

Vang Vien Freedom Hostel

Véla

国道13号線（バス乗降場）へ
徒歩約10分

アザーサイド・バンガロー
Otherside Bungalow
▶P.108

Sivilay

シルバー・ナーガ
Silver Naga ▶P.108

Nina

Naked Espresso

Sunset

▶P.108
インディラー
Inthira

グリーン
ディスカバリー

ツーリスト
インフォメーション

Aliya Noodle

Lab telecom

病院

Laung Xai Kham

パンズ・プレイス
Pan's Place ▶P.109

Annecy

Khamphone

小学校

Laos Heaven

C

N

0   100m

ナムソン橋
Namsong
Bridge

リバーサイド・ブティック・リゾート
Riverside Boutique Resort ▶P.108

ブルーラグーンとタム・プーカム洞窟
Blue Lagoon & Tham Poukham ▶P.107へ

タム・チャン洞窟 ▶P.107へ
Tham Chang

米軍飛行場跡

ナムソン川　Niam Song River

バンビエンのおもな見どころ

幻想的な鍾乳石が目を引く
タム・チャン洞窟
Tham Chang　　MAP P.106-C2外　　ຖ້ຳຈັງ

岩壁をくり抜くように形成された自然の洞窟。町の中心から南へ約1.5km離れたバンビエン・リゾートVang Vieng Resortの敷地内にある。147段の階段を上って洞窟内に入ると、ライトアップされた幻想的な鍾乳石を目にすることができる。

洞窟の内部では、天然の鍾乳石が織りなす造形美が見られる

神秘的なエメラルド色の水と、洞窟
ブルーラグーンとタム・プーカム洞窟　MAP P.106-C1外
Blue Lagoon & Tham Poukham　　ທະເລສາບສີຟ້າ ແລະ ຖ້ຳປູຄຳ

エメラルド色の池「ブルーラグーン」と、岩山をくり抜いたような洞窟「タム・プーカム」。周辺は公園のようになっていて、寝そべったりスポーツをしたりしている旅行者でにぎわっている。ブルーラグーンでは泳いでいる人も多く、水着持参がいいかもしれない。タム・プーカムは、入口までが急な岩場なので、しっかりしたスニーカーなどが望ましい。洞窟の中はひんやりとしていて、黄金の寝仏が祀られている。

木から飛び込む旅行者も

タム・チャン洞窟
圓8:00 ～ 16:00
休なし
料15,000kip
料金とは別にバンビエン・リゾートへの入場料5,000kipが必要。

✉️バンビエンの観光地はどこも中心部から離れているので、レンタサイクルがおすすめです。未舗装の道も多いので、マウンテンバイクがよいでしょう。（東京都　アリフマスクーラ　'18）['23]

(ACCESS)

ブルーラグーンとタム・プーカム洞窟
バンビエンの中心部から自転車で約1時間。トゥクトゥクをチャーターすると往復200,000kip前後。
圓8:00 ～ 17:30
休なし
料20,000kip

洞窟内の寝仏

ສະບາຍດີ! ラオスのお得な情報

COLUMN

空で、川で、陸で！　バンビエン遊びまくり情報

バンビエンでぜひ体験したいのが、自然を舞台にしたアクティビティだ。なかでもとびきり爽快なのは、気球に乗り込むバルーンフライト（$95 ～ 120)。太陽が昇り始める朝の5:30 ～ 6:00発と、夕暮れ時の16:30 ～ 17:30発 の1日2回催行され、それぞれ約40分間の浮遊体験を楽しめる。高度800mまで上昇し、朝夕の日に照らされた岩山や川、田園を360度見晴らす風景は、神々しく、言葉を失うほどの美しさだ。

ナムソン川を下るカヤックやチュービングもバンビエン名物で、トレッキングやカヤックがセットになった1日ツアーも人気が高い。各種アクティビティは町のあちこちにある旅行会社やゲストハウスで申し込めるので、気軽に参加して遊びまくろう。

気球体験は一生の思い出！

流れに身を任せて自然を満喫！

バンビエンの ホテル & レストラン

— HOTEL & RESTAURANT —

ナムソン川下流にはちょっと高級な宿が点在し、エコノミーな宿は川の上流に集中している。レストランは、欧米人好みのインテリア＆メニューの店が主流。

H リバーサイド・ブティック・リゾート

Riverside Boutique Resort

中級ホテル　MAP P.106-C1

ナムソン川に面した大きな庭にプールを配した、リゾート気分にあふれるホテル。岩山を借景にした眺めがとにかくすばらしい。町の中心から離れているぶん、とても静かな環境にある。

☎ (023) 511726 ～ 8
FAX (023) 511729
URL www.riversidevang
vieng.com
料 A C S T $124 ～ 345
（朝食付き）
CC A（手数料4%）
J M（手数料2.5%）V

H インティラー・ホテル

Inthira Hotel

中級ホテル　MAP P.106-B1

ナムソン川沿いに立つ、コンクリートと植物が印象的な外観のホテル。客室38部屋はすべてバルコニー付きのリバービューで室内の設備も揃っている。1階にはレストラン、バーとプールがある。

☎ (023) 511088
URL www.inthira.com
料 A C S T $100 ～ 110、
スイート$240（朝食付き）
CC A M V（手数料3%）

H シルバー・ナーガ

Silver Nage

中級ホテル　MAP P.106-B1

ナムソン川を見晴らせる6階建てのホテルで、全部屋バス、トイレ、バルコニー付き。明るく清潔感があり、家族連れや女性客の利用も多い。トレッキングやゾウに乗る郊外へのツアーの手配も行っている。

☎ FAX (023) 511822
URL www.silvernaga.
com
料 A C S T $50 ～ 85
スイート$160
（朝食付き）
CC A J M V（手数料4%）

G アザーサイド・バンガロー

Otherside Bungalow

エコノミーホテル　MAP P.106-B1

町の中心部からナムソン川に架かる橋を渡った先、川沿いに並ぶバンガロー。13部屋のうち8部屋がリバービューで、広々としてきれい。TV、冷蔵庫も全部屋に付く。目の前のデッキでのんびり過ごすのも気持ちがいい。

☎ (020) 55004484
料 A C S T 300,000
～ 600,000kip
CC なし

G ドークーン・ゲストハウス

Dokkhoun Guest House

エコノミーホテル　MAP P.106-B2

中心部にある老舗ゲストハウス。宿泊棟がきれいにリノベーションされ、全部屋バス、トイレ、TV付き。併設する売店ではバスやツアーの手配、両替もできる。姉妹ゲストハウスもあるので、満室の際は紹介してもらえる。

☎ (020) 54145444
料 A C S T 150,000
～ 300,000kip
CC なし

G マラニー・ビラ1
Malany Villa 1

エコノミーホテル　MAP P.106-B2

バンビエンでは規模の大きなゲストハウス
で、ビエンチャンからのバス乗降場にも近い。
全部屋バス、トイレ、TV付き。系列のゲスト
ハウスが周囲に点在しているので、満室の際
でも紹介を受けられる。

📞 (020) 78889990
🛏 ACⓈⓉ150,000〜
200,000kip
CC なし

G グランドビュー・リバーサイド・ホテル
Grand View Riverside Hotel

エコノミーホテル　MAP P.106-B1

全55部屋の大型ゲストハウス。中心部のゲス
トハウスのなかでは部屋は広めで、全部屋
TV、ホットシャワー付き。300,000kip以上の
部屋はリバービュー。バスの手配など旅行相
談にも応じてくれる。

📞 (020) 55335599
🛏 ACⓈⓉ200,000〜
350,000kip
トリプル250,000kip
CC MV (手数料3%)

G パンズ・プレイス
Pan's Place

エコノミーホテル　MAP P.106-C2

メインストリートの南にある、ドミトリー完備
のゲストハウス。部屋の種類も豊富で周辺の
情報にも強い。100,000kip以上の部屋にバ
ス、トイレが付く。1階にはコーヒースタンド
がある。

📞 (020) 96113298
🛏 Fドミトリー
40,000kip
ⓈⓉ100,000kip
ACⓈⓉ150,000kip
CC MV (手数料3%)

G バーン・ラーオ・バンガローズ
Baan Lao Bungalows

エコノミーホテル　MAP P.106-A2

ナムソン川沿いに立つゲストハウス。マウン
テンビューの宿泊棟に加え、橋を渡った対岸
にはベッド数や広さが異なる2タイプのバン
ガローが6つある。500,000kipの部屋からバ
スルームが付く。1階のカフェも雰囲気がいい。

📞 (020) 58788631
🛏 FⓈⓉ200,000〜
600,000kip
ACⓈⓉ500,000〜
800,000kip
CC なし

R ミッタパープ BBQ
Mittapub BBQ

ラオス料理　MAP P.106-A2

$ $

ラオスの焼肉シン・ダートが味わえる、地元
客でにぎわうレストラン。豚肉、牛肉、魚はひ
と皿45,000〜60,000kipで、豚肉、牛肉、シ
ーフード、野菜がセットになったグリルミック
スはひと皿290,000kip。

📞 (020) 22254515
🕐 17:00〜23:00
休 なし
CC なし

R プーバーン・テラス・カフェ
Phubarn Terrace Cafe

ラオス料理　MAP P.106-B1

$ $

ナムソン川に架かる橋のたもとにあるカフェ。
岩山を背景に川沿いの爽快な景色を見晴ら
し、カヤックが通り過ぎる光景も間近。ドリン
クを飲みながら時間を忘れてのんびりでき、ラ
オス料理も1品100,000kip前後で味わえる。

📞 (020) 51419999
🌐 www.facebook.com/
Phubarncafevangvieng
🕐 7:30〜23:00
休 なし
CC なし

ラオス北部

（ ラオス北部 ）

Summary

アウトライン

ラオスの北部は、1000 〜 2000mの峰が連なる山岳地帯で、どこかしら日本の風景に似ている。ここは、いわゆる「山岳民族」が長い間独自のライフスタイルを守ってきたエリアでもある。

北部の交通は、以前は道路のみだったが、2021年に鉄道が開通して以来、各都市へのアクセスは格段に向上した。ルアンナムター、ウドムサイなどの中核都市まで鉄道で行き、そこからバスで中小の町を訪問すると、効率よく回れる。バスにしても鉄道にしても、起点となるのはルアンパバーンになる。

以前に比べると数は減ったが、ボートの旅も魅力的だ。特にルアンパバーン〜パークベン〜フアイサーイを結ぶルートは、ほぼ毎日便があるので、旅行計画にも組み入

各民族の生活が見える農村部のマーケット

れやすい。

空港は、ウドムサイ、ルアンナムター、ポンサーリー、シェンクワーン、サムヌアにある。いずれもビエンチャンにしか便がないので、往復どちらかのゲートウエイにしてルートを設定しよう。観光地的なスポットは少ないが、トレッキングなどのアウトドア・アクティビティを提供している町もあり、過ごし方、遊び方はあなた次第だ。

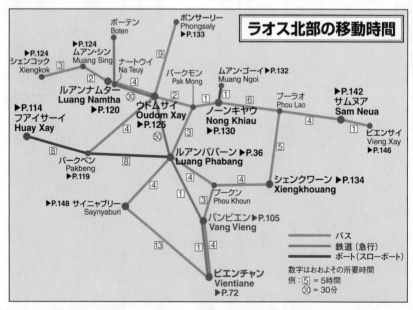

Season

旅のシーズン

乾季は、熱帯国のイメージからは想像できないほど冷えるので、厚手のセーターやジャケットなどは必携。ボートで旅する人は、川の上は寒いので、長袖を持参したい。

乾季は、日本の冬並みの上着が必要

Transport

交通手段

陸路での移動手段はバスか鉄道になる。バスは遅いが、本数は鉄道より多く、小さな町へも運行している。ただ、道路は山岳地帯を走っているので、乗り物酔いには対策を。ルアンパバーン〜パークベン〜ファイサーイを結ぶボートは、ラオスに残された数少ない船の旅で、おすすめ。

ルアンパバーン〜パークベン〜ファイサーイを結ぶ船

Accommodation

ホテル

大規模なホテルや高級ホテルは少なく、中級ホテルや、小さなゲストハウスが主流。築後年数がかなりたっているホテルは部屋の質も期待できないので、まず部屋を見せてもらってから宿泊を決めよう。

エアコンがなくても、涼しい風が吹きこむゲストハウスの部屋

Food

食事

まだまだ観光客が少ない町も多く、きちんとしたレストランは期待できないこともある。閉店時刻が早いこともあり、夕食はなるべく早めに取るのが得策。あらかじめ市場で食料を確保して、宿で食べる方法もある。

マーケットでのストリートフードも楽しい

Travel tips

旅のヒント

観光スポット的なものは少ないので、トレッキングなどのアクティビティに参加しながら旅すると、北部の魅力に触れられる。

ラオス北部 の
行くべき、やるべき、食べるべきもの Best 3

- 1. 世界遺産シェンクワーンでジャール平原観光 P.136
- 2. ノーンキヤウのゲストハウスでのんびり過ごす P.130
- 3. ナムカット・ヨーラパーのリゾートを満喫 P.129

ラオスで3番目の世界遺産になったジャール平原

第4友好橋の開通で注目される、ラオス北部のゲートウエイ

フアイサーイ
Huay Xay
ຫ້ວຍຊາຍ

市外局番
084

★ フアイサーイ

ビエンチャン

ホテル、ゲストハウスが並ぶフアイサーイのメインストリート

ラオス北西部に位置するボーケオ県の県庁所在地。県の西でタイ、ミャンマーと国境を接し、そのポイントは黄金の三角地帯「ゴールデントライアングル」と呼ばれ、麻薬の密売地帯として世界中に悪名をとどろかせていた。しかし、このエリアを跋扈する麻薬組織も近年鳴りを潜め、観光開発が進んでいる。

フアイサーイにはラオス最北端のタイ国境があり、対岸のチェンコーンとの間には渡し船が通っていたが、メコン川をまたぐ「第4友好橋」が2013年に開通してからは、タイ北部のチェンラーイやチェンマイとも陸路でつながった。さらに、中国やベトナムをも視野に入れた物流の拠点としても注目を浴びている。

ACCESS

バス
ルアンナムターから所要約4時間、120,000kip。ウドムサイから約8時間、90,000～170,000kip。

パークベン経由ルアンパバーン行きのスローボートのほか、タイからの物資を載せた貨物船も到着するフアイサーイの船着場

フアイサーイの歩き方

各ターミナルから町の中心へ

ホテルやレストランが集まるワット・チョムカオ・マニーラットの階段下までトゥクトゥクで、スローボート船着場から約5分、20,000kip。第4友好橋から約15分、1人50,000kip1台200,000kip。

バスターミナルは新旧ふたつあり、旧ターミナルは国内の近郊の町へのバスが発着、新ターミナルは、国内の中長距離バスが発着している。バスターミナルからフアイサーイ中心部までは、各々トゥクトゥクで約20分、1人50,000kip程度。

フアイサーイ
Huay Xay

学校区 　200m

P&P
R The Nine Cafe
Mini Mart
Slow Boat
ガソリンスタンド
ガソリンスタンド
赤十字サウナ
Red Cross Sauna & Ma

フアイサーイ・リバーサイド・ボーンピチット
Houay Xai Riverside Phonevichith ▶P.116
ボートチケット売り場

パークベン／ルアンパバーン方面スローボート船着場
タイへのイミグレーション（外国人利用不可）

メコン川

114

メコンの夕日に乾杯！

メコン川と並行する一本道がフアイサーイのメインストリートで、ゲストハウスやレストランもこの通り沿いに並んでいる。町からはメコン川の彼方に沈む夕日が拝めるので、川沿いのレストランでの夕食がおすすめ。

町に観光地的な見どころは少ない。多くの旅行者は、タイへ出国前、またはラオスに入国後の中継地として滞在するのみで、一夜を過ごしたあとは、それぞれの目的地へ発ってしまう。

フアイサーイで宿を取ったなら、小高い丘にある**ワット・チョムカオ・マニーラット Wat Chom Khao Manirath**に上ってみよう。メコン川の対岸にはタイのチェンコーンの町が広がり、その向こうに落ちる夕日も見事

ワット・チョムカオ・マニーラットの階段を下りる托鉢の列

だ。また早朝には、寺の階段を駆け下りてくる僧侶の托鉢の列も見られる。

第4友好橋を渡ってタイへ

メコン川の対岸にあるタイのチェンコーンへ渡るには、フアイサーイの郊外にある第4友好橋を渡ることになる。

フアイサーイの中心部からは、トゥクトゥクなどで友好橋へ向かい、ラオス出国後、橋を渡るシャトルバスに乗り換える。タイ側に到着したら、イミグレーションで入国手続きを済ませ、バスでタイ各都市へ向かう。

タイとの国境に架かる第4友好橋

ボート
パークベンから所要約8時間、200,000kip。ルアンパバーンから所要2日間、400,000kip。

タイのチェンコーンへ
フアイサーイの中心部からは、トゥクトゥクなどで友好橋へ向かい、ラオス出国後、橋を渡るシャトルバス（7,000kipまたは20B）に乗り換える。タイ側に到着したら、イミグレーションで入国手続きを済ませ、バスでタイ各都市へ向かう。

第4友好橋イミグレーション
MAPP.115外
開6:00〜22:00（月〜金の16:00〜22:00と土・日は時間外料金10,000kipまたは40Bが必要）。

フアイサーイの入出国ポイント

フアイサーイのナイトマーケット
メコン川沿いに南へ行った所には、夜、小さなマーケットが出る。屋台の数はそれほど多くはないが、川風に吹かれながら夕食やスナックを食べるのも気持ちがよい。フアイサーイの郵便局（MAPP.115）から徒歩で約5分。

メコン川を渡る夜風も気持ちいいナイトマーケット

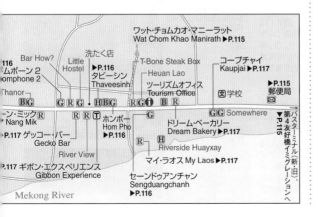

ワット・チョムカオ・マニーラット
Wat Chom Khao Manirath ▶P.115

洗たく店
Bar How?　Little　T-Bone Steak Box　コープチャイ
116　Hostel ▶P.116　Heuan Lao　Kaupjai ▶P.117
ムボーン2　タビーシン
omphone 2　Thaveesinh　ツーリズムオフィス
Thanor　　　　　　Tourism Office　文学校　▶P.115
BG　　GRG・HBG　RG⊕ B R　　　　郵便局⊠
ーン・ミック R　　R R T　　　　　　GG Somewhere　▼P.115
Nang Mik　　　　　ホンポー　　　　　　　　　　　　第
P.117 ゲッコー・バー　　Hom Pho　ドリーム・ベーカリー　　4
Gecko Bar　　　▶P.116　Dream Bakery ▶P.117　友
River View　　　　R　H　　　　　　　　　　　好
P.117 ギボン・エクスペリエンス　　マイ・ラオス My Laos ▶P.117　橋
Gibbon Experience　セーンドゥアンチャン　　　　　イ
Mekong River　　　Sengduangchanh　　　　　　ミ
　　　　　　　　　　▶P.116　　　　　　　　　　グ
　　　　　　　　　　　　　　　　　　　　　　　　レ
　　　　　　　　　　　　　　　　　　　　　　　　ー
　　　　　　　　　　　　　　　　　　　　　　　　シ
　　　　　　　　　　　　　　　　　　　　　　　　ョ
　　　　　　　　　　　　　　　　　　　　　　　　ン
　　　　　　　　　　　　　　　　　　　　　　　　へ
Riverside Huayxay

ファイサーイの ホテル＆レストラン

おもなホテルとレストランがワット・チョムカオ・マニーラット (p.115) 周辺に立地している一方、スローボート船着場周辺にも点在している。

H ファイサーイ・リバーサイド・ポーンビチット・ホテル
Houay Xai Riverside Phonevichith Hotel

中級ホテル　**MAP** P.114

☎ (020) 55483729
🌐 www.houayxairiverside.com
💰 Ⓐ ⒸⓈ Ⓣ $35

スローボート船着場に近く、移動の前後泊に便利なホテル。全部屋ホットシャワー、TV付き。静かな庭に面して落ち着いた滞在ができ、メコン川沿いに立つ新館は全部屋からリバービューを楽しめる。全22部屋。

H セーンドゥアンチャン・ゲストハウス
Sengduangchanh Guest House

エコノミーホテル　**MAP** P.115

☎ (020) 59895629
💰 Ⓐ ⒸⓈ Ⓣ 110,000 〜
Ⓕ 100,000kip
Ⓐ Ⓒ 150,000kip
ⒸⒸ なし

ファイサーイの中心部にあるゲストハウス。部屋はスタンダードだが、オーナーのにこやかな人柄とスタッフの手際のよさも手伝って、人気がある。1階には大きなレストランがあり、こちらも旅行者でにぎわっている。

H タビーシン・ホテル
Thaveesinh Hotel

エコノミーホテル　**MAP** P.115

☎ (084) 211502
💰 Ⓐ ⒸⓈ Ⓣ 200,000kip 〜
ⒸⒸ ＪＭＶ (手数料3%)

町の中心にある老舗ホテル。全部屋ホットシャワー、トイレ、TV付き。部屋によって眺めや間取りが異なるので、確認してからチェックインするとよい。ルアンパバーンへのボートチケットも販売している。

G ホンポー・ゲストハウス
Hom Pho Guest House

エコノミーホテル　**MAP** P.115

☎ (030) 5448338
🌐 www.hompho.com
💰 Ⓐ ⒸⓈ Ⓣ 150,000kip
トリプル 200,000kip
ⒸⒸ なし

メインストリートの中心にある、2階建てのゲストハウス。部屋は広く清潔感があり、ホットシャワー、TV、ミネラルウオーター、冷蔵庫が付く。周囲には飲食店や旅行会社が集まっており旅行者には何かと便利だ。

G ウドムポーン・ゲストハウス 2
Oudomphone Guesthouse 2

エコノミーホテル　**MAP** P.115

☎ (084) 211308
💰 Ⓐ ⒸⓈ Ⓣ 150,000 〜
200,000kip
ⒸⒸ ＪＭＶ (手数料3%)

メインストリートに立つ、全25部屋とファイサーイでは大規模なゲストハウス。1階にはレストラン、コンビニエンスストアのような雑貨店が入っていて、旅行で必要な物品がひととおり揃っている。

G コープチャイ・ゲストハウス

Kaupjai Guest House

エコノミーホテル　MAP P.115

中心部のなかでは静かな南側にある2階建てのゲストハウス。どの部屋も床がきれいに磨き上げられ、広さにもゆとりがあるため快適に滞在できる。全部屋にトイレ、ホットシャワー、TV付き。

☎ (020) 55683164
料FST 100,000kip
ACST 150,000
CC なし

R マイ・ラオス・レストラン $$

My Laos Restaurant

ラオス&アジア料理　MAP P.115

メコン川沿いのテラス席で食事ができるレストラン。ラオス料理とタイ料理を中心に、中国料理やベトナム料理など多彩なメニューが揃う。フライドライスは60〜80B前後、その他単品80〜150B程度。

☎ (020) 59525884
営 10:00 〜 22:00
休 なし
CC なし

R ゲッコー・バー $$

Gecko Bar

ラオス&ヨーロッパ料理　MAP P.115

ゲストハウスが建ち並ぶ通りの中心にあり、旅行者に人気のレストラン。ラオス料理のほか、洋食メニューが充実し、朝食メニューも種類が豊富。オーナーはネコ好きで、店のまわりには数匹のネコがくつろいでいる

☎ (020) 54674588
営 6:00 〜 22:00
休 なし
CC なし

R ナーン・ミック $

Nang Mik

ラオス料理　MAP P.115

メニューがカオ・ピヤック (セン) とフーのみのレストランで、どちらも30,000kip。そのすばらしい味は、お客さんの多さが示している。看板はラオス語のみだが、店内に掲示してある「Noodle Soup」の文字が目印。

☎ (020) 5588-3391
営 7:00 〜 13:00
休 なし
CC なし

R ドリーム・ベーカリー $

Dream Bakery

カフェ　MAP P.115

メインストリート沿いにあるベーカリーカフェ。料理はサンドイッチがメインで、具も豊富。そのほか、シェイク、スムージーなどのドリンクも多くとり揃えている。朝食メニューは、コーヒー付きで各種50,000kip〜。

☎ (084) 212402
営 8:00 〜 18:30
休 日
CC なし

ラオスのお得な情報　フアイサーイのエコツアー情報

COLUMN

● ギボン・エクスペリエンス
Gibbon Experience
ナムカーン国立公園内トレッキングツアーなどを催行。ツリーハウスの高さは世界最高だとか。

MAP P.115　FAX (084) 212021
URL www.gibbonexperience.org
営 8:00 〜 17:00 (月〜金)、8:00 〜 16:00 (土・日)
CC JMV (手数料4%)

レストランの予算の目安　$=1人$3未満、$$=1人$10未満、$$$=1人$10以上

古都ルアンパバーン、北の玄関口<ruby>ファイサーイ<rt>ゲートウェイ</rt></ruby>。
ラオスの二都を結ぶ、川の2日間

メコン、水の旅への誘い

海をもたないラオスにとって、メコン川は国の生命線ともいえる大動脈である。近年、道路整備が進み、河川交通の重要性が薄れてきたとはいえ、川でしかアクセスできない村もまだ少なくないラオス。水の目線から見ると、また違う発見と驚きがきっとあるはずだ。出航前に船着場へ行けば誰でも乗れる定期船のほか、完全予約制で、ボートの中でラオス料理がいただけるクルーズ船も登場している。

水しぶきを上げながらメコンを快調にクルーズ

ちょい贅沢なボートで、メコン上りに出発

ルアンパバーンとファイサーイの間には毎日定期船が運航されている。しかし、ただ移動するだけではなんとも退屈、というのも正直なところ。それならと、ちょっと奮発して、クルーズ船を選んでみた。

クルーズ船も、外観は定期船と大差ないが、座席はゆったりとスペースを取ったソファ。長時間の航海（航川？）では、このゆとりで快適度がまったく異なる。

クルーズ中の食事はすべて料金込み。専属のコックが、ギャレー（厨房）で調理した温かい料理が振る舞われる。飲み物も、コーヒーと紅茶はいくらでもお代わり自由だ。

残念ながらWi-Fiはないが、こんなときこそ読書の時間

ベテランキャプテンが、メコンの難所をいくつも越えていく

途中、いくつかの村に立ち寄る。ボートの周りは、子供たちの遊び場に

フアイサーイの第4友好橋をくぐる

パークベンで宿泊するのは、メコンのせせらぎが子守歌になってくれるシックなロッジ

定期船でも十分楽しめる

　それでは定期船の旅は辛いばかりなのかというと、そんなことはない。ひと昔前は板張りの堅いベンチに押し込まれるがごとくだったが、年々グレードが上がって、楽に座れる椅子になっている。食事は自前だから乗船前に買い込まなくてはいけないが、船内で簡単な食事や飲み物の販売を行うボートもある。

　何より、定期船の旅が楽しいのは、ほかの旅人たちとの触れ合いだ。8時間もずっと同じ椅子に座っていれば、前後左右の旅行者とおのずと会話が始まる。たった2日で友達になったような……。到着後に彼らとSNSを交換すれば、帰国後も長いお付き合いになるかもしれない。

クルーズ船の楽しみは、何といっても温かい食事

定期船も、設備が向上し続けている

訪問した村の子供たち

🌐mekong-cruises.com/ja（日本語）

メコン川クルーズの中継点
パークベン
Pakbeng ປາກແບງ

　ルアンパバーンとフアイサーイを結ぶボートが寄港する町がパークベンだ。8時間の船旅を終えた旅行者はみな、この小さな町で体を伸ばす。町は、メコン川の船着場から続くやや急な坂の両側に展開していて、ゲストハウスやレストランもここに並ぶ。見どころは、この坂を上った所にある市場くらいだが、メコンに落ちる夕日を眺めながら、翌日のクルーズに備えて英気を養ってみてはどうだろうか。

ルアンパバーン、フアイサーイへの船が出る、メコン川船着場（右）パークベンのメインストリート（左）

ルアンナムター

Luang Namtha

ຫຼວງນ້ຳທາ

市外局番
086

町の名前にもなっているナムター川

ルアンナムターは、北に中国が控えるルアンナムター県の県庁所在地である。中国との交易の歴史は古いが、中国と接する国境ポイントでもあるボーテンが外国人に開放されてからは、旅行者も急増し、大型の宿泊施設も目立つようになった。周辺は山岳民族の宝庫で、トレッキングなどに参加して彼らの村を訪ねるのもいいだろう。

ACCESS

飛行機
ビエンチャンから所要55〜60分、$47.55〜(ラオス航空)、499,000kip〜(ラーオ・スカイウエイ)。

バス
ウドムサイから所要約4時間、80,000kip。ウドムサイ発は8:30、11:30、15:30。フアイサーイから所要約4時間、120,000kip。ムアン・シンから所要約2時間、30,000kip。

鉄道
ルアンナムターに一番近い駅はナートゥイNa Teuyで、ビエンチャンから急行で所要約3時間40分、394,000kip、普通で4時間、282,000kip。ルアンパバーンから急行で所要1時間20分、158,000kip、普通で約2時間、114,000kip(料金はいずれも2等車)。

ルアンナムター空港
MAP P.121-B2外
空港から市内までトゥクトゥクで約10分、20,000kip。

ラオス航空オフィス
MAP P.121-B2
☎ (086) 212072
🕐 8:00〜11:00、15:30〜17:00(月〜金)
休 土・日

ルアンナムターの歩き方

ルアンナムター到着

ルアンナムター空港は、町の中心から南へ約7kmの所にある。バスは2ヵ所で発着しており、ルアンパバーン、ウドムサイ、フアイサーイからのほか、国際バスも到着する長距離バスターミナルは空港よりさらに南。ムアン・シン、ボーテン(中国国境)からのバスは、町の中心にある近距離バスターミナルに到着する。鉄道駅は、ルアンナムター市内ではなく、ウドムサイの方向にあるナートゥイNa Teuyにあるので、鉄道を利用する場合は、タクシーでアクセスする。

きれいに整備された街区

町は新市街と旧市街に分かれているが、見どころ、ホテルなどの観光施設、大きな市場は新市街に集中している。

新市街には、山岳民族の衣装や日用品を展示した**ルアンナムター博物館Luang Namtha Museum**や、食事の屋台が並ぶ**ナイトマーケットNight Market**がある。また、市場はかなり大きく、中国から輸入された雑貨を中心に商品も豊富。小高い丘には**サマッキーサイ仏塔Sammakhixay Stupa**などがある。

一方、かつての町の中心でもある旧市街は新市街の南約7kmの所にあって、ルアンナムター空港はここに位置している。

県内の山岳民族の風俗を紹介したルアンナムター博物館

サマッキーサイ仏塔は新市街中心から徒歩約15分。丘からは町を一望できる

ルアンナムター
Luang Namtha

1　　　　　　　　2

サマッキーサイ仏塔 ▶P.120、
Sammakhixay Stupa
Ⓗプー・ビラ Pou Villa ▶P.122へ

ブラック・アンド・ホワイト ▶P.123
Black and White ▶P.123

★ルアンナムター博物館 ▶P.121
★Luang Namtha Museum

N

県庁
Bureal d' Administration de la
Province de Luangnamtha

Ⓡ中国飯店

A

0　　　　　200m

Ⓢミニマート

▶P.121
ツーリズムオフィス
Tourism Office

ラーオ・テレコム　☎

Kingmala Ⓖ

ⓘ ナイト
郵便局 ⓜ マーケット
▶P.120

Perfect Meal

南塔飯店 Ⓡ　　▶P.123 ズエラ Zuela ⒼⒼ
Ⓣ ハイカー・ライズ・プレイス
▶P.122 マニーチャン Manychan The Hiker Lai's Place ▶P.123

盛昌超市 (スーパー) Ⓢ　　Khamking

▶P.123 トーラシット Thoulasith Ethnic Travel Laos
Ⓣ
Express Trekking Ⓣ
Ⓣ Ⓗドークチャンパー
▶P.122 アドーンシリ Ⓣ Dokchampa
Adounsiri ▶P.122
Ⓡ
Ⓖ Chanta
裁判所 Ⓡ
Luang Namtha Province People's Court Ⓢ ODOP

フォレスト・リトリート・ラオス Ⓑ
Forest Retreat Laos
スイート・ドリーム
Sweet Dream
▶P.123

B

▶P.122
ロイヤル
Royal
Ⓗ

ラオス航空オフィス・
▶P.120

近距離
バスターミナル
▶P.121

Ⓢ 市場

薬草サウナ&マッサージ Ⓡ Imsabay
▶P.121

✈ルアンナムター空港 ▶P.120
🚌長距離バスターミナル ▶P.121
🚆鉄道駅 (ナートウイ駅) ▶P.121へ

長距離バスターミナル
市内までトゥクトゥクで約20
分、20,000 ～ 50,000kip。

近距離バスターミナル
ムアン・シン、ボーテンなど
近郊へのバスが発着
ⅯⅯ P.121-B2

鉄道駅
ⅯⅯ P.121-B2外
ルアンナムターから一番近
い駅はナートウイ Na Teuy 駅
で、タクシーで約30分、
100,000kip。

ルアンナムター博物館
ⅯⅯ P.121-A2
🕗8:00～11:30、13:30～
15:30 🈲土・日 💴10,000kip
※館内は撮影禁止。

ナイトマーケット
ⅯⅯ P.121-A2
🕗16:00頃～ 23:00頃

薬草サウナ&マッサージ
ⅯⅯ P.121-B2
☎ (020) 55488077
🕗16:00 ～ 22:00 🈲なし
サウナ 50,000kip、マッサー
ジ1時間110,000kipなど。

ツーリズムオフィス
ⅯⅯ P.121-A2
☎ (086) 211534
📠 (086) 312047
🕗8:00 ～ 11:30、13:30 ～
16:00 🈲土・日
少数民族の村の情報、近郊
の地図などを入手できる。

ลับบอกต่อ! **ラオスのお得な情報**

COLUMN

ルアンナムターのアクティビティ

　50近い民族で構成されているラオスだが、な
かでもルアンナムターはその宝庫のような場所。
しかし、彼らと町で出会うことはまれで、周辺部
の村々へ訪ねて行かなくてはならない。また、ル
アンナムターの南東部に広がるナムハー国立保護
区 Nam Ha
National
Protected
Area では、さ
まざまなアウ
トドア・アク
ティビティが楽
しめる。
市内にある

ルアンナムター市内の旅行会社

旅行会社では、
山岳民族の村
を訪問しなが
らのトレッキ
ング、またカヤ
ックなどのア
クティビティ
を提供してい
るが、2日以上

川の中も進むトレッキング

のツアーになると、これらをミックスしたもの、例
えば、カヤックで移動しながら山岳民族の村を訪
問したりするタイプもある。
　ツアーには経験豊富なガイドが付くので、安
心。

121

ルアンナムターのホテル&レストラン

ホテルが一番多いのは郵便局の周辺。バックパッカーが多いルアンナムターでは、簡素ながらフレンドリーな宿が主流だ。レストランもそのあたりに点在する。

H プー・ビラ
Pou Villa
高級ホテル　MAP P.121-A1外

市内中心部から少し離れた丘に立つ高級宿。バンガロータイプの部屋はバルコニー付き。水回りやベッドも清潔で、快適なホテルステイが楽しめる。空港やバスターミナルへの送迎もあり。朝食も日替わりでボリューミー。

☎ (086) 212469
料 AC S T $120（朝食付き）
CC なし

H ロイヤル・ホテル
Royal Hotel
中級ホテル　MAP P.121-B1

市場前にある、96部屋を備えた6階建ての大型ホテル。部屋は十分な広さがあり、高層階からは周囲の山並みまで見渡せる。館内の表示やフロントスタッフの話す言葉は中国語とラオス語が中心で、英語はあまり通じない。

☎ (086) 212150
料 AC スタンダード
S T 485,000kip
VIP700,000kip
CC なし

H ドークチャンパー・ホテル
Dokchampa Hotel
エコノミーホテル　MAP P.121-B2

ゲストハウスが密集するエリアに位置する中型ホテル。部屋は簡素だが、コーヒーセットも置かれていて、旅行者にとっては十分な設備。ナイトマーケットも近く、便利なロケーション。

☎ (086) 266003
料 AC S T 150,000～
180,000kip
VIP280,000kip
CC なし

G マニーチャン・ゲストハウス
Manychan Guest House
エコノミーホテル　MAP P.121-A2

オーナーの人柄と接客のよさで、長年旅行者から人気を集めているゲストハウス。1階のレストランは毎晩たくさんの旅行者が集まり、情報交換の場所にもなっており、料理の味もなかなかよい。

☎ (020) 28819399
料 F T 120,000kip
AC S T 150,000kip
CC なし

G アドーンシリ・ゲストハウス
Adounsiri Guest House
エコノミーホテル　MAP P.121-B2

裏通りにある全11部屋のゲストハウスで、庭を挟んで本館と別館がある。部屋はシンプルだが、別館の共用通路には小さなテーブルと椅子が置かれており、朝はコーヒーやお茶のサービスもある。

☎ (020) 55445532
料 F S T 120,000kip
AC 150,000kip
CC なし

G ズエラ・ゲストハウス
Zuela Guest House
エコノミーホテル MAP P.121-A2

木とれんがを組み合わせた味のあるゲストハウス。特に1階の部屋はれんがの壁に囲まれ、ほかの宿とは違った雰囲気。レンタサイクル、レンタバイク、ツアーの手配も受け付ける。レストランも併設している。

☎ (020) 23456359
料 F S T 150,000kip
A S T 200,000 〜 350,000kip
CC なし

G トーラシット・ゲストハウス
Thoulasith Guest House
エコノミーホテル MAP P.121-B2

メインストリートから少し奥に入った大型ゲストハウス。新館と旧館があり、新館はすべてエアコン、湯沸かしポット、歯ブラシ、TVを完備するほか、部屋によっては冷蔵庫が付く。受付では各種ツアーの手配にも応じている。

☎ (086) 212166
料 A S T 150,000 〜 200,000kip トリプル 250,000kip
CC A J M V (手数料3%)

R スイート・ドリーム
Sweet Dream $
ラオス&ヨーロッパ料理 MAP P.121-B2

ラオス料理からピザなどのヨーロッパ料理まで、幅広くメニューを揃えるレストラン。メニューは一品20,000 〜 80,000kipの範囲で、ピザは少し高めの価格設定。アイスクリームも20,000 〜 40,000kipで提供。

☎ (030) 5396868
営 8:00 〜 20:00
休 なし
CC なし

R ライズ・プレイス
Lai's Place $
ラオス&ヨーロッパ料理 MAP P.121-A2

メインストリートの外れに位置するこぢんまりとしたレストランで、長年、旅行者から支持され続けている。メニューには、ルアンナムターの地野菜を使ったオ・ラームなどの本格的なラオス料理も揃える。

☎ (020) 56246645
営 7:00 〜 20:00
休 なし
CC なし

R カフェ・ブラック・アンド・ホワイト
Cafe Black and White $
カフェ MAP P.121-A2

中心部から少し離れた場所にあるカフェ。店内はきれいにデコレーションされ、地元の若者たちがくつろいでいる。ホットコーヒーは15,000kip。デザート類のほか、チキンステーキなどの料理もある。

☎ なし
営 10:00 〜 20:00
休 なし
CC なし

ラオスのお得な情報
ルアンナムターのナイトマーケット

町の中心部に出るナイトマーケットは、いろいろな食べ物が並び、夕食を調達するのにもいい。レストランが少ないこの町では、重宝するマーケットだ。

COLUMN

ルアンナムター市民の姿も多い

数多くの山岳民族が居住する
ルアンナムター県の小さな町

ムアン・シン
Muang Sing
ເມືອງສີງ

ピエンチャン
N

　ルアンナムター県にある町のひとつで、周辺の村々に居住する山岳民族が集まる市場で知られている。とりわけ、モン族、アカ族などの鮮やかな衣装は、旅行者の目をとりこにする。

　最近は中国貿易のゲートウエイともなっており、小さな町には不釣り合いな大型トラックが朝から晩まで行きかっている。

　町なかの見どころとしては民族博物館 Tribal Museum くらい。山岳民族の村を訪ねるトレッキングツアーを提供するツーリズムオフィスもある。

ムアン・シンへの行き方
ルアンナムターの近距離バスターミナルからバスで所要約2時間、80,000kip。
ムアン・シンの宿
町の中に数軒の宿がある。トレッキングなどをする人は別だが、町なかの観光だけなら、ルアンナムターからの日帰りがおすすめ。

2015年に第4メコン国際橋が完成
ミャンマーとの交易に期待がかかる

シェンコック
Xiengkok
ຊຽງກອກ

ピエンチャン
N

　ルアンナムターからムアン・シンを経由してさらに西へ、道がメコン川に突き当った所にあるのがシェンコックだ。

　川の対岸はミャンマーで、長い間渡し船での交易があったが、2015年、メコンに架かるものとしては5つ目になる国際橋が開通。ミャンマーとだけでなく、中国やベトナムとの新しい物流ルートとして注目されている。

　町の前を流れるメコン川はかなり急流だが、それをものともしないように、五星紅旗をひるがえした中国の貨物船が往来する。また町の中にはミャンマーのナンバーを付けたバイクが走り回るなど、小さいながら、国境の空気を感じさせてくれる町である。

シェンコックへの行き方
ムアン・シン方面からバスがあるが、不定期であてにならず、ルアンナムターで車をチャーターしたほうがよい。

深い山あいに発展する経済都市

ウドムサイ
Oudom Xay
ອຸດົມໄຊ

市外局番
081

★ウドムサイ
ビエンチャン

道路も広く、町並みはよく整備されている

ラオス北部の交通の要衝でもあるウドムサイ。近隣の中国、ベトナムから通じている道路で運ばれてきた物資は、ここウドムサイからラオス全土に散らばっていく。

ウドムサイの歩き方

飛行機、バス、鉄道でウドムサイに到着したら、トゥクトゥクで町の中心に向かう。メインストリート沿いにホテルやレストラン、市場やスーパーマーケットが建ち並び、町の見どころでもある**プータート、ウドムサイ県博物館**は、ふたつとも小高い丘の上にある。

郊外には、車で30分ほど行くと**ナムカット・ヨーラパー・リゾート Namkat Yorlapa**（P.129）があり、さまざまなアクティビティを満喫しながらゆったりと贅沢なリゾートステイができる。

(ACCESS)

飛行機
ビエンチャンから所要50～60分。$95.55～（ラオス航空）。

バス
ルアンパバーンの北方面バスターミナルから所要約5時間、100,000kip。ルアンパバーン発は9:00、12:00、16:00。

ラオス北部 ｜ ムアン・シン　シェンコック　ウドムサイ

125

ウドムサイ
Oudom Xay

鉄道

ビエンチャンから急行で所要約2時間40分、341,000kip、普通で約3時間、242,000kip。ルアンパバーンから急行で所要約1時間、103,000kip、普通で約1時間、75,000kip（料金は、いずれも2等車）。

ウドムサイ空港

MAP P.125-B2
空港からルーサイ市場までトゥクトゥクで約10分、20,000～30,000kip。

バスターミナル

MAP P.125-B1外
ルーサイ市場までトゥクトゥクで15分、60,000kip。

鉄道駅

MAP P.125-A1外
鉄道駅からウドムサイ市内までトゥクトゥクで約10分、1人50,000kip。

「ムアン・サイ」はウドムサイ県の県庁所在地

鉄道駅の名前にもなっている「ムアン・サイ」は、ウドムサイ県の県庁所在地。一般に「ウドムサイ」と言えば、このムアン・サイを指す。

ツーリズムオフィス

MAP P.125-A1
☎ (081) 212483
開 8:00～12:00、13:30～16:00
休 土・日

ラオス航空オフィス

MAP P.125-B2
☎ (020) 5952-2234
営 8:00～17:00（日～13:30）
休 なし

プータート

休 なし　料 無料

ウドムサイ県博物館

☎ (030) 9281718
開 8:00～11:00、13:30～16:00
休 土・日　料 5,000kip

ウドムサイのおもな見どころ

▮ ウドムサイ市街を一望する、町のシンボル

プータート

MAP P.125-B1

Phou That　　　　ພູທາດ

ウドムサイ中心部にそびえる小高い丘。頂上のプータート寺院には黄金の仏塔と近年新たに建てられた仏陀像が鎮座し、人々の信仰を集めている。仏塔は14世紀にタイ・ルー族の手で建てられたのが起源といわれるが、第1次インドシナ戦争中に破壊され、現在ある

美しく再建された仏塔

のは1996年に再建されたもの。夕日スポットとしても人気があり、緋色の空と仏陀像のコントラストは格別な趣がある。メインストリートから徒歩で階段を上るか、車でもアクセス可能。

▮ ウドムサイ県に住む民族の生活様式を展示した

ウドムサイ県博物館

MAP P.125-A2

Oudomxay Province Museum　　ທີ່ພິພິຕະພັນແຂວງອຸດົມໄຊ

プータート（上記）とメインストリートを挟んで対峙する高台にある、白亜の2階建ての博物館。1階はカム族、アカ族、モン族など県内に暮らす少数民族の生活を展示。伝統衣装、生活道具、農耕具などが民族ごとのブースに展示されており、わかりやすい。2階は歴史コーナーで、その多くは20世紀初頭から独立後にかけて使われてきたメディア機材やベトナム戦争中の武器など、近現代のラオスの歴史を反映した展示物が置かれている。

ウドムサイ周辺で暮らす山岳民族の日用品などを展示

おトクじょうほう！ ラオスのお得な情報　　　　COLUMN

ウドムサイのマーケット巡り

ルーサイ市場Luxay Market（**MAP**P.125-A1）は、家電から食料品までさまざまなテナントが入居する屋内のマーケットで、営業時間は店によって異なるが朝から17:00頃まで。1階はおもに中国のメーカーを中心にした電化製品や日用品を取り扱っており、屋外には野菜や果物を販売している店、屋台なども出ている。2階は衣類やバッグ、靴、アクセサリーなどファッション小物を中心とする店がぎゅうぎゅうに並ぶ。

市場の斜め向かいにはラオス北部最大級の中国系スーパーマーケット、「丹薩旺超市」（**MAP**P.125-A1）がある。ビア・ラーオやハチミツなどメイド・イン・ラオス製品のほか、お茶やコーヒー、調味料、ペットボトル飲料などタイ、中国産のものが並び、みやげ物もここで入手できる。

オレンジの屋根が目印、2階建ての市場

126

ウドムサイの ホテル & レストラン

ビジネスタウンでもあるウドムサイには、さまざまなタイプのホテルやゲストハウスが揃っている。小さなレストランでも味に抜かりはなく、グレードが高い。

H チャーミング・ラーオ・ホテル

Charming Lao Hotel

中級ホテル **MAP** P.125-A1

白と木目を基調にした瀟洒なブティックホテル。各部屋に冷蔵庫、コーヒーセット、セーフティボックスを備え、ガーデンレストランやカフェ、スパなど施設も充実。郊外へのシャトルサービスにも有料で対応してくれる。

☎ (081) 212881
FAX (081) 212882
料 AC S T $75
VIP $98～200 (朝食付き)
CC J M V (手数料3%)

H シンハー・ホテル

Singha Hotel

中級ホテル **MAP** P.125-B1

2018年末にオープンした、ウドムサイでは比較的新しい宿。清潔でふかふかのベッドやタオル、ホットシャワー、トイレ、充実したアメニティで快適に過ごせる。地下のレストランで提供される朝食もおいしい。

☎ (081) 212995
料 AC S T 230,000～350,000kip
VIP 550,000kip (朝食付き)
CC M V (手数料3%)

H フレンドシップ・ホテル

Friendship Hotel

中級ホテル **MAP** P.125-B2

メインストリートから空港に向かう途中にある、5階建ての大型ホテル。部屋は広く清潔感があり、館内にはエレベーターも完備。朝食は中庭のレストランで提供される。ラオス語名はミッタパープ・ホテル Mittaphap Hotel。

☎ (081) 212915
料 AC S T 180,000～300,000kip
VIP 500,000kip (朝食付き)
CC なし

G ビラ・ケーオセームサック

Villa Keo Seum Sack

エコノミーホテル **MAP** P.125-B1

堂々とした破風が目を引く大型のゲストハウス。部屋は木目と白壁を生かしたデザインで、広々としている。全部屋にエアコン、ホットシャワー、冷蔵庫が付く。2階には外に突き出したテラスもある。

☎ (081) 312170
FAX (081) 312092
料 F S T 80,000～100,000kip
AC S T 120,000～150,000kip
CC なし

G リッタビサイ・ゲストハウス

Litthavixay Guest House

エコノミーホテル **MAP** P.125-B1

インターネットやレンタサイクルなど、旅行者へのサービスが充実している老舗のゲストハウス。隣接した旅行会社で飛行機のチケット手配も可能なのはうれしい。部屋は清潔で全部屋にホットシャワー、TVが付く。

☎ (081) 212175
料 F S 100,000kip
T 80,000kip
AC S T 150,000kip
VIP AC 200,000kip
CC なし

127

R カンニャ・レストラン $$

Kanya's Restaurant

ラオス&タイ料理　**MAP** P.125-A1

ラオス料理が基本だが、タイ料理にも定評がある。ボリュームがあり、味もしっかりしているので、地元の人にも外国人にも人気がある。魚のカレー、フライドヌードル、ラープなど、1品20,000 ～ 30,000kip前後が中心。

☎ (020) 56595662
⏰ 7:00 ～ 21:30
休 なし
CC なし

R ワンナシン・レストラン $

Vannasin Restaurant

ラオス&タイ料理　**MAP** P.125-B1

メインストリートにあるレストランで、常に混雑する人気店。昼には6種類ほどのおかずが並び、3種類を選んでおかずのせご飯にできる。そのほか、チキンライスやフライドヌードルなども1品20,000 ～ 40,000kip。

☎ (020) 54005559
⏰ 7:00 ～ 22:00 (材料がなくなり次第終了)
休 なし
CC なし

R ミーミー $$

Mime

ラオス&タイ料理　**MAP** P.125-B2

ウドムサイのメインストリートにあるレストラン。カオ・ラートナー、麺類などの一皿料理が専門で、1品20,000 ～ 25,000kip程度。特に食事時間帯は満席状態で、地元の人にも旅行者にも大人気。ビールは市中価格で提供。

☎ (020) 59444414
⏰ 12:00 ～翌1:00
休 なし
CC なし

おやしゃおい！ ラオスのお得な情報 COLUMN

ウドムサイの「一村一品」を推進するPMC

　ピーエムシー PMC (ウドムサイ県特産品センター)は県の産業商業局が運営するショップで、県内の3つの郡の村々で作られた製品を販売する。

　ラオスみやげというとシルクや木工品などを目にする機会が多いが、ウドムサイは良質なコットン(綿)など、天然素材の産地として知られ、ナチュラルな生活雑貨が多数集まっている。製品は手紡ぎならではの風合いのよさに加えて、夏は涼しく冬は暖かいのが特徴。また、葛(くず)やラオス語で「ヤボイ」と呼ばれる科(しな)の繊維で編まれたバッグやポーチは、丈夫で長持ちすると好評だ。

　PMCは長年ケシ栽培に依存してきた村の人々に新たな生計手段をもたらす目的で設立され、日本の国際協力機構(JICA)もボランティアを派遣して、製品開発や広報のサポートを行

ショップの入口

っている。現在ではビエンチャンやルアンパバーンの一部のショップでも購入できるようになってきたが、産地ならではの豊富な品揃えに加えて、スタッフから製品や生産者についての解説を聞きながら、お気に入りの品を探す楽しみは、旅の思い出にもなることだろう。ウドムサイを訪問した際にはぜひ立ち寄ってみたい。

● PMC (Productivity and Marketing Center of Oudomxay)
MAP P.125-B2
☎FAX (030) 5373356
URL www.facebook.com/pmc.oudomxay
⏰ 8:00 ～ 17:00
休 日

色やデザインもおしゃれな各地の産品が並ぶ

ジップラインでしか入れない
ツリーハウスの滞在もできる

ウドムサイの奥地に広がる山のリゾート

ナムカット・ヨーラパー・リゾート

Namkat Yorlapa Resort

ウドムサイの中心部から車で約30分。山の中をくぐり抜けた先に、忽然と現れる大型リゾートが、ナムカット・ヨーラパーだ。

ここはただのリゾートではない。サステナビリティ、持続的な開発というテーマに沿って、ラオス政府から特に許可されて設置された、自然との共存を目指したホテルなのである。そのため、建物のすべては周囲の風景に違和感なく溶け込むようにデザインされており、ベッドルームには、川のせせらぎと野鳥のさえずりが聞こえてくる。

アクティビティも多彩で、人気はジップライン。最初は目もくらむ谷底に足がすくむが、ワイヤーロープで滑り降りる感覚を覚えると、さらに飛びたくなるから不思議だ。アクティビティには、このジップラインとトレッキング、ツリーハウス訪問を組み合わせたもの、さらには敷地内でのテント・キャンピングなどがあるので、時間と予算に合わせて参加したい。

深い谷底をワイヤー1本で渡るジップライン、最初は怖いが、慣れてくるとやみつきに

鳥のさえずりをBGMに泳げるプール

【 Data 】
MAP P.125-A2外 宿泊：スタンダード $60〜、プールビラ$350〜など（朝食付き）
アクティビティ：ジップライン60,000kip（30分）〜など ☎ (020) 59185559
URL namkatyorlapa.com CC J M V

【 リゾートへの行き方 】
ウドムサイ（P.125）市内または空港からリゾートの送迎車を利用。

プライベートな空間で施術が行われるスパでリラックスタイム（左上） ダイニングで提供される料理のクオリティは、高級リゾートの名にふさわしいもの（右上） 部屋はすべて独立したコテージで、さまざまなランクがある（下）

ノーンキヤウ
Nong Khiau
ໜອງຂຽວ

市外局番
071

ビューポイントから見下ろすナムウー川とノーンキヤウの風景

ルアンパバーン県の北部、ナムウー川と国道1号線のジャンクションに位置する町。近年は欧米人バックパッカーを中心にノーンキヤウを訪れるファンが増えており、北部周辺の町から

のアクセスも格段によくなった。どこまでも続きそうな緑深き峡谷と雄大なナムウー川の流れを感じながら、時間を忘れるほどゆったりとした至福の滞在が約束されるはずだ。

ACCESS

バス
ルアンパバーンの北方面バスターミナルから所要約4時間、80,000kip。ウドムサイから所要約3時間、50,000kip。

ボート
ムアン・ゴーイから所要約1時間、50,000kip。

バスターミナル
MAP P.130外
船着場まで徒歩約15分。トゥクトゥクで約5分、10,000kip。

ビューポイント
MAP P.130外
開5:00 ～ 16:30
16:30までに入口を通れば、帰りは何時でもよい。上りは約1時間半、下りは約45分。
休なし
料20,000kip

傾斜は急で、足場も悪い

ノーンキヤウの歩き方

ルアンパバーンからのバスが町の外れにあるバスターミナルに到着すると、ソンテウのドライバーが、町まで乗車しないかと声をかけてくるが、ナムウー川に架かる橋周辺のノーンキヤウ中心部まで、徒歩でも15分くらいなので、荷物が軽ければ、町の様子を観察がてら歩いてもよいだろう。

町の中に見どころはほとんどなく、旅行者はナムウー川沿いに宿を取ってバルコニーでのんびりと過ごしたり、アクティビティに参加したり、ムアン・ゴーイ（P.132）を訪れたりしている。

健脚に自信があれば、町全体が見渡せる**ビューポイント View Point**に上って、サンライズやサンセットを望もう。

ビューポイントの入口

▶P.132 ムアン・ゴーイへ
Namou Adventure Tour
Nongkhiaw Adventure Tours
Delilah's
センダーオ・チッタウォン
Sengdao Chittavong ▶P.131
ノーンキヤウ・リバーサイド
Nong Kiau River Side ▶P.131
NK Tiger Tours
Coco Home
Joy's Restaurant
Nongkhiaw View
Couler Cafe & Restaurant
Le Muang goy Restaurant
Vongmany
▶P.131 サンライズ・バンガロー Sunrise Bungalow
Lao Sky High Adventure
ムアン・ゴーイ行き船着場
Phanol
Deen（インド）
Chennai（インド）
Sythane
マンダラ・ウー・リゾート
Mandala Ou Resort ▶P.131、
バスターミナル ▶P.130外
Phulisack
サンセットクルーズ乗り場
Q Adventure Tours
Q Bar
Bamboo Paradise
Meexai
Nam Houn
Alex
Wat Ban Sophoun
NK Adventure
Sabai Sabai Massage
Pizza and Pasta
Viewpoint Resort
Home Coffee
ノーンキヤウ Nong Khiau
ナムウー川 Namou River
N
0   200m
▶P.130 ビューポイントへ

━ HOTEL ━
ノーンキヤウの ホテル

ナムウー川に架かる橋の両側にホテルやレストランが点在している。旅行者の増加にともない、宿泊施設の整備は年々進んでおり、チョイスは幅広い。

H ノーンキヤウ・リバーサイド

Nong Kiau River Side

中級ホテル　MAP P.130

デンマーク人が経営するバンガロータイプの宿。全部屋リバービューでバルコニーが付き、特に朝夕の景色は気持ちがいい。朝食のビュッフェは種類豊富。トレッキングやサイクリング、バスの手配も可能。

☎ (071) 810004
URL www.nongkiau.com
料 AC S T $26 ~ 78（朝食付き）
CC MV（手数料3%）

H マンダラ・ウー・リゾート

Mandala Ou Resort

中級ホテル　MAP P.130外

バス停徒歩約1分、橋まで徒歩約15分のリゾートホテル。プールやレストランが併設され、自転車レンタルも無料。各部屋に水筒が置かれ、滞在中は館内のウオーターサーバーから無料で水を補充できるなどエコの取り組みも。

☎ (030) 5377332
URL www.mandala-ou.com
料 $58 ~ 68
CC MV（手数料3%）

G サンライズ・バンガロー

Sunrise Bungalow

エコノミーホテル　MAP P.130

レストランが集中するエリアに位置する宿。ドミトリーのほか、ナムウー川が望めるバンガロータイプの部屋がある。朝食が宿泊料金に含まれており、併設のレストランで景色を眺めながら楽しめるのも魅力のひとつ。

☎ (020) 54151965
料 F S T 85,000 ~ 1000,000kip
AC S T 180,000 ~ 250,000kip
CC なし

G センダーオ・チッタウォン・ゲストハウス

Sengdao Chittavong Guest House

エコノミーホテル　MAP P.130

ナムウー川の橋詰にある、老舗のゲストハウス。道路沿いに大きなテラスレストランがあり、ここもレセプションも兼ねている。山側に伝統家屋風のバンガロー、川沿いにモダンなコテージが配置されている。

☎ (030) 9237089
料 F S T 150,000kip
AC 250,000kip
CC なし

サバイディー！ ラオスのお得な情報

ノーンキヤウのアクティビティ

COLUMN

　ノーンキヤウには多くの旅行会社があり、カヤックやトレッキング、ホームステイなどさまざまなアウトドア・アクティビティを用意している。ひとり旅など少人数では割高になるので、ほかの旅行者との相乗りが得策。同行者を募る表示を旅行会社の前に出しておいてもらおう。

日帰りから数泊まで、期間もいろいろある

131

川が唯一の交通路
ノーンキヤウの奥座敷

ムアン・ゴーイ
Muang Ngoi
ເມືອງງອຍ

ビエンチャン

ノーンキヤウの船着き場からボートに乗って、ナムウー川を遡ること約1時間。そこがムアン・ゴーイだ。

ムアン・ゴーイが観光地として注目されるようになってからは、まだ日が浅い。世界遺産ルアンパバーンのオーバーツーリズムに辟易した旅行者が逃げ出した先がノーンキヤウ、そのノーンキヤウにもゲストハウスやレストランが増えだすと、さらなる桃源郷を求めてたどり着いた所である。

ムアン・ゴーイの魅力は、川、つまりボートでしかアクセスできないという「秘境性」に尽きる。山を越えれば、陸路でも行けなくもないのだが、基本的に交通はボートのみ。内陸国ラオスにとっての川の重要性を、旅行者でも認識できる町なのだ。

町は小さく、1本のメインストリートの両側に、小さなゲストハウスやレストランが点在するのみ。荷を解いた旅行者は、その道を行ったり来たりしながら、カフェに寄ったりして時間を過ごしている。

歩くのが苦でなければ、ムアン・ゴーイから1時間弱で到着するタム・カーン洞窟へ行ってみてはいかがだろうか。地元の人には、聖なる洞窟として信仰されており、美しい水をたたえている。洞窟からさらに

1時間ほど歩くと、バーン・ナーカーンに到着する。ここはカム族の村で、家族で沐浴したり、子供たちが遊んだりといった、彼らの素朴な暮らしを見ることができるだろう。この村も、タム・カーン洞窟も、ムアン・ゴーイで自転車を借りれば、所要時間は3分の1くらいに短縮できる。

沐浴をするバーン・ナーカーンの村人たち

タム・カーン洞窟近くで見かけた小さなショップ

> **ムアン・ゴーイへの行き方**
> ノーンキヤウからボートで所要約1時間、50,000kip。
> **ムアン・ゴーイの宿**
> 町の中に10軒ほどの宿があるが、その多くは、ノーンキヤウからのボートが発着する船着き場周辺に集中しており、ほぼすべてが簡素なゲストハウス。基本的に予約は不要で、ボート到着後に決めればよいが、乾季は混雑する日もあり、寝袋で野宿する旅行者を見かけることもある。

水の透明度がすばらしいタム・カーン洞窟

ラオス最北県
その姿は、空中都市のごとく

ポンサーリー
Phongsaly
ຜົງສາລີ

ビエンチャン

　18あるラオスの県のなかで一番北に位置するポンサーリー県、その中心都市がポンサーリーだ。ウドムサイからバスで来ると、谷の向こうに町が現れる。その様は、まさに空に浮かぶ「天空都市」である。

　町は斜面に展開しており、曲がりくねった路地の中に入ると、どこを歩いているのかわからなくなりそうだが、そうやって思わぬ場所に出てしまうのも、ポンサーリーでの町歩きの楽しさだろう。

●400年茶園 400 Years Tea Garden

　ポンサーリーは茶の産地としてラオスではブランドになっており、その茶葉が取れる農園のひとつ。茶は、400年前に中国からここに伝来したと言われており、当時の品種も現存するという。場所は、中心部から約18kmの所にあるプーノーイ族の村、バーン・コメンBan Kaomenで、ホテルで車をチャーターして訪問するとよい。

葉巻状に固めて売られるポンサーリーのお茶

●ポンサーリー民族博物館
Museum of Phongsaly Ethnic Groups

　周辺に居住する山岳民族の文化や風習を紹介する博物館。約200の村の調査データから得られた展示は見応えがある。おみやげ物としてよく見るモン族の刺繍のモチーフの解説など、興味深いコーナーもある。

各民族の衣装の特徴を展示

●プーファー Phou Fa

　町を一望できる丘で、頂上に仏塔がある。特に夕日が美しい。中心部から徒歩約1時間かかるので、車のチャーターがおすすめ。

プーファーからの眺め

> **ポンサーリーへの行き方**
> ビエンチャンから飛行機で所要約90分、1,350,000kip。ウドムサイからバスで所要約9時間、150,000kip。
> **ポンサーリーの宿**
> 町の中に数軒の宿があるが、外国人スタッフも働いていて、英語も通じるビパポーン・ホテルViphaphone Hotel（☎ (088) 210999 URL www.facebook.com/viphaphonehotelphongsaly）がおすすめ。

町で一番設備が整ったホテル

シェンクワーン

Xiengkhouang

ຊຽງຂວາງ

市外局番
061

おびただしい数の壺が散らばっているジャール平原

　2019年、ラオスで3番目の世界遺産に登録されたシェンクワーンのジャール平原。無数の石壺が点在することで知られているこの場所では、壺をめぐる調査が今も続いている。シェンクワーンは内戦時の激戦地でもあり、その傷跡まだ色濃く残っている。

ACCESS

飛行機
ビエンチャンから所要35〜40分。$41.55 〜（ラオス航空）、450,000kip 〜（ラーオ・スカイウェイ）。

バス
ビエンチャンから所要10〜12時間、110,000 〜 150,000kip。サムヌアから約9時間、80,000kip。ルアンパバーンから約8時間、150,000 〜 200,000kip。

シェンクワーン空港
MAP P.135
ポーンサワン中心部までトゥクトゥクで所要約15分、30,000 〜 40,000kip。

シェンクワーン・バスターミナル
MAP P.136-A1
ポーンサワン中心部までトゥクトゥクで所要約10分、20,000 〜 30,000kip。

南バスターミナル
MAP P.135
ポーンサワン中心部までトゥクトゥクで所要約15分、50,000 〜 60,000kip。

ラオス航空
MAP P.136-A2
☎ (061) 312027
🕗 8:00 〜 11:30、13:30 〜 17:00　休 土・日

シェンクワーンの歩き方

シェンクワーン到着
　シェンクワーン空港は、県庁所在地ポーンサワンの中心から約5kmの場所にある。長距離バスが発着するシェンクワーン・バスターミナルはポーンサワン市内から西に約3kmの所にある。それぞれに到着したら、トゥクトゥクなどでポーンサワンに向かう。

行き先別に分かれているバスターミナル
　シェンクワーンには複数のバスターミナルがあり、一応目的地別に分かれてはいるが、同じ目的地でもバス会社の違いでターミナルが異なったりする。おもなものは、ベトナム行き国際バスも発着する**シェンクワーン・バスターミナル**と、長距離のほか、近郊へのバスもある**南バスターミナル**だが、いずれもポーンサワン中心部からは遠いので、あらかじめ旅行会社でチケットを購入したほうが得策。

おもに長距離バスが発着するシェンクワーン・バスターミナル

観光の拠点はポーンサワン
　シェンクワーン観光の拠点は県庁所在地の**ポーンサワンPhonesavan**で、ホテル、レストランなどもこの町に集中しており、市の中心部だけなら徒歩でも十分回れる。

　一方、ジャール平原をはじめとした各見どころは県内の広いエリアに点在しており、バスなどの公共交通機関だけを使ってすべてを回るのは困難である。日程がかぎられている人は、ポーンサワンに宿を取り、ホテルや旅行会社でツアーを申し込むか、車をチャーターするほうが効率的だ。

シェンクワーン
Xiengkhouang

▶P.138 タム・ピウ洞窟
Tham Piu

▶サムヌアへ

ムアン・カム周辺

ナムウン・ノイ温泉
Nam Un Noy
(Small Hot Spring) ▶P.139

▶P.138 ムアン・カム
Muang Kham

▶P.139 バーン・ノーンペット
Ban Nong Pet

タート・カーの滝
Tat Kha Waterfall

▶P.134
南バスターミナル

ナムホーン・リゾート
Nam Hon Bo Nyai
(Big Hot Spring)
▶P.139

ナ
カ
ー
ン
（
ベ
ト
ナ
ム
国
境
）
へ

▶P.134 シェンクワーン空港

バーン・ターチョーク
Ban Thachok
▶P.139

ビエンチャンへ

サイト1
Site 1 ▶P.137

国道7号線

ポーンサワン
▶P.135

ジャール平原
▶P.136

ムアン・クーン周辺

国道1号線D

★サイト16 Site 16

サイト2
Site 2 ▶P.137

★サイト3
Site 3 ▶P.137

N

ムアン・クーン ▶P.138
Muang Khoun

0　　　10km

ポーンサワン周辺

シェンクワーンのおもな見どころ

シェンクワーンの観光拠点

ポーンサワン

MAP P.136

Phonesavan

ໂພນສະຫວັນ

　ポーンサワンはシェンクワーン県の県庁所在地で、その中心部の狭い範囲にホテルやレストランが集中している。

MAG UXOビジター・インフォメーションセンター
MAG UXO Visitor Information Centre
　不発弾被害者の生活支援を目的にした団体。被害者たちが製作した工芸品などがおみやげとして買える。

UXOサバイバー・インフォメーションセンター
UXO Survivor Information Centre
　不発弾被害者の生活支援を目的にした団体の展示施設。被害者たちが製作した工芸品などがおみやげとして買える。

ビデオ資料の上映などもある

シェンクワーン県博物館
Xiengkhouang Provincial Museum
　県内に住む山岳民族の生活様式、内戦時の被害の様子などを紹介する、大規模な博物館。

周辺に暮らす民族の生活様式を展示

ラーオ・セリカルチャー・カンパニー
Lao Sericulture Co., Ltd.
　女性の自立も目的にした養蚕センター。機織りなどの現場も見学可能で、素朴な味わいの布や小物が購入できる。

工房の見学もできる

ポーンサワン・マーケット
Phonesavan Market
　ポーンサワン最大のマーケットで、建物内と屋外に野菜から海鮮、肉までさまざまな生鮮食品が並んでいる。屋外のお店には衣類や雑貨なども売られており、現地の食生活がよくわかる。

みずみずしい野菜が並ぶ

ツーリスト・インフォメーション
MAP P.136-B1
☎ (061) 312217
圓8:00 ～ 16:00　休なし

ツーリスト・インフォメーションの建物の裏には、回収された不発弾が展示されている

MAG UXOビジター・インフォメーションセンター
MAP P.136-C2
☎ (061) 211010
URL www.maginternational.org
圓10:00 ～ 20:00　休なし
料無料
CC V （みやげ物店）

県内のあちこちにあるMAGのプロジェクト・サイト

UXOサバイバー・インフォメーションセンター
MAP P.136-C1
☎ (061) 211124
URL www.facebook.com/QLACenter/
圓8:00 ～ 16:00　休土・日
料無料
CC J M V （みやげ物店）

シェンクワーン県博物館
MAP P.136-B2
☎ (061) 212366
URL xkmuseumlaos.org
圓9:00 ～ 16:00　休月
料15,000kip

ラーオ・セリカルチャー・カンパニー
MAP P.136-A1
☎ (061) 213362
URL www.mulberries.org
圓8:30 ～ 16:00　休土・日

ポーンサワン・マーケット
MAP P.136-C1 ～ D1
圓7:30 ～ 18:00頃
休なし

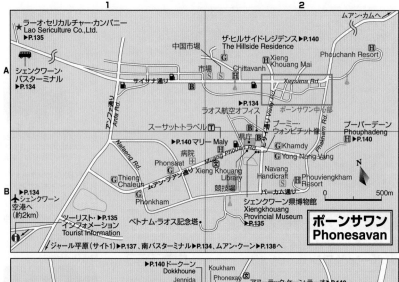

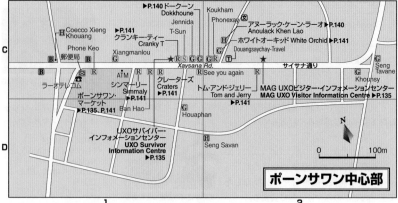

ポーンサワン
Phonesavan

ポーンサワン中心部

ACCESS

ジャール平原
トゥクトゥクで所要約30分、1台150,000kip。だが、ポーンサワンの旅行会社で車を1日チャーターすれば、そのほかの見どころも回ってくれるので、そちらをおすすめする。チャーター料金は、例えばジャール平原を回ってもらって、1台$100程度。

サイト1
開7:00～17:30 休なし
料30,000kip

サイト2&3
開7:00～17:00 休なし
料30,000kip（各サイト）

▶ ラオスで3番目の世界遺産に登録された

ジャール平原

MAP P.135

Plain of Jar

ທົ່ງໄຫຫິນ

　あたり一面に広がる巨大な石壺の数々。その目的はいまだ謎である。草原に転がる無数の壺（Jar）を間近にしたとき、ジャール平原と呼ばれるゆえんがきっと体感できるだろう。これまでの調査により、石壺のあるエリアはシェンクワーン県内の60ヵ所以上に散在し、壺の総数は1000個以上にも及ぶことが判明している。

　1931～1932年にフランスの考古学者コラニーによって、初めて考古学的調査が行われた。当時すでにほとんどの石壺の中は空っぽであったが、人骨やガラス小玉が残されていた壺がわずかに発見された。また、石壺の外周を発掘したところ、土器片や大小の壺、砥石や石器、青銅の腕輪や鉄製ナイフ、首飾りやガラス玉なども出土した。これらの出土品や状況などから、石壺は遺体を埋葬する石の棺として用いられたと考えられ、近くにある洞窟で遺体を火葬した後に骨

をひろい上げ、副葬品とともに石壺に入れて葬ったと推測された。

　1994年には日本の考古学者、新田栄治らによる発掘調査が行われ、石壺の下からは人骨が入った壺や平石で蓋をした穴、土器や耳飾り、鉄製ナイフなど同様の遺物が出土した。新たな発見として、先史時代、掘り込んだ穴に遺骨を葬った時代、石壺の時代の3つの層を確認し、この地が紀元前500年頃から長期にわたって埋葬の地として利用され、1500年前以降から墓として石壺が使われるようになったと推定している。

　ほかにもラオスには石壺にまつわる伝説がいくつか残っているが、石棺説が最も有力な説といえるだろう。しかし、それが何であれ、これだけの壺を作る資材と労力をどうやって調達したのかなど、ジャール平原にまつわるミステリーは尽きることがない。

見どころは3つのサイト

　ジャール平原は多くのサイトに分かれている。おもなサイトは1、2、3の3つで、そのなかでも最大の石壺があるサイト1は迫力満点。

　どのサイトにも、不発弾処理が行われているポイントが点在しているので、指定された道を外れないように注意。

サイト1

　最大規模のサイトで、ポーンサワンから西へ約8kmの所にある。高さ3.25m、直径3m、重さ6t

最大の石壺があり、エリア的にも一番広いサイト1

もある最大の石壺や、蓋や浮彫りのある石壺のほか、全部で331個の石壺が並ぶ。周囲には空爆によってできたクレーターや塹壕の跡も見える。

サイト2

　93個の石壺が、道路を挟んだふたつのグループに分かれて並んでいる。料金所から階段を上がった丘の上には細長い石壺が多く、人の背丈よりも高いのが特徴といえる。もう一方のグループには、浮彫りが施された石蓋や石壺もあり、丘の上から眺める景色もすばらしい。ここからサイト3まで約10kmのトレッキングコースも整備されている。

ちょっとノッポでスリムな壺が目立つサイト2

サイト3

　8つのグループに分かれて石壺が分布しており、サイト入口の料金所から水田地帯を400mほど進んだ先にある大きなグループには150個余りの石壺が並んでいる。ここにある石壺は断面が長方形のものが多い。さらに不発弾処理のマーキングを頼りに行くと、20〜30個の石壺群と10個程度の石壺群にたどり着く。

8つのエリアで構成されているサイト3

石壺にまつわる諸説

石壺にまつわる伝説には、ほかに酒壺説、米壺説などがある。酒壺説は、2世紀前後、この地を支配していた部族チュアンが戦いに勝利したことを祝い、この石壺になみなみと酒を注ぎ入れ、兵士たちはこの壺を囲むように座り、浴びるように酒を飲んだというもの。別の説として、空の神テーンが地上に降りてきたときに、この壺から酒を飲んだという伝説も残っている。さらに、戦時の貯蔵用として米を蓄えていたというのが米壺説だ。

ACCESS

ムアン・クーン
ポーンサワンの南バスターミナルから所要約30分、20,000kip。バスは9:00 ～ 20:30の間に出発。

アメリカ軍の攻撃は病院にまで及んだ

タート・フーン＆タート・チョムペット
圏7:00 ～ 18:00
休なし
料10,000kip

ワット・ピアワット
圏8:00 ～ 16:30
休なし
料10,000kip

ACCESS

ムアン・カム
ポーンサワンのブーカムガーデン・バスターミナルから所要約3時間、25,000kip。出発は6:00 ～ 17:00の間。ムアン・カム周辺の見どころへの公共交通機関はほとんどないので、ポーンサワンでツアーを申し込んだほうがよい。

息絶えた同胞を抱える兵士は、何を思うのか

破壊された仏像が戦争のむごさを物語る

ムアン・クーン

Muang Khoun

MAP P.135

ເມືອງຄູນ

苔むしたような仏塔、タート・チョムペット

「オールドキャピタル」とも呼ばれており、以前はシェンクワーン地方の中心地でもあった。町を見下ろす高台には16世紀に建てられた塔、**タート・フーン** That Foun（高さ38m）や、頂部が崩れた塔、**タート・チョムペット** That Chomphet がある。また、1968年のアメリカ軍の爆撃で崩壊した寺院、**ワット・ピアワット** Wat Phiavat には、無惨な姿になった仏像が今も残っている。ほかにワット・シーポム Wat Si Phom や空襲で崩れた病院などが見どころだ。

ムアン・クーンから東へ約6.5km離れた村バーン・パイ Ban Phai には、ジャール平原のサイト16があり、林の中に20 ～ 30個の石壺が並んでいるのを見ることができる。

500年近い歴史を見続けてきたタート・フーン

無残なまでに破壊されたワット・ピアワット

内戦の犠牲者が眠る洞窟と温泉の町

ムアン・カム

Muang Kham

MAP P.135

ເມືອງຄຳ

ポーンサワンから北東へ約50km、サムヌアに向かう国道1号線Cとベトナム国境に向かう国道7号線のジャンクションにある町。市場やバス停のほかにゲストハウスやレストランもある。

タム・ピウ洞窟 Tham Piu

ラオス内戦当時、この洞窟の中には学校や病院などが造られ、市民が避難生活を送っていた。1968年11月24日、アメリカ軍は洞窟にロケット弾攻撃を仕掛け、374人もの命が一瞬にして奪われた。洞窟の入口には犠牲者を弔う記念碑があり、料金所の手前の展示室では洞窟内で回収された生活用品や頭蓋骨、不発弾やライフルなどが並べてあり、生々しい。毎年11月24日には慰霊祭が行われる。

女性や子供までもが、この洞窟で惨殺された

ナムホーン・リゾート Nam Hon Bo Nyai (Big Hot Spring)

ムアン・カム郡が管理するリゾートで、温泉、宿泊施設、レストランがある。入浴施設は個室になっており、各部屋にはバスタブと足湯用の浴槽があり、大きな蛇口からは熱いお湯が勢いよく出る。湯上がりにはレストランで食事もできる。源泉は駐車場から奥へ200mほど入った所にあり、エメラルド色の池からは気泡や湯気が出ている。

温泉のあとの一杯はこのレストランで

ナムウン・ノイ温泉 Nam Un Noy (Small Hot Spring)

バーン・サン Ban Xang のナムマット川 Nam Mat 沿いにある温泉。自然に湧き出ている温泉がこんこんと川に流れ出してきており、手軽に足湯などを楽しめる。源泉は50度以上と熱く、川水で湯加減を調節する。川や山々を眺めながらの入浴は秘湯気分を満喫できる。川の水位が高くなる雨季は湯船が水没することもある。

川と一体化したかのような温泉

週2日の朝市で有名なモン族のマーケット

バーン・ノーンペット

MAP P.135

Ban Nong Pet　　　　ບ້ານໜອງເປັດ

水曜と日曜の早朝に開かれる朝市には、日用品や食料品などが並ぶ。日曜のほうが規模が大きい。周辺の村々からいろいろな物を売りにきており、生きたままの子豚や鶏、アヒルが竹籠の中に入れられて売られている。

バーン・ノーンペットからさらにムアン・カム方面に約5km行った所にあるモン族の村、**バーン・ターチョーク Ban Thachok** には、クラスター爆弾の殻で造った倉庫など、戦争の跡が生々しく残されている。この村の近くには、ツアー客も訪れる**タート・カーの滝 Tat Kha** がある。

日の出前からにぎわうマーケット

バーン・ターチョークでは、クラスター爆弾の殻を生活に生かしている

ナムホーン・リゾート
☎ (020) 58647401
開 7:00 ～ 22:00　休 なし
料 入場料 20,000kip

事前に予約すれば、この大きな露天風呂にも入れる

ナムウン・ノイ温泉
☎ (020) 22529145
開 7:00 ～ 18:00
休 なし
料 10,000kip

ACCESS

バーン・ノーンペット
ポーンサワンからムアン・カム方面に約25km、車で所要約30分。朝市に間に合うようにするには、ポーンサワンの旅行会社で車をチャーターするとよい。
営 5:00 ～ 8:00（水・日に開催されているが、日曜のほうが規模が大きい）

清涼感のあるタート・カーの滝

シェンクワーンの ホテル & レストラン

リーズナブルな料金のゲストハウスはポーンサワンの中心部、リゾート風高級ホテル
は郊外にある。1年をとおして比較的涼しいので、扇風機もエアコンもない宿もある。

H ザ・ヒルサイド・レジデンス

The Hillside Residence

中級ホテル　　　MAP P.136-A2

ポーンサワン市内を見渡す丘の麓に位置する
ゲストハウス。中心地のメイン通りから1本
入るので、静かな滞在がかなう。シンプルな
がら広々とした全12部屋にはトイレ、ホット
シャワー、TVが備わっている。

☎ (061) 213300
料 AC S T $25 (朝食付き)
CC なし

H アヌーラック・ケーン・ラーオ・ホテル

Anoulack Khen Lao Hotel

中級ホテル　　　MAP P.136-C2

中心部にある近代的なホテルで、ポーンサワ
ンでは設備が整ったホテルのひとつ。フロン
トでは、車のチャーターなど旅行の相談も受
け付ける。朝食はビュッフェ形式で、ラオス
料理をはじめ、多くのメニューを用意。

☎ (061) 213599
URL www.anoulack
khenlao.com
料 AC S T 250,000～
800,000kip (朝食付き)
CC M V (手数料3%)

H プーパーデーン・ホテル

Phouphadeng Hotel

中級ホテル　　　MAP P.136-B2

松林に囲まれた重厚でスタイリッシュなリゾ
ート。コテージやレストランからの景色はす
ばらしい。リビングは暖炉付きで、寒い季節
には薪を用意してくれる。レストランにはラ
オス料理とフランス料理のメニューがある。

☎ (020) 23533333
料 S T $40～60 (朝食付き)
CC なし

H マリー・ホテル

Maly Hotel

中級ホテル　　　MAP P.136-B2

ムアン・プアン通りにある老舗のホテル。各
部屋にトイレ、ホットシャワー、TVが付く。エ
アコン付きの部屋のうち、スタンダード、スイ
ートは朝食付き。館内の旅行会社では、ポー
ンサワン周辺への各種ツアーを扱う。

☎ (061) 312031
FAX (061) 312395
料 F S T $20
AC S T $30～45
CC J M V (手数料3.5%)

G ドークーン・ゲストハウス

Dokkhoune Guest House

エコノミーホテル　　　MAP P.136-C1

ポーンサワンの中心部にある。部屋にはトイ
レ、ホットシャワー、TVが付き、広いスペース
が確保されているわりにはリーズナブルな料
金設定。1階には不発弾を展示したレストラン
と旅行会社があり、レンタサイクルも利用可。

☎ (061) 312189
料 F S T 90,000kip
AC S T 100,000kip
CC なし

G ホワイトオーキッド・ゲストハウス

White Orchid Guest House

エコノミーホテル　**MAP P.136-C2**

☎ (061) 312403
料 F S T 100,000kip
AC 150,000kip
CC J M V（手数料3%）

サイサナ通りから路地を少し入った所にある
ゲストハウス。部屋の種類が多く、料金の幅
もあるので予算に合わせてチョイスできる。
館内にある旅行会社では、各種ツアーの相談
にも乗ってくれる。

R クレーターズ・レストラン　$ $

Creaters Restaurant

アジア&ヨーロッパ料理　**MAP P.136-C1**

☎ (020) 99393919
営 6:30 ～ 22:00
休 なし
CC なし

入口に飾られている不発弾の殻が印象的なレ
ストラン。ビーフステーキやハンバーガー、ピ
ザなどの西洋料理を中心に、フォーやラープ
など幅広く提供している。夜はお酒を片手に
リラックスできるスペースに。

R シンマーリー　$

Simmaly

ラオス料理　**MAP P.136-C1**

☎ (020) 55460062
営 7:00 ～ 21:00
休 なし
CC なし

ラープやフライドライス、カオ・ラートナーな
どのラオス料理を 30,000 ～ 40,000kip で味
わえる。一品料理はどれも量が多いのでシェ
アするのがおすすめ。夜になると多くの地元
の人や観光客でにぎわう。

R クランキー・ティー・カフェバー　$ $

Cranky T Cafe Bar

ヨーロッパ料理　**MAP P.136-C1**

☎ (030) 5388003
営 7:00 ～ 23:00
休 なし
CC なし

カクテルやワインを豊富に揃えるカフェバ
ー。カクテルは1杯45,000kipからで、17:00
～ 21:00にはタパスやステーキなども楽しめ
る。毎日16:00 ～ 19:00はハッピーアワーで
お酒が20％オフ。

R トム・アンド・ジェリー　$

Tom and Jerry

ベーカリー　**MAP P.136-C2**

☎ (020) 96495119
営 5:00 ～ 22:00
休 なし
CC なし

朝早くから営業しているベーカリー。ラオス
ならではのフランスパンサンドイッチから、
ペストリーまで、数々の種類のパンが並ぶ。
周辺部へのエクスカーションの際のお弁当に
もいい。

おとくりゃもん! ラオスのお得な情報
COLUMN

マーケットで食べ歩きと買い物を楽しもう

ポーンサワン・マーケット (P.135) には、ローカ
ル向けの農産物以外にも、カオ・ノム・チューンや
オーローなどのスイーツから麺類まで、自分で好
きな量を取ってテイクアウトできる屋台もある。

フレッシュな果物も売られ
ているので、宿に持ち帰る
のもあり
だろう。

トングで好きな分
量を袋に入れる

サムヌア

Sam Neua (Xam Neua)

ຊຳເໜືອ

市外局番
064

道は整備され、県庁や役所が並ぶサムヌアの町

標高約1100mに位置するフアパン県の県庁所在地。第2次世界大戦中は日本軍が駐留し、戦後、ラオスの独立を目指す解放区の建設がここから始まった。織物などの伝統産業が盛んなサムヌアはまた、世界中の織物研究家やバイヤーからも注目されている。

ACCESS

飛行機
ビエンチャンから所要約70分、650,000kip。

バス
シェンクワーンから所要約9時間、190,000kip。ビエンサイから所要約1時間、30,000kip。

フアパン・ナトーン空港
MAP P.142-B2外
市内までタクシーで約10分、50,000kip。

プータヌー・バスターミナル
MAP P.142-B1外
市内までタクシーで約5分、50,000kip。

ナトーン・バスターミナル
MAP P.142-B2外
市内までタクシーで約10分、50,000kip。

ツーリズム・インフォメーション
MAP P.142-B1
TEL FAX (064) 312567
開8:00～11:30、13:30～16:00　休土・日

サムヌアの歩き方

飛行機は市の中心から約3kmの**フアパン・ナトーン** Houaphan Nathong 空港に到着。ルアンパバーン、シェンクワーン、ベトナムからのバスは**プータヌー** Phoutanou バスターミナル、ビエンサイからのバスは市内から約3.5kmにある**ナトーン** Nathong バスターミナルが発着地。

町の中心はナムサム川周辺で、ホテルやレストランもこの付近に点在している。ローカルな市場や、少数民族の展示物が点在する公園も徒歩圏内。公園内には、スワンヒン遺跡(P.143)を模したオブジェが屹立する一画もある。

サムヌア
Sam Neua

0　　　　100m

織物の盛んな村は周辺部に点在している

サムヌア郊外の見どころ

ジャール平原に並ぶ、謎の遺跡群

スワンヒン遺跡(ヒンタン)

MAP P.142-B1外

Hintang Archaeological Park (Standing Stones) ສວນອຸທິຍານຫິນຕັ້ງ

2ヵ所のサイトが観光用として公開されている

高い山の尾根に沿って点在する、まるで大地に突き刺された大刀のような高さ2m以上もある石柱群と、地面に横たわる盾のごとく直径1m以上の平石からなる遺跡群。現在、ふたつのサイトが観光用に整備されている。

およそ1500年前に造られたとされ、1931年、フランス人考古学者コラニーによって初めて調査が行われた。円形の石の下からは岩盤をくり抜いた縦穴と空洞が確認され、空洞内の板状石によって区画された空間からは骨壺や土製の首飾り、ブロンズ製の腕輪などが発見されたことから、ここは墓地だとコラニーは推測。石柱は墓標を表し、地中に掘られた穴は死者を埋葬する空間で、平石は蓋に使われていたと考えた。ジャール平原(P.136)の石壺の下からも骨盤や装飾品が見つかっており、ほぼ同じ時代に広域にわたって類似した埋葬儀礼が行われていたという説もある。現在、ここの出土品はフランスの美術館が保管しており、ラオスには残っていない。

ラオス人に伝わる伝説では、かつてこの地を支配していた王「バハット」が敵の攻撃から身を守るため、岩を削り石の壁を築いて、その間から矢を放ち、敵と戦ったとされている。

サムヌア織物のショップ
バン・リサ・シルク・ハンディクラフト
Van Lisa Silk Handicraft
MAP P.142-B1
☎ (020) 99999652
営 7:00 ～ 20:00　休 なし
CC なし
サムヌア産の織物をスカートなどにオーダーできる。

ACCESS

スワンヒン遺跡
公共交通機関でのアクセスは難しく、サムヌアでタクシーをチャーターするのがよい。料金は1台300,000～400,000kip程度。

雑然と配置された石柱と石蓋

ສະບາຍດີ! ラオスのお得な情報

COLUMN

日本の桜が見られる桜公園

きれいに整備された園内

サムヌアと同じフアパン県にあるビエンサイには、日本の桜が見られる公園がある。2015年に日本とラオスの外交関係樹立60周年を記念して日本の友好団体が桜を寄贈、ソメイヨシノ、琉球寒緋桜、枝垂れ桜など約300本を植樹した。2023年には、河津桜も追加で植樹された。

公園内の桜の開花時期は12月～1月くらい。東南アジアで桜の開花を成功させるのは珍しく、毎年多くの地元の人々や観光客を楽しませている。園内には日本のNGO「アジアの障害者活動を支援

する会(ADDP)」が運営するカフェもあり、ドリップコーヒー20,000kip、カフェラテ25,000kip、自家製パン4,000kipなどが楽しめる。

●桜公園
サムヌアのとなりのビエンサイ(P.146)にある。ビエンサイは、洞窟観光でも有名なので、一緒に観光するとよい。

1月、日本の桜は見事な花を咲かせた

●みんなのカフェ
営 8:00 ～ 16:00
休 日
(3 ～ 10月のみ)
MAP P.142-B2外

●アクセス
サムヌアからタクシーで所要約1時間、往復600,000kip。

花見のあとは、ていねいに入れたコーヒーをここ「みんなのカフェ」で味わえる

サムヌアの ホテル

フアパン県の県庁所在地だけあってホテルやゲストハウスは充実しているが、設備が古い宿も多い。かなり冷え込む11～2月は、ホットシャワーがないと辛い。

H サイパースック・ホテル

Xayphasouk Hotel

中級ホテル　MAP P.142-B1

サムヌアの町の中心部にある3階建ての中級ホテル。半数近くがソファスペースを備えた広めの造りになっている。部屋は明るく清潔感があり、トイレ、ホットシャワー、TV、冷蔵庫、ミネラルウオーター付き。

☎ (020) 55766644
料 ACST 250,000～
300,000kip
CC なし

H サムヌア・ホテル

Samneua Hotel

中級ホテル　MAP P.142-B2

サムヌアでは老舗の中級ホテルで、インテリアにはこの地方で取れるヒノキが使われている。全部屋トイレ、ホットシャワー、冷蔵庫、ミネラルウオーター完備。川沿いの部屋からはサムヌアの町並みを一望できる。

☎ (020) 98324445
料 FST 120,000～
140,000kip
ACST 140,000～
150,000kip
CC なし

H ポーンチャルーン・ホテル

Phonchalern Hotel

エコノミーホテル　MAP P.142-B2

4階建てのホテルで、どの部屋も清潔に保たれている。なかでもVIPルームはインテリアに凝り、テーブルセットを備えるなど広さにもゆとりがある。サムヌアのホテルでは珍しくエレベーターを設置している。

☎ (020) 28925289
料 ACST 120,000kip
VIP 150,000kip
（暖房付きは
200,000kip）
CC なし

G サーイナムサム・ゲストハウス

Sainumxam Guest House

エコノミーホテル　MAP P.142-B1

ゲストハウスが集まる市場前の通りのなかでも、ひときわ存在感のある5階建て。全部屋同じ造りで、ホットシャワー、トイレ、TV付き。最上階に広々としたテラスがあり、町を一望できる。

☎ (020) 28612682
料 FST 70,000kip
ACST 100,000kip
CC なし

G ケームサム・ゲストハウス

Khemxam Guest House

エコノミーホテル　MAP P.142-B2

サムヌアでは老舗のゲストハウスで、常連客も多い。すべて部屋にホットシャワーが付く。3階にはリビングがあり、外の眺めもいい。車のチャーター、ランドリーサービスもあり、便利なゲストハウスだ。

☎ (064) 312111
料 FST 80,000～
100,000kip
CC なし

―― RESTAURANT ――

サムヌアのレストラン

レストランは少なく、クローズも早め。ゲストハウス併設のところが狙い目だ。朝から夕方までであれば、ナムサム川沿いに出ている屋台でも簡単な食事が取れる。

R セブンデー　$

Seven Day

ラオス料理　　MAP P.142-A1

☎ (020) 91426665
🕐 7:30 ～ 21:00
休 なし
CC なし

夕方には学校帰りの高校生、ご飯時には家族連れなどでにぎわう。カオ・ピヤックなど麺類のほか、炒め物などが30,000kip程度から味わえる。さらにシン・ダート (焼肉) もあり、メニューは幅広く揃っている。

R デーンナーオ・ムアン・サム・レストラン　$

Dan Nao Meuangxam Restaurant

ラオス料理　　MAP P.142-B1

☎ (020) 88779857
🕐 7:00 ～ 22:30
休 なし
CC なし

旅行者や出張者がよく利用する老舗レストラン。フライドライス、カオ・ラートナー、フーなどが20,000 ～ 25,000kipで手軽に食べられる。ほかにも、パンや目玉焼きなど朝食用メニューもある。

R ドーカム・ヌードルスープ　$

Dokkham Noodle Soup

ラオス料理　　MAP P.142-A1

☎ (020) 52957777
🕐 10:00 ～ 19:00
休 なし
CC なし

お昼時になるとローカルで満席になる店。店内は明るく清潔で、Wi-Fiやコンセントも完備。メニューはなく、席に座ると何も言わなくともフー 30,000kipが出てくる。要望があれば店員に伝えてみて。

R ユニ・コーヒー　$$

Yuni Coffee

カフェ　　MAP P.142-B1

☎ (030) 9462092
🌐 www.yunicoffeeeco.com
🕐 7:00 ～ 20:00 (月～金)、7:00 ～ 13:00 (土・日)　休 なし
CC なし

ラオス北部産のコーヒーが味わえるカフェ。アイスラテ26,000kip、カプチーノ22,000kipのほか、パニーニ 22,000kip～やスイーツもあり、テイクアウトも可能。コーヒー豆などのみやげ物も販売されている。

ラオスのお得な情報　COLUMN

サムヌアの市場探訪

ナムサム川の東にはふたつの市場 (MAP P.142-A2) があり、南側の市場にはおもに生活雑貨、北側の市場にはフルーツや野菜、肉、魚などの生鮮食材がズラリと並ぶ。とりわけ北側は大規模で活気があり、ゴマ団子のオーローや、油で揚げたカオノム・チューンなど、できたてのお菓子を売る店も連なっている。食堂もあるので、散歩がてらに市場の活気を味わうのもサムヌアでの楽しみだ。

ラオス内戦時代の洞窟

パテート・ラーオの「戦争遺産」を訪ねて、岩山の秘密基地へ

サムヌアから車で約1時間。岩肌の中にたたずむ小さな町がビエンサイだ。ラオスで内戦が展開されていた1970年代、ここには、現在の政権の前身となるパテート・ラーオの前線基地があった。独立後に政権の中枢を担った要人たちの名前を取った洞窟が公開されている。

カイソーン・ポムビハーン洞窟
Kaysone Phomvihane's Cave

カイソーン・ポムビハーン洞窟の入口

　ラオス独立革命の英雄でありながら、1980年代後半には経済開放政策「ラボップ・マイ」を提唱したカイソーン・ポムビハーン元首相・国家主席（在任1975～1992年）とその家族が住んでいた洞窟。全長は140mほどで、ダイナマイトで拡幅された跡が今も残っている。カイソーン自身はここで約9年間生活をしており、実際に使用していたベッドや洗面台などが展示されているほか、書斎には旧ソ連のレーニン像や書籍などが並べてある。また、革命軍の核となる中央メンバーの会議室には当時の勢力範囲を示す地図が掛けられ、誰がどの席に座っていたかがわかるようになっていて興味深い。

カイソーンが寝ていたベッド（左）と、共産主義を勉強した書籍（右）。会議テーブルのトップは、もちろんカイソーン自身（下）

エマージェンシールームの重厚な扉

愛車の中はすでにボロボロだが、それは彼がこの車をどれだけ愛したかの裏返しでもある

ヌーハック・プームサワン洞窟
Nouhak Phoumsavan's Cave

　ラオス人民党が結成されたときの中央メンバーで、おもに財務関係を担当していたヌーハック・プームサワンが居住していた洞窟。全長は10mほどで、内戦中は警護員5人とヌーハックが一緒に生活していた。洞窟内には、化学兵器攻撃を受けたときに避難する「エマージェンシールーム」が配置されている。党中央メンバーを退任したヌーハックはこの地で余生を過ごし、2008年に亡くなった。洞窟の近くに建てられた別荘や、愛用していたジープは生前のままに残されている。

スパーヌウォン皇子洞窟
Prince Souphannouvong's Cave

王族でありながら左派勢力パテート・ラーオを率いた中心人物で、1975年に現在のラオス政権が成立したときに国家主席に任命された、「赤の殿下」ことスパーヌウォン皇子が居住していた全長約40mの洞窟。皇子は1966年から生活を始めており、自身の寝室や子供たちの部屋などがある。洞窟の手前には、アメリカの500kg爆弾が投下された場所としてラオス国民の「心の傷」を表すハート形の池や、CIAによって殺害されたとされる皇子の長男アンニャタマシン氏の墓がある。

洞窟内を換気していたポンプ

ハート形の池の周りには美しい木花が咲きほこる

息子アンニャタマシンのために建てられた墓標

プーミー・ウォンビチット洞窟
Phoumi Vongvichid's Cave

爆撃に耐えるために、コンクリートで固められた内壁

パテート・ラーオ発足時からの主要メンバーで、教育と医療分野を担当していたプーミー・ウォンビチットが居住していた洞窟。全長15mほどで、入口には大きな防護壁があり、警護員とともに生活をしていた。警護員の部屋に残る非常口の跡は、安全のためにプーミーが埋めたとされている。この近くの洞窟は病院として使われていた。

カムタイ・シーパンドーン洞窟と軍事司令部
Khamtay Siphandone's Cave & Military Headquarters

革命闘争当時パテート・ラーオの軍事部門を統率し、革命後は首相・国家主席を歴任したカムタイ・シーパンドーンが1968年から生活を始めた洞窟。意外に広い内部には書斎や寝室があり、軍事司令部として作戦を練るための会議室や司令官の兵舎へとつながっている。また、奥の階段を下りていくとサーンロット洞窟に出る。

カムタイは、国家主席時代も、ときどきこの家を訪れたという

サーンロット洞窟
Xanglot Cave

兵士たちがつかの間の娯楽に興じた大広間

洞窟内の約200mの大きな空間に、約2000人の戦闘員や作業員が暮らしていた場所。軍事集会や演劇などの娯楽施設としても利用されていた。洞窟の外にも当時使われていたステージが残っている。

ビエンサイへの行き方

サムヌア（P.142）から毎朝バスが出ている。所要約1時間、20,000kip。ただ、洞窟を回っていると帰りのバスに間に合わないこともあるので、サムヌアで車をチャーターするのが得策。

洞窟ビジターセンター
Viengxay Caves Visitor Center

☎ (064) 315022
圏 9:00〜12:00、13:00〜16:00
休 なし 料 60,000kip（1人）

各洞窟の見学にはセンターのガイドの同行が必要で、9:00と13:00に定期ツアーが出発。所要時間は移動方法によって変わり、徒歩の場合は約4時間、レンタサイクル（20,000kip〜）の場合は約3時間。定期ツアー以外の時間帯でも、ガイドの都合がつけば随時出発できる（最終は16:00）が、グループごとで別にガイド料50,000kipを支払う。また複数のグループがツアーで一緒になる場合は、出発前に回る洞窟を決めておく。

「乗る」から「守る」へ。ラオスのゾウ保護の現場を体験

サイニャブリー
ゾウ保護センターを訪ねて

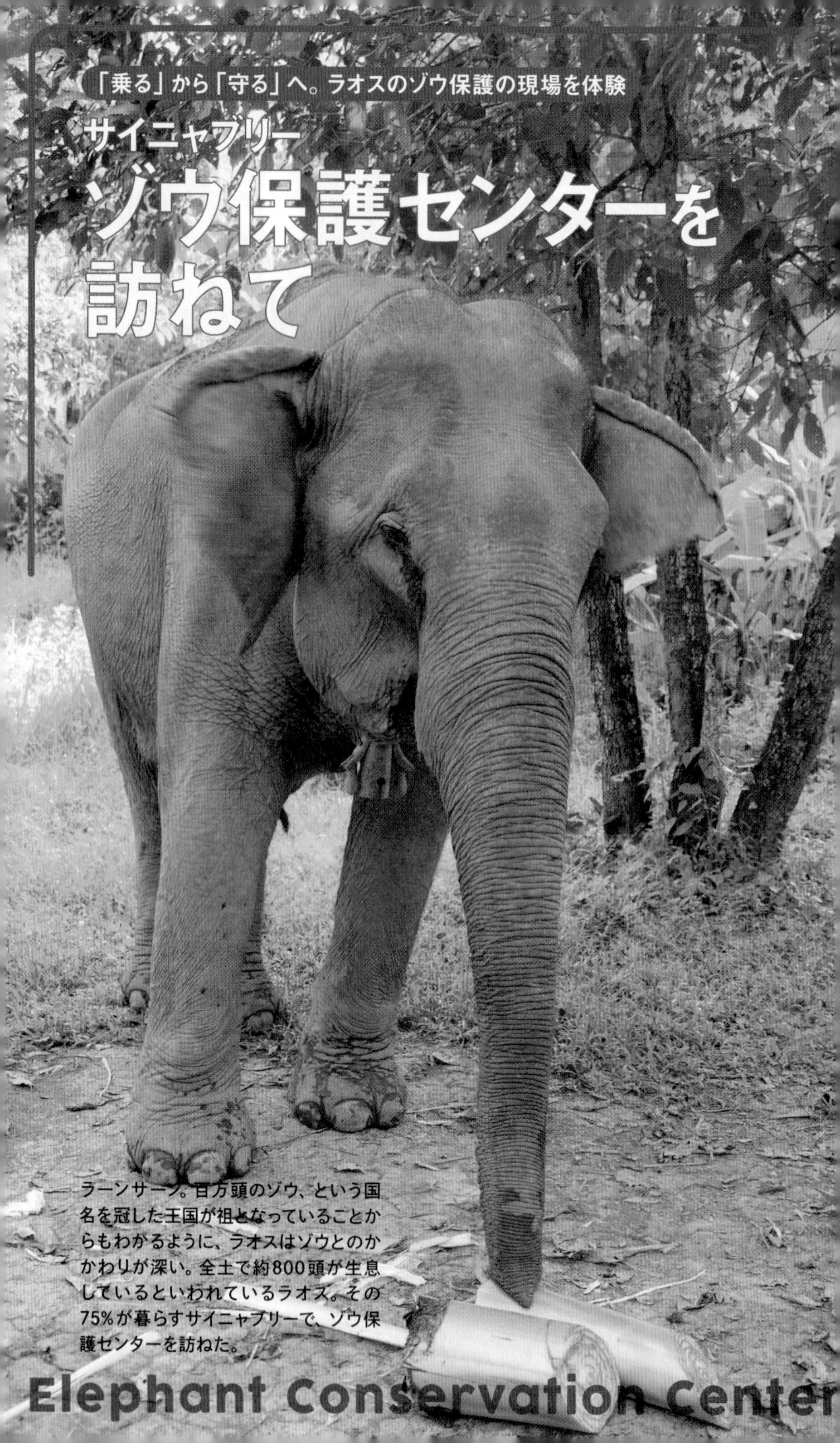

ラーンサーン。百万頭のゾウ、という国名を冠した王国が祖となっていることからもわかるように、ラオスはゾウとのかかわりが深い。全土で約800頭が生息しているといわれているラオス。その75%が暮らすサイニャブリーで、ゾウ保護センターを訪ねた。

Elephant Conservation Center

水浴びするゾウの親子を刺激しないよう、遠くのテラスから見守る

ラオスには、観光アトラクションとしてのエレファント・ライディング、ゾウ乗りがあるが、近年は、むしろ保護に力点を置いた施設も増えてきている。サイニャブリーにあるゾウ保護センター（ECC）はその先駆けとも呼べるもので、2011年にオープン。ここでは、広大な敷地に放し飼いされたゾウたちを眺めながら、さまざまな知識や体験が得られる。ゾウは元来、木材の運搬などに活躍していたため、働けなくなる妊娠は嫌われていたが、センターではマホート（ゾウ使い）に補助金を出すなどして、保護だけでなく、繁殖にも力を入れている。

ゾウについて専門の教育を受けたスタッフによるレクチャーも、見学コースの重要なポイント（上）　短時間だが、ゾウに触れる機会も設けられている（左下）　夜はフェロー（研究員）によるアカデミックなセミナーも開かれる（右中）　あくまでゾウが主役なので、参加者はゾウの後をついて歩く（右下）

Data

ゾウ保護センター
Elephant Conservation Center (ECC)
　ECCは、ビエンチャン県の西に位置するサイニャブリー県の県庁所在地、サイニャブリーにある。公共交通機関を使う場合は、ルアンパバーンから、またはタイのルーイ Loeiからバスが出ているが、ECCのルアンパバーン事務所が送迎付きのプランを提供しているので、こちらを利用するのが便利。

ECC
☎(020)96590665
🌐www.elephant conservationcenter.com
💰1泊2日コース$220、6泊7日ボランティア体験コース$440など（いずれもルアンパバーンからの送迎、宿泊、食事付き）

ゾウ保護センター・ルアンパバーン事務所
MAP P.42-C2
☎(071)252307
🕐10:00～20:00
休なし

参加者が宿泊するコテージ（上）
現地スタッフが調理した素朴なラオス料理が提供される（下）

ラオス南部

〔 ラオス南部 〕

Summary

アウトライン

　ラオス南部の主要都市は、ビエンチャンから南へ下る国道13号線上に位置している。これらの町は、メコン川を挟んで隣国のタイと接しており、歴史的にも経済的にも、タイとのかかわりが強い。サワンナケート、ターケークには国際橋がメコン川の上に架けられ、またパークセーはもともと

活気ある、パークセーのダーオファン・マーケット

ラオス南部の移動時間

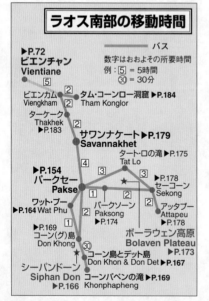

━━━━━ バス

数字はおおよその所要時間
例：⑤ ＝ 5時間
　　㉚ ＝ 30分

▶P.72
ビエンチャン
Vientiane
　⑤

ビエンカム　　タム・コーンロー洞窟 ▶P.184
Viengkham ②　 Tham Konglor
　　②
ターケーク
Thakhek
▶P.183
　　④
　　　サワンナケート ▶P.179
　　　Savannakhet
　　　　タート・ロの滝 ▶P.175
　　　　Tat Lo
▶P.154　　③　　　③
パークセー　　　　　　▶P.178
Pakse　　　　　　　　セーコーン
　　　①　★　　　　　Sekong
ワット・プー　　②　パークソーン　②
▶P.164 Wat Phu　Paksong　アッタプー
　　　　　　　　　▶P.174　Attapeu
▶P.169　　　　　　　　　　▶P.178
コーン（グ）島
Don Khong　　ボーラウェン高原
　　　①　　　Bolaven Plateau
　　㉚　　　　　　　　▶P.173
シーパンドーン ★コーン島とデット島
Siphan Don　Don Khon & Don Det
　　　　　　　　　　　▶P.167
　　　コーンパペンの滝 ▶P.169
　　　Khonphapheng
　　　▶P.166

陸路でタイと通じており、東西の物流の動脈になっている。この「東西回廊」と呼ばれる道路は、もうひとつの隣国、ベトナムにも延びて、ラオスはそのネットワークの中核にある。

　観光スポットが多いのは最南部の県チャンパーサックで、世界遺産に登録されたワット・プーのほか、風光明媚な滝の数々、メコン川に点在する島々、シーパンドーンがあるのもこの県だ。また、ラオスにしては珍しく大きなキリスト教会が中心部にあるサワンナケートをはじめ、さまざまな文化や宗教が混在する町並みも見どころのひとつである。

　おもな空港はパークセーとサワンナケートにあるが、整備された道路での旅が快適なので、国内線フライトは少ない。陸路も空路もタイ、ベトナムとのコネクションがいいので、ビエンチャンを経由しないで各エリアを訪問することも可能である。

村人すべてがキリスト教という所も

シーパンドーンで楽しみたいウオータースポーツ

旅のシーズン

気温変化はビエンチャンとあまり変わらないが、降雨量が非常に多い。特に昨今は、各地で洪水に悩まされるほどの雨が降る。雨季に旅行するときは、道路の封鎖、交通機関の乱れなどの情報をこまめにチェックしたい。

滝周辺も、時期によってはかなり増水する

交通手段

ビエンチャンから続くメコン川沿いの国道13号線をはじめ、幹線道路はよく整備されているが、場所によってはバスの本数が少ないので、旅行会社で車をチャーターすると効率的に観光スポットを回れる。

チャーター車なら、途中下車も自由自在

ホテル

パークセー、サワンナケートなどの都市部では、比較的大型のホテルが主流だが、個人旅行者向けの安宿も増えつつある。一方シーパンドーンでは、簡素なバンガロータイプの宿が並んでいる。

ごろ寝も気持ちいいテラスのあるゲストハウス

食事

主要都市には隣国タイからの団体客が多いので、レストランは多い。南部はコーヒー豆の産地で、特にパークソーン(P.176)には大小の農園が点在していて、付属のカフェでひきたてが飲めるほか、豆の直売も行っている。

香り高いラオスコーヒーをぜひ

旅のヒント

北部に比べると個人旅行客の割合が少ないので、両替所などのサービスが若干弱い。ラオスの通貨キープの用意は、大きな町で済ませておくのがベター。

ラオス南部 の 行くべき、やるべき、食べるべきもの Best 3

- 1. 世界遺産、ワット・プー観光 P.164
- 2. シーパンドーンの滝とウオータースポーツ P.166
- 3. ボーラウェン高原の滝とコーヒー園 P.173

時間を取って観光したいワット・プー

豊かな観光資源をもつラオス最南部の中心地

パークセー

Pakse

ປາກເຊ

市外局番
031

ラオスのメコン最下流部に栄えた経済都市

セードーン川の河口に広がるラオス最南部チャンパーサック県の県庁所在地。隣接するタイとの交易も活発で、ラオス南部の中心都市となっている。この地域はメコン川右岸もラオス領で、国境を気にせずメコンを渡ることもできる。県内にはラオスでは2番目の世界遺産に登録されたワット・プー遺跡、そしてシーパンドーンなどの観光ポイントも多い。

ACCESS

飛行機
国際線は、タイ、カンボジアから運航されている。国内線は、ビエンチャンから所要約90分、$73.55〜（ラオス航空）、750,000kip〜（ラーオ・スカイウエイ）。

バス
ビエンチャンのビエンチャン・バスターミナルから所要10〜13時間、240,000〜290,000kip。出発時刻は5:15、10:00、12:30、13:00、13:30、14:00、14:30、15:00、15:30、16:00、18:00、18:30、19:00。サワンナケートから所要約4時間、40,000kip。

パークセー国際空港
MAP P.156-A1外
市内までタクシーで約10分、100,000kip。

北方面バスターミナル
MAP P.156-A1外
ワット・ルアンからトゥクトゥクで約25分、40,000kip。

南方面バスターミナル
MAP P.157-B4外
ワット・ルアンからトゥクトゥクで約25分、40,000kip。現地では「ラックペット（8km）バスターミナル」と言ったほうがわかりやすい

パークセー到着

パークセー国際空港に到着

【北方面バスターミナル】
ビエンチャン、サワンナケート方面への長距離バス、およびベトナム各地への国際バスが発着する。

【南方面バスターミナル】
チャンパーサック県内のナーカサン（コーン島とデット島）へのバスのほか、アッタプー、セーコーンなど南部地区へのバスが発着。ベトナム各都市への国際バスも発着している。

【タラート・ダーオフアン・ソンテウ＆バン乗り場】
タラート・ダーオフアン（P.158）内でパークソーン行きなどのソンテオが発着し、ワンタオ（タイ国境）への乗合バンは市場外の交差点で発着。

飛行機で到着したら
飛行機は、パークセー市の西側にあるパークセー国際空港に到着する。
陸路で到着したら
パークセーには大小のバスターミナルが複数あり、行き先やバス会社ごとに分かれている。

おもにビエンチャン方面への長距離バスが発着する北方面バスターミナル

県内および近隣県へのバスが発着する南方面バスターミナル

154

［VIPバスターミナル］

パークセーとビエンチャンを結ぶ夜行VIPバスは、各バス会社がもつそれぞれのバスターミナルから出発しており、旅行者のほとんどはこれらのバスを利用している。おもな会社は、市の中心部にターミナルをもつ**チッパソンChitpasong社**、国道13号線沿いにある**セーンチャルーンSeng Chaleun社**、市の中心部から東へ約3km先にある**キャンカイKriang Krai社**。キャンカイ社のターミナルからは、タイのバンコク、ウボンラーチャターニー行きのバスも発着している。

ビエンチャンとの間にはグレードの高いバスが使われている

パークセーの歩き方

パークセーの町は、メコン川とセードーン川に囲まれた半島のような場所に展開している。ホテルやレストランの多くは、このセードーン川に近いエリアに集中している。町の中心のひとつは、かつてはタラート・サオ（朝市）と呼ばれていた**チャンパーサック・ショッピングセンター Champasak Shopping Center**。この3階建てのショッピングモールと国道13号線に挟まれたエリアにも、ホテルやレストランが点在する。

町のもうひとつの中心は、**タラート・ダーオフアン**。生鮮食料品を扱う大屋根の建物の周囲を衣料品、雑貨のテナントが囲み、さらに外側には機械類などさまざまな商品を扱う店舗が軒を連ねる。

見どころとしては、仏足石が祀られた寺**ワット・パバートWat Phabat**（MAP P.157-A3）、パークセー最大の寺**ワット・ルアン Wat Luang**などがある。さらに、メコン川の対岸にはゴールデンブッダが鎮座する**ワット・プーサラオ**が建つ。

国道13号線はパークセーの目抜き通り

ワンタオ（タイ国境）行きバン乗り場
MAP P.157-C4
ワット・ルアンからトゥクトゥクで約5分、20,000kip。

パークソン行きソンテウ乗り場
MAP P.157-B4
ワット・ルアンからトゥクトゥクで約5分、20,000kip。

チッパソンVIPバスターミナル
MAP P.156-B1
☎ (020) 55012299

セーンチャルーンVIPバスターミナル
MAP P.157-B4
☎ (031) 212428
ワット・ルアンからトゥクトゥクで所要約5分、20,000kip。

キャンカイVIPバスターミナル
MAP P.157-C4外
☎ (031) 212228
ワット・ルアンからトゥクトゥクで所要約5分、20,000kip。

ラオス航空オフィス
MAP P.156-A1外（パークセー国際空港内）
☎ (031) 251921
FAX (031) 212751
🕐 8:00〜最終便まで（曜日により異なる）
休 なし CC M V（手数料3%）

両替
銀行の営業時間の目安は以下のとおり。
🕐 8:30〜15:30 休 土・日

パークセー
Pakse

N

0　　　　　200m

Se Don River

← セードーン川

パークセー国際空港▶P.154、
北方面バスターミナル▶P.154へ→

ケムス▶P.161
Khaemse

▶P.163
アモール・ファティ
Amor Fati ℝ

Kham fong
Hotel

セーンアルーン
Sang Aroun▶P.160

ラオス電力公社
Vida Bakery ℝ

▶P.163
明記
Mengky

3839
Cafe

タールアン Thaluang▶P.160

▶P.162

▶P.160 スーピンSubinh

Se Se（ワインバー）

ℝℝℝℝℍ

大長寺

G

▶P.163
ラ・ブランジ La Boulange ℝ

バランス・カフェ・ビア
Balance Café Beer

▶P.161 ロイヤル・パークセー
Royal Pakse

サバーイディー・パークセー
Sabaidee Pakse▶P.162

Nok Noi

ℍ ℝ G Alisa

国道13号線
（コンビニ）

S Green Fresh Mart

G ℍ アーティナー
Athena▶P.159

Pakse Travel ℍ ℝ

ナインティーンエイティーズ・ホステル
1918's Hostel

ℍ アリサ Alisa▶P.160

ジャスミン

デルタ・コーヒー
Delta Coffee▶P.163

▶P.162 ル・パノラマ
Le Panorama ℝ

▶P.161 G
Loft Cafe ℝ

ラーンカム
Lankham

Jasmin ▶P.163

ドークマイ・ラーオ
Dok Mai Lao▶P.162

▶P.163　（1F）
シーヌック Sinouk
Sisouk ℝ ℍ

▶P.160 パークセー
Pakse

ℍ ℍ Sala Champa

ℍ Lao Chaleun

B

S Friendship
（スーパーマーケット）

Parisien Cafe ℝ

サン刀
Sanga G

チャントー Chanto▶P.161

▶P.161

中華理事会
Association Chinese Pakse

ラーオ・スカイウェイ・
オフィス

S チャンパーサック・ショッピングセンター
Champasak Shopping Center

⊗ 警察

⊠ 医療大学 Champasak College of Health Science

チッパソン
VIPバスターミナル
Chitpasong
VIP Bus Terminal
▶P.155

ℝ

⊞
病院
Champasak Hospital

障害者協会
Champasak Province Disabled People's Assoshiation

カトリック教会

屋台が並ぶ

ℝ

B ⊠郵便局

教育スポーツ省
Ministere De'L Education Et Des Sports

●県庁
Governor's Office of Champasak Province

ℍ Pakse Mekong

メコン川 Mekong River →

C

パークセーは、日本へも輸出されているラオスコーヒー
の集積地

メコン川の橋を渡ってタイへの国際バスが
行き来する

1　　　　　　　　　　　　　2

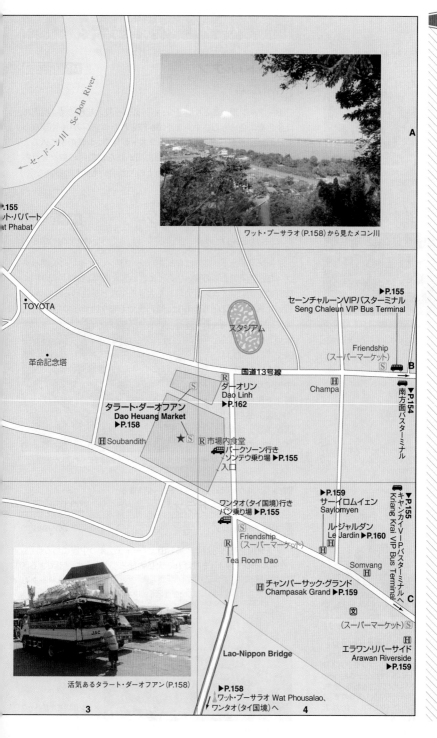

Se Don River

セードーン川

▶P.155
ット・パバート
at Phabat

ワット・プーサラオ（P.158）から見たメコン川

TOYOTA

スタジアム

革命記念塔

▶P.155
セーンチャルーンVIPバスターミナル
Seng Chaleun VIP Bus Terminal

Friendship
（スーパーマーケット）Ⓢ

国道13号線

Ⓡ ダーオリン
Dao Linh
▶P.162

Ⓗ
Champa

Ⓢ

▶P.154
南方面バスターミナル

タラート・ダーオフアン
Dao Heuang Market
▶P.158

Ⓗ Soubandith

★ Ⓢ Ⓡ 市場内食堂

パークソーン行き
ソンテウ乗り場 ▶P.155
入口

ワンタオ（タイ国境）行き
バン乗り場 ▶P.155

▶P.159
サーイロムイェン
Saylomyen

ル・ジャルダン
Le Jardin ▶P.160

Ⓢ
Friendship
（スーパーマーケット）
Ⓡ
Tea Room Dao

Ⓗ Ⓗ

Ⓗ
Somvang

▶P.155
キャンカイVIPバスターミナルへ
Kriang Krai VIP Bus Terminal

Ⓗ チャンパーサック・グランド
Champasak Grand ▶P.159

Ⓧ
（スーパーマーケット）Ⓢ

Lao-Nippon Bridge

Ⓗ
エラワン・リバーサイド
Arawan Riverside
▶P.159

▶P.158
ワット・プーサラオ Wat Phousalao、
ワンタオ（タイ国境）へ

活気あるタラート・ダーオフアン（P.158）

A

B

C

3

4

パークセーのおもな見どころ

ワット・ルアン

MAP P.156-A1

Wat Luang ວັດຫລວງ

ワット・ルアン
- 開 6:30 ～ 18:00
- 休 なし
- 料 無料

涼しげな風が吹き込む本堂で
参拝者を迎える仏像

▼ セードーン川沿いに建つ、パークセー最大級の寺院

　セードーン川のほとりに建つ、パークセー最大規模の寺。境内には金色や朱色のきらびやかな装飾が施されたお堂があり、南国ならではの緑鮮やかな木々とのコントラストが見事。お堂の中に入ると金色の仏像が鎮座し、壁面に大胆に描かれた宗教画の数々を見られる。ときには人懐っこい僧侶たちとの触れ合いも楽しめる。

タラート・ダーオフアン

MAP P.157-B3

Dao Heuang Market ຕະຫລາດດາວເຮືອງ

タラート・ダーオフアン
- 開 早朝～ 18:00頃
- 休 なし

市場内には大きな食堂がある

✉ タラート・ダーオフアンには大規模な食堂があり、ご飯、麺、スイーツなど、いろいろなローカルメニューが揃っていました。英語のメニューもあり、安くておいしかったです。(東京都　海老沢優 '15) ['23]

▼ ラオス最大級の大きさと品揃えを誇る

　チャンパーサック県内はもとよりサーラワン、セーコーン、アッタプーなど近隣県からの買い物客でにぎわう大市場。食料品売り場には野菜や肉類、メコン川で取れた大きな魚などが並べられている。買い物客でにぎわう午前中は、通路までも売り物で埋め尽くされ、見て回るだけでもたいへんなほど。服や雑貨を販売するメインの建物の中央には、近郊の村々で作られた織物や民芸品を扱う店が並び、おみやげを買い求める観光客も多い。

メコンの巨大なナマズなどが路地で売られている

ワット・プーサラオ

MAP P.157-C4外

Wat Phousalao ວັດພູສະເຫຼົາ

ワット・プーサラオ
- 開 6:00 ～ 18:00
- 休 なし
- 料 無料

信仰を集めるゴールデンブッダ

頂上への階段は550段！
ワット・プーサラオの麓からゴールデンブッダがある頂上まで、階段を上ると、その数は約550段もある。途中、足場の悪い所もあるので、スニーカーなどのしっかりした靴で、ゆっくりと上ろう。

▼ メコン川の対岸からパークセーを一望できる

　メコン川を渡った対岸にある山、プー・サラオの中腹にある寺院。「ゴールデンブッダ」と呼ばれる大仏の後ろ姿とともに一望できるメコン川やパークセーの町並みは爽快そのものだ。橋を渡り切った左側にある駐車場から階段を上るか、山腹の車道を進むとたどり着く。

メコン川の対岸がパークセーの町

H O T E L
パークセー の ホテル

ここ数年の間でオープンが相次ぎ、パークセーのホテル地図はガラリと変わった。中型、大型のホテルに加え、バックパッカー向けのドミトリーも増えている。

H チャンパーサック・グランド・ホテル
Champasak Grand Hotel

高級ホテル　　　　　　　　　　　　**MAP P.157-C4**

メコン川を見下ろせるロケーションに建つ高級ホテル。12階建てのビルはパークセー市内でも最高層のひとつで、上層階からの眺望のすばらしさは推して知るべし。部屋は広々とし、フローリングであたたかみのある雰囲気。レストラン、フィットネスルームなどの施設も充実していて、個人客からグループ客まで幅広く対応する。

☎ (031) 255110 ～ 8　FAX (031) 255119
料 ACST $60 ～ 80　スイート $80 ～ 200（朝食付き）
CC JMV（手数料3%）

1 215部屋もの規模で、大きな団体客にも対応
2 メコン川を見渡しながら泳げるプールもある

H エラワン・リバーサイド・ホテル
Arawan Riverside Hotel

高級ホテル　　　　　　　　　　　　**MAP P.157-C4**

メコン川に面した広大な敷地に建つ高級ホテル。大きな庭にはプールもあり、眼前にメコンを眺めながら泳げる。またガーデンレストランもあって、夕暮れ時は川面に揺らぐ日の光をさかなにビールグラスを傾けるのも最高。タラート・ダーオフアン (P.158) からはトゥクトゥクで5分程度。

☎ (031) 260345 ～ 50　FAX (031) 260567
料 ACST $40 ～ 78　スイート $109 ～ 378（朝食付き）
CC MV（手数料2.5%）

1 プールサイドにはレストランも
2 アメニティや設備も充実

H サーイロムイェン・ホテル
Saylomyen Hotel

中級ホテル　　　　　　**MAP P.157-C4**

中心地からは少し離れるものの、タラート・ダーオフアン (P.158) やワット・プラーサオ (P.158) が近く、観光には便利なロケーション。1階にある併設のカフェは7:30 ～ 22:00の間営業している。

☎ (031) 214475
URL www.facebook.com/sailomyenhostel
料 ACST 300,000 ～ 330,000kip
CC なし

H アーティナー・ホテル
Athena Hotel

中級ホテル　　　　　　**MAP P.156-A2**

パークセーでは珍しい、部屋数を抑えて高品質なサービスを提供するブティックホテル。しっとりとした木造りの建物が、中庭のプールを囲むように配置され、ちょっとしたリゾート気分を盛り上げてくれる。

☎ (031) 214888
FAX (031) 214999
料 ACT $55 ～ 100（朝食付き）
CC JMV（手数料3%）

H パークセー・ホテル

Pakse Hotel

中級ホテル　**MAP** P.156-B1

中心街の中級ホテル。木彫を生かした室内はシックでモダンな感じ。雨天の日以外は最上階にガーデンレストラン「ル・パノラマ (P.162)」もオープン。1階にみやげ物屋があり、近くにはマッサージ店もある。

☎ (031) 212131
🌐 www.paksehotel.com
🏠 AC S T $25 ～ 105（朝食付き）
💳 J M V（手数料2.6%）

H セーンアルーン・ホテル

Sang Aroun Hotel

中級ホテル　**MAP** P.156-A1

中心街の中級ホテル。各部屋ともツインタイプで、窓が大きく白を基調として明るく清潔に保たれている。朝食ビュッフェに定評があり、アジア料理からヨーロッパ料理まで豊富な品揃え。

☎ (031) 252111
FAX (031) 252555
🏠 AC S T 300,000kip（朝食付き）
💳 なし

H アリサ・ホテル

Alisa Hotel

中級ホテル　**MAP** P.156-A1

2019年にオープンした大型ホテル。国道13号線から路地を入った一角に建ち、町の中心にありながら周囲は静か。上層階のデラックスとスイートの各部屋からはメコン川やセードーン川、パークセーの町並みを見渡せる。

☎ (031) 214168
🌐 www.alisa-hotel.com
🏠 AC S T 250,000kip ～ 300,000kip
スイート 500,000kip（朝食付き）
💳 M V（手数料3%）

H スービン・ホテル

Subinh Hotel

中級ホテル　**MAP** P.156-A1

国道13号線とメコン川方面への道の十字路に立つ中級ホテル。300,000kipの部屋は窓付きで部屋のサイズも広いのが特徴。1階はカフェ＆バーで、屋上レストランでは夜になるとバンドの生演奏が行われる。

☎ (020) 54779985
🏠 AC S T 250,000 ～ 300,000kip
💳 なし

H ル・ジャルダン

Le Jardin

中級ホテル　**MAP** P.157-C4

ヤシの木に黄色の建物が映える、南国ムードにあふれたホテル。部屋も優しい黄色を基調としたデザインで、TV、冷蔵庫、デスクなどがひととおり揃う。ヤシの木に囲まれたプールも開放的。朝食はテラスレストランで提供する。

☎ (030) 9463324
🌐 www.lejardindepakse.com
🏠 AC S T $60 ～ 80（朝食付き）
💳 M V

H タールアン・ホテル

Thaluang Hotel

エコノミーホテル　**MAP** P.156-A2

国道13号線から少し入った所にある。部屋の設備は料金によって異なり、ホットシャワーは80,000kipの部屋から、冷蔵庫は110,000kipの部屋から付く。レンタカーやツーリストバスのチケットも扱っている。

☎ (031) 251399
🏠 AC S T 70,000 ～ 150,000kip
💳 なし

H ラーンカム・ホテル

Lankham Hotel

エコノミーホテル　　MAP P.156-A1

格安のドミトリールームを備えていることもあって、旅行者からの根強い支持を集め続けている老舗。早朝からランチタイムまで営業している1階のレストランは、フーなどのローカルフードが安く食べられ、こちらも大人気。

☎ (031) 213314
料 F ドミトリー60,000kip
F S T 100,000kip
A S T 180,000～230,000kip
CC J M V (手数料3%)

H ロイヤル・パークセー・ホテル

Royal Pakse Hotel

エコノミーホテル　　MAP P.156-A1

パークセー中心街の国道13号線沿いという好立地のわりにリーズナブルな料金。レストランやネットカフェ、コンビニも近くて便利。部屋は2階、3階の窓側がおすすめ。朝日がたくさん差し込んでとても気持ちがいい。

☎ (020) 97064434
料 A S 100,000kip
T 150,000kip
CC なし

G ケムス・ゲストハウス

Khaemse Guest House

エコノミーホテル　　MAP P.156-A1

セードーン川に面し、喧騒を忘れて滞在できるゲストハウス。川沿いのテラスではハンモックに寝そべってくつろげる。60,000kip以下の部屋は共同の水シャワー、70,000kip以上の部屋にホットシャワーが付く。

☎ (020) 56359292
料 F S 50,000～60,000kip
T 70,000～80,000kip
A S T 120,000kip
CC なし

G ナインティーンエイティーンズ・ホステル

1918's Hostel

エコノミーホテル　　MAP P.156-B1

その名のとおり、1918年に建てられた瀟洒な建物を使ったゲストハウス。男性専用、女性専用、男女共用のドミトリーが4部屋、計40ベッドあり、共用バスルームも広くて使いやすい。宿泊者はレンタサイクルを無料で利用できる。

☎ (030) 4568991
料 A C ドミトリー60,000kip
CC なし

G サンガ・ホステル

Sanga Hostel

エコノミーホテル　　MAP P.156-B1

男女共用ドミトリーを3部屋、計30ベッド備えるゲストハウス。女性マネジャーが親切で、バスや車のチャーターなどを手配してくれる。1階にはレストラン、みやげ物屋を併設。ランドリーサービスもある。

☎ (020) 55831999
URL www.sangahostel.com
料 A C ドミトリー$8
CC M V (手数料3%)

G チャントー・ホステル

Chanto Hostel

エコノミーホテル　　MAP P.156-B1

2018年にオープンしたモダンなゲストハウスで、ドミトリーを中心に、個室も備える。ベッドルームはもとより、シャワールームなどの設備も清潔。スタッフの手際のよい対応も好印象だ。

☎ (030) 5252555
料 A C S T 280,000kip（朝食付き）
ドミトリー A C 100,000kip
CC なし

パークセーのレストラン

南部の大都市だけにレストランは豊富。ラオス料理レストランは本格派からカジュアル店まで揃い、欧米人が経営するイタリアンやカフェも評判が高い。

R バランス・カフェ・ビア $$$

Balance Café Beer

ラオス&ヨーロッパ料理　MAP P.156-A2

2022年秋にオープン。ハンバーガーやパスタなど洋食をメインに、タイ料理なども提供。ディナータイムにはアコースティックライブを開催。アーティナー・ホテル(P.159)宿泊者は割引あり。

☎ (020) 23411157
URL www.facebook.com/profile.php?id=100086325917531
営 8:00～23:00
休 なし
CC MV (手数料3%)

R ル・パノラマ $$

Le Panorama

ラオス&ヨーロッパ料理　MAP P.156-B1

パークセー・ホテル(P.160)の屋上にあるガーデンレストラン。特に町の明かりがともり始める夕暮れ時は、メコン川に抱かれたパークセーの様子がとりわけロマンティックに見渡せる。カクテル1杯だけでも訪れる価値あり。

☎ (031) 212131
営 16:30～23:30 (ラストオーダー22:00)
休 なし (大雨などの荒天時は休業)
CC JMV (手数料2.6%)

R ダーオリン $

Dao Linh

ラオス&ヨーロッパ料理　MAP P.157-B4

写真付きメニューと手際よいサービスが外国人旅行者に人気。朝はフランスパンのサンドイッチ、夜はカオ・ニャオとおかず1品がセットになったメニューを40,000kip～で提供。フルーツシェイクの種類も豊富。

☎ (020) 55733199
営 6:00～21:30
休 なし
CC なし

R サバーイディー・パークセー・レストラン $

Sabaidee Pakse Restaurant

ラオス&ヨーロッパ料理　MAP P.156-A2

チーズバーガー、ビーフステーキ、焼きそば、カオ・ラートナーなど、日本人の口に合いやすいメニューがズラリと揃う。1品30,000～60,000kipという手頃な価格も魅力。旅行者向けにバスチケットの手配も行っている。

☎ (030) 5003791
営 7:00～22:00
休 なし
CC なし

R ドークマイ・ラーオ $$

Dok Mai Lao

イタリア料理　MAP P.156-A2

イタリア人オーナーが営むトラットリア。チーズやサラミ、ワインなどをイタリアから取り寄せ、本格派のパスタやピザを味わえることで評判が高い。店の奥には中庭があり、開放的なテラスでも食事を楽しめる。

☎ (020) 58447879
営 15:00～23:00 (月～金)、11:00～23:00 (土・日)
休 火
CC V (手数料3%)

R デルタ・コーヒー・レストラン $$

Delta Coffee Restaurant

タイ&ヨーロッパ料理　**MAP** P.156-A2

自家焙煎したフレッシュコーヒーが自慢のタイ&ヨーロッパ料理レストラン。ピザやパスタ、ステーキ、ハンバーガーなどメニューは豊富。自家製パンや朝食セットもある。きちんと袋詰めされたコーヒー豆はおみやげにもいい。

☎ (030) 9513079
🕐 7:00 ～ 21:00
休 なし
CC なし

R アモール・ファティ $$$

Amor Fati

アジア&ヨーロッパ料理　**MAP** P.156-A1

天井が高く広々とした店内と開放的なテラス席で食事が楽しめる。ガパオライスやキムチチャーハン38,000 ～ 40,000kip、サンドイッチ48,000kip ～。フラッペやコーヒーなどのドリンクも豊富。

🏠 なし
🌐 www.facebook.
com/AmorCafe.
Pakse
🕐 7:00 ～ 17:00
休 なし
CC なし

R ジャスミン・レストラン $

Jasmin Restaurant

インド料理　**MAP** P.156-A1

濃厚な味わいのインドカレーを28,000kip ～で味わうことができ、プレーンからガーリックまでナンも種類豊富。サモサやビリヤニなどサイドメニューが充実しており、ベジタリアンメニューも提供。タイやラオス料理もある。

☎ (020) 91814545
🕐 7:00 ～ 17:00
休 なし
CC なし

R 明記 $

Mengky

中国料理　**MAP** P.156-A1

昼前には品切れで閉店必至のミー・ナム（ラーメン）の名店。麺はミーとフーから、具はアヒル肉、鶏肉、豚肉から選べて、1杯30,000kip。特にミー・ペット（アヒル肉のラーメン）が地元の人に人気。

☎ (020) 55941551
🕐 7:00 ～ 12:00
（材料がなくなり次第閉店）
休 なし
CC なし

R ラ・ブランジ $$

La Boulange

カフェ　**MAP** P.156-A2

朝食やカフェタイムにおすすめのベーカリーカフェ。フランス人オーナーのオリジナルレシピで焼き上げるパンが評判で、自家製のアップルパイ、ジャム、アイスクリームなども素材の風味が見事に引き出されている。

☎ (020) 96603688
🕐 7:00 ～ 13:00
休 月
CC なし

R シーヌック・カフェ $

Sinouk Café

カフェ　**MAP** P.156-B1

ラオス南部特産のコーヒー豆を扱う会社の直営カフェ。ストレートはもちろん、ミルクをたっぷり使ったバリエーションなど、メニューも豊富。ご飯とおかずのワンプレートメニューも多く、レストランとしても使える。

☎ (030) 9566776
🕐 7:00 ～ 17:00
休 なし
CC なし

アンコール王朝の基礎をつくった
巨大な世界遺産寺院

ワット・プー
Wat Phu
ວັດພູ

ビエンチャン

ワット・プーは、聖なる山リンガパルバータ（「リンガの山」の意、リンガ＝男性器をかたどった、子孫繁栄を願うモチーフ）の山麓に築かれたヒンドゥー教の巨大な寺院。建立は、クメール族がこの地を支配した10〜12世紀と推定される。

寺院全体が山麓部、中間部、山腹部の3つで構成されている。入口からしばらくは平坦だが、中間部からは急な斜面や階段を上る。山腹部にある本殿まで普通の早さで歩いて戻るだけで約40分。それぞれの遺構や彫刻を見て回ったり、休憩も考えれば、最低2時間は費やしたい。

●遺跡展示ホール

遺跡公園のチケット売り場が入っている建物の正面。展示ホールには、ワット・プーから出土した遺物が展示されている。中心に置かれたリンガは5世紀のもので、四面に碑文が刻まれている。

●山麓部

ホールを出て遺跡公園内へ。入口から本殿方向に広がる山麓部は、大きな聖池（バライ）、石造りのテラス、参道、聖池によって構成される。バライは大海を表現するとともに、稲作の灌漑施設として利用されていたという。修復作業によって復元された参道には、石灯籠が立ち並び、大回廊の宮殿へと続く。

参拝客を大宮殿へと導くリンガの列

●中間部

参道を挟んで建つふたつの大回廊、アンコール・ワットへと続く古代道路の出発点とされるナンディン宮殿といった建築物が並び、さらに上部の十字型テラス、ストゥーパ（仏塔）のテラスへと続く。11世紀の建立と推定される大回廊は、山頂に向かって右側が北宮殿、左側が南宮殿と呼ばれる。ふたつの宮殿はそっくりだが、北宮殿の東壁面の飾り戸の上部にはナンディン（牛）に乗ったシバ神のレリーフが刻まれるなど、細部に違いが見える。

参道の両側に相対する南北宮殿は、ワット・プー前半のクライマックス

参道をさらに進むと、十字型テラスに上がる勾配のきつい石段に行き着く。テラスの先には楼門跡があり、今も守門像が建っている。

●山腹部

山腹部に続く最後の石段を上り切ると正面に本殿が現れる。ここからは、あたり一帯が見渡せる。

本殿には3つ入口があり、各所にはヒンドゥー教の神々がていねいに刻み込まれている。一番奥のれんが積みの部屋には、大地を象徴する四角い女性形（ヨニ）の中心に、シバ神を象徴するリンガがはめ込まれ、聖泉から石樋によって運ばれた聖水がリンガにかけられていたようだ。奥の祠堂は7世紀頃のチャム様式、本殿全体は12世紀頃のアンコール様式。本殿中央部に安置された4体の仏像はチャンパーサック王朝時代に奉納されたものだろう。

山頂の本殿は、山麓の北と南宮殿と比べて驚くほど小ぶり

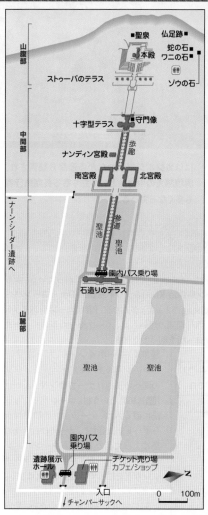

本殿の北側（向かって右）に100mほど歩いた所には、これまで見てきたものとは明らかに文化や時代の異なる遺跡が見られる。そこには、石に刻まれたゾウ、ワニ、蛇の彫刻や、平面で削り出された巨石が転がっている。ワニの彫刻は、人身供養の儀式に使われたものらしく、その窪みは生贄を納めるように見える。

●ナーン・シーダー遺跡
Nang Sida temple

古代都市の核となった遺跡

石灯籠が並ぶ参道、石壁と石柱で造られた大伽藍、れんが製の経蔵からなるアンコール時代の遺跡で、11世紀の建立と推定されている。近年の調査によると、9～13世紀に古代都市が存在したことがわかってきた。

●チャンパーサック王朝時代の寺院群
Ancient Champasak temples

ワット・プーがあるチャンパーサックに残る寺院で、やはり世界遺産に登録されている。チャンパーサック王国時代の寺院だが、旧宗主国フランスのデザインを採用したりと、歴史的価値が高い。

代表的な寺院には、菩提樹と大仏だけが残るワット・シークットWat Sikeut、砂岩の寝仏が安置されているワット・ルアンカオWat Luang Kao、古代城壁のれんがを使った建物が残るワット・パノンタイWat Phanon Tai、大きな大仏殿やコロニアル様

フランス様式を組み込んだワット・ムアン・カーン

式の経蔵殿があるワット・ムアン・カーンWat Muang Kangなどがある。

> **ワット・プーへの行き方**
> パークセーから、ワット・プーのあるチャンパーサックChampasakまでバスで所要約2時間、80,000kip。チャンパーサックからトゥクトゥクで所要約20分、100,000～150,000kip。日帰りの場合は、パークセーで車をチャーターするのがおすすめ。
> **ワット・プー**
> ☎(030)9327008 開8:00～18:00（遺跡展示ホールは～16:30）休なし
> 料50,000kip

メコン本流を流れ落ちる滝の間に点在する4000の島々

シーパンドーン

Siphan Don (4000 Islands)

ສີພັນດອນ

市外局番
031

ビエンチャン

シーパンドーン★

川を舞台にしたアクティビティが豊富

ラオス最南部、カンボジアとの国境に流れるメコン川には数千もの島々が点在、シーパン（4000）ドーン（島）と呼ばれている。近年にはカンボジアにつながる道路も整備され、国境越えの中継地として立ち寄る長期旅行者も多くなっている。

シーパンドーンの歩き方

ツアーの利用で効率的な観光を

シーパンドーンは、メコン川の流域約40kmに広がっている。おもな見どころは**コーン島Don Khon＆デット島Don Det**と**コーンパペンの滝Khonphapheng**の2ヵ所。多くの旅行者はコーン島かデット島で数泊するが、旅行期間の短い人は、パークセーで車のチャーターをすると、1日で2ヵ所を回ってくれる。

陸側のキーポイントはナーカサン

コーン島＆デット島とコーンパペンの滝への拠点は**ナーカサンNakasang**（MAP P.166）という村。コーン島＆デット島に渡る人は、ナーカサンの船着場からボートを利用する。ボートは行き先の島によって異なる。またコーンパペンの滝へは、ナーカサンからバイクタクシーなどを使って移動することになる。

シーパンドーンの過ごし方

観光地的なスポットは少ない。島内に公共交通はほとんどないので、移動はレンタサイクルが便利。名所巡りよりも、Wi-Fi完備のゲストハウスのバルコニーで日がなネット三昧、もしくはペーパーバックを読みふける旅行者が多い。

日が落ちるとあたりは真っ暗になるが、デット島のツーリストエリアのレストランやバーは、ビール片手に談笑する若いツーリストでにぎわっている。

滝での水遊びも楽しみ

シーパンドーン Siphan Don

0 — 10km

N

パークセーへ↑

フアコーン（グ）

コーン（グ）島
Don Khong
▶P.169

ムアン・コーン（グ）
Muang Khong

ハートサイクン
Hat Saikhun

バーン・ナー

ムアン・セーン

バーン・ハート

ラオス

国道13号線

▶P.166
ナーカサン Nakasang

デット島

Mekong River メコン川

カンボジア

コーン島

▶P.169
コーンパペンの滝
Khonphapheng
ウェンカム

★P.169

ノーンヌックヤン（カンボジア国境）へ

コーン島とデット島（P.167）

シーパンドーンのおもな見どころ

ラオス初の鉄道が敷設された
コーン島とデット島

MAP P.167

Don Khon & Don Det

ດອນຄອນ ແລະ ດອນເດດ

●まぼろしの鉄道跡を見る

19世紀末、インドシナの植民地化を実現したフランスは、シーパンドーンの急流によって水運を阻まれ、物資輸送に手を焼いていた。そこでコーン島とデット島に鉄道を敷設し、船と船の間をリレーする方法が採用される。まずコーン島の南北を結ぶ路線の建設が始まり、次いでデット島との間に橋が架けられ、線路はデット島の埠頭ターカムパンまで延伸されるも、ほどなく廃線となった。

現在は、朽ち果てた2台の蒸気機関車が、旧鉄道橋とバーン・ハーンコーン船着場の近くにそれぞれ1台展示されているのみ。旧鉄道橋にレールの面影はないが、廃線跡を感じながら歩くのもおもしろいかもしれない。

現在も活用されている旧鉄道橋

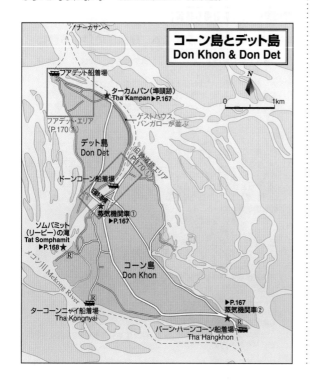

コーン島とデット島
Don Khon & Don Det

フアデット船着場
ターカムパン（埠頭跡）
Tha Kampan ▶P.167

フアデット・エリア
（P.170②）

ゲストハウス、
バンガローが並ぶ

デット島
Don Det

旧鉄道橋エリア
（P.170②）

ドーンコーン船着場

蒸気機関車①
▶P.167

ソムパミット
（リーピー）の滝
Tat Somphamit
▶P.168

コーン島
Don Khon

メコン川 Mekong River

ターコーンニャイ船着場
Tha Kongnyai

▶P.167
蒸気機関車②

バーン・ハーンコーン船着場
Tha Hangkhon

0   1km

N

ACCESS

コーン島とデット島
パークセーの南方面バスターミナルからナーカサンまでバスで所要約2時間30分、80,000kip。ナーカサンからデット島のフアデット船着き場まで所要約10分、20,000～30,000kip、コーン島の船着き場までボートで所要約20分、25,000kip～60,000kip。

シーパンドーンへはツーリストバスの利用がおすすめ
2023年6月現在、ナーカサンのバスターミナルは閉鎖されており、パークセーからナーカサンまでの路線バスの運行は不安定なので、パークセーの旅行会社でツーリスト用のバスを申し込むのが確実。

鉄道に使われていたレールは、柵になっていた

鉄道から船へ荷物が積み替えられていたターカムパン

旧鉄道橋付近に展示されている蒸気機関車①

バーン・ハーンコーン船着場付近にある蒸気機関車②

ソムパミットの滝

鉄道橋から下流側に約2km。
徒歩で所要約30分、自転車
で約15分。
MAP P.167
開 7:00 ～ 18:00
料 35,000kip

激しい水流をものともせずに
漁にいそしむ地元の人々

観光地ではあるが、島民の多
くは農業を営んでいる

防水対策をチェック！
コーン島やデット島ではカヌ
ーやタイヤチュービングなど
水遊びのアクティビティがた
くさんあるが、当然、水にぬれ
るので、スマートフォンは防
水ケースに入れる、防水仕様
のカメラを用意する、などの
対策が必要。また、島の道は
未舗装がほとんどで、特に雨
季は足場が悪い。替えのサン
ダルなどがあれば、快適だ。

● ソムパミットの滝　Tat Somphamit

天気や光の具合で水の色が微妙に変化する

　コーン島の南東部にある滝で、「リーピ
ー」とも呼ばれている。ゴツゴツと水面から
顔を出した岩の間を、まるで竜が踊るがご
とく水流が落ちていくのを見ると、船をあ
きらめて鉄道を建設せざるを得なかった旧
宗主国フランスの選択も納得できる。滝周
辺は公園として整備され、川を横断するジ
ップラインも楽しめる。

川沿いを歩いて下ると
ビーチにも出られる

「滝幅世界一」に認定された巨大瀑布

コーンパペンの滝

Khonphapheng

ຄອນພະເພັງ

MAP P.166

メコン川で最大規模を誇る大瀑布

ACCESS

コーンパペンの滝
パークセーからナーカサンまでバスで所要約2時間30分、80,000kip。ナーカサンからコーンパペンの滝までバイクタクシーまたはソンテウで約20分、ひとり40,000kip。
開8:00～17:00
料30,000kip
休なし

シーパンドーンに点在する数ある滝のなかで最大、かつ最も迫力があるのがコーンパペンの滝。滝つぼ近くで感じる水しぶきと大音響には、誰もが自然への畏怖を感じるに違いない。

岩場まで下りて滝を間近で見られる

2016年6月、世界の滝をデータベース化している「ワールド・ウオーターフォール・データベース」は、コーンパペンの滝を「滝幅世界一」に認定した。南米のイグアス、アフリカのビクトリア、アメリカのナイアガラという世界三大瀑布を抑えてのこの快挙は、全幅が1万783mにも及ぶという結果によるものだ。実は、コーンパペンの展望台から見えているのは滝のごく一部でしかなく、さらに向こう側、すなわちカンボジア国境まで続いているのである。

ウッドデッキの展望スペースが整備されている

滝周辺には川魚などを提供するレストランがある

ຂໍ້ມູນຍອດດີ! ラオスのお得な情報

COLUMN

もうひとつの「コーン島」に渡る

シーパンドーンには、実はもうひとつ「コーン島」がある。P.167で紹介したのがDon Khonなら、こちらはDon Khong。区別するため、「コーン（グ）島」と表記しよう。

コーン（グ）島は南北約24km、東西約8kmもあるシーパンドーン最大の島で、多くの住民が暮らしている。島の中心地はムアン・コーン（グ）Muang Khongで、リゾート風のおしゃれなホテルから簡素なゲストハウスまで、宿泊施設は整備されている。

島に観光スポットは特にない。レンタサイクルを借りて走っても、取り立てて筆すべき風景にも出合わないだろう。

しかし、陸との間に橋を架けるプロジェクトが完成してから、アクセスも容易になった。知名度はまだ低いが、コーン（グ）島はラオス南部の一大観光地へと変貌するかもしれない。

●コーン（グ）島へのアクセス
パークセーからムアン・コーン（グ）まで、バスで所要約2時間30分（MAP P.166）。

設備の整ったホテルもある

コーン島とデット島の宿の探し方

すき間なくゲストハウスやレストランが並ぶフアデット

●ふたつの「ゲストハウス街」

コーン島とデット島では、旅行者の急増にともなって宿が並ぶエリアも拡大している。

昔から営業しているホテルやゲストハウスがあるのは旧鉄道橋の周辺。ふたつの島の間をメコン川が流れ、おもにコーン島のメコン川沿いにゲストハウスやレストランが並んでいる。比較的規模が大きく、リゾート風の造りで、やや高めの料金を設定している宿が目立つようだ。

一方、近年ゲストハウスが増殖しているのがデット島の北端、フアデット。ナーカサンからボートでフアデット船着場に到着して歩き始めると、どこまで行ってもゲストハウスが途切れない。道は島の東側と西側にあるのだが、どちらも同じような状態だ。フアデットのゲストハウスは簡素なものが主流で、部屋にはベッドだけ、トイレやシャワーは共用、レストランも付いていて簡単な食事が取れる、というタイプも少なくない。どんなに外見がみすぼらしくても、Wi-Fiが使えない宿はまずない。

●お気に入りの宿を
見つけるには？

コーン島とデット島へのゲートウエイであるナーカサンから各島へのボートが出ているが、デット島のフアデットのほうが宿の数は多く、とりあえず腰を落ち着けるのには都合がよい。

ただ、島の道は雨が降るとぬかるむので、雨季は歩くのがたいへんになる。特にキャスター付きのバッグを持っていく人は、未舗装の道を転がすのがつらい。

長期滞在を考えているなら、とりあえずフアデットで適当なゲストハウスを確保し、荷物を置いて身軽になってから、お気に入りのホテルなりゲストハウスなりを探したらいかがだろうか。

① 旧鉄道橋エリア

Wat Phosikeo
Souksan G G Souksan
Pa Kha
The Orange One
▶P.171 ドークチャンパー
Dok Champa
サーラー・ドーン・コーン
▶P.171 Sala Done Khone
▶P.171 ソムパミット
Somphamit
コーン島
デット島
Sengahloune Villa
Nong Sak
ドーンコーン船着場
Lao Long G R
Khao Pheane
▶P.171 パンズ Pan's
Somchaipong
Xaymountry
ノンサック
Nong Sak
▶P.172
Kham Pheng G 田 病院
Noknoy R Emily's Noodle
Tokham Sarmxok
旧鉄道橋
蒸気機関車①
★
セーンアルーン・リゾート
Seng Ahloune Resort
▶P.171
Fleur du
Mekong

② フアデット・エリア

Johny's フアデット船着場
Souksan R パラダイス・リバービュー ▶P.172
Paradise Riverview
▶P.172 Le Bidou Wonderful Tours Mr. Noi's
リトルエデン Baba Guest House Bungalows
Little Eden Sinsana Phouwan 日の出の方角
Mr.B's Sunsetview Bungalows Dalom Saengchanh → Khammanysai
▶P.172 Green R Sayavong
サンセット・バンガローズ ミスター・モー
Sunset Bungalows Mr. Mo ▶P.172 Noupad
ママ・ルース・サンセット Oi's Place ゲストハウス・
Mama Leurth Sunset バンガローが並ぶ Don Det
▶P.172 Bangalow
← 日没の方角 Tena Bungalows
Happy Bar
Vixay
ゲストハウス、
バンガローが並ぶ
N
Phetmany's
Aotte Bungalow 0 300m

─ HOTEL ─
コーン島とデット島の ホテル

デット島の北端「フアデット」にはゲストハウスやバンガローが林立し、シンプルな宿が主流。一方ふたつの島に架かる旧鉄道橋付近の宿は、フアデットより高め。

H サーラー・ドーン・コーン
Sala Done Khone Hotel

中級ホテル　MAP P.170①

コーン島。フランス植民地時代に建てられた洋館を改装したコロニアルタイプ、メコン川に筏を組んで造られたコテージタイプ、ラオス伝統様式で建てられたタイプの客室がある。川沿いにレストランや小さなプールもある。

☎ (020) 98764429
URL www.salalaoboutique.com
料 AC⑤①$60～80（朝食付き）
CC JMV（手数料3%）

H セーンアルーン・リゾート
Seng Ahloune Resort

中級ホテル

コーン島。旧鉄道橋のたもとにあるハイグレードなホテルで、部屋やシャワールームの設備も整っている。メコン川に面したテラスのハンモックでくつろぐのも最高。大きなテラスレストランやプールもある。

☎ (020) 55831399
料 AC$38～80（朝食付き）
CC JMV（手数料3%）

G パンズ・ゲストハウス
Pan's Guest House

エコノミーホテル　MAP P.170①

コーン島。旧鉄道橋から上流側約300mの所にあり、船着場にも近い。バンガローとコテージのふたつのタイプがあり、コテージは8部屋すべてがリバービュー。バスのチケットの販売やツアーの手配、両替もしている。

☎ (020) 23655151
料 AC⑤①280,000～300,000kip
CC MV（手数料3%）

G ドークチャンパー・ゲストハウス
Dok Champa Guest House

エコノミーホテル　MAP P.170①

コーン島。全部屋に専用バルコニーが付き、ハンモックに揺られながらメコン川を眺められる。特にエアコン付きの部屋は広く、バルコニーも広々としていて快適。併設のツアーデスクではアクティビティなどを手配できる。

☎ (020) 55476921
料 F⑤①120,000kip
AC⑤①250,000kip
CC なし

G ソムパミット・ゲストハウス
Somphamit Guest House

エコノミーホテル　MAP P.170①

コーン島。しっかりとした造りのバンガローが建ち、エアコン付きの部屋からはメコン川を望める。道に面したレストランではラオス料理を提供し、味のよさから連日通う旅行者も多い。バス、ボートのチケット手配も可。

☎ (020) 55262491
料 F⑤①150,000kip
AC⑤①200,000kip
CC JMV（手数料7%）

G ノンサック・ゲストハウス

Nong Sak Guest House

エコノミーホテル　**MAP P.170①**

コーン島。船着場と鉄道橋の中間にある、緑に囲まれたバンガロー式のゲストハウス。すべてトイレ、ホットシャワー付きで、レンタサイクルやツアー手配が依頼ができるほか、船着場近くにレストランも経営している。

☎ (020) 97335789
料 FＳＴ$8 ～ 15
ＡＣＳＴ$10 ～ 20
ＣＣ ＪＭＶ（手数料3%）

G リトルエデン・ゲストハウス

Little Eden Guest House

中級ホテル　**MAP P.170②**

フアデットの船着場から徒歩2分ほどの所にあり、ベルギー人が経営する人気の高い宿。バンガローが主流のフアデットでは珍しく大規模で、大型のプールもある。旧棟、新棟ともに部屋はすべてエアコン付き。

☎ (020) 77739045
URL www.dondet.vip
料 ＡＣＳＴ$60 ～ 70
（朝食付き）
ＣＣ ＪＭＶ（手数料3%）

G パラダイス・リバービュー・リゾート

Paradise Riverview Resort

中級ホテル　**MAP P.170②**

フアデットの東側に建つバンガロー。$30の部屋はリバービューで、専用テラスから川面から昇る朝日を望める。テラスレストランの眺めも抜群。旅行会社を併設し、カヤックツアーなどのアクティビティが充実している。

☎ (020) 92060358
料 ＡＣＳＴ$29 ～ 39
（朝食付き）
ＣＣ ＡＭＶ（手数料3%）

G ママ・ルース・サンセット・ゲストハウス

Mama Leurth Sunset Guesthouse

エコノミーホテル　**MAP P.170②**

フアデットのなかでは大型のゲストハウスで、2階の5部屋からはメコン川を見晴らせる。部屋は白を基調とし、気持ちのよい清潔感が漂う。1 ～ 4ベッドの部屋が幅広く揃っていて、複数名で1部屋を割り勘するとお得。

☎ (020) 59049900
料 ＡＣＳＴ280,000kip
トリプル300,000kip
4ベッド350,000kip
ＣＣ なし

G ミスター・モー・ゲストハウス

Mr. Mo Guest House

エコノミーホテル　**MAP P.170②**

フアデットの東側の道にあるゲストハウス。併設のツアーデスクでは、各方面へのバスチケットやカヤックツアーなどを手配できる。メコン川を眺められる大きなテラスレストランがあり、豊富なメニューを取り揃えている。

☎ (020) 55759252
料 FＳＴ70,000kip
ＡＣＳＴ100,000kip
ＣＣ なし

G サンセット・バンガローズ

Sunset Bungalows

エコノミーホテル　**MAP P.170②**

フアデットの西側、メコン川が眼前に広がるバンガロー。部屋は質素な造りだが、テラスから絶景の夕日を見晴らせる。テラスで沈みゆく夕日を眺めながらグラスを傾けるひとときは贅沢そのもの。テラスレストランも併設。

☎ (020) 99577519
料 FＳＴ70,000kip
ＣＣ なし

香り高いコーヒーの産地と、数多くの滝で知られる避暑地

ボーラウェン高原とその周辺

Bolaven Plateau

ພູພຽງບໍລະເວນ

ビエンチャン
ボーラウェン高原
ボーラウェン ★

タート・ロ周辺では水遊びもできる

ボーラウェン高原は、チャンパーサック、サーラワン、セーコーン、アッタプーの4県にまたがる標高約1200mの高地で、その涼しい気候を利用してコーヒー豆栽培が盛んなエリアである。また、落差の大きな滝が点在しており、休日はデイキャンパーでもにぎわう。

ボーラウェン高原とその周辺の歩き方

ボーラウェン高原のおもな観光資源は滝。高低差も幅もさまざまだが、比較的大きな滝が全体に点在していて、近くのゲストハウスで宿泊もできる。観光の拠点となるパークセーの旅行会社で車をチャーターし、日帰り～3日程度かけて回ってもらうのがよいだろう。高原の周辺部にあるアッタプー、セーコーン、サーラワンという町までバスで移動し、そこで車をチャーターする方法もある。

ACCESS

滝は幹線道路の周辺にあるが、バスで行くと降りるポイントがわかりづらく、また帰りのバスがいつ来るのかもわからないので、パークセー、またはアッタプー、サーラワンの旅行会社で車をチャーターするのが得策。

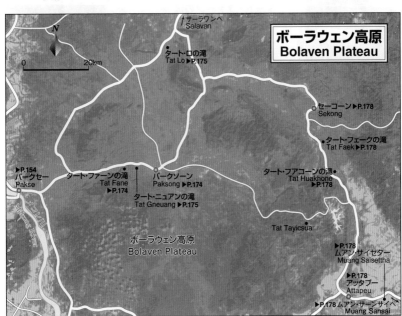

ボーラウェン高原
Bolaven Plateau

N

0　　　20km

サーラワンへ
Salavan

タート・ロの滝
Tat Lo ▶P.175

セーコーン ▶P.178
Sekong

タート・フェークの滝
Tat Faek ▶P.178

タート・フアコーンの滝
Tat Huakhone ▶P.178

▶P.154
パークセー
Pakse

タート・ファーンの滝
Tat Fane ▶P.174

パークソーン
Paksong ▶P.174

タート・ニュアンの滝
Tat Gneuang ▶P.175

Tat Tayicsua

ボーラウェン高原
Bolaven Plateau

▶P.178
ムアン・サイセター
Muang Saisettha

▶P.178
アッタプー
Attapeu

▶P.178 ムアン・サーンサイへ
Muang Sansai

ラオス南部　シーパンドーン　ホテル　ボーラウェン高原とその周辺

173

パークセーのタラート・ダーオフアンのソンテウ乗り場から所要約1時間、20,000kip。

雨季の濃霧に注意！
高地にあるパークソーンの雨季は、雨に加えて、濃い霧に覆われ、しかも寒い。周辺の滝などは、霧でまったく見えないこともある。路面もぬかるむので、歩くときは慎重に。

道端の天日干しは、パークソーンならではの風景

どの滝へも公共交通機関で行くのは難しいので、パークセーの旅行会社で車をチャーターする。車のチャーター料金は、タート・ファーンの滝とタート・ニュアンの滝のふたつを回って1台$80〜100が目安。レンタバイクで回る方法もある。

パークセーで借りたチャーター車で滝巡りの途中

タート・ファーンの滝
MAP P.173
☎ (020) 97101377
🕐 6:00 〜 18:00
休 なし
料 20,000kip

ボーラウェン高原とその周辺のおもな見どころ

ラオス有数の有機栽培コーヒーの産地

パークソーン

MAP P.173

Paksong　ປາກຊ່ອງ

標高約1200m、ボーラウェン高原の頂上部にある町で、植民地時代にはフランス人の避暑地ともなっていた。また、コーヒーやお茶の産地として有名で、「パークソーン・コーヒー」というブランドはラオス中で親しまれている。コーヒーの収穫時期の12月頃には、道路沿いでもコーヒー豆を天日干しする光景が見られる。

おみやげにもすっかり定着したパークソーンのコーヒー

滝つぼから舞い上がる豪快な水しぶき

ボーラウェン高原の滝

MAP P.173

Waterfalls in Bolaven Plateau　ຕາດໃນພູພຽງບໍລະເວນ

ボーラウェン高原にはいくつもの滝が点在しているが、パークセーから日帰りでも行けるのが以下の2つで、パークソーン (P.174) の近くにあり、車をチャーターすればまとめて訪問できる。どの滝も周囲は公園のようになっていて、レストラン、みやげ物店などが併設されている。

タート・ファーンの滝
Tat Fane

約200mというラオス最大級の落差をもつ滝で、ふたつの川から豪快に滝つぼへ落ちていく。ビューポイントにはレストランも。滝の周囲を歩くトレッキングルートがある。宿泊施設あり。

雨季に増水すると、滝周辺が洪水状態に

雨が降ると滝の上部が曇って見えないほど (@shutterstook)

タート・ニュアンの滝
Tat Gneuang

　落差約40mの滝で、週末にはピクニックで訪れる地元の人たちでもにぎわう。レストランもあり、食事をテイクアウトして滝つぼの近くで食べるのもいいだろう。

おみやげを売るコーナーもある

滝つぼ近くの水しぶきも豪快！

タート・ニュアンの滝
MAP P.173
圖8:00 〜 17:00
休なし
料20,000kip

3つの滝のバリエーションが見事な
タート・ロの滝　　　　　MAP P.173

Tat Lo　　　　　　ຕາດເລາະ

　ボーラウェン高原から流れ下るセーセット川にあるタート・スーン Tat Suong、タート・ロ Tat Lo、タート・ハーン Tat Hangの3つの滝を総称して、一般にタート・ロと呼んでいる。

　最も下流にあるタート・ハーンの滝は、高低差は小さいものの、数段構えの岩肌を水しぶきとともに流れ落ちる様は迫力満点。

　タート・スーンの近くにはセーセット発電所があり、電力需要のピークを迎える夕方には滝も豪快さを増す。

　ゲストハウスは、タート・ハーン周辺の狭いエリアに集中しており、レストランも兼ねているところが多い。観光スポットと呼べるほどのものはないが、水遊びをしたり、宿のテラスで読書やスマートフォンで、思いおもいの時間を過ごしている旅行者が多いようだ。

周囲に宿が集まるタート・ハーンは観光の拠点

(ACCESS)

バス

タート・ロに一番近い町はサーラワンSalavan。公共交通機関でタート・ロに行くには、このサーラワンとパークセーを結ぶバスに乗り、途中下車する。しかし、バスを降りた所からタート・ロまでかなり歩くので、パークセーの旅行会社で車をチャーターするのがおすすめ。

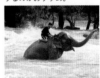
タート・ロではゾウ乗りも体験できる

ລຶປາຍໃຈ! **ラオスのお得な情報**　　　　　　　　　COLUMN

サーラワンのオーガニックコーヒーを味わう

この看板が目印

　パークセーからサーラワンへ移動する途中、カトゥ族のビエンさんが運営するオーガニックコーヒー農場に寄った。併設されたカフェでは、自家栽培で自家焙煎の香り高いコーヒーを楽しむことができた。ホームステイも提供しているので、コーヒー農園を見学しながら、ビエンさんらカトゥ族の暮らしを共有できる貴重な体験ができそうだ。

☎ (020) 99837206
圃 www.facebook.com / mrvieng coffeehomestay

有機栽培の本格的なコーヒーが楽しめる

パークソーンに
コーヒーの故郷を訪ねて

文・写真／箕曲在弘

完熟したコーヒーの実。これを一つひとつていねいに収穫する

水洗式加工では、果肉除去などの処理をしたあと、天日乾燥する

時代に翻弄されるラオスコーヒー

　ラオスにコーヒーの苗木が持ち込まれたのは1920年代である。フランス統治期に冷涼多雨なボーラウェン高原ではさまざまな果樹や茶などの苗木が植えられたが、コーヒーだけが約100年の間に耕地面積を拡大し、今では農家の生活を支える換金作物となっている。

　ラオスのコーヒーは歴史に翻弄されてきた。ボーラウェン高原では、モーン・クメール系語族の諸集団が焼畑による自給自足の暮らしをしていた。現金獲得の手段であるコーヒーは、彼らの焼畑耕地の一部に植えられる程度であったが、やがて低地部からやってきたラオス人やベトナム人が数十ha程度のコーヒー農園を開拓していき、次第に高原の中で目につく樹木になっていく。

　内戦が激化した1970年前後、人々はたび重なる爆撃から逃れるために森の中に逃げたり、低地部の親類の家に疎開したりして村は崩壊するが、その後、社会主義政権の樹立とともに再建される。彼らは政府により生産・商業協同組合への参加を促され、コーヒーを栽培するようになった。政府は組合を通して農民からコーヒーを買い取り、反対に現金や日用品を提供した。

　一方、社会主義政権に対立していた王国側の元兵士は高原内の思想教育施設に集められた後、政府が開設した国営農場において、家族とともにコーヒー栽培に従事させられた。1980年代はこのように、政府主導によりコーヒーの耕地面積が拡大した時代であった。しかし、協同組合も国営農場も80年代後半には機能不全に陥り、解体した。

市場開放後のコーヒー増産と品質向上

　1990 ～ 2000年代は、コーヒーの増産・品質向上期であった。政府は外貨獲得のためコーヒーに期待を寄せた。海外援助のおかげで高収量品種のカティモールが既存の品種に代わり高原一帯に広がる。

　ラオス農林省はフランス開発庁の支援を受け、2007年にはボーラウェン高原コーヒー生産者集団協会（AGPC）を設立した（2013年にコーヒー生産者協同組合（CPC）に改称）。同組織はフェアトレード認証と有機認証を得て、おもに欧州のコーヒー市場に毎年1000t程度を輸出している。

一方、民間業者もコーヒーの加工・輸出に力を入れている。タイとラオスの間の貿易業者であったダーオフアン社は、1999年に270haの自社農園を開設した。今では年間数千tの生豆を日本に輸出している同社は、自社農園だけでなく、高原内のほぼすべての農民から仲買人を通して買い付け、自社施設で加工している。

小規模農家の現状

90年代以降、農家は焼畑による米の自給をやめ、コーヒーを売却し主食の米を購入している。すでに彼らはコーヒーなくしては生活できないほどになっているのだ。

コーヒー農家の生活といっても、ひとくくりにはできない。1ha程度の農地しかもたない者もいれば、15haももつ者もいる。土壌が肥沃で周囲の10倍程度も収量の多い者もいる。このため農家の間の貧富の格差は相当大きく、生活パターンは多様だ。ただし、高収量品種の導入にもかかわらず、2ha以下の農地しか持たない零細農家がコーヒー栽培だけで生活することは難しい。

だが、貧しいからといって農家はせかせか働いて、苦境から脱しようと努力しているようにもみえない。ある農家は「（ラオス人は）マック・サバーイだからね」という。これを訳すなら「お気楽なのが好き」という感じだろうか。彼らは焼畑時代から気候の変化に対して柔軟に対処する術を身につけている。それは無駄な努力をしないということだ。

とはいえ、コーヒー栽培への特化は、天候不順だけではなく市場価格の変動や周期的に訪れる病虫害の大量発生といった新たなリスクをもたらす。そのため、収量、収入の安定しない零細農家の生活は持続可能とは言いにくいのが現状だ。

コーヒーを買う、農園を訪れる

日本ではまだ「ラオスコーヒー」の認知度は低く、さまざまな豆とブレンドされて販売されることが多い。だが近年では大手のカフェが、期間限定で「ラオスコーヒー」と銘打って販売するケースも見られるようになった。ただ、ここでいうコーヒーは、ラオスの街角で見られるコンデンスミルク入りのドロッとした庶民の飲み物ではなく、輸出向けの製品を指す。

コーヒーの味は品種や焙煎、抽出、加工の仕方はもちろん、土壌や気象条件によりさまざまなバリエーションをもつ。たとえばパークソーンにある「ジャイ・コーヒーハウス」では、品種や加工方法だけでなく、村や生産者ごとにロット分けをしているので、いろいろなタイプのコーヒーを飲ませてくれる。こうした飲み比べは、産地でなければ経験できないコーヒーの楽しみ方だ。ジャイ・コーヒー農民協同組合直営の同店では、オーナーのタオさんの都合がつけば、愛車のジープで組合員の農園を訪問するツアーも実施してくれるだろう。

コーヒーの収穫期はアラビカ種が11〜12月頃、ロブスタ種が1月頃となる。出安居祭を境に一気ににぎわいを見せる11月、収穫を手伝うために地域外から数多くの働き手がピックアップトラックの荷台に乗り込み、コーヒー産地にやってくる。ここから3ヵ月ほどは一年で最も華やかな季節となる。この時期は農家も繁忙期であるが、東南アジアとは思えない冷涼でカラッとした気候のボーラウェン高原で、ラオスコーヒーの世界を探検してみれば、思いがけない発見と出会いがきっとあなたを待ち受けているだろう。

みのお・ありひろ：早稲田大学教員。専門は文化人類学。著書に『フェアトレードの人類学』（めこん）がある。

DATA

JHAI Coffee House
⏰ 8:00 〜 17:30　休不定休
☎ (020) 5650-1579

おしゃれな内装のジャイ・コーヒーハウス。欧米人やタイ人、日本人とさまざまな国の人々が訪れる

ジャイ・コーヒーハウス

★ ジャイ・コーヒー・ハウス
JHAI Coffee House

セーコーンへ↗ ▶P.178

N

パークソーン
Paksong
▶P.174

アッタプーへ↘ ▶P.178

0　1km

足を延ばして……👟

インドシナ戦争時の激戦地は今
ベトナムとの貿易拠点に

アッタプー
Attapeu
ອັດຕະປື

ビエンチャン

　セーコーン川とセーカマーン川の合流点
である、アッタプー県の県庁所在地。ベト
ナム戦争時には、ハノイとホーチミンを結
ぶホーチミン・ルートが県内を通っていた
ために、アメリカ軍の爆撃目標となった。
　ベトナムと接しているアッタプーは、ベ
トナムからの物資が潤沢に入るので、市場
（写真）ではラオス語よりもベトナム語の看
板のほうが多いように見えるほど。小さい
町ながら、経済活動は活発だ。

　町の中心に見どころはないが、かつてアッ
タプーの中心都市であったムアン・サイセ
ター Muang Saisettha の古寺、内戦中に持ち
込まれた旧ソ連製のミサイルが展示されて
いる町、ムアン・サーンサイ Muang Sansai
などが郊外に点在している。

> **アッタプーへの行き方**
> パークセーの南方面バスターミナルから、
> バスで所要約5時間、100,000kip。

足を延ばして……👟

セーコーン川沿いに展開する小さな町
今後の観光開発に期待がかかる

セーコーン
Sekong
ເຊກອງ

ビエンチャン

　ボーラウェン高原とアンナン（安南）山
脈の間を流れているセーコーン川沿いにあ
る、セーコー
ン県の県庁
所在地で、ム
アン・ラマー
ム（Muang
Lamam）と
いう正式名
称がある。

県内に居住する民族を紹介した
モニュメント

　県はベトナムと接しており、小さいなが
ら町はかなり開けている。観光地的なスポ
ットはないが、郊外には、タート・フアコー
ンの滝 Tat Huakhone（写真上）やタート・
フェークの滝 Tat Faek など、豪快な水しぶ
きが味わえる滝が点在している。

> **セーコーンへの行き方**
> パークセーの南方面バスターミナルから、
> バスで所要約3時間、90,000kip。

「東西回廊」の拠点として経済発展が期待される

サワンナケート
Savannakhet
ສະຫວັນນະເຂດ

市外局番
041

聖テレサ教会はサワンナケートのシンボル

元国家主席「カイソーン・ポムビハーン」を正式名称として戴いたこの町は今、インドシナ半島を横断するハイウエイ「東西回廊」とメコン川が交差する要衝として、日本など外国企業の進出が目覚ましい。フランス植民地時代に整備された中心部の街路も趣がある。

サワンナケートの歩き方

ラオス第2の人口規模

　ラオス第2の人口規模を持つサワンナケートは交通ネットワークの中枢にもあり、どこからでもアクセスがよい。飛行機は**サワンナケート国際空港**に到着する。バスは、市の中心から約2km離れた**バスターミナル**に発着している。ラオス各地からの便のほか、タイのムクダーハーン、ベトナム各地からの国際バスもここに到着する。

That Inhang ▶P.180
バスターミナル▶P.179
ファンディー Fundee ▶P.181へ
Prigrim's Kitchen & Inn ▶P.182
恐竜博物館 ▶P.180 Dinosaurs Museum
▶P.181 フンフアン Hungheuang
カフェ・シェブーン▶P.182 Café Chez Boune
サワンパッタナー Savanphathana ▶P.181
▶P.182 リンズ・カフェ Lin's Café
ドリーズ・カフェ Dolly's Café ▶P.182
▶P.181 ラオ・チャルーン Lao Chaleum
ベトナム寺院 P.179

R ピルグリムス・キッチン・アンド・インド G Meksavan （麺類など）R R バンピラ Vanpila S Honda
Hoong Thip R Makewell
Oudomsin Rd.
0 200m
N
A
Chaymuang Rd.
中国寺院
Savanbanhao
Souththanou Rd.
赤十字社 （ミーナム）
Kinnali Rd. Sauna & Massage
（パタイ）Chez Van Som
Pratsalat Rd.
Chaokin Rd.
クリーニング店が並ぶ
タイへのイミグレーション （外国人利用不可）
B
New Sanesabai
中国寺院
Lahasin
Phagnapui Rd.
（ミーナム）
聖テレサ教会 St Theresa's Church
郵便局へ

Mekong River
メコン川
Tha Hae Rd.
Xaignabouli Rd.
タート・チャン通り
ラッタサウォン通り
サワンナケート国際空港 P.179

サワンナケート
Savannakhet
1　　　2

(ACCESS)

飛行機
ビエンチャンから所要約1時間、$57.55〜。

バス
ビエンチャンのビエンチャン・バスターミナルから所要10〜11時間、170,000kip。VIPバスは所要約10時間、220,000kip。出発時刻は、5:30、6:00、6:30、7:00、7:30、8:00、8:30、9:00、20:30。

サワンナケート国際空港
MAP P.179-B2外
タクシーで所要約15分、100,000kip。

バスターミナル
MAP P.179-A2外
トゥクトゥクで5〜10分、50,000kip。

ラオス航空オフィス
MAP P.179-B2外 (空港内)
☎ (041) 212140
営 8:30 〜 12:00、13:00 〜 17:00
休 なし

整然とした町並み

サワンナケートの道は碁盤の目のようになっている。町の中心は**聖テレサ教会St. Theresa's Church**周辺で、飲食店も多い。南北に走る**ラーサウォンスークRatsavongseuk通り**にも店が並ぶ。

サワンナケートのおもな見どころ

ラオスで発掘された恐竜の化石を展示した

恐竜博物館　MAP P.179-A1

Dinosaurs Museum　ທຳມິດຄະທະພັນໄດໂນເສົາ

学芸員がていねいに説明してくれる

ラオス唯一の恐竜博物館。サワンナケートや周辺部で採取された恐竜の化石のほか、ラオス各地から集められた化石や鉱石が展示されている。職員に質問すると、作業室にある化石なども見せてくれる。

恐竜ファンには興味深い内容

サワンナケート郊外の見どころ

タイのタート・パノムと対をなす聖地

タート・インハン　MAP P.179-A2外

That Inhang　ທາດອິນຮັງ

女性は、塔の外側から祈りをささげるのみ

サワンナケート市内から東へ約15kmの所にあり、6世紀頃に建立され、16世紀にセーターティラート王により再建されたと伝えられる。飾り気もない無骨極まりない仏塔ではあるが、ラオスはもとより、メコン川を挟んだタイからも参拝客が訪れるほど、あがめられている。

また、仏塔を囲む柵の中への女性の立ち入りは禁止。

タイからの参拝客も多い

ສົບບາຍດີ! **ラオスのお得な情報**　　COLUMN

タイ、ベトナムとの国境情報

●**タイのムクダーハーン行き国際バス**
　発着場所は両都市のバスターミナル。出発時刻は、ムクダーハーン発が6:30～19:00の間、サワンナケート発が8:15～19:00の間、ほぼ1時間おき。所要約1時間、料金は26,000kip。
イミグレーション
🕐6:00～22:00　休なし　料8:00以前と16:00以降、土・日は、時間外料金として5Bが必要

●**ベトナム行き国際バス**
・フエへ
　8:00発、300,000kip。
・ダナンへ
　9:00発、380,000kip。
・ハノイへ
　10:00発 (水・土)、600,000kip。

─ HOTEL ─
サワンナケートのホテル

リーズナブルなゲストハウスは、ペッサラート通りの東側に点在している。また、長距離バスターミナル周辺にも数軒のホテルやゲストハウスがある。

H ファンディー・アット・サワンナケート
Fundee@Savannakhet

中級ホテル　MAP P.179-A2外

モダンで印象的な外観とスタイリッシュな内装が居心地のよい中級ホテル。町中から少し離れるため閑静な環境にある。部屋には冷蔵庫、TV、電気ポット、デスクの設備が整い快適に過ごせる。朝食なしだと割引になる。

☎ (030) 4919423
料 ⑤①290,000 ～ 490,000kip VIP500,000kip（朝食付き）
CC なし

H フンフアン・ホテル
Hungheuang Hotel

中級ホテル　MAP P.179-A2

寺院風の大きな屋根が非常に目を引く、サワンナケートでは大規模なホテル。ロビーなどのパブリックスペースも広々としていて清潔。全部屋にTV、冷蔵庫、コーヒーセットなどの設備が整い、バスタブが付く。

☎ FAX (041) 252765
料 AC⑤①250,000 ～ 300,000kip　ファミリー 600,000kip
CC なし

G バンピラ
Vanpila

中級ホテル　MAP P.179-A2

わずか3部屋ということもあって、アットホームな滞在を楽しめるゲストハウス。2階が客室フロアで、部屋は壁の装飾や洗面台に竹を使うなど、独創的なデザイン。1階は広々とした共用リビングで、ソファでくつろげる。

☎ (020) 91606030
料 AC⑤①$25　トリプル$35
CC なし

G サワンパッタナー・ゲストハウス
Savanphatthana Guesthouse

エコノミーホテル　MAP P.179-B2

家族経営のあたたかさが心地よいゲストハウス。建物は少々古いが清掃が行き届き、清潔感が漂う。この料金で各部屋にTVと冷蔵庫があり、1階に無料のインスタントコーヒーが置いてあるのもうれしい。

☎ (020) 55694678
料 AC⑤①130,000 ～ 140,000kip
CC なし

COLUMN
ラオスのお得な情報
サワンナケートの屋台街「ラーオ・チャルーン広場」

メコン川に面したエリアで、かつて映画館があった場所をリノベートした広場がラーオ・チャルーン広場Lao Chaleun Square。夜には屋台が立ち並び、地元の人でにぎわう。9:00 ～ 23:00くらいまで営業。

MAP P.179-B1
URL www.facebook.com/Laochaleun

夕涼みにもいい

サワンナケートのレストラン

聖テレサ教会の西側周辺にレストランやカフェが点在し、広場には夕暮れ時から多くの屋台が出てにぎわっている。町の北側にもレストランがいくつか点在する。

R リンズ・カフェ $$

Lin's Café

ラオス&ヨーロッパ料理　**MAP** P.179-B2

ボーラウェン高原産のコーヒーや多国籍の料理を出すおしゃれなカフェ。店内は広々としていて、テラス席も気持ちがいい。朝食メニューも充実しており、パンケーキ、フルーツ、麺類など20種類以上から選べる。

☎ (030) 5332188
🕐 8:30 〜 22:00
休 なし
CC なし

R ドリーズ・カフェ $$

Dolly's Cafe

ヨーロッパ料理　**MAP** P.179-B2

モチッとした生地に具やチーズがたっぷりのったピザが人気のレストラン。ピザは4サイズから選べて、レギュラーでも直径約25cmと大きく、ふたりでシェアしてちょうどいい。朝食セットやサイドメニューも充実している。

☎ (020) 92335275
🕐 8:30 〜 14:00、
16:00 〜 21:30
休 なし
CC なし

R カフェ・シェブーン $$

Café Chez Boune

フランス料理　**MAP** P.179-A2

ひきたてのコーヒーも飲めるフランス料理レストラン。輸入肉を使ったTボーンステーキは350g以上とボリューム満点。ほかにサーモンのステーキもある。ピザやパスタ、サンドイッチもおいしい。

☎ (041) 215190
🌐 www.cafechez
boune.com
🕐 7:00 〜 21:00
休 なし
CC MV (手数料3%)

R ピルグリムス・キッチン・アンド・イン $$

Pilgrim's Kitchen & Inn

カフェ　**MAP** P.179-A1外

インド人とアメリカ人の夫妻が経営する、ゲストハウスを兼ねたカフェ。ボーラウェン高原産のコーヒーのほか、ビーフバーガー、インド料理、メキシコ料理など、多彩なメニューを提供。

☎ (020) 22133733
🕐 7:30 〜 21:00
休 日
CC JMV (手数料3%)

ສະບາຍດີ! ラオスのお得な情報

COLUMN

「朝ラーメン」で始まるサワンの1日

サワンナケートには、午前中しかオープンしない小さなレストランが多い。なかでも、ラオス風ラーメン「ミー・ナム」は朝食の定番で、朝からどんぶりをかきこむ地元の人たちでにぎわっている。町の中心部にある2軒（**MAP** P.179-B1,B2）が使いやすい。

ワンタン入りでボリュームもたっぷり

フランス植民地時代の建物が残る
タイ国境の小都市

ターケーク
Thakhek
ທ່າແຂກ

　カムアン県の県庁所在地で、フランス植民地時代に多くの移民が流入したため、「客（ケーク）の港（ター）」という名前が町に冠された。メコン川の対岸はタイのナコーンパノムで、古くから、川を介した国境貿易が盛んだった。2011年には3つ目の国際橋がメコンに架かり、人、物ともに両国の交流はさらに活発になっている。

　サワンナケート同様、町には旧宗主国フランスが残していったコロニアル風の建物が並び、のどかな空気が流れている。

　町の中心部はコンパクトにまとまっていて、ホテルやレストランの多くもこのエリアに集中している。また、メコン川沿いには屋台のようにテーブルが出るので、メコンに落ちる夕日を見ながらビールを楽しむのも、ターケーク滞在の醍醐味である。

●観光開発が進むカムアン県

　ターケークの町なかには観光スポットがないが、カムアン県および隣接するボリカムサイ県には自然の観光資源が豊富で、現在、開発が進められている。有名なものには、中に流れる川をボートで観光できるタム・コーンロー洞窟（P.184）があるが、それ以外にもトレッキングなどのアクティビティを楽しめるスポットがあるので、ターケークのホテルや旅行会社で相談してみよう。

●ナコーンパノムへ渡ろう

　タイのナコーンパノムへは、市内の長距離バスターミナルで国際バスに乗車する。ナコーンパノムまで、所要約1時間。タイ側からターケークを眺めてみるのも、またおもしろいだろう。

中心部の広場に出る屋台での食事も楽しい

メコン川沿いに出る屋台からはおいしそうな匂いが

対岸のタイのナコーンパノムへ、夕日が沈んでいく

> **ターケークへの行き方**
> ビエンチャンのビエンチャン・バスターミナルからバスで所要約7時間、120,000 〜 150,000kip。
> **ターケークの宿**
> 旅行者向けのゲストハウスは少なく、ビジネスマン向けの比較的大きなホテルが多い。

ラオス中部、カムアン県の山奥に現れる天然洞窟。
ボートに揺られ、闇の中に広がる世界へ、いざ

タム・コーンロー洞窟

岩肌の中に眠る神秘の洞窟。小さなボートに揺られながら入っていくと、
そこにはテーマパークのアトラクションも顔負けの驚きが待っている。

タム・コーンロー洞窟は、ナムヒン
ブン川が岩肌をくり抜くように貫いてで
きた天然の洞窟だ。その総延長は約
7.5 km。洞窟の中は、当然、川が流
れているので、ボートに乗らなければ
進めない。

洞窟ツアーに申し込み、ライフジャ
ケットを装着したら、木製の小さなボー
トに乗る。カタカタと小気味よいエンジ
ン音が、やがて洞窟の中で四方八方
に響き渡る。船頭の頼りない懐中電
灯では、中はほとんど見えない。

前方にほのかな光が見えてくると、
それが洞窟観光のハイライトでもある

船頭の案内で、ボートは飛ぶように洞窟を目指す

美しくライトアップされた洞窟内の鍾乳洞ギャラリー。かなり広い

折り返し地点の休憩所。雑貨店が軒を連ねる

エンジン音が洞窟内に
響き渡る

鍾乳洞だ。自然だけが生み出せる造形を前に、思わずたたずんでしまうことだろう。

　鍾乳洞を越えても、しばらくボートの旅は続く。恐竜も何も出てはこないが、自然の圧倒的な力でしか造りえなかった洞窟の旅には、どんなテーマパークのアトラクションにも勝る迫力がある。

昔ながらの手植えの田が美しいバーン・コーンロー

COLUMN

タム・コーンロー洞窟のツアーと宿

●洞窟ツアーに参加する

公園の入口で公園入場料2,000kipをまず支払う。さらに、洞窟の入口で洞窟入場料10,000kipを支払う。そしてツアーオフィスでボートのチャーターをアレンジする。

このオフィスでツアーの申し込みをする

ボートは3人乗りで、ひとり105,000kip、ふたり110,000kip、3人115,000kip。ライフジャケットは無料で貸してくれる。洞窟内は暗く、また水しぶきでぬれるので、懐中電灯とサンダルは必須（有料レンタルもあり）。

●ツアーがスタート

ボートに乗って10分ほどでいったん降り、歩いて鍾乳洞の天然彫刻ギャラリーを見学。ここはライトアップされているが、電気が来ていないこともある。

●折り返し地点で休憩

出航して1時間ほどで休憩ポイントに到着。菓子や飲み物を売る店やトイレがあるが、ちゃんとした食事場所はない。休憩時間は特に決まっていないので、船頭と相談する。

折り返し地点の売店

●帰路につく

来たときと同じルートを帰っていく。ツアーに申し込んでから帰着まで、所要約3時間。

ACCESS

ビエンチャンのビエンチャン・バスターミナルからコーンロー洞窟観光の拠点となる村、バーン・コーンローまで、所要約8時間、80,000kip。バーン・コーンローから、タム・コーンロー洞窟がある公園まで、徒歩で約15分。

バーン・コーンローまでの車窓も見どころ

バーン・コーンロー周辺のホテル

バーン・コーンローはもともと観光地ではなかった村なので、宿の数は少ない。陸路で約4時間の距離にあるターケーク（P.183）で車をチャーターするのも一考。

数軒の宿がある

Ⓗサーラー・ヒンブン・ホテル
Sala Hinboun Hotel
☎ (020) 56283322
料F⑤$18〜23　①$21〜29（朝食付き）

あなたの**旅の体験談**をお送りください

「地球の歩き方」は、たくさんの旅行者からご協力をいただいて、
改訂版や新刊を制作しています。
あなたの旅の体験や貴重な情報を、これから旅に出る人たちへ分けてあげてください。
なお、お送りいただいたご投稿がガイドブックに掲載された場合は、
初回掲載本を1冊プレゼントします!

ご投稿はインターネットから!

URL www.arukikata.co.jp/guidebook/toukou.html
画像も送れるカンタン「投稿フォーム」
※左記のQRコードをスマートフォンなどで読み取ってアクセス!

または「地球の歩き方　投稿」で検索してもすぐに見つかります

 地球の歩き方　投稿 検索

▶投稿にあたってのお願い

★ご投稿は、次のような《テーマ》に分けてお書きください。

《新発見》───ガイドブック未掲載のレストラン、ホテル、ショップなどの情報
《旅の提案》───未掲載の町や見どころ、新しいルートや楽しみ方などの情報
《アドバイス》───旅先で工夫したこと、注意したこと、トラブル体験など
《訂正・反論》───掲載されている記事・データの追加修正や更新、異論、反論など

> ※記入例「○○編20XX年度版△△ページ掲載の□□ホテルが移転していました……」

★データはできるだけ正確に。
　ホテルやレストランなどの情報は、名称、住所、電話番号、アクセスなどを正確にお書きください。
　ウェブサイトのURLや地図などは画像でご投稿いただくのもおすすめです。

★ご自身の体験をお寄せください。
　雑誌やインターネット上の情報などの丸写しはせず、実際の体験に基づいた具体的な情報をお
　待ちしています。

▶ご確認ください

※採用されたご投稿は、必ずしも該当タイトルに掲載されるわけではありません。関連他タイトルへの掲載もありえます。
※例えば「新しい市内交通パスが発売されている」など、すでに編集部で取材・調査を終えているものと同内容のご投稿をい
　ただいた場合は、ご投稿を採用したとはみなされず掲載本をプレゼントできないケースがあります。
※当社は個人情報を第三者へ提供いたしません。また、ご記入いただきましたご自身の情報については、ご投稿内容の確認
　や掲載本の送付などの用途以外には使用いたしません。
※ご投稿の採用の可否についてのお問い合わせはご遠慮ください。
※原稿は原文を尊重しますが、スペースなどの関係で編集部でリライトする場合があります。

旅の準備と技術

海外旅行の最旬情報はここで！
「地球の歩き方」公式サイト。ガイドブックの更新情報や、海外在住特派員の現地最新ネタ、ホテル予約など旅の準備に役立つコンテンツ満載。
URL www.arukikata.co.jp

「地球の歩き方」公式LINEスタンプが登場！
旅先で出合うあれこれがスタンプに。旅好き同士のコミュニケーションにおすすめ。LINE STOREで「地球の歩き方」と検索！

渡航先で最新の安全情報を確認できる「たびレジ」に登録しよう
外務省提供の「たびレジ」は、旅程や滞在先、連絡先を登録するだけで、渡航先の最新安全情報を無料で受け取ることのできる海外旅行登録システム。メール配信先には本人以外も登録できるので、同じ情報を家族などとも共有できる。またこの登録内容は、万一大規模な事件や事故、災害が発生した場合に滞在先の在外公館が行う安否確認や必要な支援が行われる。安全対策として、出発前にぜひ登録しよう。
URL www.ezairyu.mofa.go.jp/index.html

ルアンパバーンのツーリスト・インフォメーションセンター
MAP P.42-D2
開 8:00 〜 11:30、13:00 〜 16:00
休 土・日

ビエンチャンのツーリスト・インフォメーションセンター
MAP P.81-A2
開 8:30 〜 12:00、13:30 〜 16:00
休 なし

ラオスの観光関連のサイトは多数存在するが、代表的なものとして紹介できるのは、以下である。

ラオス情報文化観光省観光部駐日代表事務所の公式サイト
URL www.lao.jp（日本語）

国際機関日本アセアンセンター
URL www.asean.or.jp（日本語）

ラオス情報文化観光省
URL www.tourismlaos.org（英語）

●ラオスに関する書籍
ラオスに関して以下のような本が出版されている。
・『ラオス観光公式ガイド』(めこん) 1,700円＋税
　ラオス政府の公式観光ガイド。地方の情報が充実。
・『旅の指さし会話帳 (64) ラオス』(情報センター出版局) 1,800円＋税
　町歩きでもレストランでも、指1本でOK！
・『ラオス史』(めこん) 3,500円＋税
　本誌 (P.239) に寄稿している菊池陽子氏が翻訳。
・『ラオスにいったい何があるというんですか？』(文藝春秋) 900円＋税
　日本を代表する作家、村上春樹氏によるエッセイ集。
・『ラオスは戦場だった』(めこん) 2,500円＋税
　ラオスの内戦を取材していたジャーナリスト、竹内正右氏の著書。
・『ラオス概説』(めこん) 5,400円＋税
　すべての分野を網羅する、ラオスの百科事典。
・『ゆったり流れる旅時間 ラオスへ 』(イカロス出版) 1,600円＋税
　ラオス在住の日本人女性による、写真中心のラオス案内。
・『旅するラオス・ルアンパバーン案内＋ついでにハノイ＆サパ』(パイインターナショナル) 1,600円＋税
　ルアンパバーンを女子目線で紹介した、おしゃれなガイドブック。
・『ラオスの基礎知識』(めこん) 2,500円＋税
　本誌P.248に寄稿している山田紀彦氏の研究成果が凝縮。

●現地のツーリスト・インフォメーションセンター
ラオス情報文化観光省が主要都市に設置しているツーリスト・インフォメーションセンターやツーリズムオフィス（観光案内所）では、その町および周辺の観光地の案内を行っている。ただし、来訪客が減る雨季、特に小さな町の案内所は開店休業状態になり、スタッフの姿が見えないこともある。また、ツーリスト・インフォメーションセンターやツーリズムオフィスは、トレッキングなどのツアーのアレンジやガイドの紹介はしているものの、基本的に宿泊施設の紹介や予約代行は行っていない。

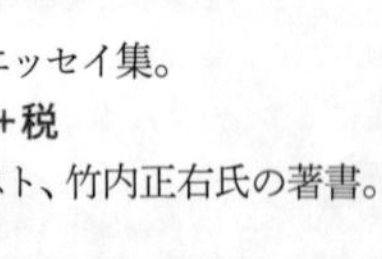

ルアンパバーンのツーリスト・インフォメーションセンター

旅のシーズン

東南アジアのインドシナ半島中部に位置するラオスは熱帯モンスーン気候帯に属しており、1年が「雨季」（おおよそ5〜10月、以下同）、「乾季」（11〜2月）、「暑季」（3〜4月）の3つのシーズンに分けられる。

●ベストシーズンは乾季

一番旅行に適しているのは乾季。雨がほとんど降らないので、観光や移動に都合がよいことはもちろんだが、気温も低く、過ごしやすい。汗もかきにくいので、洗濯の頻度も少なくできる。祭りやイベントが多いのもこの時期だ。

ブン・オークパンサー（雨安居明けの祭り）とボートレースは、雨季が終わり乾季の到来を告げる儀式でもある

12月から2月にかけては、ビエンチャンでも朝晩の気温が15度を割り込み、日中も25度に届かないほど。北部へ行けば行くほど最低気温も下がっていき、ルアンパバーンやシェンクワーンではセーターが必需品となる。さらにサムヌア、ビエンサイ、ポンサーリーなど最北部圏では、たき火を見ることができるほどの寒さで、人々は厚手のジャンパーなどで防寒している。

●雨季は旅行しにくいか？

雨季といっても朝から晩までシトシト降ることはまれで、1日のうち数時間の雨以外は、晴れ間も現れる。雨の外出を控えたい人は多少時間のロスが出るかもしれないが、大きな影響はないだろう。ただし、山間部でのトレッキングなどを考えている人は、催行状況をこまめにチェックする必要がある。また、未舗装道を歩くことも考えて、替えの靴を持参したほうがベターだ。

滝を見るなら、水量と迫力に勝る雨季にかぎる

●ラオス正月なら暑季

日中の気温が40度を超える日もある暑季は、文字どおり相当暑くなる。暑季後半、5月が近づくと、天地を揺るがすような雷とともに激しい夕立が多くなり、雨季の訪れを告げる。

ラオス全土がお祭り気分に包まれるラオス正月（ピーマイ・ラーオ）も、暑季の4月中旬だ。

暑季から雨季へ移るときに開催されるブン・バンファイ（ロケット祭り）

しかしラオス正月前後はみんな浮き足立ち、店舗の臨時休業もあって、スケジュールどおりに物事が運ばなくなる恐れもある。

ラオスのおもな祭り
ピーマイ・ラーオ
→4月中旬
ブン・バンファイ
→太陰暦6月の満月前後
ブン・オークパンサーとボートレース祭り
→10月頃
タート・ルアン祭り
→11〜12月

いずれも年によって開催日が変わる。
（折込み、P.7）

ラオス各地の平均気温と降水量

●ビエンチャン

●ルアンパバーン

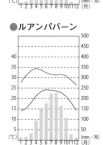

●パークセー

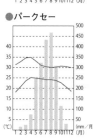

平均最高気温
平均最低気温
平均降水量

189

旅のモデルルート

ラオスをすみずみまで旅する
のなら、バスが強い味方

本数はバスより少ないが、よ
り早く移動できるのが鉄道

ラオスの国土は日本の本州とほぼ同じ、約24万km²で、国土の形も、やはり日本と似ていて縦に長い。その全土をくまなく旅する人は別にして、限られた休みを使って旅する人は、ある程度ルートを決めてから出発するのが賢い。

ラオスへの入出国ポイントは数多いが、ここでは、ルアンパバーン、ビエンチャン、パークセーの3つの主要都市をゲートウエイに設定して、5つのプランを提案している。もちろん、どうアレンジするかはあなた次第。自分のオリジナルルートを考えながら、来たるべきラオスへの旅行へ夢をはせよう。

いろいろな交通機関を組み合わせて、
自分だけのルートを見つけだそう

●4泊5日ルート
ルアンパバーン＆ビエンチャン

1日目 ルアンパバーン到着、市内観光

2日目 午前中は郊外のパークウー洞窟、午後は
タート・クワーンシーの滝へ

3日目 午前中は市内観光とショッピング、午後の
飛行機または鉄道でビエンチャンへ

4日目 ビエンチャン市内観光

5日目 日本へ帰国

　ルアンパバーンとビエンチャンのふたつの都市を回るコンパクトなプラン。世界遺産に登録された古い町並みのルアンパバーンと、経済成長著しい首都ビエンチャンの両方を見ることで、ラオスのアウトラインがつかめる、初心者向けのコース。

●5泊6日ルート
ルアンパバーン、バンビエン＆ビエンチャン

1日目 ルアンパバーン到着、市内観光

2日目 午前中は郊外のパークウー洞窟、午後は
タート・クワーンシーの滝へ

3日目 午前中の鉄道でバンビエンへ

4日目 バンビエンでアウトドア・アクティビティ
を楽しむ

5日目 午前中の鉄道でビエンチャンへ、市内観光

6日目 日本へ帰国

　上のプランのバリエーション。ルアンパバーンとビエンチャンだけでは物足りない、時間にもう少し余裕がある人なら、移動を飛行機から鉄道に変えて、バンビエンで途中下車。アクティビティに興ずるのもよし、リゾートホテルでのんびりするのもよし。

●6泊7日ルート

謎の石壺、ジャール平原

1日目	ルアンパバーン到着、市内観光
2日目	午前中は郊外のパークウー洞窟、午後はタート・クワンシーの滝へ
3日目	陸路でシェンクワーンへ、ジャール平原を観光
4日目	車をチャーターして、タム・ピウなどを観光
5日目	飛行機でビエンチャンへ、市内観光
6日目	ビエンチャン市内観光
7日目	日本へ帰国

　3番目の世界遺産登録となったジャール平原があるシェンクワーンをプラス。同じラオスのなかにも、さまざまな顔があることが実感できる（ルアンパバーン〜シェンクワーンの間には、航空路線が開設されることもある）。

ラオス南部で世界遺産探訪

1日目	ビエンチャン到着、市内観光
2日目	ビエンチャン市内観光
3日目	飛行機でパークセーへ、市内観光
4日目	車をチャーターして、ワット・プーを観光、そのままシーパンドーンへ、デット島またはコーン島に渡る
5日目	コーン島でカヤッキングなどのアウトドア・アクティビティに参加
6日目	バスでパークセーへ
7日目	バス（または飛行機）でタイへ出国、日本へ帰国

　南部の魅力をぎゅっと凝縮したプラン。パークセーを起点に、世界遺産ワット・プーのあと、シーパンドーンでウオータースポーツを楽しむ。

●7泊8日ルート

ラオス北部満喫！　バスの旅

1日目	ルアンパバーン到着、市内観光
2日目	午前中は郊外のパークウー洞窟、午後はタート・クワンシーの滝へ
3日目	バスでノーンキヤウへ
4日目	ノーンキヤウでアウトドア・アクティビティに参加
5日目	バスでルアンナムターへ
6日目	ルアンナムターでアウトドア・アクティビティに参加
7日目	ルアンナムターからバスまたは鉄道でルアンパバーンへ
8日目	日本へ帰国

　ルアンパバーンのあと、バスで山岳地帯の旅に出る。ナムウー川のほとりの小さな町ノーンキヤウ、少数民族の宝庫ルアンナムターで、ラオスの素顔に触れる。

旅の予算とお金

節約派なら、フランスパンで自分流サンドイッチを作ってみては？

タイ国境で両替できない？
ラオスからタイに陸路で入国する場合、タイ側の国境で両替できない場所がある。タイでは、バーツがないと何もできないので、あらかじめラオスの銀行でバーツを入手しておこう。または、タイ側には銀行ATMがあるので、クレジットカードなどでキャッシングすることもできる。

500キープ未満は無視？
現在流通しているキープ紙幣の最低額が500キープ札なので、それ未満の金額は、たとえ銀行の両替レシートに記載されていても、切り捨てられる。仮に両替レートが1円=136キープの場合、100円両替すると13,600キープのはずだが、100キープは切り捨てられて13,500キープしかもらえない。だが、ここで5倍の500キープ両替すれば、68,000キープとなる。100円を5回両替するよりも500キープ得になる。このように、なるべく一度にたくさん両替することで、切り捨て額を減らすことができるのだ。

日本で働き、生活する私たちから見れば、ラオスの物価は比較的安い。ただ眠るだけのゲストハウスであれば1泊1,000円前後。1食300円程度で食事を取ることも難しくない。

ラオスで安い物、高い物

生鮮食料品は概して安い。市場 (タラート) では、魚や野菜が信じられないような安い値段で売られている。しかしレストランで食事をしようとすると、これは周辺国に比べて高め。食料は自給できても、調味料や食器はほぼすべて輸入に頼っているためである。

東南アジア諸国のなかでは宿泊費も高いほうだが、ビエンチャンやルアンパバーンに「超」がつくほどの高級ホテルが増えている一方、バックパッカーが好んで利用するホステルや格安のゲストハウスも増えてきており、料金帯はかなり広い。

交通費に関しては、バスの移動はかなり安く、約400kmの距離があるビエンチャン～ルアンパバーン間で220,000kip (1,628円)。飛行機は、同じ区間で$47.55 (6,580円)。

車をチャーターする場合は、1日$100 ~ 150と幅がある。これは燃油代によるもので、移動距離が長くなればなるほど、チャーター料金も上がるからだ。同じ1日でも、市内観光と長距離移動では、料金は異なってくる。

タイプ別・旅の予算

個人旅行の場合、1日当たりの予算はどれくらいみておいたほうがいいかを考えてみよう。以下の計算には交通費は含まれていない。お酒をたくさん飲んだりする人は飲食代がさらに増えるのは当然だが、ひとつの目安にしてほしい。

タイプ1 「節約」がモットーのアナタなら……

暑くても扇風機で、寒くても冷水シャワーで辛抱できる人。バスの長旅も大歓迎の人。宿泊は200,000kip。食事代は1食30,000kipとして1日90,000kip。ビールが20,000kip。そのほかコーヒー代などで50,000kip。これで合計390,000kip (2,886円)。

タイプ2 最低でもクーラー付きの部屋！のアナタなら……

中級ホテルを中心に宿泊先を選びながら、昼と夜は冷房のあるレストランで食事。宿は1泊500,000kip。食事代は1回50,000kipとして100,000kip (朝食は宿代に込み)。ビールのほかに、たまにはワインなど飲んで1日50,000kip。そのほかで50,000kip。合計750,000kip (5,550円)。

タイプ3 「アジアンリゾート・ラバー」を目指すアナタなら……

宿泊は高級ホテルで1泊2,000,000kip。食事代は、朝はホテル代に含まれているので、昼が100,000kip、夜は200,000kip。お酒にはワインを選んで200,000kip。そのほかコーヒー代などで100,000kip。合計2,600,000kip (1万9,240円)。

ラオスの通貨

ラオスの通貨単位はキープ（kip）で、補助通貨単位（「ドル」に対する「セント」など）は日本と同じく使われておらず、またコインも存在しない。現在市中で流通しているのは100,000、50,000、20,000、10,000、5,000、2,000、1,000、500キープ札。それ以下の札も存在するが、市中では使われていない。

両替の方法

ドル、バーツはそのまま使える

ラオスは、自国の通貨キープと同時にUSドル（$）やタイバーツ（B）が広く流通しており、そのまま支払いに使えることが多い。使えるのは原則、紙幣のみ。ただし、おつりは、ほとんどキープで返ってくる。

ラオスに持っていくお金

銀行の両替ブースは、土日も営業していることが多い

ドルやバーツがそのまま使えても、基本的には日本円をラオスでキープに両替してから使うのが一番有利。ドルやバーツで支払う場合、100キープ単位は切り落とされてしまうからだ。例えば銀行のレートが1USドル＝13,500キープだったとしても、店先では500キープは切り落とされて13,000キープとして扱われてしまう。

だからといってキープ札に大量に両替してしまうと、旅行の最後に残ったキープの処理に困ってしまう。ラオスで日本円への再両替はできるのだが、諸事情で両替停止になることもある。また、日本ではキープから日本円への両替はできない。使うぶんだけ、少しずつキープへ両替すればいいのだが、それも面倒。

ひとつの方法としては、USドルの現金を1ドル札や5ドル札で数十ドル分日本で用意しておき、旅行の終わりが近づいてキープが底をついたら、ドルで支払ったらどうだろう。そうすれば、余ったドル札は日本で再両替できるし、次の旅行で別の国でも使える。

両替の前には、窓口に張り出されているレート表をチェック

両替の場所

大きな町では、銀行の本支店はもちろん、それら銀行が出店する両替専用ブースで両替できる。ブースは土・日曜も開いているところがあり、便利。またレートは悪いが、ホテルのフロントでも両替してくれる。

ラオスの紙幣

100,000kip

50,000kip

20,000kip

10,000kip

5,000kip

2,000kip

1,000kip

500kip

2023年7月17日現在のレート
- 10,000キープ＝約74円
- 10,000キープ＝約0.524 USドル
- 10,000キープ＝約18タイバーツ

銀行の両替窓口

両替のヒント（読者投稿）
✉テープで補修された紙幣は受け取りを断られることがあります。
（山梨県　takeshi　'19）['23]
✉あまりにも多くキープに両替してしまい、出国時に空港で円かドルに両替しようとしましたが、タイバーツにしか替えてもらえませんでした。
（北海道　弦巻　'19）['23]

クレジットカードなどの利用法

クレジットカード

おもに外国人向けのホテル、レストラン、店舗ではクレジットカードが利用できるところが少なくない。手数料が3%程度上乗せされるが、現金より安全度は高い。

キャッシングができるATMも増えている

キャッシング

クレジットカードのキャッシング機能は、ラオスのATMでも使える。手数料はかかるが、大量の現金を持ち歩かなくてよいので、安心だ。出発前に、海外キャッシングの限度額を確認しておこう。

デビットカード

使用方法はクレジットカードと同じだが支払いは後払いではなく、発行金融機関の預金口座から即時引き落としが原則となる。口座残高以上に使えないので予算管理がしやすい。加えて、現地ATMから現地通貨を引き出すこともできる。

海外専用プリペイドカード

海外専用プリペイドカードは、外貨両替の手間や不安を解消してくれる便利なカードのひとつだ。

多くの通貨で日本国内での外貨両替よりレートがよく、カード作成時に審査がない。出発前にコンビニATMなどで円をチャージ（入金）し、入金した残高の範囲内で渡航先のATMで現地通貨の引き出しやショッピングができる。各種手数料が別途かかるが、使い過ぎや多額の現金を持ち歩く不安もない。おもに左記のようなカードが発行されている。

増えるスマホ決済
ここ数年のラオスで急増しているのが「One Pay」などQRコードを使ったスマホ決済。これを導入して、クレジットカード決済を取りやめたホテルやショップも見受けられる。スマホ決済の利用にはラオスの銀行口座が必要なので、口座のない旅行者は、ラオス旅行にはある程度の現金が必要になる。

海外専用プリペイドカードの種類
アプラス発行
「GAICA ガイカ」
🌐www.gaica.jp

「MoneyT Global マネーティーグローバル」
🌐www.aplus.co.jp/prepaidcard/moneytg

トラベレックスジャパン発行
「Multi Currency Cash Passport マルチカレンシーキャッシュパスポート」
🌐www.travelex.co.jp/product-services/multi-currency-cash-passport

---

おとくじょうほう！ ラオスのお得な情報

COLUMN

SDGsにも貢献するTシャツをおみやげにいかが？

貧困の撲滅や野生動物の保護などを目的にしたグッズを販売するショップがラオスにもいくつかある。これらは、国連が掲げる持続可能な開発（SDGs）の目標にも沿っており、商品を購入することで、SDGsにも貢献できる。

たとえばルアンパバーンのショップ「ラーラー・ラオス La La Laos」(MAP.42-A1)に並ぶTシャツなどの売り上げは、近隣の山村部の子供たちの教育支援に充てられている。また、同じルアンパバーンにあるショップ「フリー・ザ・ベアーズFree the Bears」(MAP.42-A1)は、違法狩猟されたクマを保護する資金の調達を目的に、Tシャツなどを販売している。保護されたクマは、ルアンパバーンのタート・クワーンシーの滝(P.54)で見ることができる。

ちなみに貧困の撲滅は、SDGsの目標1「あらゆる場所のあらゆる形態の貧困を終わらせる。」、野生動物の保護は、目標15「陸域生態系の保護、回復、持続可能な利用の推進、持続可能な森林の経営、砂漠化への対処、並びに土地の劣化の阻止・回復及び生物多様性の損失を阻止する。」として掲げられている。

これらのショップで販売されている商品の特長は、ただSDGsを謳うだけではなく、デザイン性に富んでいること。いわゆる「おみやげTシャツ」の枠を超え、日常でも十分に使える商品に仕上がっている。

ルアンパバーンの僧侶をモチーフにしたデザインの、ラーラー・ラオスのTシャツ。
●ラーラー・ラオス
🌐www.lalalaoslp.com

大きなクマの足跡が印象的なフリー・ザ・ベアーズのTシャツ。タート・クワーンシーの滝でも購入可能
●フリー・ザ・ベアーズ
🌐freethebears.org

出発までの手続き

旅の準備はパスポートの申請から始まる。旅行会社に手続きを依頼してもいいのだが、かなり高い手数料を取られる。旅行費用を節約する意味でも、パスポートを自分で取ってみよう。

パスポートが海外に出たときの身分証明書であるのに対して、ビザ（査証）は相手国の入国許可証。日本人がラオスに観光または業務で入国する場合、15日以内の滞在ならビザは不要。それ以上滞在する場合はビザの取得が必要だ。

パスポートを取得する

パスポートの種類

パスポートには、有効期限が5年と10年の2種類がある。10年有効のパスポートは、「顔形がこれ以上変わらない」という理由で20歳以上のみが取得できる。発行手数料は、5年有効が1万1,100円、10年有効が1万6,000円となっている。

パスポートの申請と受け取り

●申請に必要な書類

パスポートの申請は、住民票がある各都道府県庁の旅券課で受け付けてくれる。東京都のように人口の多い自治体では、本庁以外の出張所でも受け付けている。

申請に必要な書類は以下のとおり。

①一般旅券発給申請書（1通）

旅券課に置いてある。

②戸籍謄本（1通）

6ヵ月以内に発行されたもの。現在有効な旅券を持っていて、その旅券を取得してから記載事項（本籍地など）に変更がない場合は不要。結婚して姓が変わった場合などは必要になる。

③住民票（1通）

6ヵ月以内に発行されたもので、本籍地が記載されたもの。ただし、住民基本台帳ネットワークシステムを運用している都道府県で申請する人は、原則不要。

④身元確認の書類

マイナンバーカード、運転免許証、現在有効な旅券などは1点。健康保険証や年金手帳などの場合は、その1点に加えて、写真が貼ってある学生証や会社の身分証明証を加えた計2点を提出する。身分確認の書類については、外務省のホームページを確認しておこう。

⑤写真（1枚）

縦45mm×横35mmで、顔の縦の長さが写真縦の70〜80%（34±2mm）であること。

⑥以前に旅券を取得した人は、その旅券。期限が切れている場合でも、失効の手続きをしていない場合は持参すること。

●受け取り

パスポートは、申請の7〜10日後に発給される。申請の際にもらった「受理票」と発行手数料を持って、申請した場所に行く。受け取りは、必ず本人が行かなければならない。

外務省ホームページ パスポートAtoZ
🌐www.mofa.go.jp/mofaj/toko/passport/index.html

パスポートの取得は、海外旅行の第一歩

訂正旅券の取り扱いに注意！
2014年3月20日より前に、名前や本籍地等の訂正を行ったパスポート（訂正旅券）は、訂正事項が機械読取部分およびICチップに反映されておらず、国際標準外とみなされるため、今後は入出国時や渡航先で支障が生じる場合もある。外務省では新規パスポートの申請をすすめているので下記URLで確認を。
🌐https://www.mofa.go.jp/mofaj/ca/pss/page3_001066.html

パスポート切替の電子申請が可能に
2023年3月27日より、パスポートの発給申請手続きが一部オンライン化された。残存有効期間が1年未満のパスポートを切り替える場合や、査証欄の余白が見開き3ページ以下になった場合、マイナポータルを通じて電子申請が可能（旅券の記載事項に変更がある場合を除く）。その場合、申請時に旅券事務所へ行く必要がなくなる。

「地球の歩き方」ホームページで海外旅行保険について知ろう
「地球の歩き方」ホームページでは海外旅行保険情報を紹介している。保険のタイプや加入方法の参考に。
🌐www.arukikata.co.jp/web/article/item/3000681

ビザ（査証）を取得する

15日以内の滞在ならビザ不要

　ラオスに15日以内の滞在なら、日本人はビザが不要。16日以上滞在する予定の人は、事前または入国時にビザを取得する必要がある。

便利な電子申請

　ラオスのビザを取得するには、パスポートの残存有効期間が6ヵ月以上あること、追補欄を除く査証欄が見開き2ページ以上あることが条件なので、まず自分のパスポートを確認する。

　ビザは、東京にあるラオス大使館で取得することもできるが、インターネットで申請すれば、わざわざ大使館へ行く必要もなく、便利。支払いにはクレジットカードが利用できる。

駐日ラオス大使館 🔗www.laoembassytokyo.com

ビザ申請ページ 🔗application.visalaos.com/application

郵送申請

　郵送で申請する場合は、ビザ申請書2通（駐日ラオス大使館ホームページよりダウンロード）、6ヵ月以上有効期限のあるパスポート、顔写真（縦45mm×横35mm）×2枚、ビザ申請手数料5,000円（現金のみ）を同封し、大使館あてに郵送する。発行にかかる日数は4日（土休日を除く）で、パスポートは着払いで返送されてくる。

ラオスの空港や国境で取得する場合

　空港や陸路の国境で取得するビザで「アライバルビザArrival Visa」と呼ばれている。申請には、顔写真1枚と手数料が必要。ビザ申請書類は、空港や国境のイミグレーションオフィス（入出国管理事務所）で入手できる。滞在期間は30日間まで。

北部フアイサーイのイミグレーション

　アライバルビザは、すべての国際空港と、一部を除く陸路の国境で取得できることになっているが、イミグレーションの係員の対応によって、発給してくれなかったケースもあるようだ。

近隣国で取得する場合

　ラオスは5つの国、タイ、ベトナム、カンボジア、中国、ミャンマーに囲まれており、各国のラオス大使館や領事館でビザが取得可能。だが、滞在可能日数などの対応はまちまちなので、要確認のこと。また、現地の旅行会社に代行取得してもらう方法もある。

海外旅行保険に加入する

　海外旅行中の事故や病気などで死亡、けが、入院などという場合、海外旅行保険に加入していれば、加入したプランの範囲内で補償してくれる。また、カメラなどの携行品の紛失や盗難、相手にけがをさせたり損害を与えてしまった場合などの補償もある。

　内容は保険会社により、またプランにより異なるが、万一に備えて、必ず加入しておきたい。最近はクレジットカードにも海外旅行保険が付帯されているものが多いが、補償内容をいま一度確認のうえ、足りない部分はあらためて加入しよう。

在日本国ラオス大使館

〒106-0031　東京都港区西麻布3-3-22（最寄り駅は東京メトロ六本木駅）

☎ (03) 5411-2291

🕐9:30 ～ 11:30、14:30 ～ 16:30（ビザ受付時間）

🚫土・日、および日本とラオスの祝日

ビザ発給手数料

💴ネット申請$50　郵送5,000円

アライバルビザ手数料

💴$40

ビエンチャンの友好橋にあるアライバルビザ取得ブース

イミグレーションオフィス（ビエンチャン）

🗺P.78-A1外

☎ (021) 219607

🕐8:00 ～ 11:30、13:00 ～ 16:00

🚫土・日

💴延長1日当たり20,000kip（最大30日間）

ビザの延長

滞在期間の延長は、ビザを取得して入国した場合にかぎり、イミグレーションオフィスで受け付けている。延長できるのは最大30日まで。また、延長申請が認められているのは1回きりなので、申請する日数には注意したい。手続きには申請書（イミグレーションオフィスで入手できる）が必要。所要日数は通常1日だが、担当官が不在の場合さらに日数がかかる。イミグレーションオフィスはビエンチャンをはじめ各地にあるが、外国人のビザ延長を扱っているかどうかは対応がまちまちなので、ビエンチャン市内のオフィスで行うのが確実。もしくは、旅行会社などでも延長の代行手続きをしてくれるので、時間のない人はうまく利用するといいだろう。

ビザ申請用紙記入方法

国境で取得するアライバルビザの場合

❶ 姓　❷ 名
❸ 職業 (会社員なら Office Clerk)
❹ パスポート番号
❺ パスポート発行場所
❻ パスポート発行日 (日／月／年)
❼ パスポート有効期限 (日／月／年)
❽ ラオス出国後の訪問地
❾ 性別 (Female=女、Male=男、どちらかにチェック)
❿ 生年月日 (日／月／年)
⓫ 出生地
⓬ 国籍 (日本人なら「Japanese」と記入)
⓭ 人種 (日本人なら「Japanese」と記入)
⓮ ラオス滞在日数
⓯ ラオス来訪目的 (観光は "Tourist" にチェック)
⓰ 同伴の子供の名前 (いなければ空欄)
⓱ 自宅の住所、電話番号
⓲ 居住国
⓳ ラオスで訪ねる予定の友人・知人 (いない場合は空欄)
⓴ ⓳の電話番号 (ない場合は空欄)
㉑ ラオス滞在中のホテル
㉒ ㉑の電話番号
㉓ ラオス到着日 (日／月／年)
㉔ サイン (パスポートと同じ)
㉕ 写真貼付 (縦30mm×横25mm)

日本のラオス大使館窓口で取得する場合

❶ 名　❷ 姓
❸ 生年月日 (日／月／年)
❹ 出生地
❺ 国籍 (日本人なら「Japanese」と記入)
❻ 職業 (会社員なら Office Clerk)
❼ パスポート番号
❽ パスポート発行場所
❾ パスポート発行日 (日／月／年)
❿ パスポート有効期限 (日／月／年)
⓫ 自宅住所
⓬ 自宅電話番号
⓭ 同伴の子供の名前 (いなければ空欄)
⓮ ⓭の年齢 (いなければ空欄)
⓯ ラオス来訪目的 (観光なら「Sightseeing」と記入)
⓰ ラオス入国日
⓱ ラオス入国交通手段 (飛行機は「Plane」、鉄道は「Train」、バスは「Bus」)
⓲ ラオス入国ポイント (ビエンチャンに飛行機で入る場合は「Wattay Airport」、ビエンチャンに友好橋を渡って入る場合は「Friendship Bridge」、ルアンパバーンに飛行機で入る場合は「Luang Phabang」、そのほかの入国ポイントの場合はその地名)
⓳ ラオス滞在予定日数 (最大30日)
⓴ ラオス滞在中のホテル
㉑ ⓴の住所 (都市名だけで可。ビエンチャンなら「Vientiane」)
㉒ ⓴の電話番号
㉓ ラオス出国後の訪問地
㉔ 申請日
㉕ サイン (パスポートと同じ)
㉖ 写真貼付 (縦40mm×横30mm程度)

※ビザ申請用紙は2023年7月1日現在のもの
※アライバルビザの申請用紙は、入国ポイントによって多少異なることがある

航空券の手配

日本からラオスに向かうにはさまざまな方法があるが、その代表的なルートを以下に紹介しよう。

空路でラオスへ

2023年6月現在、日本とラオス間の直行便を運航している航空会社はないので、経由便で首都ビエンチャン・ワッタイ国際空港、ルアンパバーン国際空港、パークセー国際空港のいずれかを目指す。代表的な経由地は以下のとおりだが、詳細は各社のウェブサイトなどを確認しよう。

●バンコク経由

タイの首都バンコクと日本の間には多くの航空会社が就航しており、便数も多いので、自分の予算やスケジュールなどに合わせて選ぶことができる。バンコクからは、ラオスの空港に多くのフライトがある。

●ハノイ経由

ベトナムの首都ハノイを経由する方法。ハノイからはビエンチャン、ルアンパバーンへフライトがある。

●そのほか

カンボジア、中国などの周辺国からもラオス各都市行きの便がある。近隣国以外では、シンガポール、マレーシアのクアラルンプール、韓国のソウルなどからも航空便が就航している。

陸路でラオスへ

日本から周辺国までは飛行機で、そこから陸路でラオスにアプローチする方法。

●鉄道で

タイからの列車はラオス国境の町ノーンカーイが終点で、そこからビエンチャン郊外のターナーレーン駅行きの国境越え専用列車に乗り換える。バンコク～ノーンカーイの直通列車は1日4本、ノーンカーイ～ターナーレーンの国際列車は1日2本あるが、接続が便利なのは右の欄外のとおり。

中国からの列車は、昆明からの直通列車が1日1本あるほかは、ラオスとの国境のボーテンで乗り換えることになる。

●バスで

ラオスに直接入る国際バスが、ラオスと国境を接しているタイ、ベトナム、カンボジア、中国の各都市から運行されている。一方、これら近隣国のラオス国境まで陸路でアクセスし、国境をシャトルバスやトゥクトゥクで渡り、さらにラオス入国後にバスなどで町へ向かう、という方法もあるが、時間がかかるうえに割高なので、国際バスを使うほうが得策。

ビエンチャンと、対岸のタイのノーンカーイを結ぶ国際バス

**ラオスに就航している
おもな航空会社**
ラオス航空
Lao Airlines
🌐www.laoairlines.com
タイ国際航空
Thai Airways International
🌐www.thaiair.co.jp
タイ・スマイル
Thai Smile
🌐www.thaismileair.com
ベトナム航空
Vietnam Airlines
🌐www.vietnamairlines.com
中国東方航空
China Eastern
🌐www.chinaeastern-air.co.jp

国際観光旅客税
日本からの出国には、1回につき1000円の国際観光旅客税がかかる。原則として支払いは航空券代に上乗せされる。

**バンコク～ノーンカーイ
寝台急行と接続列車**

バンコク		ノーンカーイ
20:00	→	翌6:45
翌5:30	←	18:50
ノーンカーイ		ターナーレーン
7:30	→	7:45
17:45	←	17:30

友好橋を渡るノーンカーイ～ターナーレーン間の国際列車

ビエンチャンとタイ各都市を結ぶおもな国際バス
・ノーンカーイ行き（所要約1時間30分～2時間、31,000kip）
7:30、10:00、15:30、18:00発
（ノーンカーイ発ビエンチャン行きも同時刻）
・ウドーンターニー行き（所要 約2時間～2時間30分、44,000kip）
8:00、10:00、12:00、14:00、15:00、18:00発
（ウドーンターニー発ビエンチャン行きも同時刻）
※乗客の数により、入出国に時間がかかるため、所要時間は流動的。

旅の持ち物

便利な「洗濯屋」
観光客が多い町に行くと目につくLaundry（ランドリー）の看板を掲げた洗濯店が、洗濯機で洗って乾燥までしてくれる。料金は1kg当たり10,000～20,000kip程度。洗濯に出す衣類の種類と数を確認しておいたほうがよい。

旅行者の多いエリアでよく見かける看板

肌を隠す布
タンクトップ、短パン、ミニスカートなど露出度が高い服は、格式の高い寺院などへの入場を断られることがある。大きめの布（ショールのようなもの）を持ち歩くと、そういった場所で肌を隠すように巻けるので、便利。

雨季は、靴の替えを
地方に行けば行くほどまだ不整地が多いラオス。未舗装道路や水たまりを歩いて靴がぬれると、すぐには乾かない。雨季に旅行する人は、サンダルなどの替えを用意して、靴が乾くのを待とう。

意外に寒いラオス
熱帯に属するラオスだが、場所や時期により、かなり寒くなることがある。ルアンパバーンや北部に行く人は、通年で長袖シャツが必携。乾季の朝晩はかなり冷えるので、セーターやスウェットなど厚い生地の服を用意したい。また標高1200mにもなる南部のボーラウェン高原は、雨季の雨がかなり冷たく、やはり長袖が欲しい。

旅の目的が人それぞれ違うように、旅で必要な物も人によって異なる。パスポート、現金などの必需品を別にすれば、荷物の中身は百人百様。ただ、旅の荷物は少なく軽くするのが基本である。

旅行かばんの選び方

宿の予約をせず、ラオス全土を気ままに歩き回るのであれば、バックパックタイプがおすすめだ。移動手段が確保されているパッケージツアーでは、キャスター（車輪）が付いたソフトキャリーやスーツケースでいい。

宿に荷物を置いて出かけるときに使うバッグは、バックパック、ショルダーバッグ、ウエストポーチなど、実用性と機能性に富んだいろいろなタイプがある。

貴重品の持ち方

パスポートや現金などの貴重品の管理には、トラベルショップで売っている貴重品袋を用意する。これも首から下げるタイプ、腹巻きタイプなどさまざまなタイプがある。貴重品に関しては、ホテルの部屋にあるセーフティボックスを利用して持ち歩かないのも一考だ。ただし、セーフティボックスのある宿はランクの高いホテルにかぎられる。またラオスでは身分証明証の常時携帯義務があるので、パスポートだけは持ち歩かなければならない。

旅の服装

着慣れたシャツとズボンで行くのがいちばんだが、ある程度高いホテルに泊まって高級レストランで食事をしようという人がTシャツと短パンしか持っていかないというのは考えものである。ラオスの場合、身なりが「格」を表すのは日本以上なので、あまりにもラフな格好は、しかるべき場所では避けるべき。シャツ類に関して言えば、襟が付いているかいないかがポイントになるので、Tシャツよりポロシャツのほうがスマート。

ラオスは年中暑い国ではあるが、北部に行く人は長袖も必ず用意。朝晩の冷え込みは厳しく、セーターやトレーナーなどの厚手の服も必携である。

持っていく服の数は最小限にとどめ、旅先でこまめに洗濯するのが荷物を少なくするコツ。洗剤を持参してホテルの洗面台で洗ってもいいし、旅行者が多い町では洗濯屋（ランドリー）も点在している。もちろんホテルやゲストハウスのランドリーサービスを利用してもいい。

あると便利な小物など

乾季には雨は少ないが、傘があれば日よけにも使える。雨季に行く人は、傘のほかにカッパも用意するとよい。ボートで移動するときなど、雨が容赦なく降り込んでくるので、最低でもビニール製のポンチョは用意したい。

紫外線が気になる人は、普段使っているクリームや化粧品も持っていこう。特に3、4月の暑季は日差しがかなり厳しい。

蚊対策としては、虫よけ薬と虫刺され用軟膏を持参したい。

ラオスで買える物、買えない物

衣類や日用品は、ラオスでも入手できる。石鹸やシャンプーは中級以上の宿なら付いていることが多い。

医薬品に関しては、常備薬は日本から持参すべき。ラオスでは処方箋がなくてもだいたいの薬が買えるが、効用や副作用を知らずに服用するのは危険。生理用品は、都市部においては多くの種類が揃っている。

雑貨類はマーケットでもある程度入手できる

ラオスの生理用品事情

ビエンチャン、ルアンパバーンなど大都市のスーパーマーケットやデパートでは、アジアでも展開のある「ソフィSOFY」や「ロリエ Laurier」のナプキンが揃い、羽根付き、夜用など種類も豊富。だが、地方に行くとおりものシート程度のナプキンしか取り扱いがないところがほとんどだ。タンポンはあまり見かけないので日本から持っていこう。

都市部のスーパーは生理用品も充実している

持ち物チェックリスト

	品　名	必要度	ある・なし	かばんに入れた	現地調達予定	ひと言メモ
貴重品	パスポート	◎				残存有効期間が6ヵ月以上必要
	国際キャッシュカード	△				ラオスのATMで現金が引き出せる
	現金（外貨＆日本円）	◎				外貨は米ドルが便利
	クレジットカード	◎				いざというときはキャッシングできる
	航空券	◎				eチケットの場合でも控えは持っていこう
	海外旅行保険証券	◎				クレジットカードに付帯されている場合は条件をチェック
衣類	シャツ	○				Tシャツよりもポロシャツが便利
	下着	○				こまめに洗濯しよう
	ズボン、スカート	○				乾きにくいジーンズはおすすめしない
	セーターなど	△				ボートで旅する人や北部山岳地帯に行く人は特に
	靴下	△				バスの冷房はかなりきつい
	雨具	○				バスやボートの移動が多い人は、傘のほかにカッパも用意
	水着	△				ラオス人と同じように滝や川で泳ぎたい人
	帽子	○				日差しは相当強い
	靴	◎				雨季に行く人は、替えのサンダルも用意
洗面用具	シャンプー	○				雑貨店で1回使い切りのものを売っている
	歯ミガキ、歯ブラシ	○				いつも清潔に
	石鹸、洗顔料	○				ほこりが多いので、顔はマメに洗おう
	ひげ剃り	○				剃らないという手もある
	タオル	◎				ラオスの市場で売っている薄手の布も便利
薬品・雑貨	薬品	◎				常備薬のほか、虫刺され対策も
	生理用品	○				都市部のスーパーでは品揃え豊富
	洗剤	○				シャワーのときに石鹸で服を洗ってしまう強者も
	洗濯ロープ	△				洗濯ばさみもあると便利
	爪切り	△				長期旅行の人
	南京錠	△				地方のゲストハウスに泊まる人
	ワイヤーロック	△				あまり結びつける場所がない、が……
	懐中電灯	○				地方へ行く人。電気の供給は夜数時間だけということも
	万能ナイフ	△				機内には持ち込めないので注意
	ビニール袋	○				洗濯物をしまったりするのに何かと便利
	ハンカチ、ちり紙	○				ウエットティッシュもあると便利
	サングラス	○				ほこりよけにもなる
	腕時計	△				アラーム付きが便利
	携帯電話・スマートフォン	△				通信機能をWi-Fiに限定しておく。充電ケーブルも忘れずに
	カメラ	△				メモリーカードの予備や充電器も忘れずに
	電池	△				電化製品を持っていく人のみ
その他	メモ帳、筆記具	◎				パスポートやクレジットカードの番号を控えておく
	ガイドブック	◎				この本1冊で十分
	日記帳	△				スマホの日記アプリも使える

◎＝絶対必要　○＝必要だが現地調達も可能　△＝人によっては必要

入出国の手続き

一番大きなゲートウエイはビエンチャンのワッタイ国際空港

　ラオスに入国する際には、入出国カード（下記）に必要事項を記入して係官に提出する。入出国カードはひとり1枚必要で、空港や国境のイミグレーションオフィス（入出国管理事務所）に置いてある。飛行機で入国する場合は、機内で配付されることもある。いずれもボールペンなどの筆記用具が必要なので、手荷物の中に用意しておくと便利だ。

◆ラオス入出国カードの書き方

❶ 入国地点（ビエンチャンに飛行機で入る場合は「Wattay Airport」、ビエンチャンに友好橋を渡って入る場合は「Friendship Bridge」、ルアンパバーンに飛行機で入る場合は「Luang Phabang」、そのほかの入国ポイントの場合はその地名）
❷ 出国地点（同上）
❸ 姓　❹ 名
❺ 性別（Male＝男、Female＝女、どちらかにチェック）
❻ 生年月日（日／月／年）
❼ 出生地
❽ 国籍
❾ 職業（会社員ならOffice Clerk）
❿ パスポート番号
⓫ パスポート有効期限（日／月／年）

⓬ パスポート発行日（日／月／年）
⓭ パスポート発行場所
⓮ ビザ番号
⓯ ビザ発行日（日／月／年）
⓰ ビザ発行場所
⓱ ラオス来訪目的（観光は「Tourism」にチェック）
⓲ 入国時の交通手段（空路の場合は「Flight No.」に便名を記入、陸路の場合は記入不要）
⓳ 出発地（どこから来たか）
⓴ 団体旅行かどうか（団体旅行なら「Yes」に、個人旅行なら「No」にチェック）
㉑ ラオス滞在中のホテル
㉒ ㉑の電話番号
㉓ ラオス出国直前の滞在地
㉔ カード記入日（日／月／年）
㉕ サイン（パスポートと同じ）

●入国カード

（入国カード ARRIVAL の様式図。Check point: ❶、1864031、Family name: ❸、Name: ❹、Male/Female ❺、Date of birth: ❻、Place of birth: ❼、Nationality: ❽、Occupation: ❾、Passport No: ❿、Expiry date: ⓫、Date of issue: ⓬、Place of issue: ⓭、Visa No: ⓮、Date of issue: ⓯、Place of issue: ⓰、Intended address in Lao PDR: ㉑、Purpose of entry: ⓱、Traveling by: / Flight No.: ⓲ / Car No.: / Bus No.:、Traveling from: ⓳、Traveling in package tour □Yes □No ⓴、Tel: ㉒、For official use only、Date: ㉔、Signature: ㉕）

●出国カード

（出国カード DEPARTURE の様式図。Check point: ❷、1864031、Family name: ❸、Name: ❹、Date of birth: ❻、Place of birth: ❼、Male/Female ❺、Nationality: ❽、Occupation: ❾、Date: ㉔、Passport No: ❿、Date of issue: ⓬、Place of issue: ⓭、Signature: ㉕、Last residence in Lao PDR before leaving: ㉓、For official use only）

Instruction
1. Holders of passports and their dependants must complete a card when entering or departing from Lao PDR.
2. Please complete the card in block letters.
3. The departure portion must be retained in the passport or travel document and submitted to the Immigration Officer on leaving Lao PDR.
4. Persons visiting Lao PDR for employment and official purposes (other than in a diplomatic mission) must register at an office of the department of Immigration.
5. Persons wishing to extend their visa can apply for at an office of the Department of Immigration.
Note: Persons overstaying their visa will be fined for each day in excess.

※入出国カードは2023年6月現在のもの

　ラオスに入国する場合、空路は、ビエンチャン・ワッタイ国際空港、ルアンパバーン国際空港、パークセー国際空港の3ヵ所が入出国ポイントになる。

　陸路は、P.206に掲載したポイントなどで入出国が可能だが、国境の状況は常に変化しているので、現地の各国大使館などで最新情報を入手するよう努めよう。

陸路のゲートウエイのひとつ、フアイサーイの第4友好橋の入出国ポイント

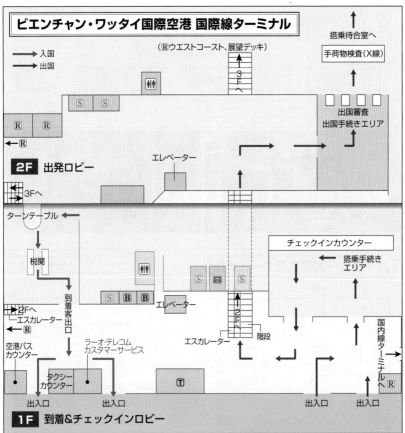

ビエンチャン・ワッタイ国際空港 国際線ターミナル

搭乗待合室へ
手荷物検査(X線)

⟶ 入国
⟶ 出国

(Ⓡウエストコースト、展望デッキ)

3Fへ

🚻

Ⓢ　Ⓢ

Ⓡ　Ⓡ

←Ⓡ

出国審査
出国手続きエリア

2F 出発ロビー

エレベーター

3Fへ

ターンテーブル ←

税関

到着客出口

←2Fへ
エスカレーター
←Ⓡ

空港バス
カウンター

タクシー
カウンター

ラーオ・テレコム
カスタマーサービス

Ⓢ　Ⓑ　Ⓑ　エレベーター

🚻

Ⓢ　✉　Ⓢ

Ⓣ

チェックインカウンター

← 搭乗手続き
エリア

国内線ターミナルへ

Ⓡ

2Fへ
エスカレーター　階段

出入口　　　　出入口　　　　　　　　　　　　出入口　　　出入口

1F 到着&チェックインロビー

ワッタイ国際空港の国際線ターミナル(左)。ターミナル内は吹き抜けの3階建てになっている(右)

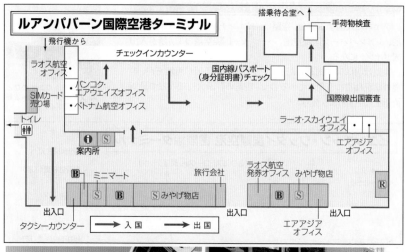

ルアンパバーン国際空港ターミナル

搭乗待合室へ

手荷物検査

飛行機から

チェックインカウンター

ラオス航空
オフィス

国内線パスポート
（身分証明書）チェック

バンコク・
エアウェイズオフィス

ベトナム航空オフィス

SIMカード
売り場

国際線出国審査

トイレ

ラーオ・スカイウエイ
オフィス

案内所

エアアジア
オフィス

ミニマート

旅行会社

ラオス航空
発券オフィス

みやげ物店

みやげ物店

出入口

出入口

出入口

タクシーカウンター

入 国

出 国

エアアジア
オフィス

ルアンパバーン国際空港の外観（左）と、ショップが並ぶターミナル内部（右）

パークセー国際空港ターミナル

入 国

出 国

飛行機から

飛行機へ

ビザ申請窓口

搭乗待合室

VIP
ルーム

手荷物検査

売店

売店

ラーオ・スカイウエイ
航空券販売

入国審査

チェックインカウンター

荷物受け取り

出国審査、国内線
パスポート（身分証明書）
チェック窓口

売店

みやげ物店

（展望デッキ、レストラン）
2Fへ

ラオス航空
オフィス

事務所

タクシー
カウンター

みやげ物店

書店

オフィス

出入口

出入口

ラオス航空チケットカウンター

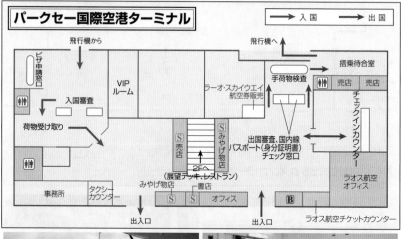

飛行機からターミナルまで徒歩で移動するパークセー国際空港（左）。内部にはベンチやショップがある（右）

空港での入出国

ここではビエンチャンのワッタイ国際空港に到着した場合を想定して説明するが、ほかの空港に到着した場合もプロセスはほぼ同じである。

●入国審査

飛行機を降りて入国エリアに入ると、その正面に入国係官が座っている入国審査（Immigration）カウンターがある。滞在予定が15日以内の人や、ビザをすでに取得している人は、ここに直接進んでパスポートと入出国カードを提出する。日本人の場合は外国人用のカウンター（Foreign Passport）に並ぶこと。

アライバルビザ（P.197）を取得する人は、同じエリアにあるビザ取得カウンター（Visa on Arrival）にビザ申請書、顔写真1枚、パスポートに手数料$40（または1,500B）を添えて出す。ビザを取得したら、入国審査カウンターに進む。

入国審査が終わったら、1階に下りるとそこが荷物受取場（Baggage Claim）。ここで出発時に預けた荷物を受け取る。荷物が出てこなかった場合は、出発空港で荷物を預けたときにもらったクレームタグ（荷物引き換え証）を航空会社の係員に示して対応を要求する。何かしらの事情で飛行機に載せられなかった場合は、宿泊先のホテル等に航空会社が後日届けてくれる。万一紛失されてしまったら、運送約款の範囲内で航空会社が補償することになる。

●税関審査

荷物受取場の先に税関（Customs）のカウンターがあるが、外国人旅行者の場合、荷物の検査を受けることはほとんどない。

●空港から市内への交通

税関を通過した所が到着ロビー。予約したホテルに迎えを頼んである人は、自分の名前のプラカードを持った人を探す。自力で市内に向かう人は、ターミナルの出入口近くにあるタクシーカウンターで車を手配する。

空港のタクシーカウンターには公定料金が書いてあるので安心

ルアンパバーン、パークセーの各国際空港に到着した場合も、ターミナルにあるカウンターでタクシーやミニバスが手配できる。

●出国手続き

国際線に搭乗する場合は、出発時刻の2時間前までに空港でチェックインしなければならない。ビエンチャン・ワッタイ国際空港の場合、まず1階のチェックインカウンターでチェックインを済ませて荷物を預ける。搭乗券を受け取ったら、2階に進み、出国審査場へ。ここでパスポートに出国スタンプが押されれば、手続きはすべて終了。機内持ち込み荷物のX線チェックを受ければ、そこが搭乗待合室だ。

ルアンパバーン国際空港では、到着客は飛行機から徒歩で入出国審査へ進む

自動化ゲートの「出国スタンプ」忘れに注意！
指紋を登録することで、空港の入出国管理官のブースを通らずに入出国できる自動化ゲートが日本の主要国際空港にはある。自動化ゲートを利用すれば、日本の入出国スタンプは基本的に押印されないのだが、これで日本を出国した人が、出国スタンプがないことを理由に、ラオス入国時に罰金を徴収された例がある。自動化ゲートを通ったあとでも入出国管理官の事務所に寄ってスタンプを押してもらえるので、トラブルを避けるために、念のため押印をお願いしておこう。

地方空港での入国
アライバルビザ取得の際、「手数料」と称して、$1程度を徴収されることがある。

日本国内に持ち込めるたばこの免税範囲
2021年10月1日からは、
紙巻たばこ200本
葉巻たばこ50本
加熱式たばこ個装等10個
その他のたばこ250g
（注1）免税数量は、それぞれの種類のたばこのみを購入した場合の数量であり、複数の種類のたばこを購入した場合の免税数量ではない。
（注2）「加熱式たばこ」の免税数量は、紙巻たばこ200本に相当する数量となる。
🖥 www.customs.go.jp/kaigairyoko/cigarette_leaflet_j.pdf

コピー商品の購入は厳禁！
旅行先では、有名ブランドのロゴやデザイン、キャラクターなどを模倣した偽ブランド品や、ゲーム、音楽ソフトを違法に複製した「コピー商品」を、絶対に購入しないようにしよう。これらの品物を持って帰国すると、空港の税関で没収されるだけでなく、場合によっては損害賠償請求を受けることも。「知らなかった」では済まされないのだ。

陸路での入出国

ラオスは内陸国なので、周辺の国々との間に多くの国境がある。陸路での入国は、相手国からの出国手続きとラオス入国手続きの2回行うことになる。

●ラオス入国

ラオスを出国する国の入出国管理事務所で出国手続きを行い、徒歩、バス、トゥクトゥクなどで国境を越え、ラオス側国境の入出国管理事務所で入国手続きをする。国際バスを利用すると、出国側と入国側でそれぞれバスが停車し、乗客の手続きが終わるのを待っている。

日本人の場合、ラオス滞在が15日以内ならビザは不要なので、入出国管理事務所に置いてある入出国カード（P.202）に記入して提出すれば手続きは完了。このとき、用紙代または週末特別料金として$1程度の手数料を徴収される国境もある。

陸路の国境でのアライバルビザの取得は、下の表を参照してほしい。これ以外のポイントから入国し、16日以上の滞在を予定している人は、あらかじめ日本でビザを取得しておこう。

●ラオス出国

ラオスから出国する場合は以上の逆プロセス。規定された滞在期間を超えていなければ、出国時にパスポートにスタンプが押されるだけ。もし超えていた場合、1日当たり$10の罰金をその場で支払うよう求められる。

また、ラオス出国後に入国する国によっては、帰国航空券やホテルの予約証明書の提示などを要求されることもあるので、事前に調べておく必要がある。

ビエンチャン郊外の友好橋での出国

国境の土日料金
陸路の国境を基本オープン時間以外に通過する場合、時間外手数料を徴収することが多い。例えばビエンチャンの友好橋は、平日の8:00〜16:00は基本時間だが、それ以外、つまり8:00前と16:00以降、そして土・日曜は$1の時間外手数料がかかる。

出国料金
ビエンチャンのターナーレーンから友好橋を渡ってタイへ出国する場合、ビザを持っていない人は、10,000kipの出国料金が課せられる。ほかの入出国ポイントでも、同様の料金がかかる場合もあるようだ。

バスで国境を越える場合、相手国の目的都市との直通バスでは、出国と入国の2回、バスから下車して入出国手続きを行う。

Visit Japan Web
日本入国時の手続きを「入国審査」、「税関申告」をウェブで行うことができるサービス。必要な情報を登録することでスピーディに入国できる。
🔲vjw-lp.digital.go.jp

おもな陸路国境越えポイント

相手国	ラオス側ポイント（最寄りの大きな町）	相手国側ポイント	アライバルビザ	備考
タイ	フアイサーイ	チェンコーン	○	メコン川に架かる第4友好橋を国際バスで渡る。乗降は両国のバスターミナルで。
	ナムファン（サイニャブリー）	バーン・ナーカセン		サイニャブリー県の南にある国境。タイのルーイとルアンパバーン（サイニャブリー経由）を結ぶ国際バスが便利。
	ターナーレーン（ビエンチャン）	ノーンカーイ	○	国境の友好橋まで路線バスかトゥクトゥクで行き、橋にある入出国管理事務所で手続きの後、橋の上を往復するシャトルバス（15,000kip）に乗ってタイへ入国。だが、ビエンチャン・キャピタル（タラート・サオ）・バスターミナルとノーンカーイのバスターミナルを結ぶ国際バスのほうが便利。鉄道の場合は、ラオスのターナーレーン駅、タイのノーンカーイ駅のホーム上に入出国管理事務所がある。
	ターケーク	ナコーンパノム		メコン川に架かる第3友好橋を国際バスで渡る。乗降は両国のバスターミナルで。
	サワンナケート	ムクダーハーン		メコン川に架かる第2友好橋を国際バスで渡る。乗降は両国のバスターミナルで。
	ワンタオ（パークセー）	チョーンメック	○	パークセー（P.154）とタイのウボンラーチャータニーを結ぶ国際バスが便利。
ベトナム	ナムソーイ（ビエンサイ）	ナーメオ		サムヌア（P.142）からビエンサイ経由でナムソーイ行きソンテウが出ている。
	デーンサワン（サワンナケート）	ラオバオ	○	サワンナケート（P.179）発着の国際バスの利用が便利。
カンボジア	ノーンノックキヤン（パークセー）	タラープリアンキアン		パークセー（P.154）またはシーパンドーン（P.166）発着の国際バスの利用が便利。

（2023年6月現在）

現地での国内移動

飛行機の旅

日本の本州ほどの面積しかないラオスだが、特に北部には山岳地帯も多く、長距離移動には飛行機が活躍する。国内線を運航しているのは、中核都市間を飛ぶラオス航空Lao Airlines、小型飛行機で北部の小さな町へも運航するラーオ・スカイウエイLao Skywayの2社。

ラオス航空
www.laoairlines.com
ラーオ・スカイウエイ
laoskyway.com

チケットの買い方

●現地で購入する

国内線のチケットは、航空会社オフィス（市内、空港）か旅行会社で入手できる。

●日本で購入する

日本の旅行会社であらかじめ購入する。または、インターネットのウェブサイトで予約し、クレジットカードで決済する。eチケットや予約の詳細は、念のため印刷して持参しよう。

チェックインから空港到着まで

①チェックイン

チェックイン時刻は通常、出発の2時間～1時間30分前。自分のフライトのチェックイン時刻を必ず確認し、遅れないように空港へ行くこと。チェックインカウンターでは、パスポート、航空券またはeチケットの控えを提示し、搭乗券をもらう。

②パスポートチェックと身体検査

ラオスでは、国内線でも身分証明書の提出が求められるので、「パスポートチェック窓口」でパスポートと搭乗券を提示。次にX線による身体検査と手荷物検査が行われ、搭乗待合室に入る。

③搭乗

搭乗アナウンスとともに出発ゲートに並び、係員にパスポートと搭乗券を提示して飛行機に乗り込む。複数のフライトが重なる大都市の空港では、搭乗する飛行機を再確認。

④到着空港で

機内に預けた荷物がある人は、ターンテーブルなどに出てきた自分のバッグをピックアップしてから出口へ。

⑤空港から市内へ

空港から市内への交通は、タクシー（ワンボックスカー型もある）を利用する。ホテルによっては、空港への送迎をしてくれるところもあるので、予約時に確認しよう。

ラオス国内線運賃		
ビエンチャン発着		
行き先	運航会社	運賃（片道）
ルアンパバーン	QV	$47.55
	LK	350,000kip
ルアンナムター	QV	$47.55
	LK	499,000kip
ウドムサイ	LK	350,000kip
ポンサーリー	LK	1,350,000kip
シェンクワーン	QV	$41.55
	LK	450,000kip
サムヌア	LK	650,000kip
パークセー	QV	$73.55
	LK	750,000kip
サワンナケート	QV	$57.55

QV＝ラオス航空
LK＝ラーオ・スカイウエイ
上記の運賃は、一番ベーシック（安い）なタイプ。キャンセル条件などにより、いろいろなタイプがある。
※往復運賃の設定はない。

(2023年6月現在)

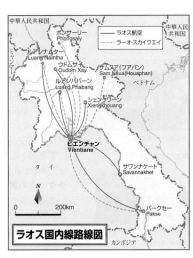

ラオス国内線路線図

ビエンチャン・ワッタイ国際空港 国内線ターミナル

		チェックインカウンター

到着
🚻 トイレ
S 売店
エレベーター
その他航空会社カウンター
国際線ターミナルへ ←
ラオス航空 航空券販売
ラーオ・スカイウエイ 航空券販売
S 売店(階段下)
タクシー カウンター
航空券 販売
出発(2F) エスカレーター
階段
出入口
出入口

機内へのライター持ち込み禁止

ラオスの国内線では、ライターの持ち込みが禁止されている。スモーカーは、高価なライターではなく、使い捨てを持参して、到着地でまた買いなおすしかない。

天候に左右されやすいラーオ・スカイウエイのセスナ機

ラーオ・スカイウェイのポンサーリー、サムヌア便に使われているセスナ208型機は、低い高度を飛ぶため、天候の影響を受けやすい。利用する際は、発着状況をこまめにチェックしたほうがよい。

●普通バス
韓国製の中古が多い

●エクスプレスバス
ビエンチャン〜パークセーを結ぶ寝台バス

飛行機を使うときの注意点

●予約は早めに

ラオスの国内線に就航している飛行機は、座席数が200以下の小さな機体ばかりなので、早めの予約が望ましい。季節的には、外国人観光客が増える乾季、そしてラオス人も含めて多くの人が移動するラオス正月(ピーマイ・ラーオ)の混雑度が高いので、より早めの予約を心がける。

●欠航などの場合

天候や機材の都合で欠航が決定した場合は、別の便に振り替えてもらうか、予約をキャンセルして払い戻しを受ける必要がある。

バスの旅

ラオスの輸送の主力はバス。全国道路網の整備が進み、各地へ快適な旅が楽しめる。

バスの種類

●普通バス

政府または民間が運行するバス。椅子は片側2列ずつ。通常バスターミナルで発着するが、ルート上でならどこでも乗り降り可。

普通バスのなかには、古いトラックを改造した「ロット・ドイサーン(旅客車)」もある。荷台に幌をかぶせて、ベンチ式の椅子があるだけ。窓もなく、巻き上げるほこりがすごい。最近かなり少なくなったが、地方都市間を結ぶ路線ではまだ健在だ。

●エクスプレスバス／VIPバス／寝台バス

長距離路線に投入されている民間バス。発着は普通バスと同じ公共バスターミナルまたはバス会社の専用ターミナル。ゲストハウスや旅行会社でチケットを購入すると、宿からバス乗り場までは無料で送ってくれることもある。

夜行長距離バスのなかには、横になることができる寝台バスがある。ダブルベッドの場合は、ふたりでひとつのベッドを使う。男女が同じベッドに割り振られることはないが、たとえ同性でも見知らぬ他人と一緒に寝るのは勘弁、という人は、ふたり分の乗車券を購入することでシングルユースも可能。

●ソンテウ／ロットゥ(ミニバス)

都市部と近郊の往復に活躍するトラック型がソンテウで、ワンボックス型がロットゥ。路線上ならどこでも乗降可能。

チケットの買い方

普通バスのチケットはバスターミナルで購入するか、車内で車掌から買う。半券はなくさないように。エクスプレス(VIP)の場合は、旅行会社、ゲストハウス、バスターミナルのチケット売り場で購入。ソンテウ、ロットゥの場合は、降車時、または車内で現金でドライバー

か車掌に支払う。

市内の道路混雑を避けるため、大きな町になればなるほどバスターミナルは中心部から離れている。時間が限られている人は、多少割高でも、宿や旅行会社に依頼したほうがよい。

バスターミナルにはいつ行くか？

定員制のエクスプレス（VIP）バスは出発時刻に間に合うよう乗車すればいいが、普通バスは全部自由席なので、定刻の1時間前くらいにバスターミナルに到着しておこう。ラオスのバスは客がいっぱいになると、発車時刻前でも容赦なく出発してしまうので、自分のバスを早めに確認しておいたほうが安心。余裕をもって到着していれば、1本前のバスに空きがあれば乗れるし、目的の時刻のバスで席が確保できるだろう。

バスターミナルには何がある？

バスターミナルには小さな食堂や食料品店がある。昼食時にかかるような長距離バスの場合は、途中で食事休憩があるが、念のため簡単な食料や水を調達して乗り込もう。

トイレと食事

普通バスをはじめグレードの低いバス車内にはトイレがないが、3〜4時間を超える長距離になると、途中の食事休憩で用を足せる。地方に行けば行くほどトイレがある所は少なく、大自然のなかで用を足さなければならない。ラオス人は、女性もその辺で済ませてしまう。若い女性は、さすがに恥ずかしいのか、道路脇の草むらの奥深くへ消えていくが、年配の女性になると、人の見ている前で堂々としゃがんでいる。

停車する村には飲食店や屋台があり、フー（米麺）、焼き鳥、カオ・ニャオ（もち米）などが食べられる。短い停車だと、バスの窓際まで売り子が来ることもある。

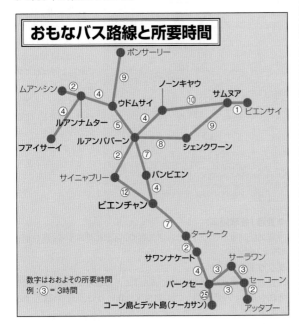

おもなバス路線と所要時間

```
                    ポンサーリー
                       │
                      ⑨
ムアン・シン   ②    ④  │   ノーンキヤウ      サムヌア
     ●────●────●ウドムサイ      ⑩      ●
          │      ●────────●──────────①ビエンサイ
ルアンナムター  ⑤    │
          │    ④  ⑧           ⑨
フアイサーイ    ●ルアンパバーン───●シェンクワーン
              │  ②   ⑦
サイニャブリー   ●バンビエン
          │  ⑫
      ●ビエンチャン
          │
         ⑦
          │   ターケーク
          ●────
          │②        サーラワン
    サワンナケート    ④   ③   ③
          │────●────●────●
          │   パークセー  ⑤   セーコーン
         ㉕            ②
          │          アッタプー
コーン島とデット島（ナーカサン）
```

数字はおおその所要時間
例：③＝3時間

●ソンテウ

トラックの荷台に座席がある

●ロットゥ

日本なら定員10名程度だが、20人くらい詰め込まれることもある

バスのチケットをめぐるトラブル

旅行会社で購入したバスのチケットをめぐるトラブルが報告されている。バスターミナルに行ったら、乗るはずのバスがなかった、行き先が違うバスに乗せられた、など、旅行会社とバス会社の間の連絡ミスによるものと思われる事例が多い。乗車するバスの詳細を確認しておこう。

艱難辛苦？　バスの旅

✉シェンクワーンからルアンパバーンまでバスを利用しましたが、ずっと山道で車酔い必至です。私はあまり酔わないほうなのですが、それでも気持ち悪くなりました。エチケット袋を持参したほうがよさそうです。
（東京都　マルク　'18）['23]

バスターミナルで売っているフランスパンは、お弁当にもグッド

途中でバスが停車すると、あらゆる物を売りに来る

真っ白なボディの急行型車両

どこか懐かしい雰囲気の普通列車

2021年に開通した、ラオス初の本格的な鉄道路線。路線は、首都ビエンチャンを起点にバンビエン、ルアンパバーン、ムアン・サイ（ウドムサイ）と北上していき、中国との国境ボーテンを越えて中国国内まで延びている。ラオス北部を旅行するには、飛行機よりも小回りが利き、バスよりも早いので、便利になった。

2023年6月現在、旅客鉄道は1日5本あり、途中のルアンパバーンやムアン・サイ止まりの列車もあれば、中国雲南省の昆明まで走る国際列車もある。

列車と座席の種類

ラオスの鉄道には急行と普通があり、どちらも指定席のみで、自由席はない。

ラオス鉄道路線図

中国へ↑
ボーテン
⑮⑳
ナートゥイ（ルアンナムター）
㉚①
ムアン・サイ（ウドムサイ）
㊿①⑩
ルアンパバーン
①①⑮
バンビエン
①①⑳
ビエンチャン

数字はおおよその所要時間
例：①⑮＝1時間15分（急行）
　　①㉚＝1時間30分（普通）

●急行

スタイリッシュな外観の車両で運行される列車で、ラオスでは「EMU（Electrical Multiple Unit）」と呼ばれている。ビエンチャン、バンビエン、ルアンパバーンなど、主要駅のみに停車。座席には、ビジネスクラスと1等車、2等車がある。

駅のチケット窓口。パスポートと現金の用意を忘れずに

ルアンパバーンの市内チケット売り場。現金もクレジットカードも使えない

●普通（各駅停車）

電気機関車がけん引する客車列車で、各駅に停車する。寝台車と2等車（座席車）。

チケットの買い方

鉄道のチケットは、鉄道駅で購入するのが基本だが、市内で買う方法もある。いずれにしても、自由席はないので、事前に購入する必要がある。

●鉄道駅で購入する

　駅のチケット売り場で購入する方法。窓口で乗車日、乗車列車、座席の種別（ビジネスクラス、2等車、など）、席数を告げて購入する。支払いは現金またはスマホ決済。購入の際には、パスポートが必要。

●市内で購入する

　首都ビエンチャンとルアンパバーンには市内オフィスがあり、ここでも購入できるのだが、支払いはスマホ決済のみなので、ラオスの銀行口座がない旅行者には実質的に購入不可能。そこで、宿泊しているホテル、または旅行会社に依頼して購入するしかない。手数料が上乗せされるが、鉄道駅まで行って購入する時間と手間を考えると、そのほうがベターである。

チケットはいつ買う？

　鉄道のチケットの販売は、乗車日の3日前から。鉄道は人気があり、混雑しているので、早めの購入をすすめる。空席があれば当日でも購入可能だが、駅に行ってみたら売り切れ、という可能性も大きい。鉄道で旅を続けるのなら、下車した時に次の乗車のチケットを買う、または、町に到着したら、宿や旅行会社で早めに手配するのがいいだろう。

駅へ行く

　ラオスの鉄道駅は、ほとんどが町の中心部からかなり離れているので、事前にアクセスを確認しておこう。トゥクトゥクやライドシェアが便利だ。

　チケットを買うと、発車の約2時間前に駅に来るように言われるようだ。実際には、改札に間に合えば乗車できるが、余裕をもって駅に到着していたい。

　また、鉄道駅の中には売店はなく、周辺にも簡単な屋台くらいしかないことが多いので、車内で食べる予定の食事や飲み物は、あらかじめ用意しておく。

ルアンパバーン駅。駅舎は、どれも同じようなデザインをしている。

入口でチケットとパスポートのチェックを受ける

駅に到着したら

　ラオスの鉄道に乗るのは、空港で飛行機に乗る手続きに似ている。

　まず入口でチケットとパスポートを見せ、その後、手荷物と身体のX線検査を受ける。つまり、乗客以外は駅には入れない仕組みだ。

　駅舎はかなり大きく、広い待合室にベンチがずらりと並んでいる。しかし、あるのはトイレと水飲み場くらいなので、駅で買い物をしたりする楽しみはない。またWi-Fiもないので、スマホも使いづらく、本でも読んで発車時刻を待つしかない。

待合室は屋根も高く、広々としているが、売店等は一切ない

改札

　改札口は常にオープンしているわけではなく、列車到着の約20分前になると一斉に改札がはじまる。改札時刻になると、ラオス語、中国語、英語でアナウンスがあるが、みんな立ち上がりだすので、わ

改札開始のアナウンスがあったら、改札口に並ぶ

鉄道時刻表

C86（急行）	D888（急行）	C82（急行）	K12（普通）	C84（急行）		駅		C85（急行）	C81（急行）	D887（急行）	K11（普通）	C83（急行）
	下り（中国方面行き）								上り（ビエンチャン行き）			
7:30	8:08	8:50	9:20	14:30	出発	ビエンチャン Vientiane	到着	13:41	17:00	17:38	20:27	20:53
8:25	9:00	9:45	10:39	15:25	到着	バンビエン Vang Vieng	出発	12:44	16:03	16:45	19:06	19:56
8:31	9:03	9:51	10:43	15:31	出発	バンビエン Vang Vieng	到着	12:40	15:57	16:42	19:02	19:52
9:25	9:53	10:45	12:03	17:00	到着	ルアンパバーン Luang Phabang	出発	11:48	15:05	15:53	17:48	19:00
9:33	9:57	10:53	12:09		出発	ルアンパバーン Luang Phabang	到着	11:38	14:59	15:49	17:40	
10:19	(通過)	11:56	13:15		到着	ムアン・サイ Muang Xay （ウドムサイ Oudom Xay）	出発	10:52	14:13	(通過)	16:32	
	(通過)	12:02	13:19		出発	ムアン・サイ Muang Xay （ウドムサイ Oudom Xay）	到着		14:09	(通過)	16:28	
		12:28	14:06		到着	ナートウイ Na Teuy （ルアンナムター Luang Namtha）	出発		13:43		15:45	
	(通過)	12:34	14:10		出発	ナートウイ Na Teuy （ルアンナムター Luang Namtha）	到着		13:39	(通過)	15:41	
	11:07	12:45	14:23		到着	ボーテン Boten	出発		13:30	14:39	15:30	

※おもな駅のみ掲載

（2023年6月現在）

鉄道料金

ビエンチャン Vientiane	200,000 / 125,000	383,000 / 242,000	541000 / 341,000	629,000 / 394,000	647000 / 407,000
90,000	バンビエン Vang Vieng	189,000 / 178,000	348,000 / 218,000	510,000 / 273,000	845,000 / 284,000
172,000	86,000	ルアンパバーン Luang Phabang	163,000 / 103,000	251,000 / 158,000	268,000 / 169,000
242,000	156,000	75,000	ムアン・サイ （ウドムサイ） Muang Xay (Oudom Xay)	92,000 / 59,000	110,000 / 70,000
282,000	194,000	114,000	44,000	ナートウイ （ルアンナムター） Na Teuy (Luang Namtha)	24,000 / 15,000
290,000	205,000	121,000	51,000	13,000	ボーテン Boten

※単位：kip　※おもな駅のみ掲載

急行（上段：1等車、下段：2等車）　　普通（2等車）

（2023年6月現在）

号車番号のある場所の近くで、列車の到着を待つ

急行列車の車内

急行列車の座席番号は、網棚に液晶表示されている

かるはずだ。改札口の上には発車時刻や改札時刻を示すディスプレイがあるので、それを見ていれば大丈夫。

　乗降客が多い駅では、改札口の前に号車番号ごとに整列するよう求められる。係員が、号車を書いたプラカードを持っているので、それを目指して並ぶ。

　改札口では、係員がチケットのコードを機械で読み取り、乗客をホームへ誘導する。

ホームで列車を待つ

　ホームには号車番号が書かれた表示があるので、その近くで列車到着を待つ。ホーム上には、売店もトイレもない。ホーム上には何人もの係員が立ち、一定のラインから線路に近づこうとすると、メガホンで厳しく注意される。

　ホームにアナウンスがあり、列車が到着。まず降車が済んでから乗車がはじまるのは日本と同じだが、ここでも、係員がその旨を何度も繰り返してアナウンスしている。

車内に入ったら

　乗車したら、予約した座席を目指して移動し、着席する。座席番号は、急行は網棚の液晶表示版に、普通列車は壁に表示されている。大きな荷物は、デッキ付近に置くか、網棚に上げる。

　列車が出発したら、あとは目的地への到着を待つだけだ。車内販売は、水とお菓子くらいしかない。トイレは各車両にあるが、いわゆるラオス式（P.217）しかない列車もある。トイレでは、紙は便器に流さず、置いてある汚物入れに捨てる。

　車内Wi-Fiのある列車もあるが、電波状況はよくない。車内はすべて禁煙。ホーム上も禁煙だが、実際はあまり守られていない。

目的地に到着

　目的の駅に到着したら、ホームに降りて、改札口を目指す。降車客は一斉に動くので、その列についていけば大丈夫だろう。改札口では、入札時と同じように、係員にチケットを見せると、コードを読み取ってくれる。

　駅の外には、トゥクトゥクや乗合バンの乗り場があるので、ここから町に向かうことになる。

普通列車のトイレ。紙は便器に捨ててはいけない

改札でコードを読み取ってもらって、改札は終了

鉄道チケット購入アプリ
鉄道のチケットを購入するアプリもある。しかし、ラオスの電話番号と銀行口座が必要になるので、それらがない旅行者が使えるようになるのは、まだ先のことになりそうだ。

● ボートの旅

　ラオスの国土を豪快に貫くメコン川やその支流は、重要な交通路として機能している。目線を下げて水面から見るだけで、これまでとは違った風景が見えてくるはずだ。

ボートの種類

●スローボート

　全長15〜30m、幅2〜3mほどの細長いボート。その名のとおりゆっくりと走るので、時間のたっぷりある旅行者にはおすすめ。船のグレードにより船内設備や食事の有無が異なる。人気のルートは、ルアンパバーン（P.38）〜フアイサーイ（P.114）。

●クルーズ船

　メコン川をクルーズする予約制のボートで、おもに、スローボートと同じルアンパバーン〜フアイサーイ間と、パークセーを起点としたコースで運航されている。通常の定期船に比べれば料金は張るが、基本的な食事は含まれており、また高品質なサービスも期待できるので、時間と予算が許せば、旅のプランに組み入れてみてはいかがだろうか。

●そのほかのボート

　ルアンパバーンからパークウーへ行く船や、コーンの島々を巡るときには、8〜15人乗りくらいのボートが活躍する。橋がない場所で川を渡る平底のフェリーは、人と一緒に車も運ぶ。

チケットの買い方

　大きな町では船着場がかなり離れていることも珍しくないが、旅行会社でチケットを購入すると、出発当日はホテルまで迎えがくる。小さな町では船着場で直接購入することになる。外国人旅行者が多い船着場では、看板に公定料金が書いてある。

ボートの旅で注意すること

　長時間の船旅になるとトイレを兼ねた休憩がある。船内および休

ルアンパバーン〜フアイサーイを結ぶスローボート

ルアンパバーンからパークウーへ向かうボート

ムアン・ゴーイのボートチケット売り場

贅沢な時間をもらえるクルーズ船

憩場所には食事の施設がないこともあるので、水と簡単な食料は用意して乗り込んだほうがいい。

服装に関しては、たとえ暑季でも長袖が必携。屋根があるボートでも、日射の角度によっては帽子があると重宝する。硬い椅子もあるので、エアークッションがあればさらに快適だ。雨季に乗る場合は、カッパなどの雨具の用意も忘れずに。

車のチャーター

ラオスの道路事情は年々よくなっており、バスの旅は以前に比べるとかなり楽になった。また鉄道も開通したので、陸上交通のレベルは格段に向上している。

しかしながら、本数などの点で、まだまだ制限が多いのが実情。そこで便利なのが、車のチャーターだ。

車のチャーターは、基本、1日単位で車を貸し切るもの。日本の「ハイヤー」にあたる。かなり贅沢に聞こえるかもしれないが、自分の旅行日程に合わせて使えるし、なにより、バスに比べれば車内も乗り心地もより快適。うまく使えば旅程の短縮になり、ホテル代も浮くかもしれない。

チャーターの方法

ラオスでは、個人ドライバーがチャーター組織に加盟しているというケースが多く、彼らにコンタクトするには、ホテルや旅行会社が窓口になる。そこでチャーターしたい日程、行きたい場所を告げると、1日あたりの料金を提示してくる。

チャーター料金には、通常、燃料代、ドライバーの宿泊費や食事代（泊まりがけでチャーターの場合）が含まれているが、契約する前に確認しておこう。

チャーターが決まったら、ドライバーの名前と電話番号、車両ナンバーを聞いておく。車は、ワンボックスカーが多い。

チャーター車の旅

チャーター予約した車は、指定した時刻にホテルなど約束の場所までやってくる。あとはドライバーの名前を確認して、乗り込むだけ。

目的地までの間、写真を撮影したり、トイレなどで小休止したり、食事をしたりするのは自由。ドライバーはラオス語しか話せないことが多いが、身振りや、スマホの翻訳アプリなどを使えばわかってくれるはずだ。ドライバーの食事代は、彼らが自分で支払うので、心配はいらない。

泊まりがけの旅の場合は、旅行者は希望のホテルに泊まるが、ドライバーは、独自に宿を探して宿泊する。同じホテルの場合もあるし、違うこともある。別れる前に、翌日は何時に出発するか、確認しておこう。

支払い

チャーター料の支払いは、出発前、最終目的地に到着後など、特に決まっていない。出発前に支払う場合は、トラブルを避けるために、領収書を取っておくと安心だ。

チャーター料金の目安
走行予定距離や行く場所によって異なるが、1日当たり$100 〜 150くらいが目安。

チャーター車の多くはワンボックスカーで、車内も広々

交通事故は結構多い
道路事情はよくなったラオスだが、それにつれて交通量も増え、特に大型トレーラーの数が急増している。交通事故も多く、足止めを食うことも珍しくないので、時間には余裕をもって移動しよう。

山道で遭遇した接触事故で、1時間弱の足止め

市内交通

●トゥクトゥク

　三輪バイク、またはトラックを使った乗り物で、ラオスではタクシーとして利用されている。

　トゥクトゥクの使い方は大きく分けてふたつ。ひとつは日本のタクシーと同じ感覚で利用する場合で、乗車前に行

多人数でチャーターすると割安になるトゥクトゥク

先を告げて料金を確認する。もうひとつは、郊外に行くときなどに1台チャーターするケース。これも交渉制だが、観光地では行き先別に公定料金が設定されていることもある。

●ライドシェア

　ライドシェアは、個人の車をタクシーのように使えるもの。ほかの国ではUber、GRABなどがあるが、ラオスでも、おもに右のふたつ（LOCA、InDrive）のシステムがある。いずれも、ラオスの電話番号が必要なので、利用はSIMフリースマホ所有者に限られるが、一般のタクシーがほとんどないラオスにおいて、利用価値は高い。使用するには、スマホにアプリをインストールする必要がある。

●レンタサイクル、レンタバイク

　トゥクトゥクの料金交渉がわずらわしい人には、レンタサイクルやレンタバイクの利用をすすめる。行動範囲が広がるし、好きな場所で好きなときに停まれるので、便利だ。借りるときは、まず自転車やバイクの状態をチェック。メンテナンスがいい加減なことも多いので、店の周りを少し回るなどして、ブレーキの動作状況やタイヤの空気圧などを確認する。バイクにはヘルメットの着用義務もあり、借りられるかどうかも確認すること。

　借りることが決まったら、パスポートを店に預けて契約書にサイ

ラオスの町は概して小さいので、レンタサイクルで回るのが便利

ンする。契約書はちゃんと読んでからサインしよう。

　バイクを借りて運転する場合、本来は免許証が必要なのだが、観光客に対しては警察が大目に見ているのが現状である。ときどき、夜間を中心に検問があり、無免許の場合は、レンタバイクでも罰金を科される。

●バス

　首都ビエンチャンには、おもに郊外方面に向かうバス路線がある。乗降は、バスターミナルやバス停で

おもにビエンチャンでは、郊外へ行くのにバスも使える

可能だが、路線内なら、基本的にどこでも乗り降り可能。乗る際は手を挙げて、降りる際はドライバーか車掌に告げる。ただし運賃は、路線ごとに設定された均一料金なので、途中で乗降しても安くはならないことが多いようだ。

LOCA
loca.la

乗りたい車の種類（一般車、ピックアップトラックなど）を選び、乗る場所と目的地を入力すると、おおよその料金が表示される。それを確認してから、予約確認すると、近くにいる車がやってくる。

InDrive
indriver.com

乗りたい車の種類（一般車、ピックアップトラックなど）を選び、乗る場所と目的地、そして支払いたい金額を入力すると、それに納得したドライバーが応募してくるので、その中から選ぶと、車がやってくる。

ホテルの基礎知識

天蓋付きのベッドも

●中級ホテル

ダブルベッドが主流

●エコノミーホテル

若い旅行者向けの簡素なゲストハウス

●ドミトリー

二段ベッドが並ぶ

ホテル料金は目安
ホテルの料金は、「正規料金」のほかに、そのホテルが出している割引（プロモーション）料金、ホテル予約サイトが出している料金など、さまざま。宿泊する日が1日違うだけでも、異なる場合がある。本誌に掲載されている料金は、あくまで目安と考えてほしい。

増える禁煙ホテル
禁煙のホテルや部屋で喫煙すると罰金を科せられることもあるので、スモーカーは要注意。

館内完全禁煙のホテルもある

観光客やビジネス客が急増するラオスでは各地でホテルの建設ラッシュが続いており、さまざまなタイプの宿泊施設が揃っている。

宿泊施設のいろいろ

●高級ホテル

1泊おおよそ$100以上のホテルで、ほとんどはルアンパバーンとビエンチャンに集中している。ルアンパバーンでは、リゾート感やアンティーク感に重きをおき、部屋数を抑えた「ブティックホテル」というスタイルが主流。一方ビエンチャンの高級ホテルは、ビジネスにも対応できるよう、宴会場やビジネスセンターなどの施設を重視し、部屋数の多い近代的なビルが多い。

高級ホテルは総じてエアコン付き、トイレ、冷蔵庫、湯沸かし器、クローゼット、ミニバー、電話、セーフティボックス（金庫）などが備わっている。風呂に関しては、シャワーは必ずあるが、高い料金のわりにはバスタブがない部屋も、ラオスでは珍しくない。

高級ホテルのほとんどは独自のホームページをもち、また本社サイトもあって、インターネット予約が可能。ホテル予約サイトや旅行会社を通じての手配もでき、そのほうが大幅な割引にあずかれる場合もある。高級ホテルではまた、宿泊料金に税10％とサービス料10％が加算されることが多い。

●中級ホテル

1泊おおよそ$30から$100までの宿泊施設で、ルアンパバーン、ビエンチャンをはじめとした都市部においては、数のうえで主流となるのがこのランク。

中級ホテルの部屋も総じてエアコン付きで、ベッド、トイレ、ホットシャワー、クローゼット、冷蔵庫がある。ほとんどが朝食付きで、フランスパン、卵料理、コーヒーという典型的な洋風朝食や、お粥などが提供されている。また名前がゲストハウスとなっていても、この中級ホテルのランクに入るところが少なくない。

●エコノミー（低料金）ホテル

おおよそ$30以下のホテルやゲストハウス。ビエンチャン周辺ならバンビエン、北部ならルアンパバーンやムアン・ゴーイなどナムウー川沿いの町など、南部ならシーパンドーンの島々など、欧米人旅行者の多いエリアに多い。逆に少ないのは、パークセー、サワンナケートなど、ビジネス需要の高い町である。

エコノミーホテルは、部屋の料金によってエアコンの有無（扇風機のみ）が分かれる。3～4月の暑季にエアコンなしの部屋で過ごすのは厳しいが、その反面、乾季の北部では扇風機さえ不要で過ごせるエリアもある。寝る場所は、ベッドか畳床。トイレ、シャワーは、料金によって部屋の中にあったり、共同だったりする。ラオスでも、このランクのホテルのホットシャワーはかなり普及してきているが、使えるかどうかはチェックイン前に必ずチェックしたい。特に北部を11～2月に訪れる人は、冷水シャワーを浴びるのはかなりつらい。

ドミトリー（相部屋）のあるゲストハウス（ホステル）も増えてお

り、ホテルの部屋代が高いビエンチャン、ルアンパバーンでは節約派旅行者の味方になってくれる。利用の際は、部屋が男女別か、男女相部屋かを確認しておこう。

ホテルの予約

世界遺産に登録されているルアンパバーン、経済成長著しいビエンチャンなど大きな町はホテルやゲストハウスの建設ラッシュだが、それでも客室は不足気味。旅程が決まっている人は事前の予約が望ましい。ホテルのウェブサイトや、ホテル予約サイトから予約し、クレジットカードで決済しておけば安心だ。

一方、とりわけ倹約志向の旅行者が好んで利用するゲストハウスやバンガローは、予約そのものを受け付けていないので、ウオークイン（飛び込み）で空き状況を確認するしかない。

季節などによる混雑度

ラオス旅行のトップシーズンは11〜2月の乾季で、部屋が取りにくくなる。特に日本や欧米からの旅行者が増えるクリスマスから年末年始のビエンチャン、ルアンパバーンの宿は、早めに手配したほうがよい。

一方、オフシーズンになる雨季の5〜9月は空き室が増え、しかも宿泊料金が大幅にディスカウントされることもある。

また首都ビエンチャンでは、国際会議などの開催時には大型ホテルを中心に一時的に満室状態になるので、注意が必要だ。

ラオス正月「ピーマイ・ラーオ」で華々しい催し物が続くルアンパバーンでも、4月中旬の正月期間は宿がかなり混み合う。

ホテル利用の際の注意事項

たとえ高級ホテルであっても、貴重品の管理は自らの責任で行うこと。部屋にあるセーフティボックスとて100％安全ではないが、利用価値は高い。

最近では、特に中級以下のゲストハウスにおける盗難事件が日本人旅行者から多数報告されている。部屋を出る際は、パスポート、お金、カメラなどの貴重品は必ず身につけていくこと。

特に北部のホテルのなかには、いわゆる「ラブホテル」となっている宿がある。薄い壁の向こうからあやしい声がひと晩中聞こえてくるのは苦痛だし、犯罪に巻き込まれる可能性もあるので、このようなホテルは避けるべきだ。

ホテルのシャワー
いわゆる「シャワー」がある場合と、トイレと同じように、ためた水から洗面器ですくって水浴びをする場合がある。また、お湯のシャワーはかなり普及しているが、特に地方のゲストハウスに宿泊するときは、チェックイン時に確認したほうがいいだろう。

中級ホテルのシャワーとトイレ

ペットボトルの水は無料？
中級以上のホテルの部屋に用意されている水のペットボトル。ベッドサイドや棚の上に置かれている水は無料だと考えて差し支えないが、ミニバー内の商品として別ブランドのミネラルウオーターが冷蔵庫に入っていることがある。これは有料になるので注意したい。

この水を飲むとチェックアウト時に料金を請求される

ラオス式トイレの使い方

トイレは、ラオス式と洋式がある。ラオス式とは、「金隠し」が付いていないだけで、和式とほぼ同じ。ただし座る向きは日本と反対で、お尻は穴のほう。使用後は便器の横に置いてある缶などにためられた水を流す。またラオス式でも洋式でも、高級ホテル以外の場所では紙を便器の中に流さないように。管が細いのですぐ詰まってしまうのだ。使った紙は、やはり便器の横にある缶などの中に捨てる。

ラオス式の便器

レストランの基礎知識

ラオス料理とタイ料理

日本にはラオス料理店がほとんどないのでイメージがつかみにくいが、大まかにいうと、ラオス料理はタイ料理とほぼ同じ。とりわけ「イーサーン料理」と呼ばれるタイ東北部の味とは共通するものが多く、タイ料理店のなかにもラオス料理が必ず見つかる。

麺類に付いてくる野菜はどうやって食べる？

麺類を注文すると、別皿にたくさんの野菜が付いてくるが、これは無料。野菜の食べ方は人それぞれだが、まずはレタスやインゲンなどを小さくちぎってどんぶりに入れ、麺と一緒に食べてみよう。

野菜がたっぷり付いてくる

テーブルの上の揚げパンは何？

おもに麺類のレストランでは、テーブルの上に揚げパンの入った皿や籠があることがある。これをちぎって麺の汁につけ込んで食べるのもラオス流。会計の際に、食べた数を自己申告すること。

そのまま食べてもOK

カオ・ソーイは「おこし」をプラス

ルアンパバーン名物の辛味噌麺、カオ・ソーイの店にある円盤形のおこしも、揚げパンと同じ。小さく割って汁に入れると、中国料理の「おこげ」のような食感が楽しめる。

おこしに味はついていない

著しい経済成長と観光客の増加で、ラオス各地でレストランのオープンが続いている。ただし、長い間自給自足的な生活を送ってきたラオス人に外食が定着してきたのは最近のことで、レストランの総数に比べて正統派のラオス料理店は少なく、ヨーロッパ料理中心のツーリスト向けレストランのメニューにラオス料理がラインアップされていることもよくある。一方、ビエンチャンなどの都市部には、民族舞踊を観ながら伝統的なラオス料理を堪能できる高級店もある。

旅のメニュー

ラオスの旅では、例えばこんなメニューを楽しむことができる。

●朝食

ホテルでは、バゲット（フランスパン）と卵料理にコーヒーのラオス版モーニングセット。バゲットを炭火であぶってくれる店では、カリカリの食感が楽しめる。町の食堂なら、カオ・ピャック・セン（ラオス風うどん）に揚げパンを浸しながら食べるのもいい。

中級以下のホテルの典型的な朝食

●昼食

どんな小さな町にでもある麺、フーは気軽に食べられるランチ。都市部なら、カオ・クア（チャーハン）やミー・ナム（ラーメン）が食べられる中国系の食堂に入ってみてはどうだろう。市場でテイクアウトの総菜を買って食べる方法もおすすめ。

フーはラオスの即席麺

●夕食

ラオス料理レストランであれば、ふたりでおかず2～3皿をシェアするくらいがちょうどいい。米はカオ・ニャオ（もち米）をひとつ注文し、足りなければ追加、もしくはカオ・チャーオ（うるち米）をもうひと皿頼んでみてはいかがだろうか。もちろん、ときにはイタリア料理店でパスタ、日本料理店で定食という日があってもいい。

ひとりで食べると、おかずの量がちょっと多すぎる

おすすめラオス料理

まずラオスの代表的な料理でもあるラープ。ラープは、ラオス料理店はもちろん、ラオス料理とヨーロッパ料理のフュージョン店でもだいたいメニューに載っている。カオ・ニャオを合わせる場合はラープにつけながら、カオ・チャーオ（うるち米）ならラープをご飯の上に少しずつ乗せながら食べる。

ラープがちょっと気取ったラオス料理なのに対して、タム・マークフン（パパイヤのサラダ）は日常食。町角ですりこぎをトントンと

たたいている女性がいたら、それがタム・マークフンの店である。

タム・マークフンにもう1品追加したいのであれば、地鶏を使ったピン・カイ（焼き鳥）、またはメコンからの恵みでもあるピン・パー（焼き魚）がおすすめ。

フランスパンもぜひ食べてみたい。旧宗主国フランス直伝のバゲットは、パン焼き職人による手ごねで、できたてほどおいしい。ラオスならではのいろいろな具材を挟んだサンドイッチは、バスの旅のおともとしても人気だ。

予約は必要か？

よほど高級店でもないかぎり、予約は不要と考えていい。ただし、伝統舞踊が観られるレストランなどでは、大きな団体客の予約が入っていると、個人客の席が用意できないこともある。どうしても行きたい店がある場合は、念のため予約しておくといいだろう。

注文と会計

庶民的なレストランでは席案内を待つ必要はなく、空いているテーブルに座って大丈夫。メニューにはラオス語と英語が書かれていることがほとんど。

料理によっては、大盛り「チャーン（皿）・ニャイ（大）」と並盛り「チャーン（皿）・ノイ（小）」があるので、人数と食欲に合わせて注文する。また麺類などでは、入れる具を選べることがあり、それを店から聞かれるのだが、具材が店頭に並んでいることが多いので、言葉がわからなければ、それを指で示して伝えよう。

会計は各テーブルで行う。たくさん注文したときは、レシートに記載された価格とメニューの価格がちゃんと合っているかどうか、確認してから支払う。

チップは基本的に必要ないが、中級以上のレストランではおつりに出た細かい札をチップとしてテーブルに残しておくとスマート。例えば会計が95,000kipで、100,000kip払って返ってきた5,000kipはチップとして置いていったらどうだろう。

ラオス料理の食べ方

カオ・ニャオとおかずの食べ方は巻頭ページ（P.26）で紹介している。箸やスプーンを使わないので、手がベトベトになったら、手洗い場や洗面所の水で洗う。自分でウエットティッシュを用意しておくのもいいだろう。

麺類を食べるときは、日本のように豪快にズルズル音を立てるのはご法度。片手に箸、もう片手にスプーンを持ち、箸で持ち上げた麺をスプーンでサポートしながら上品に食べる。

丼やお碗を持ち上げてかき込むのは、どの料理にかかわらずマナー違反。

飲み物

日本と同様、水やお茶は無料で出てくるか、テーブルにあるポットからセルフサービスで注ぐ。ただ、水が出てこないといってお店の人に頼むと、有料のミネラルウォーター（ナム・パオ）を持ってくる場合があるので注意。

庶民的なレストランで出されるお酒はビールがほとんど。一方、都市部のスタイリッシュなレストランではワインも人気だ。バーやクラブでは、スコッチウイスキーもよく飲まれている。

ラオスに来たならバゲットサンドイッチを

ラオスの名物料理のひとつが、「カオ・チー・パーテ」（P.30）と呼ばれるバゲット（フランスパン）サンドイッチ。旧宗主国のフランスが持ち込んだバゲットに、ラオス産のハムや野菜を挟む、意外なコラボレーション。醤油テイストに最初はとまどうかもしれないが、ぜひ試してほしい一品。屋台のような小さな店や、バスターミナルで売られていることが多い。

数種類のハムに香菜を添えて、醤油で味つけ

このすり鉢とすりこぎのような道具があったら、そこがタム・マークフンの売り場

朝食にラーメン？

ラオスの人は、ラーメン風の麺「ミー・ナム」を朝に食べる人が多い。朝だけ、または午前中のみ営業という店もある。

ビールの氷はタダじゃない？

ラオスでは、ビールに氷を入れて飲む習慣があるが、料金がしっかり加算される店もあるので注意。頼みもしないのに店の人が持ってくるケースもあり、そのときは有料か無料かを確認しよう。「無料」はラオス語でも「フリー Free」。

ショッピングの基礎知識

東南アジア諸国のなかでも高度な手工芸文化をもつラオス。ここでしか買えない逸品が見つかるかもしれない。

ラオスでのショッピング

ラオスの織物は世界中から注目されており、プロのバイヤーも足しげく通うほど。母から娘へと伝承されてきた織りの繊細さは見事というほかなく、ラオスの誇りでもある。

目もくらむような値札が付いた高級織物を扱うブティック

竹製品もラオスならでは。カオ・ニャオ（もち米）を入れるおひつ「ティップ・カオ」はそのまま小物入れに使えるし、さまざまな竹工芸品も、日本の暮らしに役立つものが多い。

ショッピングの場所

大都市には、おもに外国人旅行者向けのブティックや雑貨店がある。ルアンパバーンとビエンチャンには、それとは別に工房を併設した織物ブティックがあり、織り子たちが一つひとつていねいに作業している様子の見学も可能。

織物でも、ローカル向けの商品が欲しい人は迷わずタラート（市場）へ。特にラオス女性が日常的にはく巻きスカート「シン」の品揃えは豊富で、通勤・通学用の地味な柄から、結婚式などではくきらびやかな物まで、デザインも価格も千差万別。

「値切り」はどこまで可能？

外国人向けの店を除いて、店に並ぶ商品には定価がほとんど付いていないので、いちいち尋ねる必要がある。しかし、こちらが外国人だからといって相場の何倍、何十倍もの価格を提示する店は少ない。せいぜい1割から2割程度値切ったところが妥当

値切り交渉も、気張らずに、ユル系で

な金額なので、あまりにも安い金額から交渉に入るのは、失礼にあたる。小物の場合は、一度にたくさん購入すれば値切り率は高い。

クレジットカードの利用

外国人向けを中心に、クレジットカードが利用できる店は増加している。利用時に3%程度の手数料が加算される場合が多いが、現金を用意しなくてよい利便性と安全性を考えれば、利用価値は高い。カードを使う際は、手数料を確認してからにしよう。

カード払いは通貨とレートに注意

カード払いをしたとき、現地通貨でなく日本円で決済されていることがある。これ自体は合法だが、ちゃっかり店側に有利な為替レートになっていたりするので注意したい。サインする前には通貨と為替レートを確認すること。店側の説明なしで勝手に決済されたときは、帰国後でも発行金融機関に相談を。

クレジットカードはどれが便利？

ラオス最大の銀行でもあるラオス外国為替銀行（BCEL）が取り扱っているカードがJCB、MasterCard、Visaの3種類なので、このなかの1枚を持っていけば、利用度が高い。ICカード（ICチップ付きのクレジットカード）で支払う際は、サインではなくPIN（暗証番号）が必要だ。日本出発前にカード発行金融機関に確認し、忘れないように。

1枚は用意したいクレジットカード

「シン」はオーダーメイド

ラオス女性の必需品でもある巻きスカート「シン」は、基本的にすべてオーダーメイド。店で生地を選ぶと、その場で採寸してくれ、数日後に完成する。友人へのおみやげ用として購入する際は、ウエストサイズ、スカート丈、ホックの留め位置（左側か右側か）を控えておく必要がある。

正装のときはシンとともに、「パービアン」という布をたすき掛けにする

チップとマナー

仏教徒が主流を占めるラオスには、日本と共通するマナーや習慣も多く、常識をもって接すれば間違うことはほとんどないが、以下の点に留意しよう。

チップ

基本的にチップの習慣はないが、ある程度のランク以上のホテルやレストランなどでは、チップを渡すとスマートである。

高級ホテルでは、チェックイン後に荷物を運ぶのはポーターの役目なので、任せてしまおう。部屋に入ると電気や冷蔵庫などの使い方を説明してくれ、最後に彼が退出するときに5,000 ～ 10,000kip程度のチップを渡す。

中級以上のレストランの場合は、おつりで返ってきた小額紙幣をそのままチップにする。例えば95,000kipの会計で100,000kip渡したら、おつりの5,000kipはそのままウエイター、ウエイトレスに「お礼」としてあげたらどうだろうか。

車をチャーターしたとき、規定の拘束時間を大幅にオーバーしたりした場合は、20,000 ～ 50,000kipほどのチップを渡すとドライバーの機嫌もよくなるだろう。

いずれにしろ、欧米のようなチップ制度はないので、あくまで気持ちのよいサービスに対する感謝の気持ちだということを忘れずに。

チップの強要には乗らない
何かしらのサービスを受けたあと、図々しく「チップをくれ」と要求する輩が少なからずいるが、それに応える必要はない。

ラオスのマナー

●仏教と僧侶に敬意を示す

町のあちこちに点在している仏教寺院に入るときは、タンクトップ、ノースリーブ、ミニスカート、ショートパンツなど肌の露出が激しい衣類は避ける。

また、女性が僧侶に触れることも禁じられているので、むやみに近づかないこと。

特に托鉢では、僧侶にあまり近づかないこと

●他人の頭に触らない
たとえ相手が子供であっても、頭頂部に触れるのは無礼。

●公共の場所では、男女の接触は控えめに
屋外、ホテルのロビーなど公共の場所では、たとえ夫婦や恋人同士であっても、抱擁しあったりキスしたりする行為は慎むべき。

●ラオス人を理解する3つのキーワード
ラオス人を理解するキーワードは「ボーペンニャン」「ムアン」「サバーイ」の3つ。「ボーペンニャン」は「気にするな」のような意味だが、自分が時間に遅れてきたりしても言い訳に使う。「ムアン」は「楽しい」「おもしろい」で、飲んで騒いで踊るのが大好きな国民性を表す。「サバーイ」の直訳は「気持ちいい」だが、「楽だ」という意味もある。努力してお金を稼ぐより「サバーイ」に暮らしつつ、毎晩「ムアン」な宴会を開き、失敗しても「ボーペンニャン」。これがラオス人の伝統的なライフスタイルだ。

ラオスでの"Do"と "Do Not"
観光案内所などに張られているポスターには、ユニークなイラストで、ラオスで歓迎される行為（Do）と敬遠される行為（Do Not）が描かれているので、一読しておこう。

ルアンパバーンのツーリスト・インフォメーションセンター前に張られていたイラスト

郵便、電話、インターネット

**ラオスから日本までの
郵便料金(航空便)**
はがき:8,000kip
封書
　～20g:27,000kip
　～40g:30,000kip
　～60g:33,000kip
EMS
　～1kg:989,000kip
　～2kg:1,344,000kip

郵便局の営業時間
郵便局の営業時間は、場所
によって多少差があるが、平
日8:00～16:00(昼休みを
取る場合あり)、土・日曜は休
みというのが目安。

**ラオスで携帯電話を紛失
したら**
日本から持ってきた携帯電
話をラオスで紛失した際は、
ラオスから以下に連絡する
(利用停止の手続き。全社24
時間対応)。
au
☎00-81-3-6670-6944
NTTドコモ
☎00-81-3-6832-6600
ソフトバンク
☎00-81-92-687-0025
※いずれも、その会社の携帯
電話からは通話料無料、その
ほかの電話からは有料。

**日本での国際電話の
問い合わせ先**
NTTコミュニケーションズ
☎0120-003300(無料)
🌐www.ntt.com
ソフトバンク
☎0088-24-0018(無料)
🌐www.softbank.jp
au(携帯)
☎0057
☎157(auの携帯から無料)
🌐www.au.com
NTTドコモ(携帯)
☎0120-800-000
☎151(NTTドコモの携帯か
ら無料)
🌐www.nttdocomo.co.jp
ソフトバンク(携帯)
☎0800-919-0157
☎157(ソフトバンクの携帯
電話から無料)
🌐www.softbank.jp

郵便

　ラオスから日本に郵便を送る場合は、はがきや封書の表に「JAPAN」
と目立つように英語で書いておけば、あとの住所や宛名などはすべて
日本語でOK。切手は、郵便局や市中の店舗で扱っている。ラオスに
はポストが少なく、郵便局へ行かないと投函できないことがほとんど
である。

　小包、国際エクスプレスメール(EMS)は郵便局で申し込み、
EMSは通常3～4日で日本に到着する。

電話

国内電話

　ラオスの電話番号は、固定電話は市外局番3ケタに電話番号6ケ
タの組み合わせ。例えばビエンチャン(市外局番021)の123456番
なら、(021)123456。携帯電話は市外局番のところが020で番号は8
ケタ。携帯電話の電波を使った固定電話は030で始まり、番号は7
ケタになっている。

国際電話

●ラオスから日本にかける

　まず国際電話識別番号の00を押し、次に日本の国番号81、0を取
った市外局番、電話番号の順でかける。例えば日本の(03)1234-
5678にかける場合は次のようになる。

●ラオスから日本へかける場合　　例:東京(03)1234-5678にかける場合

| 国際電話
識別番号
00 | + | 日本の国番号
81 | + | 市外局番と携帯番号
の最初の0は取る
3 | + | 相手先の電話番号
1234-5678 |
| --- | --- | --- | --- | --- | --- | --- |

※一般電話から日本にかける場合は上記のとおり。ホテルの部屋からは、外線につながる番号を頭につける。

　インターネット環境があれば、自分のパソコンやスマートフォン
のアプリを使ったIP電話が利用できる。数は少なくなったが、イン
ターネットカフェでも利用可。

●日本からラオスにかける

　ラオスの国番号は856で、例えばラオスの(020)12345678にかけ
るには下のようになる。

国際電話のかけ方

●日本からラオスへかける場合　　例:(020)12345678へかける場合

| 事業者識別番号 | | 国際電話
識別番号 | | ラオスの
国番号 | | 最初の0を
取った8桁～
10桁の番号 |
| --- | --- | --- | --- | --- | --- | --- |
| NTTコミュニケーションズ **0033**
ソフトバンク(携帯電話の場合は不要) **0061** | + | **010**
※ | + | **856** | + | **20-12345
678** |

携帯電話の場合は、010のかわりに「0」を長押しして「+」を表示させると、国番号からかけられる。
※NTTドコモ(携帯電話)は、事前にWORLD CALLの登録が必要。

海外で携帯電話を利用するには
●日本の携帯電話を使用する
　日本で使用している自分の携帯電話を、そのままラオスで使用する。使用できるかどうかは、携帯電話会社、契約しているサービスによって異なるので、利用法やサービスは各社に問い合わせてみよう。ラオスで使用する場合は、発信はもちろん、着信にも料金がかかるケースが多いので、その金額も確かめておいたほうがよい。
●海外用携帯電話をレンタルする
　海外用携帯電話のレンタル会社を利用する方法。日本の携帯電話と同じように、発信、着信とも料金が課せられるものがほとんど。
●現地SIMカードを利用する
　日本で使用中の電話やスマホが、どのSIMカードでも使える「SIMフリー」タイプなら、ラオスで購入したSIMカードに入れ替えるだけで使える。ラオスのSIMカードはプリペイドが主流で、金額を使いきったら、チャージ用のカードを購入する。

インターネット（Wi-Fi）
　ほとんどのラオスのホテルやレストランにはWi-Fiが設置されているが、外に出てしまうと使うことができなくなってしまう。しかし、海外用モバイルWi-Fiルーターをレンタルすれば、いつでもどこでもインターネットに接続することができる。日本と同じように、ネットの地図を頼りに町を歩くこともできるので、便利このうえない。

海外パケット通信に注意
海外での通信が定額になる「海外パケット定額」の対象地域に、ラオスが入っているかどうか、携帯電話会社に確認しておこう。通話が不要なら、機能をWi-Fiに制限する設定をしておこう。

ラオスで便利なアプリ
●What's App（SNS）
ラオスの人が日常的に使っているコミュニケーション手段は「ホワッツアップWhat's App」。日本におけるLINEと同じように使われており、宿の予約も、これが利用されるケースが少なくない。
www.whatsapp.com

INFORMATION
ラオスでスマホ、ネットを使うには

　スマホ利用やインターネットアクセスをするための方法はいろいろあるが、一番手軽なのはホテルなどのネットサービス（有料または無料）、Wi-Fiスポット（インターネットアクセスポイント。無料）を活用することだろう。主要ホテルや町なかにWi-Fiスポットがあるので、宿泊ホテルでの利用可否やどこにWi-Fiスポットがあるかなどの情報を事前にネットなどで調べておくとよい。ただしWi-Fiスポットでは、通信速度が不安定だったり、繋がらない場合があったり、利用できる場所が限定されたりするというデメリットもある。そのほか契約している携帯電話会社の「パケット定額」を利用したり、現地キャリアに対応したSIMカードを使用したりと選択肢は豊富だが、ストレスなく安心してスマホやネットを使うなら、以下の方法も検討したい。

☆ 海外用モバイルWi-Fiルーターをレンタル
　ラオスで利用できる「Wi-Fiルーター」をレンタルする方法がある。定額料金で利用できるもので、「グローバルWiFi（【URL】https://townwifi.com/）」など各社が提供している。Wi-Fiルーターとは、現地でもスマホやタブレット、PCなどネットを利用するための機器のことをいい、事前に予約しておいて、空港などで受け取る。利用料金が安く、ルーター1台で複数の機器と接続できる（同行者とシェアできる）ほか、いつでもどこでも、移動しながらでも快適にネットを利用できるとして、利用者が増えている。

▼グローバルWiFi

　海外旅行先のスマホ接続、ネット利用の詳しい情報は「地球の歩き方」ホームページで確認してほしい。
【URL】http://www.arukikata.co.jp/net/

旅のトラブルと安全対策

外務省のラオスに対する渡航情報
外務省は2023年7月1日現在で、ラオスに関して渡航情報を出している。以下は抜粋なので、詳細は外務省のホームページなどで要確認。
●不要不急の渡航は止めてください
サイソンブーン県全域、シェンクワーン県のサイソンブーン県との一部県境周辺地域。
●十分注意してください
上記以外の地域（首都ビエンチャンを含む）。

ラオスの治安状況は常に変動しており、出発直前に最新状況を得ておこう。

在ラオス日本大使館
MAP P.79-A2
Rd. Sisangvone, Vientiane
☎ (021) 414400 ～ 3
FAX (021) 414406
緊急電話☎ (020) 99915710
（24時間対応）
www.la.emb-japan.go.jp

**●外務省
海外安全ホームページ**
www.anzen.mofa.go.jp

●外務省領事サービスセンター（海外安全相談班）
☎ (03) 3580-3311（内線2902 ～ 3）

周辺国に比べ、ラオスは凶悪犯罪が少なく安全な国といえるが、ここ数年、旅行者を狙った犯罪は増加傾向にあり、しかも凶悪化している。しかし事件のほとんどは、ちょっと気をつけていれば避けられた、もしくは被害を最小限に食い止められたもの。どんな国にも犯罪者はおり、ラオスでも犯罪は毎日のように起こっているという認識、そしてここは日本ではなく外国であって「自分の身は自分で守る」という原則を常に忘れずにいたい。

トラブル事例

盗難

盗難は各所で発生しているが、最近とみに報告が多いのが、マホート（ゾウ使い）トレーニングのコースの参加者からのもの。参加中に預けた荷物から現金などを抜き取る手口が頻発している。これを避ける方法としては、ウオータープルーフ（防水）の貴重品袋を使用する、しっかりした旅行会社を選ぶ、などが考えられる。

ひったくり

都市部において外国人を狙ったひったくりが急増している。歩行中や自転車での走行中、オートバイに乗ったふたり組が後方から近づき、追い抜きざまにバッグなどを奪う、というひったくりの常套手段のほか、まだ夜も明けきらない早朝の托鉢を見学に行こうとしたところ、路地の暗がりでかばんを強奪された、という事例もある。日が落ちたらむやみに出歩かないのが賢明だ。

麻薬

ラオスにおいては、麻薬の売買や使用は禁止されている。残念ながら、過去に麻薬所持で当局に拘束された日本人も実在しており、麻薬への勧誘には絶対に乗ってはいけない。ラオスでは麻薬所持の最高刑は死刑、実際に死刑判決を受けた外国人旅行者もいるのである。

いかさま賭博

「食事をごちそうしたい」などと自宅などに誘い、「あなたが必ず勝つようにしてあげる」とトランプ賭博に誘う。賭場では最初は勝ち続けるものの、途中から相手が「現金を見せろ」などと言い出し、最終的には「あなたは勝負に負けた」と現金や貴金属を奪ったり、クレジットカードで高額商品を買わせたりする。ちなみにラオスでは、指定されたカジノなどを除いて賭博は違法である。

乗り物における事故

国内の道路整備にともなって長距離バスの便が増えてきたラオスだが、事故の報告も増加中だ。死亡者が出るほどの大事故でないと報道されないお国柄なので実数は不明だが、とりわけ夜行バスの事故、特に山間部における事故は少なくないという情報もあり、できれば日中の移動をすすめる。

レンタサイクルやバイクで回る旅行者も多いが、ラオスの交通ルールやマナーを習熟していないばかりに事故を起こすことも。現地の交通事情に慣れるまでは細心の注意を払うべきなのはもちろんのこと、借りるときに整備状態をしっかり確認しておこう。

トラブルに巻き込まれたら

パスポートをなくしたら

　もしパスポート（以下、「旅券」）をなくしたら、まず現地の警察署へ行き、紛失・盗難届出証明書を発行してもらう。次に日本大使館で旅券の失効手続きを行い、新規旅券の発給（※1）または、帰国のための渡航書の発給を申請する。手続きをスムーズに進めるために、旅券の顔写真があるページと、航空券や日程表のコピーを取り、原本とは別の場所に保管しておこう。

お金をすべてなくしたら

　お金をすべてなくしてしまった、盗まれてしまった場合、出てくることはまずない。クレジットカードがあれば、ラオスの銀行でキャッシングも可能なので、万一のことも考えて1枚は用意したい。

荷物をなくしたら

　旅行中荷物を盗まれたり、置き忘れたりしたら、まず出てこないと思ったほうがいい。盗まれた場合で海外旅行保険に加入している人（「携行品損害」を付帯している人のみ）は、帰国後に保険会社が実費を補償してくれるので、警察で「盗難証明書」を作成してもらう手続きを取る。

　飛行機に乗るときに預けた荷物が到着空港で出てこなかったら、その場で航空会社の職員に事情を説明し、宿泊先のホテルに届けてもらうことができる。完全に紛失された場合は、運送約款の範囲内で補償してくれる。どちらの場合でも、チェックイン時に荷物を預かったという証明、「クレームタグ（Claim Tag）」が必要になる。クレームタグは、通常、チェックイン時に航空券の裏にシールで貼ってくれるので、預けた荷物とクレームタグの枚数が一致しているか、チェックインのときに確認しよう。

航空券をなくしたら

　eチケット以外の航空券をなくした場合の再発行はケース・バイ・ケース。万一のときのために、航空券のコピーを持っていくとよい。

旅の健康管理

　ラオスはほぼ全域において高温多湿な熱帯性気候に属し、日本とは異なった自然環境のため、疾患の流行状況が異なっている。食事媒介性の疾患や、蚊などの虫や動物が媒介する疾患のなかには日本に常在しないものもあり、注意が必要である。ビエンチャンなどの都市部で流行するものもあれば、人里離れた郊外で流行するものもあるといったように、目的とする地域に応じた対策が重要となる。

　まずは、自分の渡航先であるラオスでどういう健康被害が考えられるのか、情報を収集することが先決である。それには、ラオスの安全情報はもとより、厚生労働省等が発表している渡航先感染症情報にも目を向けるとよい。渡航者に対する専門医療機関（トラベルクリニック）も日本各地にあり、渡航者に対する健康相談を専門的に行っている。

　旅行中は、早起き、夜更かし、移動の疲れなど慣れない環境におかれることによって肉体的・精神的負担がかかりやすくなるもの。よく遊び、楽しんだあとは宿に戻ってしっかり食事をし、休息を取り、十分な睡眠時間を確保し健康維持に努めよう。旅行中に病気になる

パスポート紛失の際に必要な書類と費用

●失効手続き
・紛失一般旅券等届出書1通
・共通：写真（縦45mm×横35mm）1枚 ※3

●発給手続き
・新規旅券：一般旅券発給申請書、手数料（10年用旅券1万6000円、5年用旅券1万1000円）※1 ※2
・帰国のための渡航書：渡航書発給申請書、手数料（2500円）※2
・共通：現地警察署の発行した紛失・盗難届出証明書
・共通：写真（縦45mm×横35mm）1枚 ※3
・共通：戸籍謄本1通 ※4
・帰国のための渡航書：旅行日程が確認できる書類（旅行会社にもらった日程表または帰りの航空券）

※1：改正旅券法の施行により、紛失した旅券の「再発給」制度は廃止
※2：支払いは現地通貨の現金で
※3：撮影から6ヵ月以内
※4：発行から6ヵ月以内。帰国のための渡航書の場合は原本が必要

2023年5月の旅券法令改正及び旅券（パスポート）の電子申請の開始について
www.mofa.go.jp/mofaj/ca/pss/page22_003958.html

●おもな改正内容
www.mofa.go.jp/mofaj/files/100412468.pdf

パスポートを盗まれたり紛失した人がラオスを出国するには、ラオス外務省から出国ビザを取得する必要がある。ビザ取得の方法については、以下のサイトを参照のこと。
immigration.gov.la/how-to-apply-certificate-of-loss/

厚生労働省検疫所
🌐www.forth.go.jp

国内のトラベルクリニック
一覧
🌐plaza.umin.ac.jp/jstah/
(日本渡航医学会)

ラオスの医療事情は、改善し
つつある(写真提供：JICA)

と、スケジュールをこなせなくなるし、何より旅行を楽しめなくなってしまう。何に注意をしたらよいかを正しく理解し、そのうえでおいしい料理や観光を楽しみたいものである。

ラオスでかかる病気と対策

●おもに食べ物から感染するもの
●旅行者下痢症 (Traveler's Diarrhea)

毒素性大腸菌やノロウイルスなど、その原因はさまざまである。病原微生物に汚染された飲料水や食物から経口感染する。暑さで食べたくなるアイスクリームにも病原微生物が潜んでいることがあるので要注意。比較的食欲が保たれている場合は水分を十分取って安静にし、適宜整腸剤を服用し、3日以上下痢が続くようなら病院へ行こう。市販の下痢止めは病態を悪化させることもあり、安易な服用は慎むこと。発熱をともなったり、吐き気や発熱がみられたり、便に血液が混じったりした場合は速やかに病院で受診する。

●細菌性赤痢 (Shigellosis)

赤痢菌に汚染された食物や水などで経口感染する。3日程度の潜伏期の後、発熱、下痢、腹痛がみられるのが典型的。水下痢が多いが、血便や膿粘液便を呈することもある。発熱は2〜3日でひくことが多い。赤痢にはアメーバ赤痢という寄生虫症もあり、潜伏期が比較的長く、帰国後に発症する場合もある。

●腸チフス (Typhoid Fever)

サルモネラの一種であるチフス菌による感染症で、本菌に汚染された飲み水や食物などから経口感染する。潜伏期は1〜2週間ほどで、39〜40度台の発熱がみられ、必ずしも下痢になるとはかぎらず、逆に便秘になることもある。重症化すると意識障害を起こしうる。腸チフスには有効なワクチンがあるが、日本では一般に販売されていないので、トラベルクリニックに問い合わせてみよう。

●コレラ (Cholera)

コレラ菌の経口摂取により感染する。1〜3日の潜伏期の後、突然下痢で発症する。頻回の水下痢が特徴で、嘔吐や筋肉の痙攣もみられる。重症化して死亡することもあるが、多くは軽症か無症状で経過する。ワクチンは一般に販売されていないが、一部の医療機関では接種できるので、厚生労働省検疫所ウェブサイトを参照してほしい。

●A型肝炎 (Hepatitis A)

A型肝炎ウイルスに汚染された水や野菜、生の魚介類などから経口感染する。食物を介さず、糞便から手指などを経て接触感染することもある。潜伏期間は平均1ヵ月程度で、症状は発熱、食欲不振、全身倦怠感など。やや遅れて黄疸が出現する。初期には風邪と似た症状をみせることがある。出発前にあらかじめ医療機関でA型肝炎ワクチンの接種を行うことで、予防することができる。

●その他の寄生虫症

生の野菜や魚介類から感染する寄生虫症も見逃せない。特に、川魚の風土料理から感染するタイ肝吸虫には十分注意。魚料理は、よく火の通ったものを口にしよう。

魚料理は、よく火を通してから

●虫や動物が媒介する病気

　ラオスでは蚊によって媒介される病気に注意しなければならない。都市部でデング熱、郊外でマラリアが重要である。近年、一部の地域では、デング熱と症状が似ており、関節痛が特徴的なチクングニア熱の発生がみられている。乾季や暑季（11～4月）では、都市部の短期旅行は比較的安全だが、雨季のピーク（5～8月）は蚊の対策を十分行うべきだろう。日が暮れてからの外出を避け、虫よけスプレーなどを使うほか、長袖・長ズボン着用によりできるだけ肌の露出部分を少なくする。また、白など明るめの色調の衣類を着用すると、蚊を忌避する効果がある。寝るときは蚊取り器具や蚊帳を用いることも必要である。

森林地帯では、蚊に注意

●マラリア (Malaria)

　ハマダラカという蚊がヒトを吸血した際に感染し、高熱が特徴。高熱が出たときは、速やかに病院へ行く。ビエンチャンでの感染リスクは極めて低いが、都市部以外では防蚊対策が重要になる。マラリアには予防内服薬があり、事前にトラベルクリニックなどの専門機関に相談するとよい。

●デング熱 (Dengue Fever)

　おもにネッタイシマカという蚊が媒介するウイルス性疾患で、ラオスでは都市部でも発症する。潜伏期間は3～8日で、高熱、頭痛、筋肉痛、関節痛、結膜充血などが現れる。食欲不振、腹痛、便秘をともなうこともある。解熱剤を服用すると、その種類によってはかえって症状が悪化する場合があるので、安易な薬の使用は慎みたい。ワクチンや予防薬はなく、防蚊対策が予防の基本。近年、通常より多くの流行がみられた年もあり、今後も注意が必要。

● 狂犬病 (Rabies)

　通常は感染した動物に咬まれて唾液とともにウイルスが伝染する。傷口や目、鼻、口などをなめられて感染する場合もある。発症すると死亡することが多いので、細心の注意が必要である。犬だけでなく、猫、サル、コウモリなどにもウイルスがあり、日本と同じつもりで不用意に哺乳動物に近づいたり、触ったりすることのないようにしたい。日本でもワクチンが接種可能なので、トラベルクリニックに相談してみよう。

●そのほか

●エイズ (AIDS)

　ラオスにおいてもエイズは無縁ではない。エイズは、麻薬や売買春などに手を染めないかぎり感染の心配はまずないので、不安な気持ちになる前に、自らの行動をチェックするべきである。

出発前のワクチン接種

　ラオスに渡航する際には、短期間の都市の観光旅行では必要性は比較的低いが、目的地、滞在期間、活動内容などによっては、事前に接種しておくべきワクチンがある。もっとも、ワクチン接種が絶対的な安全を保証するわけではない。事前にトラベルクリニックなどを活用して情報を集めておくとともに、日々規則正しい生活を心がけ、食事や飲料水に気を使い、十分な体力をキープしておくことがいちばんの予防である。

（「旅の健康管理」の監修：関西医科大学附属滝井病院海外渡航者医療センター）

外務省のラオスに対する感染症危険情報
外務省は2023年7月17日現在、ラオスに対しての感染症危険情報は出していない。

旅の会話

矢野順子

ラオス語はタイ語と親戚同士？

ラオス語とは、ラオス人民民主共和国憲法で公用語と定められている言語である。「ラーオ語」と表記したほうが現地の発音に近い。しかし、日本においては国名として「ラオス」が通用しており、言語名についても市販されている教本の多くは「ラオス語」を採用している。したがって、ここでも「ラオス語」と呼ぶことにする。

ラオスは南北に長い地形もあって、国内の方言差が大きい。首都ビエンチャンの方言が標準との意識がある程度は存在するといえるが、厳格なものではなく、ラオス国営放送のニュース番組であっても、地方からの中継では方言が用いられることがある。これは隣国タイで徹底的な標準語教育が行われたとは対照的である。

ラオス語は、タイ・カダイ語族タイ諸語南西タイ語群に属するとされ、同じ語群にはタイの公用語であるタイ語も含まれる。両者の間には様々な差異が存在するものの、現地の人たちの間では、非常によく似た言語と認識されているようである。ふたつの言語の違いは「方言ほどの差」と説明されることもある。例えば、数字をみてみると声調や一部語彙が異なるものの、ほぼ同じである。1～99までのうち声調を無視すれば、ラオス語とタイ語が異なるのは20～29のみである（ラオス語の20は「サーオ」、タイ語は「イーシップ」）。ま

た、「100」はラオス語では「ホーイ」、タイ語では「ローイ」というが、ラオスでもタイ語の影響を受けて「ローイ」という人が多い。

実際、ラオスではトゥクトゥクの運転手やみやげ物屋の店員が、外国人観光客に向かってタイ語で話しかけているのをよくみかける。筆者がラオス語で話しかけてもタイ語で返されることもしばしばある。これは、英語は得意ではないけれど、ラオス語よりも知名度が高い？タイ語で話せば、外国人観光客とコミュニケーションが取れる可能性が高いのではないか、との考えにもとづくものであろう。こうしたなか、現在のラオスにおいてタイ語ができれば、少なくとも観光地において不自由することはないといえる状況となっている。

しかし、タイにおいて同じようにラオス語が通じるかといえば事情が違っている。ラオス人の多くがタイ語を理解する原因は、日常的にタイのテレビやラジオ、新聞、雑誌、インターネット上の様々なタイ語のサイトに接していることにある。欧米の植民地支配を経験しなかったタイでは、1960年代に始まる開発の時代を通して、東南アジア大陸部のなかではいち早く経済発展を遂げた。タイから発信されるファッションや音楽、スポーツ、世界情勢など様々な情報は、ラオスの人々にとっておおいに興味をそそられるものとなっている。

一方、ラオスは1975年まで「30年闘争」ともいわれる長い内戦が続き、近年著しい経済

表1　ラオス文字とタイ文字

日本語	ラオス語	タイ語
ラオス国家	ປະເທດລາວ /pathêet láaw/	ประเทศลาว /prathêet laaw/
読者	ຜູ້ອ່ານ /phùu ʔaan/	ผู้อ่าน /phûu ʔàan/

表2　ラオス語とタイ語の正書法

日本語	ラオス語	タイ語
月曜日	ວັນຈັນ /wáncǎn/	วันจันทร์ /wancan/

※タイ語の下線部が読まない文字。

表3　正書法比較

日本語	1）発音どおり	2）語源を表す	タイ語
都	ນະຄອນ /nakhɔ́ɔn/	ນຄອນ /nakhɔ́ɔn/	นคร /nákhɔɔn/

発展を遂げつつあるものの、タイとの経済格差は依然として存在している。そうしたなかタイの人たちにとって、ラオスのテレビやラジオ放送を視聴しようとするインセンティブは低いものとならざるを得ない。

ラオス語はタイの東北地方で話されるタイ語東北方言とよく似ている。タイにおいて東北地方は「田舎」の代名詞といえ、テレビドラマなどでは東北方言を話す役者が典型的な田舎者を演じることが多い。こうした田舎者意識は時に国境を越えてラオスへと向けられることもあり、タイの芸能人がラオスを馬鹿にするような発言をしたとして、問題となることがこれまでに幾度となくあった。

ここでは、タイにおける「中央」と「地方」の格差が、国境を越えてラオスとタイの二国間の経済格差に変換されているといえる。そしてこうした事情は、ラオスの「国語」意識、言語ナショナリズムの形成に強い影響を与えてきた。

ラオス文字とタイ文字

ラオス文字とタイ文字はともに古代インドのブラフミー文字に起源をたどることができるとされ、かたちもよく似ている【表1】。しかし、ラオス文字の子音字が27字であるのに対し、タイ文字の子音字は42字と多い。これには両言語の正書法（綴りの規則）の違いが関係している。現在のラオス語の正書法は一音一文字で、発音どおりに綴るのに対し、タイ語では主としてパーリ語、サンスクリット語起源の外来語の表記については、たとえ発音されなくても綴りに語源の音を表す規則が採用されている【表2】。タイ語の子音字が多いのは、パーリ語、サンスクリット語の音に対応させるためであり、同音異字の存在や、黙音字符号を付して実際には読まない文字を書くなど、タイ語の正書法はラオス語よりも複雑なものとなっている。このほか、ラオスでは上座部仏教の経典言語であるパーリ語を記述するための

写真1　ルアンパパーンのワット・シェントーンの看板、上がタム文字、下がラオス文字で寺院名が書かれている（2019年1月28日筆者撮影）

「タム文字」が使われている【写真1】。タム文字もインド起源の文字であるが、ラオス文字、タイ文字とは系統が異なり、ビルマ文字のような丸いかたちをしている。

国語を「つくる」

これまで、ラオス語とタイ語がよく似た言語であり、文字もかたちが似ていること、しかし正書法には違いがあること、言語の通用度はラオスとタイの経済格差を反映して不均衡なものとなっていることについて述べてきた。次に、ラオス語が国語としてつくられてきた過程をみていきたい。

近代国民国家では、国家を円滑に運営していくため、国民に共通の言語の普及は不可欠であった。そのため、国内で話されている言葉のなかからひとつ、ないしは複数を選び、語彙の選定や文法書の編纂により、標準化された国語がつくられていった。そうして「つくられた」国語は、教育制度をとおして全国民へと普及していくことになる。

ラオスにおいてこうした動きが始まったのは、フランス植民地時代のことであった。現在のラオスの領域の大半はフランスの到来以前、タイ（シャム）の属国となっていた。

ベトナムを植民地化したフランスは、タイとの国境交渉の結果、メコン左岸地域を獲得し、フランス領「ラオス」とした。これに対して、タイはラオスを「失地」ととらえ、タイとラオスの言語的・民族的類似性を根拠にラオス領有の正当性を主張し、国境確定後もラオス「奪還」の機会をうかがっていた。フランスはこうしたタイの要求を退けるため、タイ人とラオス人が異なる民族であることを示す必要に迫られた。そこで着手したのが、ラオス語の正書法を定め、タイ語とは明確に異なる言語としてつくりあげていくことであった。

フランスの植民地時代をとおして、ラオス語正書法をめぐっては1）現在のように発音どおりに綴る方法、2）文字を追加して、タイのように語源を表す方法、3）ローマ字化、という3つの異なる意見が出された。1）と3）は見かけ上のタイ語との差異化を意図したものといえるが【表3】【写真2】、2）は仏教を介したタイ語からの影響を遮断する目的をもつものであった。

ラオス人とタイ人の多くは南方上座部仏教

を信仰している。しかし、ラオスではパーリ語経典の記述にはタム文字を用い、ラオス文字はラオス語の表記にのみ用いるのに対し、タイではタイ文字でパーリ語とタイ語の両方を記述している。ラオスの僧侶にとっては、系統の異なるタム文字よりもタイ文字のほうが学びやすく、ラオス人僧侶の多くが日常的にタイ文字の仏教経典を利用するという事態を招いていた。2) の方法を支持したものの多くは仏教関係者であり、パーリ語の表記に必要な文字を追加し、タイ文字と同じ機能をラオス文字にもたせることで、仏教を介したタイ語の影響を排除しようとしたのであった。

議論の末、フランス植民地当局が採用したのは1) である。1944年になるとタイが「大タイ主義」と呼ばれる膨張主義政策を活発化させるなか、タイ語との違いがより明確となる3) の採用が宣言されたが、1945年3月から4月にかけて、日本軍のラオス到来が迫るなかで、それを普及させることはできなかった。結局、植民地時代をとおして決定的な規範となる正書法がつくられることはなかった。しかし、タイ語との差異化という方針は、独立後、王国政府とパテート・ラオの双方に継承されていった。

写真2 『ラオ・ニャイ新聞』(1942年10月1日付け) に掲載されていたローマ字表記の見本

内戦時代ー言語の「独立」

日本の敗戦後、ラオスでは独立運動の過程で、左右両勢力への分裂が生じた。1953年にフランスからの完全独立を達成しても対立が解消されることはなく、冷戦のなか、1975年まで「30年闘争」とも呼ばれる内戦が続いた。その結果、国語の形成も、右派のラオス王国政府と、ベトナムの支援を得て共産国家の設立を目指す左派のパテート・ラーオのふたつの体制下で、異なる理想のもとに進められることとなった。

ラオス王国ではラオス語は公用語となり、その標準化を担う機関として、「ラオス文学委員会」を設置、文法書や辞書の編纂がおこなわれた。正書法に関しては、発音どおりに

綴る方法が採用されたが、現在のものよりも語源的要素を残したものであった。しかし、フランス語も公用語となり、各省庁にはフランス人顧問が常駐していたため、公務ではおもにフランス語が用いられ、中・高等教育の教授言語も一部の例外を除きフランス語であった。国家としての独立を達成したものの、言語面では、ラオス語は従属的な地位におかれ、独立とはほど遠い状態が続いていたのであった。さらに、小学校の教授言語はラオス語であったことから、中等教育以上に進学できるものはかぎられ、フランス語能力を要因とする社会階層の分化が深刻化していった。

そうしたなか、急速な経済発展を遂げつつあったタイから、ラジオ放送や出版物、映画などの新しい娯楽をとおして、これまでにない勢いでタイ語が流入し、ラオス人の日常の言語生活に影響を及ぼすようになっていった。1960年代には、新聞の投書欄にラオス人の中にタイ語風に、数字の「100」を「ローイ」という人がいるなどと指摘し、正しいラオス語の使用を求めるものが頻繁にみられるようになる。ここからは、王国政府の人々の間で言語ナショナリズムが高揚していった様子がみてとれる。彼らは、王国政府エリートたちによるフランス語重視がラオス語の発展を妨げ、さらにラオス語へのタイ語の流入を招いていると主張し、フランス語とタイ語からの言語的独立を求めていった。

こうした人々の言語ナショナリズムを利用したのが、対立するパテート・ラーオであった。彼らの解放区では、全レベルの教授言語をラオス語とする教育制度が構築されていた【写真3】。パテート・ラーオは、フランス語重視の王国政府の教育制度を「奴隷的・植民地的」であると非難し、ラオス語による自らの教育制度の「国民的特徴」を強調することで、王国政府の人たちに対するプロパガンダを展開していった。また、パテート・ラーオの採用した正書法は王国政府よりもより厳格に発音に沿ったもので、王国政府の方法をタイ語

写真3 内戦期、パテート・ラーオの解放区で使われていた小学3年生用の道徳教科書

の影響を受けた方法と批判した。

　パテート・ラーオの訴えは、東西の代理戦争とされた内戦に疲弊し、真の独立したラオスを熱望していた少なくない人々の支持を引き寄せることとなった。このことが、パテート・ラーオの最終的な勝利への原動力のひとつとなったといっても過言ではないだろう。

少数民族言語

　もうひとつ、パテート・ラーオと王国政府で大きく異なっていたのは、少数民族に対する政策であった。メコン川沿いのラーオ族居住区域が支配領域の大半を占めていた王国政府に対し、パテート・ラーオの解放区は、山岳部の少数民族が多く住む地域であった。革命闘争を優位にすすめるには、少数民族の協力が不可欠であり、パテート・ラーオでは諸民族の「平等と団結」が繰り返し強調された。言語についても、共通語としてのラオス語の普及と、各少数民族語の発展がともに掲げられた。実際、モン（Hmong）族の言語であるモン語のラオス文字による表記法が創造され、教科書も編纂されている。

　しかし、戦闘の激化とともに言語政策の力点はラオス語の普及におかれるようになる。そして1975年、パテート・ラーオの勝利によりラオス人民民主共和国が建国されると、ラオス語が唯一の公用語となり、教授言語もラオス語に一本化された。

　現在、少数民族の言語に関しては、例えばラオス国営放送でモン語、クム語といった人口の多い少数民族語の番組が放送されているものの、教育現場では依然としてラオス語のみが教授言語とされている。こうしてみると、少数民族の言語への配慮は内戦時代よりも後退したともいえる。そうしたなか、ラオス語を母語としない少数民族の子供たちへの教育の普及が、大きな課題となっている。

ラオス人の外国語学習

　これまで、言語の側面からラオスの近現代史をみてきた。最後に、ラオス人に人気の外国語の変遷について触れておきたい。ラオス王国時代は、旧宗主国語で公用語でもあったフランス語が一番人気のある外国語であった。1975年の社会主義革命直後は、旧ソ連が最大の援助国となったことからロシア語、ソ連

崩壊後、1997年にASEANに加盟を果たすと英語の人気が高まった。筆者が2度目にラオスに留学していた2002〜2004年には、高校時代に旧ソ連に留学し、ロシア語に堪能なラオス国立大学の先生が、ロシア語は使う機会がないからと夜間の英語コースにせっせと通っていたのが印象に残っている。そして近年、中国からの投資が急速に増加する中、中国語学習ブームともいえる現象が起こっている。

　ラオス国立大学文学部の中国語学科は、2021年度、2022年度の入学試験で2年連続して、全学部学科の中で出願者数が1位であった。ラオス国立大学とルアンパバーンのスパヌウォン大学には孔子学院（中国政府の中国語教育機関）が設置され、多くのラオス人が中国語コースに通う。ラオスでは2021年12月のラオス・中国鉄道の開業に代表されるように、近年、中国からの投資が急速に増加している。そうしたなか、ラオス人の間で中国語能力は将来、良い職を得るために有効な手段との認識が広まり、中国政府の奨学金などを得て、中国に留学するラオス人学生の数も増加傾向にある。

　そのほか、内戦時代からラオスを支援してきたベトナム、またソウルからの直行便で観光客数が急増し、ドラマやK-POPが人気の韓国、それぞれの言語の学習者も多い。日本語はラオス国立大学文学部に日本語学科があるほか、日本・ラオスセンターをはじめとする日本語学校に一定数の学習者がいる。しかし、日本語を学ぶ動機は変化してきているようである。2000年代前半はビジネスのためというのが圧倒的に多かったが、近年では日本のアニメやマンガ、アイドルが好きという理由が多いそうである。

　こうしてみると、外国語学習もその時々の国際情勢や対外関係に大きな影響を受けてきたことがわかる。このことは、世代によって知識層が得意とする言語が異なるということも意味している。現在のところ、英語と中国語が二大人気といえるが、今後どのように変化していくのか、注目してみると面白いかもしれない。

Profile

やの・じゅんこ
愛知県立大学外国語学部准教授。著書に『国民語が「つくられる」とき ラオスの言語ナショナリズムとタイ語』（風響社）など。

ラオス語会話入門

人称、家族

日本語	ラオス語	発音
私	ຂອຍ	コーイ
あなた	ເຈົາ	チャオ
彼	ລາວ	ラーオ
彼ら	ພວກເຂົາ	プアックカオ
父	ພໍ	ポー
母	ແມ	メー
子供	ລູກ	ルーク
兄	ອາຍ	アーイ
姉	ເອື້ອຍ	ウアイ
弟	ນອງຊາຍ	ノーンサーイ
妹	ນອງສາວ	ノーンサーオ
祖父	ພໍ່ຕູ	ポートゥー
祖母	ແມ່ຕູ	メートゥー
親戚	ພີນອງ	ピーノーン
夫	ຜົວ	プア
妻	ເມຍ	ミア

指し示す言葉

日本語	ラオス語	発音
これ	ອັນນີ	アンニー
それ	ອັນນັນ	アンナン
あれ	ອັນນູນ	アンヌーン
ここ	ບອນນີ	ボーンニー
そこ	ບອນນັນ	ボーンナン
あそこ	ບອນນູນ	ボーンヌーン

数字

数	ラオス語	発音		数	ラオス語	発音
0	ສູນ	スーン		1	ນຶງ	ヌン
2	ສອງ	ソーン		3	ສາມ	サーム
4	ສີ	シー		5	ຫາ	ハー
6	ຫົກ	ホック		7	ເຈັດ	チェット
8	ແປດ	ペート		9	ເກົາ	カオ
10	ສິບ	シップ		11	ສິບເອັດ	シップエット
12	ສິບສອງ	シップソーン		20	ຊາວ	サーオ
30	ສາມສິບ	サームシップ		40	ສີ່ສິບ	シーシップ
50	ຫາສິບ	ハーシップ		60	ຫົກສິບ	ホックシップ
70	ເຈັດສິບ	チェットシップ		80	ແປດສິບ	ペートシップ
90	ເກົາສິບ	カオシップ		100	ນຶງຮອຍ	ヌンハーイ
1000	ນຶງພັນ	ヌンパン				
10000	ນຶງມຶນ	ヌンムーン				

※10桁以上の1の位の発音はエッ（ト）。
※12〜19の発音は10+1の位
※万の位は10＋万「シップパン」ສິບພັນと言うこともできる。

ラオス語の文法は比較的シンプルで学習しやすい。語を決まった語順に並べれば文を作れ、時制や主語によって、動詞が変化することもない。

平叙文

❶ 名詞述語文（動詞がない文章）

私はラオス人です　ຂອຍ ເປັນ ຄົນລາວ
　　　　　　　コーイ ペン コンラオ
　　　　　　　私 〜である ラオス人

解説 A＋ເປັນ＋BでAはBである。ふたつの名詞（AとB）の間に、ふたつの名詞をつなぐ語を入れる。ເປັນのほか、ແມນ ຊື່ ອາຍ がある。
ペン メン スー アーニュ
〜である 名前 歳

❷ 動詞述語文

これはとてもおいしい　ອັນນີ ແຊບ ຫຼາຍ
　　　　　　　　アンニー セーブ ラーイ
　　　　　　　　これ おいしい とても

私はこれが好きです　ຂອຍ ມັກ ອັນນີ
　　　　　　　コーイ マック アンニー
　　　　　　　私 好き これ

解説 英語と同じように、「主語＋述語動詞」もしくは「主語＋述語動詞＋補語（目的語）」となる。ラオス語は形容詞も動詞として扱う。

疑問文と否定文

これは鶏肉のラープですか？　ອັນນີ ແມນ ລາບໄກ ບໍ?
　　　　　　　　　　アンニー メン ラープカイ ボー
　　　　　　　　　　これ 〜である 鶏肉のラープ 〜か？

解説 平叙文の文末にບໍをおけば疑問文になる。
ボー

はい、そうです。　ເຈົາ, ແມນແລວ
　　　　　　チャオ メンレーオ

いいえ、違います。　ບໍ, ບໍແມນ
　　　　　　　ボー ボーメン

解説 簡単に「はい」ເຈົາ、「いいえ」ບໍだけでもよい。
チャオ ボー

これは鶏肉のラープではありません。豚肉のラープです
ອັນນີ ບໍແມນ ລາບໄກ ແມນ ລາບໝູ
アンニー ボーメン ラープカイ メン ラープムー
これ 〜ではない 鶏肉のラープ 〜である 豚肉のラープ

解説 名詞述語文の否定文は、ບໍແມນを名詞と名詞の間におく。また、ラオス語では、わかっていることは（上の例ではອັນນີ）省略する。
アンニー

彼はお金をたくさん持っています。　ລາວ ມີ ເງິນ ຫຼາຍ
　　　　　　　　　　　ラーオ ミー ガン ラーイ
　　　　　　　　　　　彼 持つ お金 たくさん

彼はお金を持っていません。　ລາວ ບໍ ມີ ເງິນ
　　　　　　　　　ラーオ ボー ミー ガン
　　　　　　　　　彼 〜ていない 持つ お金

解説 動詞（ラオス語は形容詞も動詞に含む）を否定する場合は、動詞の前に否定辞ບໍをおく。
ボー

Google翻訳アプリは、レストランのメニューにカメラをかざすと画面上で翻訳したり、音声で読み上げてくれる。また日本語で話しかけると現地語での音声で返してくれるなど、旅に便利な機能がいろいろ。

「完了」すでに ແລ້ວ ／「未完了」まだ ยัງ
レーオ　　　　　　　　　ニャン

ご飯食べましたか？　ກິນ ເຂົ້າ ແລ້ວ ບໍ?
キン カオ レーオ ボー
食べる ご飯 もう ～か

食べました／まだです　ກິນ ແລ້ວ/ຍັງ
キン レーオ ニャン
食べる もう まだ

解説 あいさつ代わりによく使われる表現。「まだ」というと食事に誘ってもらえることもある。ラオス人同士の場合は、あいさつとわかっているので誘われても断る場合が多いが、外国人の特権？で入れてもらってもよいかも。

結婚していますか？　ເຈົ້າ ແຕ່ງງານ ແລ້ວ ບໍ?
チャオ テン ガン レーオ ボー
あなた 結婚する すでに ～か

結婚しています／まだ独身です　ແຕ່ງງານ ແລ້ວ / ຍັງ ເປັນ ໂສດ
テン ガン レーオ　ニャン ペン ソート
結婚する すでに まだ 独身である

解説 若い人を見れば必ずと言ってもよいほどされる質問。

Part 1　基本のあいさつ

こんにちは ສະບາຍດີ
サバーイディー

あいさつは朝、昼、晩、これひとつでOK！ 笑顔で「サバーイディー」とあいさつしてみよう。目上の人に対してや公式の場では、胸の前で両手を合わせ、合掌しながらあいさつすることもある。男性同士では握手もするが、女性は一般的に握手しない。

お元気ですか？ ສະບາຍດີບໍ?
サバーイディーボー

はい、元気です。 ເຈົ້າ, ສະບາຍດີ
チャオ サバーイディー

「サバーイディー」には「元気です」という意味もあり、文末にບໍをつけて疑問文にすると「お元気ですか？」になる。
ボー

ありがとう ຂອບໃຈ
コープチャイ

最後に ຫຼາຍໆ「とても」をつけると、「とてもありがとう」と、よりていねいな表現になる。
ラーイラーイ

どういたしまして ບໍ ເປັນ ຫຍັງ
ボー ペン ニャン

ラオスでとてもよく耳にする表現で、いろいろな意味がある。「どういたしまして」のほか、謝罪を受けた際に「大丈夫です、気にしないでください」の意味でも使う。

すみません ຂໍໂທດ
コートート

「ごめんなさい」と謝るときのほか、道をあけてほしいときなど、何かお願いするときに「すみません」の意味で使う。最後に ຫຼາຍໆ「とても」をつけると、よりていねいな表現になる。
ラーイラーイ

類別詞

個	ອັນ アン
個(果物など)	ໜ່ວຍ ヌアイ
人	ຄົນ コン
杯(グラス)	ຈອກ チョーク
杯(お碗)	ຖ້ວຍ トアイ
皿	ຈານ チャーン
ビン	ແກ້ວ ケオ
枚(布)	ແຜ່ນ ペーン
枚(紙)	ໃບ バイ

※ラオス語には、日本語と同じような類別詞があり、物によって区別される。ただ、最初のアン ອັນ ですべてに代用も可能。

時間

日	ມື້, ວັນ ムー ワン
週	ອາທິດ アーティット
月	ເດືອນ ドゥアン
年	ປີ ピー
今日	ມື້ນີ້ ムーニー
明日	ມື້ອື່ນ ムーウーン
昨日	ມື້ວານນີ້ ムーワーンニー
今	ຕອນນີ້, ຕອນນີ້ トーンニー, ディアオニー
さっき	ອາກີ້ ワンキー バーイラン
あとで	ພາຍຫຼັງ パーイ

宿泊

ホテル	ໂຮງແຮມ ホーンヘーム
ゲストハウス	ເຮືອນພັກ フアンパック
シングルルーム	ຫ້ອງນອນດ່ຽວ ホーンノーンディアオ
ツインルーム	ຫ້ອງນອນຄູ່ ホーンノーンクー
トイレ、浴室	ຫ້ອງນ້ຳ ホーンナム
浴室	ຫ້ອງອາບນ້ຳ ホーンアプナム
お湯	ນ້ຳອຸ່ນ ナムウーン
エアコン	ແອ エー
チェックイン	ແຈ້ງເຂົ້າ チェーンカオ
チェックアウト	ແຈ້ງອອກ チェーンオーク
冷蔵庫	ຕູ້ເຢັນ トゥーヂェン

食べる

レストラン	ຮ້ານອາຫານ ハーンアーハーン
おいしい	ແຊບ セープ
まずい	ບໍ່ແຊບ ボーセープ
辛い	ເຜັດ ペット
甘い	ຫວານ ワーン
熱い	ຮ້ອນ ホーン

日本語	ラオス語（読み）
冷たい	ジェン ເย็ນ
たくさん	ラーイ ຫລາຍ
少し	ノイヌン ໜ້ອຍໜຶ່ງ
大きい	ニャイ ໃຫຍ່
小さい	ノーイ ນ້ອຍ
塩	クア ເກືອ
コショウ	ピクタイ ໝາກໄທ
辛子	マークペット ໝາກເຜັດ
焼く	ピーン ປີ້ງ
揚げる	チューン ຈືນ
蒸す	ヌン ໜຶ່ງ
煮る	トム ຕົ້ມ
炒める	クア ຂົ້ວ
飯	カオ ເຂົ້າ
肉	シーン ຊີ້ນ
魚	パー ປາ
果物	マークマイ ໝາກໄມ້
持ち帰り用包み	サイトンカッパーン ໃສ່ຖົງກັບບ້ານ
パン	カオチー ເຂົ້າຈີ່
牛肉	シングア ຊີ້ນງົວ
豚肉	シンムー ຊີ້ນໝູ
鶏肉	カイ ໄກ່
野菜	パック ຜັກ

買い物

お店	ハーン ຮ້ານ
市場	タラート ຕະຫລາດ
お金	ガン ເງິນ
高い	ペーン ແພງ
安い	トゥーク ຖືກ
買う	スー ຊື້
売る	カーイ ຂາຍ
キープ	キープ ກີບ
USドル	ドラー ໂດລາ
タイバーツ	バーツ ບາດ

観光

～通り	タノン ຖະໜົນ
遠い	カイ ໄກ
近い	カイ ໃກ້
右	クワー ຂວາ
左	セーイ ຊ້າຍ
東	ターウェンオーク ຕາເວັນອອກ
西	ターウェントック ຕາເວັນຕົກ
南	タイ ໃຕ້
北	ヌア ເໜືອ
真っすぐ行く	パイシー ໄປຊື່

さようなら ラーコーン ລາກ່ອນ

解説 ていねいな言い方。友人同士だと、先に立ち去る場合はバイコーン「ไปກ່ອນ「お先に」、見送る場合はໂຊກດີ「ご多幸を」と言うことが多い。

お名前は？ チャオ スー ニャン ເຈົ້າ ຊື່ ຫຍັງ／**名前は～です** コーイ スー ຂ້ອຍ ຊື່～
<small>あなた 名前 何 　　　　　　　　　　　　私 名前</small>

解説 ラオスでは、本名ではなくニックネームで呼ぶことが多い。

私は日本人です コーイ ペン コンニーブン ຂ້ອຍ ເປັນ ຄົນຍີ່ປຸ່ນ

解説 ຂ້ອຍ(私) ເປັນ(～である)で、「私は～です」。「～」には国籍や職業が入る。例えば、「私は学生です」は、ຂ້ອຍ ເປັນ ນັກສຶກສາ。

はい／いいえ チャオ ボー ເຈົ້າ ／ບໍ່

解説 返事はこのふたつを覚えておけば、OK。

Part 2　質問したい

いくらですか？ タオ ダイ ເທົ່າໃດ?

50,000キープです ハーシップパンキープ ຫ້າສິບພັນ ກີບ
<small>5万　キープ</small>

高すぎます ペーン ポート ແພງ ໂພດ
<small>高い ～すぎる</small>

まけてください ルット ダイ ボー ຫຼຸດ ໄດ້ ບໍ່
<small>減らす できる ～か</small>

40,000キープになりませんか？ シーシップパンキープダイボー ສີ່ສິບພັນກີບ ໄດ້ບໍ່?
<small>4万キープ　できる～か</small>

解説 ほかに、ຈັກ ກີບ (何キープ)？と聞く方法もある。「ຈັກ(いくら)＋単位」で分量を聞く表現。「キープ」を「ドラー」「バーツ」に替えれば、米ドル、タイバーツでの値段を聞くことができる。

どこですか？ ユーサイ ຢູ່ໃສ?

トイレはどこですか？ ホーンナム ユーサイ ຫ້ອງນ້ຳ ຢູ່ໃສ?　　**あそこです** ユーハン ຢູ່ຫັ້ນ
<small>トイレ　どこ</small>

タート・ルアンはどこですか？ タート・ルアン ユーサイ ຫາດຫຼວງ ຢູ່ໃສ?
<small>タート・ルアン　どこ</small>

解説 「場所＋ຢູ່ໃສ」で、「(場所)はどこですか」

何時ですか？ チャックモーン ຈັກໂມງ／**○○時です** モーン ○○ໂມງ

・何時発？

バスは何時に出発しますか？ ロットメー チャ オーク チャックモーン ລົດເມ ຈະ ອອກ ຈັກໂມງ?
<small>バス　　出発する　何時</small>

234

9時です ｶｵ ﾓｰﾝ
9 ໂມງ
9時

・どのぐらい（かかる）？

ここからワット・シェントーンまで歩いて何分かかりますか？

ﾁｬｰｸﾆｰﾊﾞｲ ﾜｯﾄ･ｼｪﾝﾄｰﾝ ﾆｬｰﾝﾊﾟｲ ﾁｬｯｸﾅｰﾃｨｰ
ຈາກນີ້ ໄປ ວັດຊຽງທອງ ຍ່າງໄປ ຈັກນາທີ?
ここから～まで ワット・シェントーン 歩いて行く 何分

解説 広い範囲でいつかを尋ねるとき、例えば「あなたはいつラオス
に行きますか」のような場合は ﾑｱﾀﾞｲ ﾑｱﾝﾗｵ ເມືອໃດ を使う。ເຈົ້າ ໄປ ເມືອງລາວ
ﾑｱﾀﾞｲ ﾊﾞｲ ﾄﾞｩｱﾝﾅｰ ເມືອໃດ ？「来月行きます」ໄປ ເດືອນໜ້າ。
ﾁｬｯｸﾓｰﾝ ﾁｬｯｸ は はっきりと時刻を尋ねるときに使う。先の「ﾁｬｯｸ＋単位」と同
ﾓｰﾝ じ表現。ໂມງ は「時」。
かかる時間の長さを聞きたいときは、ﾁｬｯｸ ﾅｰﾃｨｰ ﾁｬｯｸ ຈັກ ນາທີ「何分間」、ຈັກ
ｽﾜﾓｰﾝ ﾄﾞﾝﾊﾟﾝﾀﾞｲ ຊົ່ວໂມງ「何時間」、ຄືປານໃດ「どのぐらい」。

これは何ですか？ ﾝｲﾆｰ ﾒﾝ ﾆｬﾝ ອັນນີ້ ແມ່ນ ຫຍັງ？

これは何ですか？ ﾝｲﾆｰ ﾒﾝ ﾆｬﾝ ອັນນີ້ ແມ່ນ ຫຍັງ?
これ ～である 何

これはラープです。 ﾝｲﾆｰ ﾒﾝ ﾗｰﾌﾟ ອັນນີ້ ແມ່ນ ລາບ
これ ～である ラープ

これはフーではありません ﾝｲﾆｰ ﾎﾞｰﾝ ﾌｰ ອັນນີ້ ບໍ່ແມ່ນ ເຝີ
これ ～ではない フー

解説 「ﾝｲﾆｰ ﾒﾝ ອັນນີ້ ແມ່ນ＋名詞」で「これは～です」。これは何かを聞きたい
ﾆｬﾝ 場合は「名詞」の場所に ຫຍັງ（何）を入れる。ラオス語で何という
のかを知りたいときにも使える。「これは～ではない」の場合は、ﾒﾝ ແມ່ນ
の前に否定辞ບໍ່をおく。

ありますか？ ～ ﾐｰﾎﾞｰ ມີບໍ່?／いますか？ ～ ﾕｰﾎﾞｰ ຢູ່ບໍ່?

もち米（カオ・ニャオ）はありますか？ ﾐｰ ｶｵﾆｬｵ ﾎﾞｰ ມີ ເຂົ້າໜຽວ ບໍ?
ある もち米 ～か

あります／ありません ﾐｰ ﾎﾞｰﾐｰ ມີ／ບໍ່ມີ

ブンミーさんはいますか？ ﾌﾞﾝﾐｰ ﾕｰ ﾎﾞｰ ບຸນມີ ຢູ່ ບໍ?

います／いません ﾕｰ ﾎﾞｰﾕｰ ຢູ່／ບໍ່ຢູ່

解説 ﾐｰ ມີ は「ある（存在）」。ມີ＋名詞」で「～があります」
ﾕｰ ຢູ່ は「いる（所在）」。例えば、ﾐｰ ﾉﾝｻｰｵ ﾎﾞｰ ມີ ນ້ອງສາວ ບໍ は、相手に妹（ノンサーオ）
がいるのかどうか、存在が問題になっているのに対し、ﾉﾝｻｰｵ ﾕｰ ﾎﾞｰ ນ້ອງສາວ ຢູ່ ບໍ
「妹はいますか」は、相手に妹がいることが前提で、そこにいるのか
どうか、所在を尋ねている。また、「ຢູ່＋場所」で「～にあります」の
ﾀｰﾄ･ﾙｱﾝ ﾕｰ ﾋﾞｴﾝﾁｬﾝ 意で使う。ທາດຫລວງ ຢູ່ ວຽງຈັນ「タート・ルアンはビエンチャンにあり
ます」。

曲がる	ﾘﾔｵ ລ້ຽວ	
寺	ｳﾞｧｯﾄ ວັດ	
仏塔	ﾀｰﾄ ທາດ	
博物館	ﾋﾟﾋﾞﾀﾊﾟﾝ ພິພິດຕະພັນ	
川	ﾒｰﾅﾑ ແມ່ນ້ຳ	
滝	ﾀｰﾄ ຕາດ	
山	ﾌﾟｰ ﾎﾟｯﾄﾒｰ ພູ	
バス	ﾛｯﾄﾒｰ ລົດເມ	
飛行機	ﾎﾞｰﾝ ﾋﾟﾝ ເຮືອບິນ	
ボート	ﾙｱ ເຮືອ	
車	ﾛｯﾄﾆｬｲ ລົດໃຫຍ່	
タクシー	ﾛｯﾄﾀｸｼｰ ລົດແທັກຊີ	
バイク	ﾛｯﾄﾁｬｯｸ ລົດຈັກ	
自転車	ﾛｯﾄﾃｨｰﾌﾟ ລົດຖີບ	

病院

病院	ﾎｰﾝﾓｰ ໂຮງໝໍ	
医者	ﾀｰﾝﾓｰ ທ່ານໝໍ	
熱	ｶｲ ໄຂ້	
傷	ﾊﾟｰﾄﾍﾟｰ ບາດແຜ	
医院	ﾎｰﾝｶｰﾝﾀｰﾝﾓｰ ໂຮງການຕ່ານໝໍ	
薬	ﾔｰ ຢາ	
咳	ｱｲ ໄອ	
血	ﾙｱｯﾄ ເລືອດ	
痛い	ﾁｪｯﾌﾟ ເຈັບ	
かゆい	ｶﾝ ຄັນ	
吐く	ﾊｰｸ ຮາກ	
下痢をする	ﾄｰｸﾂｰﾝ ﾊﾟﾁｬﾄﾞｩｱﾝ ຖອກທ້ອງ	
生理	ﾌﾟﾗﾁｬﾑﾄﾞｩｱﾝ ປະຈຳເດືອນ	
頭	ﾌｧ ﾀｰ ຫົວ	
目	ﾀｰ ຕາ	
耳	ﾌｰ ຫູ	
鼻	ﾀﾝ ﾊﾟｰｸ ດັງ	
口	ﾅｰ ປາກ	
顔	ｺｰ ໜ້າ	
首	ｺｰ ຄໍ	
手	ﾑｰ ﾑｰ	
腕	ｹｰﾝ ແຂນ	
胸	ｴｯｸ ﾃｰﾝ ເອິກ	
腹	ﾍﾟﾝﾗﾝ ທ້ອງ	
背中	ﾃｨｰﾝ ແຜ່ນຫຼັງ	
足	ｱｳ ﾃｨｰﾝ	
指	ﾚｯﾌﾟﾑｰ ນິ້ວມື	
爪	ｹｰ ເລັບມື	
歯	ｹｰｵ ແຂ້ວ	

色 シーデーン

日本語	ラオ語	読み
赤	ສີແດງ	シーテーン
青	ສີຟ້າ	シーファー
黄	ສີເຫຼືອງ	シールアン
白	ສີຂາວ	シーカーオ
黒	ສີດຳ	シーダム
緑	ສີຂຽວ	シーキヤオ

疑問詞

日本語	ラオ語	読み
何	ແມ່ນຫຍັງ	メンニャン
誰	ແມ່ນໃຜ	メンパイ
どこ	ຢູ່ໃສ	ユーサイ
どうやって	ດ້ວຍວິທີໃດ	ドゥアイウィティーダイ
いつ	ຕອນໃດ	トーンダイ
どのくらい	ເທົ່າໃດ	タオダイ
どの	ອັນໃດ	アンダイ
なぜ	ເປັນຫຍັງ	ペンニャン

動詞

日本語	ラオ語	読み
行く	ໄປ	パイ
来る	ມາ	マー
発つ	ອອກເດີນທາງ	オークドゥンターン
着く	ຮອດ	ホート
売る	ຂາຍ	カーイ
買う	ຊື້	スー
払う	ຈ່າຍ	チャーイ
入る	ເຂົ້າ	カオ
出る	ອອກ	オーク
勉強する	ຮຽນ	ヒエン
送る	ສົ່ງ	ソン
読む	ອ່ານ	アーン
見る	ເບິ່ງ	ベン
働く	ເຮັດວຽກ	ヘッドウィヤック
帰る	ເມືອ	ムア
休む	ພັກຜ່ອນ	パッポーン
散歩する	ຍ່າງຫຼິ້ນ	ニャーンリーン
遊ぶ	ຫຼິ້ນ	リーン
乗る	ຂຶ້ນ	キー
降りる	ລົງ	ロン
起きる	ຕື່ນ	トゥーン
眠る	ນອນ	ノーン
食べる	ກິນ	キン
飲む	ດື່ມ	ドゥーム
聞く	ຟັງ	ファン
話す	ເວົ້າ	ワオ
座る	ນັ່ງ	ナン
立つ	ຢືນ	ユーン

できますか？ 〜 ໄດ້ບໍ?, ເປັນບໍ
ダイボー, ペンボー

できます／できません ໄດ້ / ບໍ່ໄດ້, ເປັນ / ບໍ່ເປັນ
ダイ / ボーダイ, ペン / ボーペン

今日、空き部屋はありますか？ ມື້ນີ້ ມີ ຫ້ອງວ່າງ ບໍ?
ムーニー ミー ホンワーン ボー
今日 ある 空き部屋 〜か

部屋を見せてもらえますか ເບິ່ງ ຫ້ອງ ໄດ້ບໍ?
ベン ホン ダイボー
見る 部屋 できる〜か

英語が話せますか？ ເວົ້າ ພາສາອັງກິດ ເປັນບໍ?
ワオ パーサーアンキット ペンボー
話す 英語 できるか

解説 動詞（句）＋ໄດ້で「〜することができる」だが、特に語学など、努力してその能力を獲得した場合は、動詞（句）＋ເປັນを使う。疑問文の場合は文末にບໍをおく。覚えられない場合は、いずれのケースでもໄດ້を使ってもだいたい通じるので問題ない。

Part 3　お願いしたい

ください ຂໍ＋名詞
コー

コーヒーをください。 ຂໍ ກາເຟ
コー カーフェー
ください コーヒー

カオピヤックをください。 ຂໍ ເຂົ້າປຽກ
コー カオピヤック
ください カオピヤック

解説 注文する数量を言う場合は、数詞＋類別詞をつけて、「コーヒーを2杯ください」ຂໍ ກາເຟ ສອງ ຈອກとなる。
コー カーフェー ソーン チョーク

したいです ຍາກ＋動詞
ヤーク

ワット・プーに行きたいです ຍາກ ໄປ ວັດພູ
ヤーク パイ ワットプー
したい 行くワット・プー

タム・マークフンが食べたいです ຍາກ ກິນ ຕຳໝາກຫຸ່ງ
ヤーク キン タムマークフン
したい 食べる タム・マークフン

解説 「〜したくない」の場合は、「ບໍ່ ຍາກ＋動詞」。また、「ຍາກໄດ້＋名詞」で「〜が欲しい」。ຂ້ອຍ ຍາກໄດ້ ຕິບເຂົ້າ「私はティップ・カオ（もち米を入れる竹製のおひつ）が欲しい」。
コーイ ヤークダイ ティップカオ

してください ກະລຸນາ＋動詞
カルナー

ここで止まってください ກະລຸນາ ຈອດ ຢູ່ນີ້
カルナー チョート ユーニー
ください 止まる ここ

シートベルトを締めてください ກະລຸນາ ຮັດ ສາຍແອວ
カルナー ハット サーイエオ
ください 締める ベルト

解説 ກະລຸນາを使うのはていねいな言い方。友達同士の場合は、いきなり動詞から始め、文末に文末詞としてແດやແດ່ເດີをおくことが多い。ແດやແດ່ເດີに特に意味はないが、表現を和らげる効果がある。

しないでください

ボーム＋動詞、ヤー＋動詞、ボーントン＋動詞

触らないでください ห้าม จับ
~しないでください 触る

たばこを吸わないでください ຍ່າ ສູບຢາ
~しないでください タバコを吸う

遠慮しないでください ບໍ່ຕ້ອງ ເກງໃຈ
~しないでください 遠慮する

解説 ຍ່າ と ห้าม は「禁止」の意味、「～するな、～しないでください」。ห้าม のほうが書き言葉的表現。ບໍ່ຕ້ອງ は「～する必要はない、しなくてよい」の意。

～しましょう ເທາະ

行きましょう ໄປ ເທາະ
行く ～しましょう

食べましょう ກິນ ເທາະ
食べる ～しましょう

一緒に飲みに行きましょう ໄປກິນເຫຼົ້ານຳກັນເທາະ
行く 飲む 酒一緒に～しましょう

Part 4　トラブルのときは

調子が悪いです ບໍ່ ສະບາຍ

痛い ເຈັບ

熱があります ມີ ໄຂ/ຄີງ ຮ້ອນ
ある 熱 体 暑い

風邪をひいた ຂອຍ ເປັນຫວັດ
私 風邪をひいた

下痢をしています ຖອກທ້ອງ

解説「ເຈັບ+体の部位」で、～が痛い。ເຈັບທ້ອງ「おなかが痛い」、ເຈັບຫົວ「頭が痛い」。

助けて！ ຊວຍ ແດ່ / ຂອຍ ແດ່
解説 大きな声で叫ぼう。

Part 5　知っていると便利な表現

楽しいです ມ່ວນ

おなかがすきました ຫິວເຂົ້າ

おいしいです ແຊບ

私は30歳です ຂອຍ ອາຍຸ ສາມສິບ ປີ

形容詞

清潔	ສະອາດ
汚い	ເປື້ອນ
高い	ແພງ
安い	ຖືກ
新しい	ໃໝ່
古い	ເກົ່າ
大きい	ໃຫຍ່
小さい	ນ້ອຍ
長い	ຍາວ
短い	ສັ້ນ
寒い	ໜາວ
暑い	ຮ້ອນ
満腹	ອິ່ມ
空腹	ຫິວ
おいしい	ແຊບ
美しい	ສວຍງາມ
うれしい	ດີໃຈ
快適	ສະບາຍ
恥ずかしい	ເຂີນອາຍ

方向

右	ຂວາ
左	ຊ້າຍ
東	ທາເວັນອອກ
西	ທາເວັນຕົກ
南	ໃຕ້
北	ເໜືອ

味覚

すっぱい	ສົ້ມ
塩辛い	ເຄັມ
辛い	ເຜັດ
苦い	ຂົມ
塩	ເກືອ
コショウ	ພິກໄທ
砂糖	ນ້ຳຕານ

場所

バスターミナル	ສະຖານີລົດເມ
市場	ຕະຫຼາດ
スーパー	ຮ້ານສັບພະສິນຄ້າ
本屋	ຮ້ານຂາຍປຶ້ມ
薬局	ຮ້ານຂາຍຢາ
銀行	ທະນາຄານ
郵便局	ຫ້ອງການໄປສະນີ

イエローページ

大使館の役割について

世界各国にある日本大使館には「邦人の保護」という使命がある。しかし大使館の仕事は邦人の保護だけではない。外交、経済協力など、膨大な量の仕事を少ない館員でこなしているのが現実だ。もちろん、身の安全にかかわる重大な犯罪や事故に巻き込まれたりした場合などは、遠慮せずに駆け込むべきだが、「カメラをなくした」とか「置き引きに遭った」程度で大使館を訪れるのは適当でない。「自分の身は自分で守る」というのが旅行者の鉄則である。

旅行中、日本大使館は「最後の砦」だと心に命じ、トラブルは極力自分で解決する努力を心がけたいものである。

在ラオス日本大使館
MAP P.79-A2
住Rd. Sisangvone, Vientiane
☎ (021) 414400 ～ 3
FAX (021) 414406
緊急電話☎ (020) 99915710
（24時間対応）
URL www.la.emb-japan.go.jp

緊急

警察　191　　消防　190　　救急車　195

病院

　ラオスの医療事情は、年を追って改善されてはいるものの、日本および周辺国に比べると貧弱なのが現状。下記に紹介したのは、外国人対応が可能な医療施設の一部だが、これらで治療できない場合は、隣国のタイの大病院に搬送されることが少なくない。

・アライアンスインターナショナル・メディカルセンター
Alliance International Medical Centre ☎ (021) 513095

・フランス大使館メディカルセンター
Centre Medical de l'Ambassade de France
(French Embassy Medical Centre) ☎ (021) 214150

・カセムラート・インターナショナル病院
Kasemrad International Hospital ☎ (021) 833333

・ラオス・アセアン病院
Lao Asean Hospital ☎ (021) 330374

ツーリスト・インフォメーションセンター
（ビエンチャン）
☎ (021) 212248

ビエンチャンのツーリスト・
インフォメーションセンター

ແນະນຳ！ ラオスのお得な情報

COLUMN

ビエンチャンで取る、周辺国のビザ

　ラオスから周辺国へ移動する際、その国のビザをラオス国内の大使館や領事館で取得することができる。ビザが必要か不要かは、滞在日数などによって異なるので、事前に確認しておきたい。ビザの申請用紙には顔写真を添付するので、周辺国へ旅行する予定がある人は、あらかじめ用意しておいたほうがよい。

　ただ、各大使館での申請、受け取りには手間も時間もかかるため、時間がかぎられている人は、旅行会社に手数料を支払って取得を代行してもらったほうが効率的だ。

タイ大使館（領事部）
MAP P.79-A2 ☎ (021) 453916 FAX (021) 415336
開9:00 ～ 12:00（申請）、13:30 ～ 16:30（受け取り）
休土・日　料B1,000（60日間有効）
申請する前に、事前に日時を予約すること。
URL thaivisavientiane.com
必要書類：申請書、顔写真2枚、パスポートのコピー
発給所要日数：2日
※観光目的で30日以内の滞在ならビザは不要。

ベトナム大使館（領事部）
MAP P.79-A2 ☎ (020) 96106775
開9:00 ～ 11:30、15:00 ～ 17:00
休火・木・土・日　料$57 ～ 67（1 ヵ月有効）
必要書類：申請書、顔写真2枚

発給所要日数：1 ～ 2日
※観光目的で15日以内の滞在ならビザは不要。
※e-visaをネットで申請することも可能。
URL evisa.xuatnhapcanh.gov.vn

カンボジア大使館
MAP P.79-B2外 ☎ (021) 314952
FAX (021) 314951 開7:30 ～ 11:30、14:30 ～ 17:00
休土・日　料$30（3 ヵ月有効）（当日発行は$40）
必要書類：申請書1枚、顔写真2枚、パスポートのコピー
発給所要日数：3日
※場所はタードゥア通りを友好橋方面に行き
H Rashim's Plaza Hotelの手前左側。

ラオスの歴史

菊池陽子

民族移動による歴史の不連続性

　ラオス人民民主共和国（以下、ラオス）の歴史遺産といえば、北部シェンクワーンの石壺群、古都ルアンパバーン、南部チャンパーサックのワット・プーが思い浮かぶ。いずれも現在、ユネスコによって世界遺産に登録されている。

　この3つはいずれも現在のラオスの地にある遺跡、遺産であるが、石壺群はラオスの先住民の集団墓地であるといわれているもののいまだ謎の多い遺跡であるし、ワット・プーはアンコール・ワットを築いたクメールの遺跡、そしてルアンパバーンは現在のラオスの主要民族のラーオ族の築いた町というように、お互いに歴史的な連続性がない。この歴史の不連続性は、いにしえより多くの民族が移動、居住を繰り返す地であったラオスの特徴であるが、ラオス史を語るうえでの難しさにもなっている。そのうえ、多くの民族が文字をもたないため文字史料が残っておらず、考古学的調査や研究も進んでいるとは言い難いことが、ラオス史、特に古い時代のラオス史に多くの謎を残している。

　ラーオ族がラーンサーン（「百万頭のゾウ」の意味）王国を建国した14世紀頃からラオス史の輪郭が明らかになってくる。

歴史的なバックグラウンドが異なる文化が混在しているラオス。写真上から、ジャール平原（P.136）、ワット・プー（P.164）、ルアンパバーン（P.38）

ラーンサーン王国とその分裂

　タイ系の民族は11世紀頃から東南アジアの大陸部に移動してきたといわれているが、そのなかでメコン川流域に定住したのがタイ系の民族の一派、ラーオ族であった。ラーオ族は11世紀頃から東南アジアの大陸部に移動し、メコン川流域に定住したと考えられている。ラーオ族は定住した地でそれぞれ「ムアン」と呼ばれる政治的なまとまりを作った。

　1353年、そのようなラーオ族の諸ムアンをひとつにまとめラーンサーン王国を建国したのがファーグム王であった。ファーグムはムアンサワー（現在のルアンパバーン）を都に定め、現在のラオスだけでなく、東北タイにも版図を広げ、上座部仏教を王国統治の原理として導入した。ファーグムの跡を継いだサームセンタイ王の時代に、王国の軍事的編成や徴税制度の基礎が作られた。

　王国の勢力は16世紀のセーターティラート王の時代に最も伸長した。セーターティラートは1560年、タウングー朝ビルマの侵攻を避けるためビエンチャンに遷都した。ビエンチャンには王国の守護寺院としてタート・ルアンが造営された。その後、17世紀のスリニャウォンサー王の時代に王国は仏教・芸術の隆盛期を迎えた。

　しかし、スリニャウォンサーの死後、王国は分裂状態に陥った。1707年にビエンチャン王国とルアンパバーン王国に、さらに1713年にはビエンチャン王国からチャンパーサック王国が分裂した。18世紀、ベトナム、シャム（タイ）などの近隣王朝が勢力を増すなかでラーオ族の王国は勢力を弱め、1770年代末に3王国はすべてシャムの属国あるいは朝貢国として支配下におかれた。

ビエンチャンのルアンパバーン通りに立つファーグム王像

「ビエンチャンの開祖」ともいえるセーターティラート王の像

1804年にビエンチャン王国の国王となったアヌ王は1827年、シャムに反旗を翻したがシャム軍の前に破れ、ベトナムに敗走した。翌1828年にもう一度反抗を試みたが、シャム軍に捕えられバンコクで死去した。この後、シャムによってビエンチャン王家は廃絶され、ビ

ラオスの歴史年表

西暦（年）	ラオス	日本・世界
1338年		【日本】足利幕府成立
1353年	ファーグム王のラーンサーン王国建設	
1517年		【ヨーロッパ】マルチン・ルターの宗教改革が始まる
1560年	セーターティラート王がビエンチャンへ遷都	【日本】桶狭間の戦い
1602年		【オランダ】東インド会社を設立
1603年		【日本】江戸幕府開府
1703年		【日本】元禄赤穂事件（忠臣蔵）
1707年	ラーンサーン王国がビエンチャン王国とルアンパバーン王国に分裂	
1713年	ビエンチャン王国からチャンパーサック王国が分離、独立（「三王国時代」の始まり）	
1776年		【アメリカ】独立戦争が始まる
1804年		【フランス】ナポレオンがフランス皇帝に即位
1827年	アヌ王の独立運動	
1840年		【中国】アヘン戦争
1853年		【日本】ペリーの黒船来航
1861年		【アメリカ】南北戦争が始まる
1893年	フランス領ラオスの成立	
1894年		【日本】日清戦争
1904年		【日本】日露戦争
1914年		第1次世界大戦が始まる
1917年		【旧ソ連】ソビエト連邦の成立
1939年		第2次世界大戦が始まる
1941年		【日本】12月、太平洋戦争に突入
1945年	4月、日本軍によるルアンパバーン王国の成立	【日本】8月、太平洋戦争終戦
1946年	インドシナ戦争が始まる（フランスの再植民地化）	【日本】日本国憲法発布
1949年		第1次中東戦争
1951年		【日本】サンフランシスコ平和条約、日米安全保障条約締結
1953年	フランス－ラオス連合友好条約（ラオス王国の独立）	
1954年	ジュネーブ条約締結	
1956年	ネオ・ラーオ・ハック・サート（ラオス愛国戦線）結成	【日本】国際連合に加盟　第2次中東戦争
1961年	パテート・ラーオ（左派）軍がシェンクワーンを攻撃、これ以降、内戦が激化する	
1963年		【ベトナム】ベトナム戦争が始まる
1972年		【日本】日中国交正常化
1975年	12月2日、ラオス人民民主共和国成立（内戦の終結）	【日本】日本万国博覧会（大阪万博）開催
1985年		【ベトナム】ベトナム戦争終結
1986年	チンタナカーン・マイ（新思考）のもと、市場経済化政策（ラボップ・マイ）が採用される	【日本】国際科学技術博覧会（つくば万博）開催
1989年		【旧ソ連】ソ連崩壊
1991年	憲法制定	湾岸戦争
1994年	ラオス・タイ第1友好橋開通	
1995年	「ルアンパバーンの町」が世界遺産に登録される	【日本】阪神・淡路大震災　オウム真理教事件
1997年	東南アジア諸国連合（ASEAN）加盟	【中国】香港がイギリスから中国に返還される
2001年	「チャンパーサック県の文化的景観にあるワット・プーと関連古代遺産群」が世界遺産に登録される	【アメリカ】ニューヨークなどで同時多発テロ
2002年		【日本】サッカーワールドカップ日韓大会開催
2004年		スマトラ沖大地震
2009年	SEAゲーム（東南アジア・オリンピック）を初めてラオスで開催	
2010年	ビエンチャン遷都450周年	
2011年		【日本】東日本大震災
2019年	「シェンクワーン県ジャール平原の巨大石壺遺跡群」が世界遺産に登録される	

エンチャンの町も徹底的に破壊された。今でもタイでは属国の反乱として描かれているアヌの反乱は、ラオスでは敗れたとはいえシャムからの独立を求めた英雄的行為として語られており、両国の歴史認識の大きな違いとなっている。

19世紀初頭、ラーンサーン王国の後継王国のひとつであるビエンチャン王国はなくなり、チャンパーサック王国はシャムの属国、ルアンパバーン王国はシャムとベトナムの両方に朝貢することでかろうじて存続していた。フランスがインドシナの植民地化を開始した19世紀半ばのラオスはこのような状態であった。

フランスの植民地化と独立運動

19世紀半ば以降、カンボジア、ベトナムを植民地としたフランスは、ルアンパバーン王国がベトナムに朝貢していることを利用し、シャムにメコン川以東の領土を要求した。フランス、シャム間の交渉はなかなかまとまらず、最終的にはフランスが武力を行使してシャムに要求を認めさせた。その結果、1893年フランス−シャム条約が締結され、メコン川以東、現在のラオスとほぼ同じ領域がフランスの植民地「ラオス」となった。

フランスはルアンパバーン王国を保護国とし王国の体制を存続させたが、国王には何ら統治上の権限はなかった。その他の地域は直轄領とし、ビエンチャンを首都に定め、理事長官を派遣して統治した。

ラオスは人口が少なく経済的発展が見込めないと判断したフランスは、鉄道、道路などのインフラの整備は行わず、近代教育制度の導入や医療機関の整備などにも消極的であった。しかし、住民にはさまざまな税が課せられ、特に、少数民族にとって税負担は重く、1930年代後半まで各地で少数民族によるフランスへの抵抗が続いた。

第2次世界大戦が勃発し、フランスがドイツに降伏すると、日本は弱体化したフランスにインドシナへの軍隊の駐留を認めさせ、タイは失った領土の一部（カンボジアとラオスの一部）を取り返した。これを受けフランスは今までのラオス統治を見直し、ラオスをつなぎとめる政策を取ったが、1945年3月、日本軍がクーデターを起こしインドシナを単独支配すると、フランスの統治は一時中断する。

日本は同年4月ルアンパバーン王国を独立させるが、この独立は第2次世界大戦後無効となる。この頃からラオス独立を目指すナショナリズム運動が表面化し、同年10月、ラオス人による初の政府、ラオス臨時人民政府が成立した。

しかし、1946年にはフランスがラオスの再植民地化を開始し、ラオス臨時人民政府はバンコクへ亡命した。フランスはルアンパバーン国王を擁立しラオス王国を成立させ、実質的な植民地体制の維持を図った。1949年、フランスの懐柔政策によってバンコクの亡命政府は解散したが、そのなかの一部は1950年、ネオ・ラーオ・イサラ（ラオス自由戦線）を結成し、フランスへの抵抗を続けた。彼らはラオス北部を拠点に解放区の建設を開始した。

こうして、フランスとの交渉によってラオスの完全独立を得ようとする一派（右派）と、徹底抗戦によって完全独立を勝ち取ろうとするネオ・ラーオ・イサラ（左派、「パテート・ラーオ」とも呼ばれる）に分裂し、ラオスは内戦へと向かっていく。

ビエンチャンのメコン川沿いに立つアヌ（アヌウォン）王の像（MAP P.78-B1）は、まるで対岸のタイからラオスを守っているかのよう

シーパンドーンのデット島（P.167）に残る埠頭は、フランスが残した数少ないインフラ

ネオ・ラーオ・イサラの戦略拠点となったビエンサイの洞窟基地（P.146）

バンビエン (P.105) に広がる大きな敷地は、内戦時代の滑走路跡

アメリカ軍の攻撃によって多数の犠牲者が出たシェンクワーンのタム・ピウ洞窟 (P.138) からは、今でも人骨が見つかるという

12月2日の建国記念日に掲出される、党をたたえるスローガン

Profile

きくち・ようこ
東京外国語大学教員。専門は、ラオス近現代史。著書に『ラオスを知るための60章』(共著、明石書店)。

内戦下のラオス

1953年、フランスはフランス-ラオス連合友好条約を締結し、ラオス王国を完全独立させたが、ネオ・ラーオ・イサラの抵抗は続いた。

1954年、インドシナ問題解決のためにジュネーブ条約が締結された。ラオスではラオス王国が国際的に承認されたが、同時にネオ・ラーオ・イサラが北部に結集することも認められたため、実質的にラオスにはふたつの地域、ふたつの政府が存在することになった。

撤退したフランスに代わってアメリカがラオス王国に軍事援助を開始したのに対して、ネオ・ラーオ・イサラにはベトナム、ソ連などが援助を行い、ラオスにも東西陣営の対立が反映された。そのため、ジュネーブ条約はなかなか履行されず、1957年にようやく成立した第1次連合政府もすぐに崩壊、内戦に突入した。

1962年、第2次連合政府が成立しラオスに平和が訪れるかに見えたが、政治状況は安定せず10ヵ月で崩壊、1964年にはアメリカ軍の解放区への爆撃も開始され、内戦はさらに激化した。両者の戦いは一進一退を繰り返していたが、1969年頃になると、1956年にネオ・ラーオ・イサラを改称したネオ・ラーオ・ハク・サート(ラオス愛国戦線)側が軍事的に優位に立つようになり、王国政府へ和平交渉の呼びかけを行うようになった。その結果、1973年ラオス和平協定が締結され、1974年には第3次連合政府が成立した。政治的に大きな力をもつようになったネオ・ラーオ・ハク・サートに対し、右派勢力は次第に瓦解していった。

1975年12月、軍事行動なしにネオ・ラーオ・ハク・サート側へ政権が移譲された。ここに王制が廃止され、ラオス人民民主共和国樹立が宣言されることになった。

社会主義国・ラオスの成立

ラオス人民民主共和国の政治的実権を握ったネオ・ラーオ・ハク・サートを指導していたのは、マルクス・レーニン主義を標榜するラオス人民革命党であった。党は資本主義の段階を経ずに社会主義国家を建設することを目指し、企業の国営化、農業の集団化など性急な社会主義経済政策をとった。この政策は経済活動を停滞させ、深刻な食糧・物不足を招いた。さらに、西側諸国からの援助停止、人口の1割にも及ぶ難民の流出など社会は混乱を極めた。

1979年、人民革命党は性急な社会主義政策を見直したが、経済の低迷は続いた。1986年、ソ連のペレストロイカの影響を受け、ラオスでもチンタナカーン・マイ(新思考)が唱えられた。1990年代になると市場経済化の動きは本格化し、それにつれて経済の分野だけではなく、政治、社会、外交などの面でも自由化・開放化が進んだ。1990年代後半以降、ASEANや国際機関へ加盟すると、ODAや海外からの投資はさらに増大し、2000年代の安定的な経済成長につながった。近年は経済面ばかりではなく、政治、軍事など多方面で中国との関係を強化しており、国際情勢の変化によってそれがどのように作用するのか、ラオスにとっては難しい課題を抱えながらの国家運営が続いているといえるであろう。

ラオスを知る

事典

ラオスの多様な自然と人々の生活 横山智

本州と同じ面積、国土の8割は山岳地帯

ラオスはベトナム、中国、ミャンマー、タイ、カンボジアに囲まれた東南アジア唯一の内陸国である。国土面積は、日本の本州とほぼ同じ約23.7万km²であるが、人口はわずか約701万人（2018年）である。2015年の国連人口基金の推計によると、人口の67.1%が農山村地域に住むとされる。

国土の80%以上は、標高約500〜2000mの山地で占められている。これまでの地質学的調査では、アンナン山脈（ラオス語ではサイプー・ルアン）および北部の中高地は、中生代（約2億5000万年前から約6500万年前）の造山活動によって形成されたものとされている。これらの山地はヒマラヤからミャンマー北部、タイ北部を通って伸びてくる山地帯の最東端であり、地球内部から押し上げられて形成される内陸の隆起性山地である。

ただし、南部のボーラウェン高原は比較的最近の第四紀（180〜160万年前）に形成された火山性台地で、台地頂部は起伏がほとんどないテーブル形状である。"高原"と称されているが、北部のシェンクワーン高原のような隆起によって形成された起伏の激しい高原とは景観も形成過程も異なる。

北部やアンナン山脈とは異なり、首都ビエンチャンから南部のチャンパーサックにかけてのメコン川沿いには、標高150〜200mの平地が広がる。この平地はタイ東北部から続くコラート平原（高原）の一部であり、ビエンチャン平野はその北端である。

乾季と雨季が明確な気候

ラオスはモンスーン（季節風）の風向きによって季節が変化する熱帯モンスーンの気候帯に属する（P.189「旅のシーズン」参照）。湿った南西風が吹く5月から10月にかけての半年間が雨季となり、年間総雨量の約80〜90%が雨季の半年間に集中する。国土が南北に長いラオスでは、北部の年間総雨量は1500〜2000mmであるが、南部は2500〜3000mmと多くなる。特にボーラウェン高原では、年間総雨量は3500mmを越える。

11月から4月までの北東風が吹く半年間は、ほとんど降雨のない乾季となる。乾季には12月から1月にかけて気温が最も低くなる冬季があり、夜間から早朝にかけては、長袖が必要になるほど気温が下がることが多い。2月以降は徐々に気温は上昇し、3月中盤から5月までの乾季終盤は、気温が最も高くなる暑季となる。特に4月は30℃台後半の気温が続く。

多様な姿をみせる森林

東南アジアの森林は、熱帯林だと思われがちである。しかし、熱帯モンスーンの気候帯に属するラオスの森林は、熱帯林ではなく常緑季節林および半常緑林とよばれる植生によって占められている。熱帯林と比べると、地表面は比較的明るく、また樹高も低いのが特徴である。

気温が低く標高が高い北部には、西日本でよくみられるような常緑広葉樹林、いわゆる日本の照葉樹林のような森林もみられる。また、降雨が少ない南部の低地ではサバナ林も存在する。ラオスの森林は、地形や気候条件によって多様である。

自然環境と人々の暮らし

メコン川沿いの平地部では、水稲作が営まれている。近年は灌漑の整備が進み、乾季も

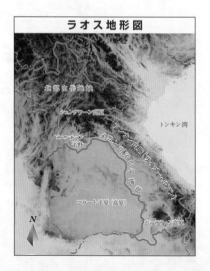

ラオス地形図

北部山岳地域
シェンクワーン高原
ビエンチャン平野
メコン川沿いの平野
アンナン山脈（サイプー・ルアン）
トンキン湾
コラート平原（高原）
ボーラウェン高原
N

稲作を行う地域が増えている。それ以外の地域は、メコン川の支流によって開析された浸食盆地と険しい山地である。北部の山地部では、面積の約半分が勾配50%を越える斜面によって占められ、農地として使用可能な勾配20%以下の土地はわずか6%に過ぎない。よって山地の多くは、焼畑で陸稲を栽培している。

また、南部のボーラウェン高原では、冷涼多雨の気候を活かした高原野菜やコーヒー栽培が盛んで、野菜はタイに、そしてコーヒーは世界各地に輸出されている。

平地部の暮らし

平地部は、雨季に河川が氾濫する土地が多い。集落は、冠水しない高台に立地しており、水田などの農地は、それより下につくられている【図(a)】。

各世帯は、雨季でも冠水しない位置の「高位田」、雨の多い年には冠水する「中位田」、そして冠水する年が多い「低位田」の異なる標高のすべてに水田を所有しているのが一般的である。「高位田」と「中位田」だけで、必要とする米が得られ、もし「低位田」が冠水しなければ、そこからも米が収穫できるので「低位田」からの収穫分はそのまま現金収入となる。

水田はイネを育てる場所であると同時に、そこに生育するさまざまな生物を採取する場所でもある。そして、収穫後の稲ワラが残る乾季の水田は、牛や水牛などの家畜の放牧地に変化する。水田は、乾季も雨季も人々の生活に重要な役目を果たしている。

集落近傍の雑木林では、薪や製炭材、タケノコのような食料となるさまざまな林産物、そして小動物やツムギアリのような昆虫を採取する。

平地部の住民は、余剰米だけではなく、水田で取れた魚介類、雑木林で取れたさまざま

な林産物を売ることで、現金収入を得ており、地形や自然植生をうまく利用しながら生活を営んでいる。

平地部の水田風景

山地部と盆地部の暮らし

山地部の人々の暮らしは、平地部の住民とは大きく異なる。山地部の地形と生業との関係、また民族の居住位置との関係をみてみよう【図(b)】。

盆地部は、ラオスで最も人口の多いラーオやタイ・ルーなどのタイ・カダイ系語族の集落が立地している。基本的には水田水稲作が営まれており、河川では漁労が行われる。近年は、乾季の水田裏作として、中国企業との契約で野菜栽培が行われている。盆地部の水田は、河川沿いの低地にかぎられ、平地部とは異なり、世帯が異なる標高に複数の水田を所有することはほとんどない。

そして、標高が低く道路沿いのアクセスのよい丘陵地には、2000年以降、ゴムやサトウキビが植えられている。

山頂部から山腹部にかけては、ほとんど水田は見られず、焼畑耕作が行われている。焼畑では主として陸稲が栽培されるが、自給用にさまざまな野菜も混作されている。焼畑耕作後の休閑地では、各種の林産物を採取したり、牛の放牧が行われている。民族別にみる

図 (a) メコン川沿い平地部の地形と生業の一例

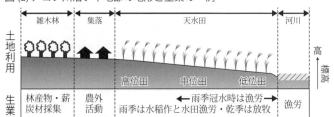

雨季の低位田でのカニ捕り

雑木林からタケノコを採取

と、山頂部はモン・ミエン／シノ・チベット系語族のアカやモンなどの集落が多く、山腹部はラオスの原住民であるモーン・クメール系語族のカムなどの集落が多い。

森を使い回す人々の知恵

人口の約70%弱が農山村部に居住するラオスでは、多くの人々が森林を利用した暮らしを営んでいる。

農山村の人々にとって最も重要な森林の利用が焼畑である。ラオスで見られる焼畑は、原生林ではなく二次林を伐採する方式で営まれている。このタイプの焼畑は、森林を伐採し焼いた後、作物を1年間だけ耕作し、3年以上の休閑期間を設けて土地を休ませ、十分に樹木が成長した土地を新たに伐採して農地にする。決まった範囲の二次林を繰り返して利用する焼畑は、生態学的にも持続的な焼畑とされる。

焼畑の二次林を含む森林からは、樹木を燃料や建材として利用するのは当然として、果実、樹皮、そして昆虫や動物などを、薬、食料、そして道具の材料として使っている。これらの林産物は、農山村に暮らす人々にとって、重要な現金収入源となっている。たとえば、ルアンパバーンのみやげ物としてよく目にする花や草が漉きこまれた和紙のような紙は、カジノキ（ポー・サー）の樹皮から作られたもので、林産物の代表といえる。また、籠製品の材料となっているのは竹やラタンであり、それらに塗られているワニスもフタバガキ科の樹木から採取された樹脂が使われている。

森林の減少と増加

森は、農山村部に住む人々にとって生活に必要な資源となっている。しかし、1990年代以降、森林面積の減少に歯止めがかからない状況が続いた。具体的には、1992年に国土面積の47%（約11.2万km²）であった森林被覆率が、2002年には41.5%（約9.7万km²）に減少し

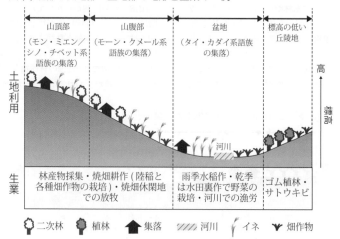

図 (b) 北部の山地部・盆地部の地形と生業の一例

山頂部 （モン・ミエン／ シノ・チベット系 語族の集落）	山腹部 （モーン・クメール系 語族の集落）	盆地 （タイ・カダイ系語族 の集落）	標高の低い 丘陵地

土地利用　　　　　高　標高

林産物採集・焼畑耕作（陸稲と各種畑作物の栽培）・焼畑休閑地での放牧	雨季水稲作・乾季は水田裏作で野菜の栽培・河川での漁労	ゴム植林・サトウキビ

生業

🌳 二次林　🌲 植林　🏠 集落　///// 河川　🌾 イネ　🌱 畑作物

山一面に広がるバナナの栽培

た。この10年間で、岩手県の面積とほぼ同じ、また東京23区の面積の約24倍に相当する森林が減少したことになる。

ラオス政府は、森林減少の原因は、不適切な焼畑、非公式な木材伐採と農地転用、貧困拡大、急速な人口増加であるとする。特に人口増加や貧困にともなう焼畑耕地の拡大は、その主要因とみなされ、政府は焼畑を制限する政策を実施した。

それが1990年代後半から開始されている土地や森林に線引きし、個人に農地を分配する「土地森林分配事業」である。さらに2005年、政府は、2020年までに森林被覆率を70%まで増加させる計画を発表し、森林の保全地区と保護地区の厳格化、そして植林を促した。

その結果、1990年代後半以降、減少の一途をたどっていた森林面積は2010年以降は増加に転じた。2015年の森林被覆率は、国土面積の58%にまで回復し、2020年には68%に増加した。

森林の劣化と海外投資

森林の価値は、面積だけでは計ることができない。ラオスでは、森を利用するための知識が親から子へ、そして子から孫へと何世代にもわたって継承されてきた。かつて日本の山村でもラオスと同じように、里山と呼ばれる森で焼畑を営み、山菜を採取し、炭を焼き、また狩猟をしていた時期があった。しかし里山は、杉やヒノキの人工林へと姿を変えてしまった。現在の日本で森を利用した生活などほとんど見られない。ラオスの山村で見られる森林利用は、1950年代まで見られたかつての日本の山村での生活を彷彿させるものである。

近年増加している森林面積には、海外投資によるゴムやユーカリなどの植林による増加が含まれている。日本の人工林と同じく、地域の人々に使われない森林が増加しているのである。

また、焼畑が行われていた土地が森林に戻ったわけではない。焼畑が行われていた土地の多くは、隣国の中国やタイに輸出するための換金作物の農地に代わっている。特に北部では、中国企業とのバナナの契約栽培が急激に広がり、多くの農薬を使うことによる農民への健康被害も問題になっている。2016年、政府は農薬を多用するバナナを栽培する土地のコンセッション（土地利用権の譲渡）を基本的には禁止することを決めた。政府も森林保護と経済発展の両立に苦慮している状況がうかがえる。

脅かされる森の未来は

焼畑を行う農民は、毎日耕地に出向き、その行き帰りに漁労をしたり、小動物捕獲のわなを仕掛けたり、また林産物の採取をしており、それらが食卓のおかずとして、また貴重なタンパク源として、人々の生活を潤してきた。しかし、焼畑から常畑へ、また人工林へと変わることによって、人々の森林との付き合い方も変化している。数値的に森林被覆率を増加させるだけではなく、先人たちの森を利用する知恵を次の世代に継承させるための森林政策をラオス政府に期待したい。

ゴムの植林地

Profile

よこやま・さとし
名古屋大学環境学研究科教授。博士（理学）。専門は地理学、東南アジア地域研究。著書に『ラオス農山村地域研究』（めこん、共編）、『納豆の起源』（NHK出版）など。

ラオスの政治と経済

山田紀彦

ラオス人民革命党による一党独裁体制

　1975年12月2日、全国人民代表者大会が開催され、王制の廃止とラオス人民民主共和国の樹立が宣言された。これにより約30年以上続いた抗仏独立闘争や内戦が終結し、ラオス人民革命党による一党独裁体制が始まった。それ以降、50年近く同党による独裁体制が続いている。

　人民革命党は1955年3月22日に設立されたマルクス・レーニン主義政党である。当初は人民党という名称であったが、1972年の第2回党大会で人民革命党に改称された。党の起源は1930年2月に設立されたインドシナ共産党にあり、党員研修用のテキストには、インドシナ共産党は人民革命党にとって父であり母でもあると記されている。結党当初の党員数は約400人と少なかったが、2021年1月末時点で約34.8万人となった。とはいえ人口比では約4.8%にすぎない。共産党はエリートの党であり、入党は党員の推薦制となっている。

　党規約によると、党の最高権力機関は5年に1度開催される党大会である。党大会では国家の中長期方針が示され、新執行部も選出されるため、ラオスで最も重要な政治イベントと位置付けられている。2021年1月に開催された第11回党大会では71名の党中央執行委員と、10名の予備委員が選出された。党中央執行委員会とは党の中枢であり、国家の基本方針はこの81名によって決定される。次回党大会は2026年に開催予定である。

　党中央執行委員会は通常1年に2回しか総会を開催しない。1回の会期は1週間から2週間程度であり、政策の詳細を決定するには時間が短い。したがって日々の重要な決定は政治局で行われる。政治局とは党中央執行委員の中から選出される実質的な最高権力機関であり、第11回大会では13名が選ばれた。まさに少数精鋭の意思決定機関といえる。

　党のトップは党書記長である。しかしラオスは個人独裁ではなく、意思決定は集団の討議で行われ、コンセンサスが重視される。参加者全員で協議をし、一致して決定を下したという「民主的」な形をとることが重要なので

ある。それは党や政府の上層だけでなく、末端レベルでも変わらない。また1人が長期に権力を独占しないよう、書記長の任期は2期までと定められている。

人民革命党の統治メカニズム

　一党独裁体制は党と国家が一体化しているといわれる。では、どのように人民革命党はラオスという国を統治し、また社会を管理しているのだろうか。大きく4つの方法がある。

　第1は内部統制である。各省庁や国家機関には必ず党組織が設置されている。例えば省庁には党委員会という組織があり、大臣や副大臣などの指導層によって構成され、ここを頂点に各局や各課にも党単位などの下級組織がおかれている。つまり国家機関の内部はピラミッド状に党組織が設置され、党が各レベルで内部から国家機関を指導・管理している。

　第2は、党が行政ラインに沿って党組織を設置し、国家機関を外部から指導・管理することである。これは外部統制と呼ばれる。例えば中央では、政治局や党中央執行委員会が政府や中央省庁を指導・管理する。県や郡では同レベルの党執行委員会が、村では党単位という組織がその役割を担う。

　第3は人事権の独占である。国家の要職はほぼ党員によって独占されている。特に県知事や郡長は同レベルの党書記が兼任することが多い。また各省庁の大臣や副大臣だけでなく、局長等の管理職、国会議員、最高人民裁判所長官、人民検察長などもほぼ全員が党員である。行政、立法、司法機関の要職を党幹部が兼任していれば、国家機関を通じて党の路線や方針を確実に実施できる。

　第4は社会管理である。ラオスには国家建設戦線、女性同盟、人民革命青年団、労働連盟など、さまざまな社会・大衆組織が設立され、国民の多くはいずれかの組織に加盟している。当然、これらの社会・大衆組織は党の指導下にある。したがって党員でなくても、社会・大衆組織に加盟している国民は間接的に党の管理を受けることになる。

　党は以上のようなメカニズムにより国家を

統治し、社会を管理している。とはいえ人々は常に監視の目にさらされているわけではない。ラオスは非常に緩い社会であり、民主化等の反体制活動を行わなければ監視されることはない。また以上のメカニズムは、ボトムアップで国民の意見を吸い上げる機能も果たしている。決して指導・管理だけを目的としてつくられた制度ではないのである。

社会主義の理想から現実的な経済開発へ

人民革命党は建国後すぐに社会主義国家建設に着手した。しかしフランス植民地時代に基本的な経済・社会インフラが整備されず、その後30年近く独立闘争と内戦が続いたこともあり、社会主義建設に必要な基盤が十分に整っていなかった。また国民の意識も低かった。したがって党はまず、経済・社会基盤を整備し戦後復興を遂げ、多様な民族をまとめあげ国民意識を形成し、近代国民国家建設を行う必要があった。

党指導部は内戦に勝利した自負からか、以上の課題はすぐに克服でき、速やかに社会主義国家に移行できると考えていた。しかし人材不足や西側諸国の援助停止、また旱魃（かんばつ）なども加わり国家建設は思うように進まなかった。「平等主義」を掲げて1978年から本格化した農業集団化も、反対に不平等を生み出し農民の反発を招いた。農業生産も落ち込み、新体制下で国民生活は悪化の一途をたどった。

そこで党は1979年11月に市場経済原理の一部導入を決定する。後にこれは「新経済管理メカニズム」と呼ばれるようになる。党はラオスが社会主義の過渡期にあるとし、過渡期には国家経済、集団経済、国家資本主義経済、私営経済、個人経済の5つの経済部門が存在することを認めた。そして、国民生活改善のために非社会主義経済部門を活用する方針を打ち出した。この背景には旧ソ連や中国など社会主義圏全体で改革の機運が高まっていたこともある。

この路線転換は3つの重要な意味をもっている。第1は、社会主義国家建設が実質的かつ現実的な国家目標でなくなったことである。社会主義国家建設は今でも党の目標だが、この路線転換により現実的目標ではなくなり、社会主義はいつ届くかわからない理想となっ

た。そして現実的な国家目標となったのが戦後復興と近代国民国家建設であった。これが第2の点である。そして第3は、新たな目標の達成手段として市場経済原理を導入したことである。

党は社会主義を「理想」に据えることでマルクス・レーニン主義政党として、また社会主義国家としての正統性を維持しつつ、その枠内でより現実的な国家建設を行う路線に舵を切った。1970年代後半時点でこの転換の意味はさほど明確ではなかった。しかし1990年代になり市場経済が本格化すると、次第に社会主義という「理想」と市場経済化という「現実」のギャップがよりはっきりするようになる。特に2010年代に入りその乖離は拡大している。

党は新経済管理メカニズムを促進するため、1986年の第4回党大会にて「チンタナカーン・マイ」（新思考）という新たなスローガンを提示する。新思考とは、社会主義中央計画経済にありがちな嘘や偽りから脱却し、事実に基づき現実に即した経済開発を行うため、新しい思考を持って「新経済管理メカニズム」を実施しようというスローガンであり、国民へのメッセージである。そして市場経済メカニズムは、1991年8月に制定された建国後初の憲法で正式に規定される。

憲法第16条は、「経済管理は政府調整をともなう市場経済メカニズムに沿って執行される」と規定した。「政府調整をともなう」とは、党や国家が経済管理を行うとの意思表示である。とはいえ、「市場経済メカニズム」という文言が憲法に明記されたことの意味は大きい。また第13条はラオスが多部門経済であること、第14条は外国人投資家の所有権保護も規定している。そのほか、「教育を受ける権利」「移動や居住の自由」等についても定められた。

建国後16年間、ラオスには憲法がなかった。それを初めて制定し、政治・経済・社会の新しい制度、また市民の基本的権利や義務などについて規定したことは、ラオスの国民国家建設が新たな時代に入ったことを意味している。いわば1991年の憲法制定は戦後脱却を象徴しているのである。

後発開発途上国から上位中所得国へ

本格的な国民国家建設の時代に入ったラオ

スは、戦後脱却に代わる新しい国家目標が必要になった。そこで党は1996年に、「2020年までに国家を徐々に後発開発途上国から脱却させる」という目標を掲げた。以降、ラオスはその目標に向かって経済開発を進めている。

ラオス経済は1997年に発生したアジア通過危機の影響を受け一時低迷するが、2000年代に入り順調に経済発展を遂げてきた。2006年以降の10年間は7％前後の経済成長が続き、目に見えて人びとの生活も変化していった。

そのような安定した経済成長に加え、地域の経済統合が進んだことを受けて、中国、ベトナム、カンボジア、タイ、ミャンマーと国境を接し、東南アジア大陸の中心に位置するラオスの地理的条件が有利と考えられるようになった。例えば中国やタイで生産を行っている企業が分業体制を確立するなかで、陸続きであるラオスは部品の調達先として、また一部生産工程の移転先として注目を集めた。いわゆる「チャイナプラスワン」や「タイプラスワン」と呼ばれる形態である。内陸国（Land-Locked）が不利という点に変わりはなく、輸送コストの問題があるものの、ラオスは東南アジア大陸部各国を結ぶ連結国（Land-Linked）へと変貌を遂げようとしている。2021年12月にはラオス・中国鉄道が開通し、その一歩を踏み出した。政府はほかにも、隣国と結ぶ鉄道や高速道路建設を計画している。

経済成長を支えているのは、鉱物資源、発電事業、農業開発等である。ラオスには金、銅、ボーキサイト等、豊富な鉱物資源がある。またタイとの国境沿いにはメコン川が流れており、政府はその支流での水力発電所建設を進め、電力をタイなど近隣諸国に輸出している。近年は国際社会からの批判をよそに、メコン川主流でのダム建設も始まった。一方で、2018年にアッタプー県で建設中のダムが崩壊し多数の犠牲者が出る事故が起き、ダム建設の安全性が問われ始めた。

労働人口の約70％が従事する農業も重要な産業である。ラオスでは現在、バナナ、パラゴムノキ、コーヒーなど、さまざまな野菜や果樹、商品作物が栽培されている。もともとラオスの人々は自給自足的な生活を送っており、家族が食べられる量の生産で満足していた。しかし政府の政策や市場経済化により、商品作物生産が拡大している。それにより農

民の収入は向上しているが、土地収奪、基準値を超える農薬の使用、森林破壊など問題も多い。また一部では、安易な生産作物への転換により、これまで自給で賄っていたコメが不足するという問題も起きている。

そして以上の天然資源開発を支えているのが外国企業による投資である。なかでも中国、タイ、ベトナムの3ヵ国は圧倒的なシェアを占めている。政府は天然資源依存からの脱却を図るため製造業への投資誘致を行い、全国で経済特区（SEZ）建設を進めているが、天然資源開発が経済を牽引する状況は当面変わりそうにない。

近年は日系企業の投資も増えている。これまでラオスは日系企業にとって魅力的な投資先ではなかった。しかしラオスの地理的条件が優位となり、また周辺国の賃金が上昇すると、日系企業は安価な労働力を求めラオスに注目するようになった。2019年末の進出日系企業数は160社を超えている。特に製造業では、隣国に進出済みの企業がラオスに生産工程の一部を移すプラスワン形態で進出する場合が多い。有名企業ではカメラのニコンや玩具メーカーのエポック等が進出している。縫製業も進出しており、今では「Made in Laos」と記されたシャツが日本で販売されるようになった。特に近年は農業分野に注目が集まっており、南部のボーラウェン高原ではイチゴなどを栽培する日系企業もある。そのボーラウェン高原は現在、農業生産で外国企業の注目を集めているが、経済基礎インフラの未整備によりポテンシャルを生かしきれていない。

党は順調な経済発展を背景に、2016年の第10回党大会にて「ビジョン2030」という新たな国家目標を提示した。これは、2030年までにひとりあたり年間平均所得を現在の4倍（約8000ドル）にし、上位中所得国入りを果たすという野心的目標である。

しかし2010年代後半から経済は下降を続け、2020年に発生した新型コロナウイルス感染症の拡大により大打撃を受けた。また、ロシアのウクライナ侵攻による食料・エネルギー価格の高騰、それに伴うインフレ、主要先進国における金融引き締めや多額の債務に起因する通貨キープ安など、2023年に入っても苦しい状況が続いている。

拡大する国民の不満と党の対応

経済成長はプラスの面ばかりではない。経済発展とともに党や国家幹部の汚職、土地紛争、経済格差、麻薬、窃盗などの問題が拡大した。特に汚職や経済格差の拡大は悪化の一途をたどっており、国民の党・政府への不満が高まりつつある。

汚職はラオス王国時代からの長年の問題である。現体制では2013年頃から汚職について公に報道されるようになった。それまで党や国家幹部の汚職は国民に隠すべき問題だったのである。しかし汚職が拡大し国民の不満が高まると、問題を公にせざるを得ず、また党・政府が問題に対応している姿勢を国民に示す必要がでてきた。

最も多いのが地方党・国家機関幹部の横領や不正である。なかには日本円にして数億円に上る横領事件なども発生している。ウドムサイ県では実際に存在しない25の架空公共投資事業（数十億円規模）が明らかになったこともあった。インフラ事業に関連する汚職は後を絶たない。

土地紛争も大きな問題である。開発プロジェクトにより微々たる補償・収用額、また不十分な代替地のみで土地や家屋を放棄せざるをえない人々が増えている。一党独裁体制であり、かつ土地は国家の所有物であるため、これまで多くの国民が政府が提示する条件で土地を手放すしかなかった。しかし近年は権利意識の高まりからか、政府や企業に抵抗する人々も現れてきた。そこで現在は、政府も土地収用や補償額の算定における透明性確保に努めている。とはいえ、住民が十分納得できるだけの補償額を得られるわけではない。

また経済格差も拡大している。家計支出・消費調査結果では、ラオスが最も経済発展を遂げた2000年代中頃に、都市と農村の経済格差が拡大したことが明らかになっている。2022年現在、首都ビエンチャンのひとりあたりの年間平均所得は4000ドルだが、北部ファパン県や南部セーコーン県などは首都の約4分の1である。特に農村では経済格差に対する不満が募っている。

そして国民はソーシャルメディア（SNS）を通じて、自らの不満を表明するとともに、党や国家の不正を暴露するようになった。これに対し政府は、SNSで提起された社会問題などに対応する場合もあるが、基本的には言論を管理し、厳しい対応をとり始めている。例えば、2019年に南部で洪水被害が起きた際、Facebookで政府の対応を汚職と絡めて辛辣に批判した女性が警察により拘束された。タイ在住のラオス人がSNSで体制批判を行い、帰国した際に拘束されることもある。2023年には政府に批判的なFacebookページの管理者が撃たれて大けがを負う事件が起きた。真相は不明だが秘密警察の関与が取り沙汰されている。現在、SNSは特に若者の不満のはけ口となっているが、政府批判には大きなリスクが伴う。

一方で党・政府は、拡大する国民の不満を緩和するためにさまざまな制度を構築し、民意を政策に反映させようともしている。まず2010年代から国会改革を本格的に開始し、ホットラインという民意吸収メカニズムを整えた。これは、国会会期中にかぎり設置される専用電話回線、e-mail、Fax、私書箱であり、国民はそれらのチャンネルを通じて国会に対して自由に意見を伝えることができる制度である。現在、国民はホットラインを通じて土地問題や幹部の汚職・不正、また就職問題など、あらゆる問題や意見を国会に上げている。公式な制度を通じて表明された問題のすべてが解決されるわけではないが、政府は新聞や記者会見、またSNSを通じて、国民の意見や提案に対して回答を示している。さらに国民は行政と司法の決定に不満があれば、国会に不服を申し立てることもできる。2016年からは1991年に廃止された県人民議会が復活し、県議会での陳情や不服申し立てもできるようになった。多くの省庁でもホットラインを設置し、国民からの意見を募っている。政府は将来的に行政裁判所を設置することも検討している。

現在、党・政府は経済の回復に力を注いでいるが、2023年に入っても明るい兆しは見えない。国民の不満も依然高いままである。SNS上とはいえ、声を上げる若者が多くなった今日、独裁体制には現状の「転換」が求められている。

Profile

やまだ・のりひこ
日本貿易振興機構アジア経済研究所研究員。専門はラオス地域研究。著書に『ラオスの基礎知識』（めこん）など。

ラオス南部の民話と失われゆくメコンの恵み 　東 智美

ラオスの各地には、さまざまな民話や伝承が存在している。物語を通じて暮らしの教訓を伝えていくのは、日本の民話と同様である。

残念なことに、これらは書籍化されることが少なく、いかに後世に伝えていくのか、模索が続いている。ここでは筆者が聞き取ったラオス南部のふたつの物語を紹介したい。

ラオス南部のチャンパーサック県にはシーパンドーンと呼ばれる地域がある（P.166）。「4000（シーパン）の島々（ドーン）」という地名が表すように、メコン川がいくつにも分流し、中州に点在する島々には川と生きる人々の暮らしがあり、メコンにまつわる物語が伝えられている。

水牛王伝説

このシーパンドーンの島のひとつ、トーラティー島は、住民の多くが水田耕作と漁業で生計を立てるのどかな島だ。しかし、この島はかつて「トーラピー（"父親殺し"の意）」という不穏な名前で呼ばれていたという。その名前の由来には、トーラティー島とその周辺の島々に伝わるシーパンドーンの主、水牛王の伝説が隠されていた。

かつてシーパンドーンには、水牛の王が多くの妻と子どもたちを従えて暮らしていました。自分の息子に殺されると予言された水牛王は、雄牛が生まれると次々と殺してしまいました。

ところが、ある時、洞窟で1頭の母親牛が雄牛を生みました。自分の息子が殺されることを恐れた母親牛は、夫である水牛王に見つからないように、洞窟の中で密かに息子を育て、父親に対抗できる力を身につけさせたのです。

シーパンドーン観光の窓口ナーカサンは「ハート・キー・クワーイ」（水牛の糞の浜）と呼ばれていた

ある日、息子は母親に「もう十分力がついたから、父親と戦いたい」と申し出ます。しかし、母親は「息子や、まだまだだよ。父親を超えるためには、もっと修行を積みなさい」と認めませんでした。

そこで、息子は、別の島に渡り、父親に対抗できるように訓練を積み、超能力を身につけます。島に生えるソムモーという木を角で揺すると、小さな実がたくさん落ちてきます。この実が地面に落ちる前に一粒残らず角で受け止めることができるようになった息子を見て、母親牛は息子が水牛王と決闘できる力を身につけたことを確信しました。

ついに、父と息子は、息子が生まれた洞窟で顔を合わせます。水牛王は、成長した雄牛がいることに驚き、怒り、直ちに2頭の決闘が始まりましたが、双方の力は互角で、なかなか勝負がつきません。

水牛王は「いったいお前は誰からその力を学んだのだ？」と尋ねました。それに対し、息子は「私の力はお前から受け継いだものだ。父から学んだのだ」と答えました。

息子の「ではお前は誰から学んだのだ？」問いに対し、父は「私の力は天からこの角に降りてきたものだ。私に師はいない」と答えました。

父と息子の激しい戦いの末、ついに息子の水牛は洞窟で父を倒したのでした。

この物語には、「師はいない」と言い放った水牛王の傲慢さを諫める一方、主人公の名「トーラピー」が罵り言葉として使われているように、そのような父親でも、親を手にかけた息子を非難するラオスの家族観が垣間見えるようにも思える。トーラティー島近くのメコン川の底には、この「トーラピー洞窟」が実在しているという。また、シーパンドーンには物語に由来する地名が散見される。なお、この物語はインドの叙事詩の『ラーマーヤナ』が起源であり、この地に伝わって『プラ・ラック・プラ・ラーム』として根づいた。紹介したのは、このエピソードから派生したものであり、シーパンドーンの村々の寺院にはこの物語を記した貝葉文書（バイラーン）が残されている。

イルカとシダー鳥の物語

　もうひとつは、観光業などを生業とするコーン島のバーン・ハーンコーン（ハーンコーン村）などで語り継がれるカワゴンドウ（イラワジイルカ）とシダー鳥にまつわる物語だ。

　昔々、ある夫婦が食料の豊かな新天地を求めて旅をすることにしました。夫の名前はカー、妻は名前をシダーといいました。夫婦は竹で筏を作り、ニワトリ、アヒル、キヤット（小型のカエル）、カエル、イアン鳥、クジャクをお供に従え、旅を始めました。

　筏はメコン川を下り、とうとうソムパミットの滝の手前にさしかかりました。このまま旅を続けるかどうか動物たちに尋ねたところ、ニワトリは「ジョート、ジョート、ジョート（止まれ）！」と鳴きました。アヒルは「ワ、ワ、ワ（岸につけろ）！」と鳴きました。カエルは「ルック、ルック、ルック（深いぞ）！」と鳴きました。（中略）

　最後に一番大きなクジャクに尋ねたところ「ペーウォン、ペーウォン、ペーウォン（このまま進め）！」と鳴きました。

　夫婦は大きなクジャクの助言を信じて筏を進め、ついにソムパミットの滝に落ち、命を落としてしまいました。

　その後、夫はイルカ（ラオス語でイルカは「パーカー」＝カーの魚に）、妻はシダー鳥に生まれ変わりました。

　ハーンコーン村の近くでは、かつてイルカが魚を追うとシダー鳥が下りてきて、仲睦まじくいっしょに魚を食べて暮らしている様子がよく見られたという。一方で、イルカもシダー鳥もこのあたりよりも上流、つまり自分たちがかつて命を落としたソムパミットの滝の方には決して近づかないといわれていた。

　ハーンコーン村では、観光ボートでのイルカ・ウオッチングが大きな収入源となっていたが、この数十年で村の周りの環境は大きく変化している。違法漁業によって、ラオス側に残っていたイルカの最後の1頭が死亡したことが確認された。現在、メコンのイルカは、カンボジア側に90頭ほどしか残っていない。さらに、この地域の自然環境と人々の暮らしを大きく変えたのが、水力発電ダムの開発である。

水牛王の息子が修行を積み、超能力（デット）を身につけたことにその名の由来をもつデット島

ドンサホン・ダム

　2020年、ハーンコーン村の上流に、中国系マレーシア企業の出資、中国の国営企業の技術・調達・建設によって、260メガワットの水力発電ダムが建設された。

　メコン川には1100種以上の魚が生息するといわれ、生物多様性豊かな世界最大の淡水の漁場でもある。ドンサホン・ダムが建設された「フーサホン」と呼ばれるメコン川の分流のひとつは、メコン川の魚の重要な回遊路であり、メコン川委員会も「フーサホンを堰止めることはラオスのメコン川における漁業に壊滅的打撃を与える可能性がある」と指摘していた。魚類資源の減少は、漁業による収入の減少、メコンの魚を主要なタンパク源とする流域住民の食料事情の悪化、魚をエサとするイルカの絶滅、観光業の衰退など、深刻な社会・環境影響が懸念される。

　イルカとシダー鳥の物語には、小さな者（ニワトリやカエルやアヒル）の声を無視し、大きな者（クジャク）の声だけを聞くと、取り返しのつかない失敗をする、という教訓が含まれている。住民の声やメコン川に生きる生き物の声に耳を傾けずに進む開発事業によって、イルカとシダー鳥が仲よく魚を追う姿も、豊かなメコンの恵みとともにある人々の暮らしも、「物語」の中だけの光景になってしまうのだろうか。

Profile

ひがし・さとみ
埼玉大学准教授／NPO法人メコン・ウォッチ副代表理事。おもな著書に『ラオス焼畑民の暮らしと土地政策：「森」と「農地」は分けられるのか』（風響社、2016年）。

紹介した物語は、環境NGOメコン・ウォッチが実施した「資源利用をめぐる人びとの物語」プロジェクトの中で筆者が聞き取ったものである。

ラオスの食卓 ～豊潤な山と川の幸～

森 卓

ラオスのもち米文化

ラオスを訪れた旅行者に「何が一番美味しかったか？」と尋ねると、9割の人がカオ・ニャオ、もち米と答える。料理よりも主食に感動を覚えるとは意外だが、ラオス人自身、自分たちをルーク・カオ・ニャオ（もち米の子）と言うほど、もち米が好きだ。ラオス料理は、もち米を中心に据え、その風土から生まれた食品を素材に料理を発展させた。

内陸国ラオスは、大河メコンとベトナムの安南山脈に両脇を抱かれるように国土が延びている。8割以上が森林と山岳地帯で、その食文化は山と森、そしてメコンの水系によって育まれてきた。山岳民族が暮らす村々では今でも狩猟生活が行われているが、獲物は日によって異なり、取れないときもある。それに備えて、食肉の乾燥や燻製による長期保存の技術も習得した。

メコン水系の河川や雨季に冠水した田圃や灌漑用水路などでは、ナマズやコイの仲間を中心にさまざまな魚が獲れる。珍しい種類では、淡水エイや一頭200kgを超す巨大なメコン大ナマズがいる。このような魚介類は、煮る・焼く・蒸すなどの調理法を中心に食べられるが、ラオス料理に多用される魚醤「パーデーク」の材料ともなる。海の魚醤ナンプラー（タイ）やヌクマム（ベトナム）と違い、淡水魚で作られるパーデークは味わいにコクと深みを持つ。熱帯特有の香草類で臭みを消し、料理の軸となるダシの役割をも担っている。

熱帯のラオスは、暑さで食品が腐敗しやすい反面、乾燥や発酵の進みが早い。短期保存食品として、切り肉を天日で干したシン・デーッディアオ、生肉や生魚に米、ニンニク、唐

中央のチェオの小皿を中心に、もち米（カオ・ニャオ）やラープが並ぶラオスの食卓

小魚を塩、米ぬかと混ぜ合わせ、甕で半年以上熟成させるとパーデークが出来上がる

辛子、塩を加え、バナナの葉で包み乳酸発酵させるソム・ムーやソム・パーなどの熟鮨も独特である。

納豆をペースト状に潰し、塩や唐辛子とともに熟成させた穀醤、トゥア・ナオは、北部特有の麺として有名なカオ・ソーイの挽肉味噌に欠かせない調味料、長期保存食品である。ラオスの発酵食品は、ラオ・ラーオ（焼酎）やラオ・サトー（どぶろく）、ラオ・ハイ（甕酒）などの酒類を除き、麹を使用しないのが、日本を含めた東アジアとの違いであり、特徴である。

庭で跳ね回っている鶏を絞め、ハーブ類とともに即席で煮込むトム・カイ（鶏のクリアスープ）は、小規模の宴席に振舞われるごちそうだが、大きな動物（牛・水牛・豚・山羊）は祭事（大規模な宴席）に際して解体される。宴席の規模や主旨に応じて家畜の種類が選ばれ、食卓に上る。

味の決め手は「パーデーク」

味付けの決め手となる魚醤パーデークに関して、ラオスには「コン・ラーオ・キン・カオ・ニャオ・ジャム・パーデーク」、ラオス人は、パーデークに浸し、もち米を食べる、という慣用句がある。料理における重要性がラオス人のアイデンティティのように表されているパーデークは、どのように作られているのだろうか。

タイやベトナムでは、魚を塩漬けして長期熟成させ、魚体自身が持つ消化酵素によって骨以外の魚肉が溶け、液化したものを濾過して作る。それに対しラオスでは、魚、塩に加えて米ぬかを混ぜ込み、乳酸発酵を促すこと

北部ムアン・シンの市場で売られていた山盛りの納豆味噌トゥア・ナオ

で、魚体の形が残された塩辛ができる。この塩辛を加水煮沸して柔らかくなった骨と魚肉による濃い液体が、発酵により醸成された天然のうま味成分（アミノ酸）を豊富に含むパーデークである。

パーデークはさまざまな料理に使用されるが、そのうま味を最も感じられるのが「チェオ」というディップだろう。加熱したパーデークに炭火で焼いたニンニクと唐辛子を叩き合わせたチェオ・パーデーク（パーデークのディップ）を基本に、焼きトマトを合わせたチェオ・マークレーン（トマトのディップ）、焼き茄子のチェオ・マークア（ナスのディップ）などさまざまなバリエーションへと広がる。

ラオスの家庭でもち米を食すときには必ずといっていいほどチェオが並び、これらに浸して食べるというのが先述の慣用句になる。チェオはこれまで、家庭の食卓にしか上らなかったが、最近ではラオス料理専門店などでも提供されるようになってきた。チェオ・パーデークは、魚醤の臭気が強く初心者にはおすすめしないが、その他は、野菜の甘み、パクチーやディルなどの香りが加味され食べやすいので、メニューに見かけた際はぜひ試してほしい。

パーデークとトマト、玉ねぎ、ニンニク、ネギを合わせたチェオ・マークレーン（左）と、ナス、ニンニク、香草のディルを合わせたチェオ・マークア

「幸せ」を運ぶラープ

最後に、国内外でも知名度があるラオスの代表的な料理ラープの作り方を紹介する。加熱して冷ました肉、魚等のミンチに、だしとしての魚醤、焼いたニンニクと唐辛子、フア・シンカイ（レモングラス）、バイ・キフー（コブミカンの葉）、カー（南姜）を細かく刻み、スライスしたホムデーン（小赤玉ねぎ）と混ぜ合わせる。カオクア（炒り米粉）は、香ばしさを加味し、全体を絡めるドレッシングの役割も担う。最後にライムの酸味と香りを搾り、ホーム・ラープ（ミント）を贅沢に盛る。調理法は、刻み、加熱し、和える、といたって簡単だが、ミンチ肉はもち米と一緒に指でつまみやすい、というメリットも見える。また、発酵食品のうま味を軸に、素材の風味が掛け合わされ、複雑な味わいとハーモニーを生み出す。冷めてもおいしく、祭事の大量仕込みへの知恵でもあり、ときに焦がし米（おこげ）のうま味を振りかけるという先人の発想力には脱帽する。

ラープには「幸せ」や「幸運」という意味もあり、私はその名前にいつも思いを馳せる。祭事に欠かせないハレの日のごちそうとして、人が集まるところにラープ（幸せ）あり、ラープ（幸運）を分かち合い、おのおのの家路に就く。ラープを食べると「家族や友人と食事する時が一番の幸せ」と言うラオスの人々の顔が脳裏に浮かぶ。ラオスの食卓には、先人たちの知恵と幸せが詰まっている。

ラオスの定番料理ラープは、祝いの席には欠かせない一品

Profile

もり・たく
和食、タイ料理を学んだ後、ラオス移住。ラオス発情報誌編集長を経て、帰国。日本全国で出張料理「ラオス食堂」を主宰している。

民族モザイク国家・ラオスの肖像

横山 智

ラオスにはいくつの民族が暮らしている？

　ラオスは多くの民族によって成り立つ多民族国家とされている。そのなかで多数派を形成するのが、おもに平野部に居住するラーオと称される人々で、2015年の統計では総人口の52.8%を占める。残りの半数が、いわゆる"少数民族"と呼ばれる人々だ。

　しかし民族数に関しては、極めて流動的である。1995年には「47」に分類されていたが、2000年8月にラオス国家建設前線が「49」に民族数を修正した。しかし、最新の2015年人口センサスでは「50」になっている。

　数字だけを見ると単純に民族数が増加しているので、ある民族がどこかの民族から分かれて、ひとつの民族として独立したように見えるが、そう単純ではない。例えば、2000年に「47」から「49」へと民族数が増加したが、その内容は2民族が他の民族から分離し、2民族が統合され、2民族が新たに増加していた。それと同時に、9民族の名称が修正され、ラオス語で「小人」を意味する「プーノイ」と呼ばれていた人々の名称は自称の「シンシリー」へ、加えて「ヤオ」は「イゥ・ミエン」、「コ（またはイコー）」は「アカ」へと変更された。そして2015年には、一般的にほとんど呼ばれていない「シンシリー」は、再び「プーノイ」という名称に戻っている。

分類基準の難しさ

　基本的にラオス政府の分類は、人々が使用している言語から互いの相違点を見つける方法で行われている。基準となっているのは、①タイ・カダイ系語族（主として、ラーオ、プータイなど）、②モーン・クメール系語族（主として、カム、カタン、マコンなど）、③モン・ミエン系語族（モンとイゥ・ミエン）、④シノ・チベット系語族（主としてアカ、プーノイなど）の4種類の言語族である。

　また、この分類とは別に、各民族が居住する垂直的な位置関係、つまり居住する高度によって、低地ラオス人（ラーオ・ルム）、中地ラオス人（ラーオ・トゥン）、高地ラオス人（ラ

南部に居住し、キリスト教徒も多いカトゥ族

県別民族構成

地区	県	人口1位民族 （構成比 %）	人口2位民族 （構成比 %）	人口3位民族 （構成比 %）
北部	ポンサーリー	アカ (31.8)	カム (18.7)	プーノイ (14.9)
	ルアンナムター	アカ (25.5)	カム (24.6)	ルー (10.3)
	ウドムサイ	カム (58.9)	モン (15.0)	ラーオ (9.4)
	ボーケオ	カム (25.2)	モン (15.6)	ルー (15.3)
	ルアンパバーン	カム (46.9)	ラーオ (28.4)	モン (17.7)
	フアパン	モン (30.1)	タイ (24.1)	ラーオ (23.6)
	サイニャブリー	ラーオ (58.8)	カム (10.8)	ルー (9.2)
	サイソンブーン	モン (53.7)	ラーオ (23.1)	カム (14.2)
中部	シェンクワーン	モン (42.1)	ラーオ (41.4)	カム (8.5)
	ビエンチャン	ラーオ (59.0)	モン (17.0)	カム (16.8)
	首都ビエンチャン	ラーオ (90.1)	モン (3.4)	カム (1.5)
	ボリカムサイ	ラーオ (45.6)	タイ (20.6)	モン (19.8)
	カムアン	ラーオ (66.5)	プータイ (13.7)	マコン (13.2)
	サワンナケート	ラーオ (58.5)	プータイ (14.8)	マコン (11.5)
南部	サーラワン	ラーオ (59.4)	カタン (13.3)	スエイ (7.3)
	セーコーン	カトゥ (22.9)	タリアン (20.1)	アラック (15.0)
	チャンパーサック	ラーオ (84.7)	イル (4.9)	スオーイ (1.6)
	アックプー	ラーオ (37.4)	ブラオ (15.6)	オーイ (15.2)

注）外国人、その他などの民族は除く
出典）2015年人口センサスより作成

ーオ・スーン）に分ける3分法も用いられている。これを先に示した言語族の分類と対比させると、低地ラオス人が①、中地ラオス人が②、高地ラオス人が③と④にほぼ相当する。この3分法は、政府の見解では正式な民族名称ではないが、1950年代より使用されており、現在でも民族群を分類する方法としてラオスで浸透している。

　この3分法は、かつて、モンは「猫」を意味する「メオ」、モーン・クメール系語族の人たちは奴隷を意味する「カー」のような蔑称で呼ばれていたことがあり、民族による区別をなくして国民国家を形成しようとする気運のなかで生まれたものとされている。

　しかし、各民族は移住を繰り返しており、現在は垂直的な居住位置と民族との相関は低くなってしまった。人々が山地部から低地部へ移住する理由は、政府がかぎられた予算で国を発展させるために低地を重点的に開発し、移住を促す政策を実施しているからである。加えて、この3分法では言語の違いから意思疎通さえできない民族同士が同じ群に属してしまうという問題も発生するので、民族の特徴や性格を議論するような場合に、この分類を用いるのは適切ではないといえる。

　要するに、民族の数は分類する側の基準によってさまざまに変化し、正しい民族数など存在しない。それぞれ異なるアイデンティティーを持つ民族を、他者が何らかの基準で分類すること自体、無理があるといえるのかもしれない。したがって、現時点では政府見解による公式分類は存在するが、常に改訂が繰り返されていくであろう。

民族と居住地域の相関関係

　さて、ここで民族の人口構成を各県別に整理してみよう。表に示すように、ラオスでは地理的空間に対応した民族の分布がみられる。

　北部の県ではアカ、カム、モンの人口が多い。中部の県では、ラーオが圧倒的に多く、南部でも中部と同じくラーオが多いが、カトゥ、タリアン、アラックなどのモーン・クメール系語族の少数民族も人口の上位を占めているのが特徴である。すなわち、タイ・カダイ系語族以外の少数民族は、中央から離れた農山村地域に居住しているといえる。

　政府は少数民族の人たちが多く居住する農山村地域の開発や言語教育などの少数民族政策を国家の重要課題のひとつと位置付けている。これは、単に農山村地域のインフラを整備すること、またラオス語を母語としない人々に国語であるラオス語の教育を実施することを意味するものではなく、多文化共存の概念をもつ少数民族政策を打ち出すことが目標である。多民族国家のラオスが国民国家の形成のために解決しなければならない課題はまだ多く残されている。

大きなマフラーが特徴のイゥ・ミエン族の女性

日々の労働に汗を流すランテン族

お正月の行事に参加するために正装したモン族の女の子

よこやま・さとし：名古屋大学環境学研究科教授。博士（理学）。専門は地理学、東南アジア地域研究。著書に『ラオス農山村地域研究』（めこん、共編）、『納豆の起源』（NHK出版）など。

ラオスの織りとシン

小藤田朋美

ラオスを語る上で避けて通れないのは、多種多様な民族と織物の世界だろう。ラオスには50の民族がおり、各民族がユニークな文化や風習を持ち、また織りの技術を受け継いでいる。

シンとTPO

シンはラオスにおける女性用の伝統衣装である。一枚布を筒状につなぎ合わせた巻きスカートで、ホックで止めて着用する。晴れ着として、仕事着として、制服として、普段着として、さまざまなシーンで活躍する万能アイテムだ。

教育機関においては、公立の学校に通う小学生～高校生は、黒地に白い裾のシンを、大学生は大学ごとに異なる柄のシンを着用する。教師は、教育省が職場ごとに定めたシンを着用することが義務付けられている。シンにはTPOによって好ましい素材やデザイン、色がある。結婚式では精巧な織り模様が美しい高級なシルク製のシンが好まれる。古都ルアンパバーンでは、深緑やこげ茶の布地に、獅子や孔雀などラオスの干支をモチーフにした模様の金の刺繍があしらわれたシンが、伝統的に着用されてきた。地方によっては、離婚の意味がある紫は避けられる時代もあった。現在は、選択の幅も広がり、ピンクや水色など、明るく鮮やかな色のシンも人気となっている。またここ数年、参列者には事前に花嫁が何色のシンを着用するかが知らされるようになり、色が被らないよう配慮するようになるなど、少しずつ変化してきている。

日常生活では、15万キープ程度の動きやすく洗濯もしやすいコットン製のシンが好まれる。役所への訪問や寺への参拝、知人の家で行われる儀式などに参加する際にも、基本的にシンを着用していくが、あまりかしこまったものでなくてもよい。

また葬式では、遺族は白無地コットン製のシンを、弔問者は黒地のシンを着用するしきたりになっている。

織り手の今

シンの布は、村の女性たちが機織り機を使い、一枚一枚手作業で織り上げている。機織り文化がある村では、50年ほど前まで家事全般ができることに加えて美しい布を織れることが女性のたしなみであった。村の女性は親世代から織りの技術を受け継ぎ、その技を磨いた。

しかし、ラオスにも近代化の波が押し寄せ、人々は安価な洋服を購入するようになった。ある村の織り手は「女性たちが洋服を着用するようになったことに加え、女性の社会進出が進み、職業として織り手を選ぶ若者が減った」と村の織りの伝統が消えていくことに危機感を感じている。こうした状況を打開しようと、国際協力機構のJICA海外協力隊（旧：青年海外協力隊）と連携し、地元のマーケットのみならず、観光客市場をターゲットにした商品開発に取り組む村も出てきている。

村で機織りを学ぶ8歳の少女

シンのトレンド

伝統衣装であるシンにもトレンドがある。数十年ほど前は長めのくるぶし丈が主流だっ

スア（シャツ）とシンの上下セット

たが、現在はふくらはぎから膝下丈と短めに仕立てる女性が多い。また近年は、伝統衣装としての用途に加え、在住外国人や一部のラオス人女性がフレアスカートやワンピースに仕立てるなど、近代的なファッションアイテムとしても注目されている。一方、布のデザインや色に大きなブームはないようだ。

さらに、新たな方法でシンの布を入手することもできるようになってきた。従来は市場で対面で布を購入することが主流だったが、現在ではFacebookを活用した売買も盛んに行われている。生産者が専用ページに写真をアップし、仲介人を通さずシンを直接購入者に販売しているケースも散見される。これにより、購入希望者はオンラインでラオス各地のユニークな布を入手できるようになった。

伝統衣装をまとった花嫁と花婿

ラオスでシンを作ってみよう

シンを手に入れる方法は、スカートに仕立てられた既製品を購入するか、市場で一枚布を購入し仕立屋でオーダーメイドするかのどちらかだ。シンを美しく履きこなすには、腰のフィット感と、丈（基本的にはふくらはぎの下あたり）が重要になるため、地元の女性はオーダーメイドでシンを作ることが多い。

首都ビエンチャンで布を購入するなら、地元民でにぎわう2大市場「タラート・サオ」や「タラート・クアディン」に行くといいだろう。市場の一角にはシン屋が連なっており、写真のように色とりどりの布が所狭しと並んでいる。そこで仕立てもしてもらえる。

布の大きさは80cm×200cm程度で、価格は素材や織りの複雑さによって変わる。素材

は化繊、コットン、シルクの布が中心となるが、化繊が一番安く、8万キープ程度から購入することができる。一番高価なものは、シルク製の、特に織りが細かい手織りの布だ。シルクでも普段使いなら10万〜30万キープ程度のシンを購入するといいだろう。

色は淡いものからビビッドなものまで幅広く、模様も千差万別だ。日本人にはなかなか手が出しづらい色彩のものも多いが、なかにはなじみのある藍染めの布も売っている。同じ種類の布を量産しているわけではないので、布との出合いは一期一会。気に入ったら売り切れる前に購入することをおすすめする。

布を購入したら、次は仕立てだ。布を購入したお店で、腰まわりや丈の寸法をはかってもらおう。裏地をつけるとパリっと仕上がるのでおすすめだ。縫製には1日〜1週間程度かかるので、しっかり仕上がり日を確認しておこう。シンを受け取る前には試着をし、最後の微調整をしてもらうと良いだろう。仕立て代は3万〜10万キープ程度で、商品の受け取り時に支払う。

ぜひ、旅の始めにシンを仕立てて、ラオス人になりきって各地を旅してみてはいかがだろうか？

市場では、天井までシンで埋め尽くされた店も少なくない

Profile

ことうだ・ともみ
大学の研究で初めてラオスを訪れて以来、ラオスの虜に。JICA海外協力隊としてサイニャブリー県の藍染め製品の販売促進に従事した。ラオス滞在歴は約4年。

不発弾と闘う ～爆弾処理現場からの報告～ 山田しん

2017年3月21日、午前11:30頃、シエンクワーン県ペック郡コードグム村で、10歳のラープ・リー Lab Leeと7歳のセーン・リー Seng Leeの姉妹が、学校から帰宅途中の道端でクラスター爆弾の子爆弾を見つけた。彼女たちは、ペタンクという鉄球を投げてぶつけるラオスで人気のボール遊びの球だと思い、家へ持ち帰った。

その日は、家ではバーシーという伝統儀式が執り行われており、子どもたちは庭先で遊んでいた。ラープちゃんが不発弾を取り出し遊ぼうとしたとき、不発弾は地面に落ちて爆発。残念ながら彼女は即死、周囲にいた12名の従兄弟らも重傷を負った。

事故のすぐあと、子どもたちは病院へ搬送。事故の一報を聞きつけた被害者支援NGO、ワールド・エデュケーション World Education（※1）のサポートチームはラオス政府の不発弾撤去団体UXOラオスUXO-Laoと事故現場を検証。今回の不発弾を米国製クラスター爆弾の子爆弾「BLU-26」と確認した。

ラオスを通った「ホーチミン・ルート」

ベトナム戦争当時、北ベトナムから南ベトナムへの物資輸送のための軍事道路、のちの「ホーチミン・ルート」は、北緯17度線の非武装地帯を回避するため隣国ラオスに作られた。ルートの調査と進路決定の任務には北ベトナム人民軍の559部隊301小団があたった。この団員は、「跡を残さず歩き、煙を上げずに炊事し、無言で話す」と呼ばれた屈強揃いで、徒歩や自転車を使い、昼夜を問わず秘密裏にホーチミン・ルートの建設地を調査した。

当初、この軍事道路はベトナム国内に建設予定であった。しかし国内を南下するには敵対するアメリカ軍と南ベトナム軍が厳重に警備する国道9号線を横切らねばならず、ルート探しは困難を極め、ラオスとの国境にそびえる安南山脈の高所までも調査したが、これ以上国内において秘密裏に南下する物資輸送ルートの設定は無理だと判断した。そこで301小団は、新たに安南山脈西側のルートに目を向けた。山脈の西側、そこはラオス領であった。

多くの枝道や迂回路を網の目のように広げるホーチミン・ルート。その総延長2万kmあまり

1961年、当時のラオスは内戦状態にあった。国内では北ベトナムの支援を受けた共産派のラオス愛国戦線（パテート・ラーオ）とアメリカの支援を受けたラオス王国政府が各地で戦闘を繰り広げていた。北ベトナムはラオス愛国戦線との連携を深め、そこへカンボジア反米派も加わり、三者の間でアメリカに対する共闘が約束された。こうして当時中立国であったラオス、カンボジアを通し南ベトナムへと続く軍事輸送路「ホーチミン・ルート」が建設された。

このホーチミン・ルートを利用して、南北統一を目指す北ベトナムは南部解放軍へ絶えることない物資の支援を行った。1962年だけでもこのホーチミン・ルートを使い、961tの武器、7800tの食料が南へ運ばれ、1万人の幹部が南北ベトナム間を往来した。同様にこのルートは負傷兵を護送するのにも使用された。

ケネディの「シークレット・ウォー」

1961年3月、J.F.ケネディ大統領は「ラオスはアメリカから遠いが、世界は狭い。ラオス国土はオーストリアの3倍、人口は200万人。その独立が失われたら、東南アジアの安全が脅かされ、我々の安全にも関わる。中立は守らなければならない」と演説。ラオスの中立を守る名目で現地に軍事顧問団を派遣し、ラオスの山岳民族でもあるモン族を洗脳し、左派のラオス愛国戦線と戦わせる特殊作戦を展開していた。モン族の軍隊は、初めはアメリカの特殊部隊が、のちにはCIAが後押しした。

1963年に入ると、北ベトナムのさらなる支援を得たラオス愛国戦線は、右派のモン族の

※1　laos.worlded.org/news/uxo-accident-injures-thirteen-people-in-xieng-khouang-province

不発弾の危険性を啓蒙（けいもう）するために病院の廊下に貼られて
いた不発弾被害者たちの写真

軍隊に本格的な攻撃を開始する。モン族の軍
隊は多数の死傷者を出し、子供までもが兵士
として駆り出されるようになった。

　冷戦時代の当時、左派への支援はソ連、中
国が行い、右派にはアメリカが支援した。こ
の結果、はるかインドシナ（ベトナム、カンボ
ジア、ラオス）の地で、ソ連・中国の共産主義
VSアメリカ資本主義の代理戦争が行われる
構図となった。

　1964年、インドシナへの本格的な軍事介入
をはじめたアメリカは、ベトナムの共産化が周
辺国へも及ぶ「ドミノ倒し」を阻止するため、
密かにラオス国内を通るホーチミン・ルートの
攻撃に踏み切る。同年3月、国籍を隠した航空
機で、中立国であるラオス国内のホーチミン・
ルートを爆撃。ここから9年間、アメリカはラ
オスに史上類を見ない大量爆撃を開始した。

　1964〜73年までの間にアメリカ軍がラオ
スに投下した爆弾は200万t以上、クラスター
爆弾は270万個にのぼる。空爆の回数は約85
万回。ホーチミン・ルート沿いではこの9年間
は常に8分に1回の割合で空爆が行われた計
算になる。

　1954年、インドシナ戦争の停戦を目指した
ジュネーブ協定で、ラオスは中立国であり、
国際法上ラオスに対する爆撃は明らかに違法
であるとされた。しかしアメリカは、これだけ
の大きな戦争を公にはしなかった。これが、
俗に「シークレット・ウォー」、秘密の戦争と
呼ばれることになる。ラオスには、そのときに
投下されたクラスター爆弾の不発弾が今なお
大量に残っている。

クラスター爆弾の恐怖

　クラスター爆弾とは、容器となる親爆弾の
中に数個から数百個の子爆弾が搭載された

「収束爆弾」と呼ばれるものである。空中投
下、または地上から発射された親爆弾は事前
に設定した高度や時間に子爆弾をリリースす
る。リリースされた子爆弾は上空から雨のよ
うに降り注ぎ、標的周囲を広範囲に破壊する。

　ベトナム戦争当初は、アメリカ空軍が使用し
ていた自由落下型クラスター爆弾はCBU-2/A
やCBU-14と呼ばれるタイプが主流であった。
しかし、これらは低空から投下しないと子爆
弾が効果的に散布できず、航空機が対空砲火
に晒される危険があったため、より高い高度
から投下可能なCBU-24が開発された。CBU-
24は、対人用の子爆弾BLU-26を640〜670
発搭載し、子爆弾の中には直径約6mmの鋼
鉄球が300個収納されている。上空から落下
した子爆弾が爆発すると、その周囲に鋼鉄球
が高速で飛び散り、あたりの人間を無差別に
殺傷する。この子爆弾は、ラオスの人々には、
「ボンビー」として知られ、ラオスで一番よく
目にするタイプでもある。

不発弾化するクラスター爆弾

　破壊兵器の性能は科学の進歩とともに年々
精度を増していくが、ベトナム戦争の頃に使
用されたクラスター爆弾の最大の問題は、設
計されたとおりに機能せず、多くの不発弾を
残すことにあった。もともと爆弾には一定の
割合で不発弾が発生するが、ラオスで使用さ
れたクラスター爆弾はホーチミン・ルート周
辺の柔らかい土壌への投下が多かったためも
あり、ばらまかれた子爆弾の約30%以上が不
発弾となったと推定される。

　UXO-Laoは、ラオスに埋没する不発弾の数
を推定8000万個とし、1996年から2018年ま
でに撤去した不発弾の数を約93万個（※2）
と発表した。この数字は全体のわずか1.1%の

クラスター爆弾CBU-24とその子爆弾BLU-26。ベトナ
ム戦争時代アメリカ軍がラオスにばらまいた子爆弾は2
億6000万発以上と推定される

今もラオスの復興を妨げる不発弾の影

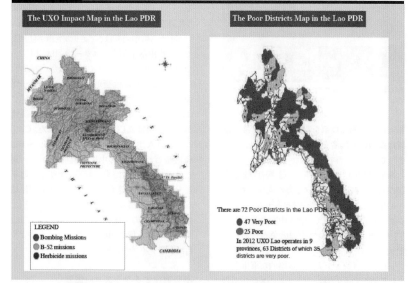

地図左がクラスター爆弾やB-52による爆撃地域で不発弾が多く残るエリア。地図右がラオスの貧困エリア。このふたつの該当エリアがほぼ重なることから、ラオスの経済発展に不発弾の存在が大きく関与していることがうかがえる
出所■www.uxolao.org/workplans-2

不発弾を除去するのに22年かかったことを意味する。

　赤十字国際委員会（ICRC）は、クラスター子爆弾の除去は、迫撃砲弾やロケット砲弾、大きな500ポンド爆弾などの不発弾除去に比べて、困難な作業だと指摘している。長年放置されたクラスター子爆弾には、外気温の変化や少しの振動でも爆発するほど不安定な状態になっているものもある。もし爆発すれば飛び散る金属片は防護服を貫き作業員の死傷はまぬがれない。撤去活動には膨大な時間が必要なうえ、とてつもなく危険な作業だとしている。

　ラオスで不発弾除去活動や回避教育、被害者支援などを統括する国営監査機関、UXO-NRA（National Regulatory Authority for UXO/ Mine Action in the Lao PDR）の報告によると、1964年から2008年末までのラオスでのクラスター爆弾の被害者は5万人以上、そのほとんどは民間人で23％が子どもである。そのうち、戦後の被害者数は約2万人にものぼる。

　クラスター爆弾は、兵器の分類からいえば、地雷などと同様「通常兵器」に区分されるが、1発の親爆弾がもたらす威力を考えると「大量破壊兵器」に準ずるものだとも考えられ、今やその使用は国際社会に厳しい批判を受ける対象となる。

不発弾問題への取り組みと各国の支援

　1975年のベトナム戦争終結と同時にラオス内戦も終結したが、アメリカ軍によってラオスに残された大量の不発弾は、戦後何年も手つかずの状況が続いた。理由はもちろん「シークレット・ウォー」のためである。中立国であったラオスでの戦争は国際法違反にあたるので、アメリカはその事実をひた隠しにした。その結果、ラオスでの戦争は、国際社会に知らされることなくラオスへの支援もなされなかった。当時、不発弾の影響を受ける農民や地域コミュニティは、自らの命を危険にさらして自分たちで不発弾を処理していたのである。

　ラオスへ国際支援の手が入ったのは戦後かなり経ってからだ。1994年、イギリス拠点の地雷撤去団体MAG（Mines Advisory Group）

　※2　UXO-Laoのレポート（UXO Sector Annual Report）より。1996年から2010年5月までに除去した不発弾の数44万6711個。また手元にある2018年のレポート（UXO Sector Annual Report 2018_English）では2010年から2018年の↗

が不発弾撤去を開始。1996年、ラオス政府は国連開発計画（UNDP）の援助を得て、国の不発弾除去機関UXO-Laoを設立。UXO-NRAとともに、不発弾除去だけでなく、農村や学校などでの不発弾に関する危険回避教育も行った。この危険回避教育の甲斐あって、2005年から2015年の10年間で不発弾被害者数は85%も減少した。

アメリカおよび民間NGOの支援

1993年から2016年にかけて、アメリカはラオスの不発弾問題に対して年間平均490万ドルを支援していた。しかし爆撃の際には一日に約1330万ドルが費やされたことからも分かるように、この金額はあまりにも少なかった。そこで2016年、オバマ大統領は現職初のラオス訪問を果たしこう語った。「ラオス、アメリカの歴史を顧（かえり）みると、アメリカはラオスを支援する道義的責任がある。今後3年間で不発弾撤去に年間3000万ドルの支援をする」と宣言した。その後アメリカはラオスのトップドナー（最大援助国）となり、その援助はトランプ政権となっても続いていた（2020年4月時点）。

また、不発弾被害者たちのケアや社会復帰を支援する民間NGOの存在も忘れてはならない。Humanity & Inclusionは不発弾汚染地域の妊婦と子どもの健康支援。World Educationは不発弾被害者への医療費支援。COPEは不発弾で手足を失った被害者への義肢装具の無償提供やリハビリ支援。日本の元自衛官OBで構成されたJMASは不発弾撤去の技術支援や機材支援。同じく日本のNGO、テラ・ルネッサンスは、貧困に苦しむ不発弾被害者とその家族の経済的自立を目指すための新しい支援として、ラオスの豊かな森林を活用した持続的産業の構築として養蜂支援を行っている。

専門のスタッフによる人道的不発弾撤去作業

このほかにもラオスを支援する民間NGOはたくさんある。小規模NGOや慈善団体の人道的支援は、地域は限定されるものの、被害者一人ひとりに寄り添ったケアを実践するのが特徴だ。現地で活動する彼らの存在は、多くの不発弾被害者とその家族の心の拠りどころとなっている。

ラオスの豊かな森を持続的に活用する東洋ミツバチ養蜂支援

未来に残るクラスター問題

2010年8月1日、国際社会は「クラスター爆弾禁止条約」を発効。これは、クラスター爆弾による被害を終わらせる唯一の国際的な取決めである。条約のおもな内容は、クラスター爆弾の使用、生産、移譲、保有の禁止とその援助、保有するクラスター爆弾の8年以内の廃棄、不発弾の10年以内の除去、被害者、家族、コミュニティへの包括的な支援など、多岐にわたる。

2020年3月19日時点において、クラスター爆弾禁止条約の署名国あるいは批准国は世界120ヵ国（日本は2009年7月14日に批准）。このうち、条約のすべての条項に法的に拘束される締約国は106ヵ国である。しかしながら、クラスター爆弾のおもな生産、保有国のアメリカ、中国、ロシアなどの大国は、いまだに署名していないなどの課題も残る。

ラオスの人々がこの負の遺産から解放される日は、いったいいつになるのだろうか。

ラオスはまた、国連の持続可能な開発目標（SDGs）の17目標に、不発弾に関する独自の目標を18番目として追加し、全世界にこの課題の重要性をアピールしている。

Profile

やまだ・しん
写真家・ジャーナリスト。専門は小型武器、子ども兵問題。おもにウガンダやラオスで戦後の社会問題を取材。国内では自然環境を取材。

8年間で撤去した不発弾の数は48万1998個。これを合計すると1996年から2018年までの22年間で撤去した不発弾の数は92万8709個となる。

ラオスのボートレース祭り

橋本 彩

季節が雨季から乾季へと移る節目の太陰暦11月の満月の日、ラオスでは年中行事である出安居祭（ブン・オークパンサー）が行われる。安居とは、僧侶が自分の所属する寺にこもって修行をする3ヵ月間のことを指し、出安居はその期間が終わったことを告げる日である。安居の間は仏教徒が多いラオス人のなかには断酒や禁煙などを実践する人も多く、結婚式も控えられるため、1年のなかで最も禁欲的な3ヵ月といえるかもしれない。そのため、安居の終わりを告げる出安居祭やボートレース祭り（ブン・スワンフア）は、人々が自身の戒めを開放し、喜びを表わすときともいえるので各地で盛大に祝われる。

「ナーガ」信仰を表すルアンパバーンの祭り

ルアンパバーンでは、他地域と異なり、川の水位が一番高くなる太陰暦9月の下弦12日にメコン川で小規模に、また下弦14日にメコン川支流の南カーン川で盛大にレースが行われる。下弦14日は、ブン・ホーカオパダップディンという祖先霊をなぐさめる仏教行事の日でもあり、人々は午前3時頃に食べ物の包みを家や寺の周りに置いたのち、夜が明けると寺へ喜捨をしに出かけ、僧の説法を聞く。そして11時過ぎよりボートレースが始まる。

ルアンパバーンのボートレースに使用される舟は基本的に全長約20m、幅1mの45人から55人が乗る丸木舟で、舳先と艫の形状は、周辺の東南アジア諸国でみられる竜や鳥ではなく、ニェームと呼ばれる水牛の角をかたどったような形状となっている。レースは、後方に立って舵をとる数名を除いて全員が進行方向を向いて2列に座り、手持ちの櫂で約800mを漕ぎ下る。その姿はナムカーン川の景色に美しく溶け込み、見る者を魅了する。

ルアンパバーンのボートレースで特徴的なことは、1) 舟の形状がすべて同じである

出安居（オークパンサー）の直後に、盛大に開催されるビエンチャンのボートレース祭り

こと、2) 舟の模様が統一されていること、3) 舳先に座した人が漕ぎ手にリズムを伝えるとともに角状の部分を両手でつかみ、舟を前方へ押しだすような動きをすること、4) 漕ぎ手が男性にかぎられていることが挙げられる。ラオスの他地域におけるボートレースは、女性の舟の参加もあれば、舟の形状や模様もさまざまである。

ルアンパバーンのボートレース祭りは、祭りを取り巻く儀礼も特徴的である。地元の人々はルアンパバーン周辺の川や洞窟などには水を司る水神「ナーガ」が15柱すんでおり、ルアンパバーンの土地を守護していると信じている。その信仰と関連して、レース前に参加する舟が供物をささげる場所が3ヵ所ある。

1ヵ所目はナムカーン川河口の岩にすむ「タオ・ブンヌア」というナーガで、言い伝えによれば、ふたりの隠者がこの地で最初の王国をつくる際、その領域を確定する4つの地点を定めた後、ひとつ目の地点であるナムカーン川河口の岩に15柱のナーガを呼び集め、王国の守護を約束させた場所だという。そして、この岩の形が空へ向かって伸びていることから、天界にすむインドラ神とのつながりを表す場所ともいわれており、15柱のナーガを束ねる重要な場所とされてきた。よって、ボートレース祭りの際にこの岩に供物をささげることは、土地の守護を願う意味が強く込められている。

2ヵ所目は、ナムカーン川中流の古い橋のたもとにすむ「タオ・カムラー」、3ヵ所目はかつての王国の南の境界であったナムホップ川河口にすむ「タオ・チャイ・チャムノン」というナーガに対して供物がささげられる。王国の北と南、そしてレースが行われるカーン川の上流と下流を守護する重要なナーガに供物をささげることで、祭りの舞台およびかつての王国の領域を浮かび上がらせていくのである。加えて、レースの本戦が始まる直前に、メコン川にすむ女性のナーガ、「ナーン・ダム（黒い婦人）」、「ナーン・ドーン（白い婦人）」が、その名前のとおりに、黒い服と白い服を着た女性たちが漕ぐ舟に移し替えられて祭りに参加し、聖なるナーガたちの代表としてレ

ースを行う。ナーン・ドーンは幸運を、ナーン・ダムは不幸を招くとされていることから、白い舟を黒い舟に勝利させることでレース全体の安全、そして町の繁栄を招き入れている。

また、レースのコース取りにも水稲耕作にかかる象徴的意味が含まれている。ラオスの民間信仰によれば、ナーガは乾季にはメコン川にすみ、雨季には内陸の水場にすむと考えられているため、稲に水が必要な雨季の間に行われるルアンパバーンのボートレースでは、ナーガの移動をなぞらえるように第1支流から第2支流へとレースのコースが設定され、ナーガが内陸の水田に留まり、豊かな水を供給し、豊穣をもたらしてくれるようにとの願いがレースに込められているのである。

競技志向の強いビエンチャンの祭り

ビエンチャンで最も盛大に祝われるボートレース祭りは、レースのゴール地点となる寺の名前をとり、ワット・チャン・ボートレース祭と呼ばれている。現在の競漕は、女性による「フア・メーニン」（女性の舟）、男性による「フア・パペーニー」（伝統舟）、そして「フア・スード」の3つにカテゴリー分けされている。「スード」という用語は「特定の規格に則った型」との意味をもつため、レースに特化した舟を表す正式名称となっているが、スポーツを意味するラオ語「キラー」をつけて「フア・キラー」、スポーツ舟と呼ばれることのほうが多い。このカテゴリーは、男性と女性を分けるカテゴリーしか存在しなかったビエンチャンのボートレース祭りにおいて、2000年に初めて設けられた。

1990年代後半より、タイに影響を受けたとされる伝統的な形状ではない舟が出現して常勝し始めたことから、スポーツ的要素が強まってきていたボートレース祭りの「伝統」をめぐる論争が参加者の間で巻き起こり、レースの公平性を確保するために舟の形状によるレースの分化が行われた。先に取り上げたルアンパバーンと異なり、ビエンチャンはメ

タオ・カムラーへ供物をささげる祭司

コン川を挟んだ対岸が同じラーオ族が多くすむ東北タイであり、歴史的にも両岸の交流が深いことから、文化を共有する東北タイの変化に影響を受けやすい。しかしながら、ワット・チャン・ボートレース祭に参加する舟は、メコン川沿岸の村だけでなく、ナムグム川流域の村からも来るため、両者の環境的・歴史的差異が、意見の対立となったのである。とはいえ、ワット・チャン以外で開催されるビエンチャン周辺のボートレース祭りを観察してみると、そうしたカテゴリーの分化も対立もなく、平和裏に異なる舟を使用して競漕を行っている。こうした状況をみてみると、どうやらワット・チャン前で開催されるボートレース祭りは舟を出す村人たちにとって、公平性を欠くレースの実施を許容することができない、他のボートレース祭りとは異なる特別な意味をもつ祭りであることがみえてくる。

しかし近年、舟の形状問題とは別に、ワット・チャン・ボートレース祭に大きな変化を強いる問題が持ち上がっている。メコン川の水位の問題である。2010年頃より出安居祭時におけるメコン川の水位が十分でないため、年によってはレースの区間をずらさなければならず、ゴール地点がワット・チャン前とならない年が増えている。出安居の翌日にワット・チャン前で競漕を行うことが伝統の一部であったボートレース祭りは、現在、時期もしくは場所をずらすかの選択を迫られ、何を「伝統」として守るべきかを再度問われている。

Profile

はしもと・さやか
学習院女子大学准教授。専攻はスポーツ人類学。10年以上ラオスのボートレース祭研究に従事。近著に『ラオス競漕祭の文化誌』（めこん）。

さくいん

地球の歩き方 シリーズ一覧

2023年10月現在

*地球の歩き方ガイドブックは、改訂時に価格が変わることがあります。 *表示価格は定価(税込)です。 *最新情報は、ホームページをご覧ください。www.arukikata.co.jp/guidebook/

地球の歩き方 ガイドブック

A ヨーロッパ

A01	ヨーロッパ	¥1870
A02	イギリス	¥2530
A03	ロンドン	¥1980
A04	湖水地方&スコットランド	¥1870
A05	アイルランド	¥1980
A06	フランス	¥2420
A07	パリ&近郊の町	¥1980
A08	南仏プロヴァンス コート・ダジュール&モナコ	¥1760
A09	イタリア	¥1870
A10	ローマ	¥1760
A11	ミラノ ヴェネツィアと湖水地方	¥1870
A12	フィレンツェとトスカーナ	¥1870
A13	南イタリアとシチリア	¥1870
A14	ドイツ	¥1980
A15	南ドイツ フランクフルト ミュンヘン ロマンチック街道 古城街道	¥2090
A16	ベルリンと北ドイツ ハンブルク ドレスデン ライプツィヒ	¥1870
A17	ウィーンとオーストリア	¥2090
A18	スイス	¥2200
A19	オランダ ベルギー ルクセンブルク	¥1870
A20	スペイン	¥2420
A21	マドリードとアンダルシア	¥1760
A22	バルセロナ&近郊の町 イビサ島/マヨルカ島	¥1760
A23	ポルトガル	¥1815
A24	ギリシアとエーゲ海の島々&キプロス	¥1870
A25	中欧	¥1980
A26	チェコ ポーランド スロヴァキア	¥1870
A27	ハンガリー	¥1870
A28	ブルガリア ルーマニア	¥1980
A29	北欧 デンマーク ノルウェー スウェーデン フィンランド	¥1870
A30	バルトの国々 エストニア ラトヴィア リトアニア	¥1870
A31	ロシア ベラルーシ ウクライナ モルドヴァ コーカサスの国々	¥2090
A32	極東ロシア シベリア サハリン	¥1980
A34	クロアチア スロヴェニア	¥1760

B 南北アメリカ

B01	アメリカ	¥2090
B02	アメリカ西海岸	¥1870
B03	ロスアンゼルス	¥2090
B04	サンフランシスコとシリコンバレー	¥1870
B05	シアトル ポートランド	¥2420
B06	ニューヨーク マンハッタン&ブルックリン	¥1980
B07	ボストン	¥1980
B08	ワシントンDC	¥2420
B09	ラスベガス セドナ&グランドキャニオンと大西部	¥2090
B10	フロリダ	¥2310
B11	シカゴ	¥1870
B12	アメリカ南部	¥1980
B13	アメリカの国立公園	¥2090
B14	ダラス ヒューストン デンバー グランドサークル フェニックス サンタフェ	¥1980
B15	アラスカ	¥1980
B16	カナダ	¥2420
B17	カナダ西部 カナディアン・ロッキーとバンクーバー	¥2090
B18	カナダ東部 ナイアガラ・フォールズ メープル街道 プリンス・エドワード島 トロント オタワ モントリオール ケベック・シティ	¥2090
B19	メキシコ	¥1980
B20	中米	¥2090
B21	ブラジル ベネズエラ	¥2200
B22	アルゼンチン チリ パラグアイ ウルグアイ	¥2200
B23	ペルー ボリビア エクアドル コロンビア	¥2200
B24	キューバ バハマ ジャマイカ カリブの島々	¥2035
B25	アメリカ・ドライブ	¥1980

C 太平洋/インド洋島々

C01	ハワイ1 オアフ島&ホノルル	¥1980
C02	ハワイ島	¥2200
C03	サイパン ロタ&テニアン	¥1540
C04	グアム	¥1980
C05	タヒチ イースター島	¥1870
C06	フィジー	¥1650
C07	ニューカレドニア	¥1650
C08	モルディブ	¥1870
C10	ニュージーランド	¥2200
C11	オーストラリア	¥2200
C12	ゴールドコースト&ケアンズ	¥2420
C13	シドニー&メルボルン	¥1760

D アジア

D01	中国	¥2090
D02	上海 杭州 蘇州	¥1870
D03	北京	¥1760
D04	大連 瀋陽 ハルビン 中国東北部の自然と文化	¥1980
D05	広州 アモイ 桂林 珠江デルタと華南地方	¥1980
D06	成都 重慶 九寨溝 麗江 四川 雲南	¥1980
D07	西安 敦煌 ウルムチ シルクロードと中国北西部	¥1980
D08	チベット	¥2090
D09	香港 マカオ 深セン	¥1870
D10	台湾	¥2090
D11	台北	¥1980
D13	台南 高雄 屏東&南台湾の町	¥16
D14	モンゴル	¥20
D15	中央アジア サマルカンドとシルクロードの国々	¥20
D16	東南アジア	¥18
D17	タイ	¥22
D18	バンコク	¥18
D19	マレーシア ブルネイ	¥20
D20	シンガポール	¥19
D21	ベトナム	¥20
D22	アンコール・ワットとカンボジア	¥20
D23	ラオス	¥24
D24	ミャンマー(ビルマ)	¥20
D25	インドネシア	¥18
D26	バリ島	¥20
D27	フィリピン マニラ セブ ボラカイ ボホール エルニド	¥22
D28	インド	¥26
D29	ネパールとマラヤトレッキング	¥22
D30	スリランカ	¥18
D31	ブータン	¥19
D33	マカオ	¥17
D34	釜山 慶州	¥15
D35	バングラデシュ	¥20
D37	韓国	¥20
D38	ソウル	¥18

E 中近東 アフリカ

E01	ドバイとアラビア半島の国々	¥20
E02	エジプト	¥19
E03	イスタンブールとトルコの大地	¥20
E04	ペトラ遺跡とヨルダン レバノン	¥20
E05	イスラエル	¥20
E06	イラン ペルシアの旅	¥22
E07	モロッコ	¥19
E08	チュニジア	¥20
E09	東アフリカ ウガンダ エチオピア ケニア タンザニア ルワンダ	¥20
E10	南アフリカ	¥22
E11	リビア	¥22
E12	マダガスカル	¥19

J 国内版

J00	日本	¥33
J01	東京 23区	¥22
J02	東京 多摩地域	¥22
J03	京都	¥22
J04	沖縄	¥22
J05	北海道	¥22
J07	埼玉	¥22
J08	千葉	¥22
J09	札幌・小樽	¥22
J10	愛知	¥22

地球の歩き方 aruco

●海外

1	パリ	¥1320
2	ソウル	¥1650
3	台北	¥1650
4	トルコ	¥1430
5	インド	¥1540
6	ロンドン	¥1650
7	香港	¥1320
9	ニューヨーク	¥1320
10	ホーチミン ダナン ホイアン	¥1430
11	ホノルル	¥1650
12	バリ島	¥1320
13	上海	¥1320
14	モロッコ	¥1540
15	チェコ	¥1320
16	ベルギー	¥1430
17	ウィーン ブダペスト	¥1320
18	イタリア	¥1320
19	スリランカ	¥1540
20	クロアチア スロヴェニア	¥1430
21	スペイン	¥1320
22	シンガポール	¥1650
23	バンコク	¥1650
24	グアム	¥1320
25	オーストラリア	¥1430
26	フィンランド エストニア	¥1430
27	アンコール・ワット	¥1430
28	ドイツ	¥1430
29	ハノイ	¥1430
30	台湾	¥1320
31	カナダ	¥1320
33	サイパン テニアン ロタ	¥1320
34	セブ ボホール エルニド	¥1320
35	ロスアンゼルス	¥1320
36	フランス	¥1430
37	ポルトガル	¥1650
38	ダナン ホイアン フエ	¥1430

●国内

東京	¥1540
東京で楽しむフランス	¥1430
東京で楽しむ韓国	¥1430
東京で楽しむ台湾	¥1430
東京の手みやげ	¥1430
東京おやつさんぽ	¥1430
東京のパン屋さん	¥1430
東京で楽しむ北欧	¥1430
東京のカフェめぐり	¥1480
東京で楽しむハワイ	¥1480
nyaruco 東京ねこさんぽ	¥1480
東京で楽しむイタリア&スペイン	¥1480
東京で楽しむアジアの国々	¥1480
東京ひとりさんぽ	¥1480
東京パワースポットさんぽ	¥1599
東京で楽しむ英国	¥1599

地球の歩き方 Plat

1	パリ	¥1320
2	ニューヨーク	¥1320
3	台北	¥1100
4	ロンドン	¥1320
6	ドイツ	¥1320
7	ホーチミン/ハノイ/ダナン/ホイアン	¥1320
8	スペイン	¥1320
10	シンガポール	¥1100
11	アイスランド	¥1540
14	マルタ	¥1540
15	フィンランド	¥1320
16	クアラルンプール/マラッカ	¥1100
17	ウラジオストク/ハバロフスク	¥1430
18	サンクトペテルブルク/モスクワ	¥1540
19	エジプト	¥1320
20	香港	¥1100
22	ブルネイ	¥1430
23	ウズベキスタン サマルカンド ブハラ ヒヴァ タシケント	¥16
24	ドバイ	¥13
25	サンフランシスコ	¥13
26	パース/西オーストラリア	¥13
27	ジョージア	¥15
28	台南	¥14

地球の歩き方 リゾートスタイル

R02	ハワイ島	¥16
R03	マウイ島	¥16
R04	カウアイ島	¥18
R05	こどもと行くハワイ	¥15
R06	ハワイ ドライブ・マップ	¥19
R07	ハワイ バスの旅	¥13
R08	グアム	¥14
R09	こどもと行くグアム	¥16
R10	パラオ	¥16
R12	ブーケット サムイ島 ピピ島	¥16
R13	ペナン ランカウイ クアラルンプール	¥16
R14	バリ島	¥16
R15	セブ&ボラカイ ボホール シキホール	¥16
R16	テーマパークinオーランド	¥18
R17	カンクン コスメル イスラ・ムヘーレス	¥16
R20	ダナン ホイアン ホーチミン ハノイ	¥15

地球の歩き方 旅の図鑑シリーズ

見て読んで海外のことを学ぶことができ、旅気分を楽しめる新シリーズ。
1979年の創刊以来、長年蓄積してきた世界各国の情報と取材経験を生かし、
従来の「地球の歩き方」には載せきれなかった、
旅にぐっと深みが増すような雑学や豆知識が盛り込まれています。

W01
世界244の国と地域
¥1760

W07
世界のグルメ図鑑
¥1760

W02
世界の指導者図鑑
¥1650

W03
世界の魅力的な
奇岩と巨石139選
¥1760

W04
世界246の首都と
主要都市
¥1760

W05
世界のすごい島300
¥1760

W06
世界なんでも
ランキング
¥1760

W08
世界のすごい巨像
¥1760

W09
世界のすごい城と
宮殿333
¥1760

W11
世界の祝祭
¥1760

※表示価格は定価（税込）です。改訂時に価格が変更になる場合があります。

地球の歩き方 関連書籍のご案内

ラオスと周辺各国への旅を「地球の歩き方」が応援します!

地球の歩き方　ガイドブック

D09	香港　マカオ ¥1,870		
D10	台湾 ¥2,090		
D11	台北 ¥1,980		
D13	台南　高雄 ¥1,650		
D17	タイ ¥2,200		
D18	バンコク ¥1,870		
D19	マレーシア　ブルネイ ¥2,090		
D20	シンガポール ¥1,980		
D21	ベトナム ¥2,090	D34	釜山　慶州 ¥1,540
D27	フィリピン　マニラ ¥2,200	D37	韓国 ¥2,090
D33	マカオ ¥1,760	D38	ソウル ¥1,870

地球の歩き方　aruco

02	aruco　ソウル ¥1,650	23	aruco　バンコク ¥1,650
03	aruco　台北 ¥1,650	29	aruco　ハノイ ¥1,430
07	aruco　香港 ¥1,320	30	aruco　台湾 ¥1,320
10	aruco　ホーチミン ¥1,430	34	aruco　セブ　ボホール ¥1,320
22	aruco　シンガポール ¥1,650	38	aruco　ダナン　ホイアン ¥1,430

地球の歩き方　Plat

03	Plat 台北 ¥1,100	16	Plat クアラルンプール ¥1,100
07	Plat ホーチミン　ハノイ ¥1,320	20	Plat 香港 ¥1,100
10	Plat シンガポール ¥1,100	22	Plat ブルネイ ¥1,430

地球の歩き方　リゾートスタイル

R12	プーケット ¥1,650	R15	セブ&ボラカイ ¥1,650
R13	ペナン　ランカウイ ¥1,650	R20	ダナン　ホイアン ¥1,650

地球の歩き方　旅の名言 & 絶景

心に寄り添う台湾のことばと絶景100 ¥1,650

地球の歩き方　BOOKS

ダナン&ホイアン　PHOTO TRAVEL GUIDE ¥1,650
マレーシア　地元で愛される名物食堂 ¥1,430
香港　地元で愛される名物食堂 ¥1,540

地球の歩き方　aruco　国内版

aruco　東京で楽しむアジアの国々 ¥1,480

※表示価格は定価（税込）です。改訂時に価格が変更になる場合があります。

あとがき

前回の発行から約3年、ラオスへの旅がようやくオープンになりました。今回の取材を通して、ラオスでいちばん大きく変わったと感じたのは、やはり鉄道の開通です。これにより、特に北部の旅行はかなり快適になりました。また町なかに目を移せば、日本と変わらないようなカフェやレストランも増加し、従来の「素朴」というキーワードだけでは語れない国になっています。旅行者のみなさまにおいては、その五感で、ラオスの今を感じていただければ幸いです。

STAFF

Producer：今井 歩　Ayumu Imai
Editors：秋山岳志　Takeshi Akiyama（合同会社トレイルファインダーズ　Trailfinders L. L. C.）
Writers：藤澤冬詩、水野千尋　Chihiro Mizuno（ART LOVE MUSIC）
Designer：山中遼子　Ryoko Yamanaka
Proofreader：株式会社東京出版サービスセンター　Tokyo Shuppan Service Center Co.,Ltd
Cartographer：高棟 博 （ムネプロ）　Hiroshi Takamue (Mune Pro)
Cover Designer：日出嶋昭男　Akio Hidejima

本書の内容について、ご意見・ご感想はこちらまで
読者投稿　〒141-8425　東京都品川区西五反田2-11-8
　　　　　　株式会社地球の歩き方
　　　　　　地球の歩き方サービスデスク「ラオス編」投稿係
　　　　　　https://www.arukikata.co.jp/guidebook/toukou.html
地球の歩き方ホームページ（海外・国内旅行の総合情報）
　　　　　　https://www.arukikata.co.jp/
ガイドブック『地球の歩き方』公式サイト
　　　　　　https://www.arukikata.co.jp/guidebook/

地球の歩き方 D23
ラオス 2024～2025年版
2023年10月24日　初版第1刷発行

Published by Arukikata. Co., Ltd.
2-11-8 Nishigotanda, Shinagawa-ku, Tokyo, 141-8425, Japan

著作編集　　地球の歩き方編集室
発 行 人　　新井邦弘
編 集 人　　宮田 崇
発 行 所　　株式会社地球の歩き方
　　　　　　〒141-8425　東京都品川区西五反田2-11-8
発 売 元　　株式会社Gakken
　　　　　　〒141-8416　東京都品川区西五反田2-11-8
印刷製本　　開成堂印刷株式会社

※本書は基本的に2023年6月の取材データに基づいて作られています。
　発行後に料金、営業時間、定休日などが変更になる場合がありますのでご了承ください。
　更新・訂正情報：https://www.arukikata.co.jp/travel-support/

●この本に関する各種お問い合わせ先
・本の内容については、下記サイトのお問い合わせフォームよりお願いします。
　URL ▶ https://www.arukikata.co.jp/guidebook/contact.html
・広告については、下記サイトのお問い合わせフォームよりお願いします。
　URL ▶ https://www.arukikata.co.jp/ad_contact/
・在庫については　Tel 03-6431-1250（販売部）
・不良品（落丁、乱丁）については　Tel 0570-000577
　学研業務センター　〒354-0045　埼玉県入間郡三芳町上富 279-1
・上記以外のお問い合わせは　Tel 0570-056-710（学研グループ総合案内）